图书在版编目（CIP）数据

百年中小学文言诗文教学史论/胡虹丽著．—北京：中国
社会科学出版社，2018.5
（江西师范大学博士文库）
ISBN 978 - 7 - 5203 - 0912 - 7

Ⅰ.①百…　Ⅱ.①胡…　Ⅲ.①文言文—中小学教育—
教育史—研究—中国—现代②古典诗歌—中小学教育—
教育史—研究—中国—现代　Ⅳ.①G623.202

中国版本图书馆 CIP 数据核字（2017）第 219920 号

出 版 人	赵剑英
责任编辑	郭晓鸿
特约编辑	席建海
责任校对	郝阳洋
责任印制	戴　宽

出　　版	中国社会科学出版社
社　　址	北京鼓楼西大街甲 158 号
邮　　编	100720
网　　址	http://www.csspw.cn
发 行 部	010 - 84083685
门 市 部	010 - 84029450
经　　销	新华书店及其他书店

印　　刷	北京明恒达印务有限公司
装　　订	廊坊市广阳区广增装订厂
版　　次	2018 年 5 月第 1 版
印　　次	2018 年 5 月第 1 次印刷

开　　本	710 × 1000　1/16
印　　张	28.75
插　　页	2
字　　数	336 千字
定　　价	118.00 元

凡购买中国社会科学出版社图书，如有质量问题请与本社营销中心联系调换
电话：010 - 84083683

前　言

　　文言诗文是中国特有的文化现象，文言诗文教学是中小学语文教育中一个特殊的领域。自1904年语文独立设科以来，中小学文言诗文教学已走过了百年历史，经历了一个曲折发展的过程。百年来，中小学文言诗文教学的思想、理念、实施究竟有着怎样的演变过程？又留下了怎样的经验与教训？为了全面总结百年中小学文言诗文教学所走过的路程，并在此基础上探讨中小学文言诗文教学的未来发展，本书运用文献分析、历史比较、案例研究、实地调查等方法，沿着由历史追溯—现实—观照—未来构想的基本思路，坚持史论结合、古今结合、中外结合的研究原则，对中小学文言诗文教学的百年演变做了全景式展示，对中小学文言诗文教学的现实做了掘进式揭示，对中小学文言诗文教学的未来做了前瞻式构想。

　　本书前有导论，后有结语，正文分上、中、下三篇。上篇为"历史回顾与反思"。全面梳理了中小学文言诗文教学发展的百年演变历程，从中小学文言诗文教学的目的要求、教材编选、教学方法等方面对中小学文言诗文教学在不同历史时期的演绎过程作了比较具体的历史描述和特征归纳。同时结合不同历史时期社会、思想、文化的背景以及不同阶段汉语言文字的发展特点，对不同时期中小学文言诗文教学特点形成的原因作了较深入的分析，力求探寻百年中小学文言诗文教学在价值取向、目的要求、内容变迁、方法沿革等方面的一般规律。

中篇为"现实观照与剖析"。包括"坚守：中小学文言诗文教学的必然需求"和"异化：中小学文言诗文教学的实然审视"两个部分。回溯历史是为了更好地观照现实。"坚守"，这是我们从百年中小学文言诗文教学的发展历程中解读出的一个关键词。现代意义上的中小学文言诗文教学是中小学语文学科的课程内容，本篇首先从课程论的视角，沿着社会、个人、学科三个层面展开对中小学文言诗文教学坚守意义的探寻。接着从理论与现实两个角度审视了当前中小学文言诗文教学的困境，并追溯了问题的根源，对当下中小学文言诗文教学在目的、内容、方法、评价等方面的异化现象及成因作了较深入的剖析。文章指出，当下中小学文言诗文教学主要存在"教学目的南辕北辙，教学内容游移不定，教学方法两极分化，教学评价剑走偏锋，教师发展专业缺失"五个方面的异化现象。

下篇为"未来前瞻与建构"。探寻中小学文言诗文教学的未来出路，"如何创新"是一个关键问题。文言诗文教学需要在坚守中创新，也需要在借鉴中创新。本篇写作的基本思路是：一方面，在前面纵览历史的基础上，思考文言诗文教学在课程、教材、教法等方面要继承与创新哪些传统经验；另一方面，在比较研究的视野中思考当下台湾、香港地区的文言诗文教学在课程设置、教材编排、教学方法及评价测试等方面的做法给我们的启示；思考如何把当前各种先进的科学理论、教育理念及中国古代汉语文学研究的最新成果运用到中小学文言诗文教学实践中来。基于这样的思考，把文言诗文教学的过去、现在、未来整合起来，提出了加强中小学文言诗文教学的理念和策略：确立"文化本位"的核心理念，构建"整体规划"的教学体系，凸显"诵读教学"的本体地位，树立"时代融合"的课程意识。

目　录

中篇　现实观照与剖析

下篇　未来前瞻与建构

引　论

怎样对待和处理文言文问题，是一个很需要深加研究的相当复杂的问题。在这个问题上，要有眼前的办法，要有长远的打算。这是语文教学需要解决的问题，也是我们文化政策中的重要问题之一。①

——张志公

一　研究缘起

（一）文言诗文教学的曲折经历

自清末语文正式设科以来，文言诗文教学已走过百年的历史。百年来，文言诗文教学经历了一个由传统迈向现代、由保守趋于开放的变革过程。这一路走来，文言诗文教学历经风雨，几番沉浮，可谓命运多舛。众所周知，我国古代的传统教育，"没有一定的教材和学习

---

① 庄文中编：《张志公语文教育论集》，人民教育出版社 1994 年版，第 226 页。

年限，语文教学几乎就是教育的全部内容"①；而且"传统教育是单科教育，单教语文，没有其他课程来和它争地位、抢时间、比高低"②。当然，那时的语文教学，是纯粹意义上的正统书面语——文言的教学（并且是以"读经讲经"为宗旨的）。文言诗文教学占据了语文教育乃至整个古代教育的垄断地位，一切都顺其自然，稳稳当当，没有人质疑它的合法地位。可是，在中国进入 20 世纪以后，这种状况逐渐发生了改变。先有 1903 年清政府"癸卯学制"，分设"读经讲经"和"中国文字"或"中国文学"两科，后者就成为日后"国文"科的先声。辛亥革命后，国民政府教育部取消了"读经讲经""中国文字"和"中国文学"的科目名称，统一称为"国文"。此时，文言诗文仍然保持着正统地位，教材全是文言文。1919 年的五四运动，为独立设科仅十几年的语文教育注入了新的活力。此后，白话文逐渐进入中小学语文教材。1920 年 1 月，教育部训令全国各国民学校先将一二年级国文改为语体文，至此"国语"科诞生。从 1922 年起，国民小学一律改为语体文，中学和大学的文言教材也逐渐减少。至此，文言文的正统地位受到了白话文（语体文）的真正挑战。语文教学革新的先行者叶圣陶先生，响应五四运动的号召，率先把白话文正式引入语文课程标准和语文教材，打破了几千年来文言文一统天下的语文教学局面。随之而来，中小学文言诗文教学的生存权、价值取向以及实施路径等问题即"文言文教学问题"渐渐浮出水面，争论之声不绝于耳，与语文教学如影随形，成了中国特有的一个问题。而且文言与白话总是牵扯在一起，在百年语文教学的现代化进程中上演了一幕幕"你退我进、你守我攻"的拉锯战。"五四"新思潮来了，白话就吃

---

① 李长春：《私塾语文教学并不科学》，《中学语文教学》2000 年第 3 期。
② 奚博先：《现代语文教育的主要成就和问题》，《中学语文教学》2000 年第 2 期。

香，不久整理国故之风骤起，又改为文言吃香，如今，人文思潮涌起，文言又身价倍增。几乎社会文化每产生一次风波，文、白教学的主次地位就随着动荡一回。

百年文言诗文教学讨论热潮的几次兴起，在语文课程标准或教学大纲中的几次变迁（这两项相关内容后文有详细叙述），既是它的不幸也是它的大幸。不幸的是一次又一次的运动式推进，本身说明文言诗文教学在中小学教育中没有步入正轨成为常态，并有得到应有的地位，致使实际教学陷入模糊混乱的盲目状态；幸运的是任何时代人们都无法真正忘记文言诗文教学，无论是处在暴风骤雨般激情燃烧的变革年代，还是风平浪静的现代化和平发展时期，我们的中小学语文教育始终没有完全抛弃文言诗文教学，这又彰显出文言诗文教学独特的价值所在。

（二）文言诗文教学的价值追问

国内外基础教育阶段的母语教育中，古代语言和文化教育的必要性、合理性及其目的、地位和作用等问题一直都备受关注。不少教育家、学者都提出了自己的看法。如夸美纽斯认为，针对不同的学习者，对古代语言教育的要求应有所不同。[①] 乌申斯基认为，由于时代的发展，高标准要求的古代语言教育的必要性和可能性都受到挑战，古代语言包含着过去时代的智慧，但现代社会的智慧则蕴含在最新的语言中。[②] 因此，我们应该从现在的角度来看待古代语言的教育问题。诚然，文言诗文是中国古代的一种语言形式，它的教学也必然面临着

---

① ［捷］夸美纽斯：《大教学论》，傅任敢译，教育科学出版社1999年版，第157页。
② ［俄］乌申斯基：《乌申斯基教育文选》，郑文樾编译，人民教育出版社2004年版，第239—240页。

现代性的审视。我们既不能戴着有色眼镜视文言诗文为现代化的绊脚石，也不能一味怀着"眷古情节"，把文言诗文奉为至宝，称其为拯救现代人道德迷失的一根"救命稻草"。毕竟，文言诗文终将与现代生活越来越远。我们应该看到，在如今以网络、影视为代表的电子传媒方兴未艾的信息时代，太多的信息在吸引人们的注意力，太多的生存压力剥夺了人们文学阅读的闲情逸致。张中行曾一针见血地指出，"现在，文言像似站在十字路口，其实这是假象，真相是早已走向下坡路"。① 对于即将逝去的东西，我们总是恋恋不舍，总想试图抓住些什么。但是我们不可能再回到过去，文言诗文也不可能再拥有那个曾经辉煌的时代。更何况，中小学普及教育的根本目的应该是培养适应现代社会工作和生活需要的现代公民。语文课程首要的任务就是培养和提高学生的语文素养，首先是培养和提高学生的现代语文素养。现代学生要学的东西太多了，虽不能面面兼顾，也要有个轻重主次。"基础教育应将眼光盯在最具有基础意义以及最实用的听、说、读（包括读电脑屏幕）上。"② 我们不能仅仅"为了满足社会上教育界人士舍不得文言的需要"而肆意渲染文言诗文的教学价值，盲目加大文言诗文的教学分量。不管我们情愿不情愿，文言诗文在现代社会已渐渐丧失了实用的价值，除了那些古文学专家，大多数人很少在日常生活、学习以及工作中看、听、说、写文言诗文了。既然这样，有人就认为，干脆在中小学取消文言诗文教学得了，一门心思搞好学生现代汉语的读写能力。先不论文言与白话的源流关系，简单地取消就是一种错误的思维方式。一百年来，我们有过多次的争论，也没有哪个时期真正割舍过文言诗文教育，只是在目的、要求、内容上有过取舍。

---

① 张中行：《文言与白话》，中华书局2007年版，第292页。
② 石鸥：《教育困惑中的理性追求》，湖南师范大学出版社2005年版，第12页。

正如余秋雨所说："中国历史上毁灭性的战乱太多，只有一种难以毁灭的经典保存完好，那就是古代诗文经典。"① 感性与理性的良知都昭示我们，如果不让孩子从小接触一些中国古典的文学教育，对国家、对民族、对社会、对个人都是一个巨大的损失，那是一种"断根的教育"，是"残的教育"。

我们应该转换一个角度思考文言诗文教学的价值取向问题。"怎样对待和处理文言文问题，是一个很需要加深研究的相当复杂的问题。在这个问题上，要有眼前的办法，要有长远的打算。这是语文教学需要解决的问题，也是我们文化政策中的重要问题之一。"② 张志公先生的一席话道出了文言诗文教学的价值所在，文言诗文教学问题不单单是语文教育的事，而且是关乎整个社会文化建设的大事。面对当今社会文言诗文教学所面临的现代性危机，越来越多的人渐渐走出了工具实用价值取向的泥潭，从"文化"这个角度思考文言诗文的教学价值。价值取向的转化最终体现在 2003 年新颁布的《普通高中语文课程标准（实验）》的表述中："学习中国古代优秀作品，体会其中蕴含的中华民族精神，为形成一定的传统文化底蕴奠定基础。"从传承文化这个角度看，学不学文言诗文，广义上讲，首先不是语文教育中的课程问题，而是语文教育对于国家民族之强盛发展所应具有的功用问题，也就是说，其要义在于国家政治而非仅止于学术。我们从国家与民族的层面上认识文言诗文的教学价值，并不是越俎代庖，夸大其词。正如法国教育家加斯东·米亚拉雷指出："学校的语言首先是占统治地位的文化的传播工具。因此，所谓母语教学的问题从来就不

---

① 老海主编：《儿童国学经典导读》，中国传统文化出版社 2002 年版，第 12 页。
② 庄文中编：《张志公语文教育论集》，人民教育出版社 1994 年版，第 226 页。

是一件纯技术问题。"① 当然，国家要发展，社会要进步，需要社会个体的充分发展。在教育普及的情况下，首先要求教育应该要注重学生个体的发展。那么，学习文言诗文在满足国家、民族、社会的发展的同时，是否有利于学习者个体自身的充分发展呢？我们从文化的角度定位文言诗文的现代价值是否太玄、太高、太理想化了？"教育的基底在人那里，任何关于它与经济、政治、社会的关系的论说只是从外部的阐述，都充其量只是一种补充，有时甚至是必要的补充。"② 可是，我们往往把社会功利性过分放大，忽视了教育中人的存在，很多学者发出了"把人的教育还给人"的呼吁。在文言诗文教学中，我们也应该深思：学生在哪里？我们在思考文言诗文的教学价值的时候，是否应该更多地考虑一下学生？怎样的价值定位才最符合学生的需要，不管是现实的还是未来的需要？

（三）文言诗文教学的现实困惑

钱梦龙先生曾经把传统的文言文教学归纳为"字字落实，句句清楚"的"八字真言"。他对这种教学思想及其流弊做过精辟的论述："所谓'八字真经'，无非是由老师一字一句'嚼烂了喂'，以应付考试。其结果必然是肢解课文，而且其肢解的细碎程度，比之现代文教学中的肢解课文更甚更惨，说它'碎尸万段'，也不夸张。文言文事实上已经不再是饱含思想感情的'文'，即便是千古传诵的名篇佳作，无论'韩海''苏潮'，一到语文课上，都只是一组组按刻板的语法规则组合起来的实词和虚词而已，再也激不起丝毫情感的波澜。文言文教学对师生双方来说，都成了一件最索然无味，但为了应考又不得

---

① 权曙明：《阅读教学的观察与思考》，《语文学习》1996 年第 6 期。
② 张楚廷：《教育哲学》，教育科学出版社 2006 年版，第 224 页。

不忍受的苦事。"①

　　钱先生的这番论述是针对20世纪80年代到90年代中期的中学文言文教学现状有感而发的。随着对传统文言文教学批驳的深入，我们对中小学文言诗文教学进行了一些有益的探索。尽管各地的教学改革举措各异，但大致原则相仿，即更加关注对文本整体的把握和解读，而不去深究文言文现象，降低了语言层面的要求，这一点，在义务教育阶段尤为明显。如此一来，初中语文教师实施文言文教学有如释重负之感，然而这样一种改革在实际操作过程中却不可避免地导致矫枉过正，使得高中的语文教师在实施文言文教学时又碰到了前所未有的新难题，学生的文言功底过于薄弱，难以应对正常的文本阅读。我们当然更不难想象学生在连基本的语句都读不通时，又如何让他们去体会李密写作《陈情表》时那复杂的思想感情。

　　在实施文言文教学改革的过程中，语文教学界的思想呈现忽左忽右的状况，要么过分强调文言文教学的工具性，将之混同于大学里古汉语课程的学习，要么将之等同于现代文的教学，过于强调人文性思想内容，而忽略了语言的时代差异，使得文言诗文教学陷入越改越乱的误区。文言诗文教学长期以来存在着某种尴尬：当教师努力落实语言因素时，教学往往变成了文言词句与语法章法的分析课，随之而来的是课堂气氛的沉闷和师生双方的疲惫；当教师积极关注情感、态度价值观这一层面时，教学又往往流于空疏、浮泛乃至花哨，最终直接导致学生文言水平的迅速下滑。许多一线教师在困惑于这种两难的局面前做出了"以不变应万变"的无奈选择——串讲加分析。可以这么说，钱老先生在20世纪80年代指出的文言文教学的"八字真言"仍

---

① 　钱梦龙：《文言文教学改革刍议》，《中学语文教学》1997年第4期。

然风行于当前的文言诗文教学课堂上。十多年来，中小学文言诗文教学状况并没有多大的改观。文言诗文教学要坚守传统，更要与时俱进。但由于文言文在中国的特殊地位和中国古代优秀作品的不可更换性，文言诗文教学与时代的发展脱节，教学理论滞后于现代科学教育理论，致使文言诗文教学改革举步维艰，教学的现状不容乐观。主要表现为教学效率低下，教学方法陈旧，"教"与"考"严重脱节，教学实践缺乏相应理论的指导；教学过程中学生主体无从凸现，学生学习兴趣不高，参与性不够。费时弥多，收效甚微。而且整个基础教育阶段缺少一个整体合理的规划，没有按各年龄段学生的特点统筹安排。现实状况是：小学起步晚，初中模糊粗糙，高中又过于急迫，中小学文言诗文教学严重脱节。现在的中学生怕读文言文，我们不能怪罪文言文本身，而与我们的教法、学法、考法不当大有关系。在文言诗文教学的顽疾没有得到治愈的前提下，当前语文课程中文言分量显示不断加重的趋势，文言文的教学要求不是降低，而是不断增强，尤其是在教学方法没有得到有效改进的情况下，这不能不叫人担心。

（四）文言诗文教学的前景期待

20 世纪上半叶，人类知识的更新周期大约为 30 年，而进入下半叶，知识的更新周期已缩短为 10 年甚至更短。进入 21 世纪，知识的更新周期以每 3 年更新一次的速度呈几何级增长。伴随着人类的知识总量呈爆炸性增长的趋势，知识的传播方式以及人们的学习方式都较过去有了质的飞跃。这种质的飞跃主要表现为更加强调知识的实用性与获取知识的便捷性。这种质的飞跃也向教育提出了新的要求与挑战。从宏观层面上看，教育应着力解决好整个体制变革的问题；从微观层面上看，教育应着力解决好"学什么"与"怎么实施教学"的问题。对于文言诗文教学来说，我们不要老是纠缠于"要不要学"的争论耗费时间和精力，因为无论社会如何发展，对传统文化的继承和学习都是不可或缺的。但不可否认的是，在以知识经济为主旋律的当今，如何高效率地学习文言诗文，如何让文言诗文教学更切合今天这个时代，更适应中小学生的身心发展特点和规律，的确是一个不容回避的课题。关于母语教育的现代化问题，不仅我国正在探索和研究，世界上其他一些国家也在探索类似的课题。法国的教育部长贝鲁在计划如何使法国的教育事业为 21 世纪做好思想准备时，将加强拉丁语教学作为教育改革的重要内容。"从 5 年级就开始教拉丁语。学会拉丁语是掌握现在使用的语言的极好基础，并且能帮助获得有关欧洲文明的重要知识。贝鲁说，今年有 30% 的学生打算听新开设的拉丁语课，他为此感到高兴。"① 我们不能固守着老传统凝固不化，摆起一副"春风不度玉门关"的架势，把现代新教育思想和先进的西方理论拒之门外。善于学习，博采众长，才是文言诗文教学的一大法宝。"独上高楼，望尽天涯路"的境界曲高但不会和寡，无超前意识的亦步亦趋的教学，保险但不保质。在基础教育阶段，在学生有限的学习时间内，（相对于传统语文教学来讲，中学生 40%—50% 的文言诗文篇幅已经达到极限了），任何再加重文言诗文教学时量的做法似乎都不太合时宜了，我们需要做的是如何科学地合理规划和实施教学，通过这少量的"活文言"的学习，使学生学到一些方法，培养学生学习文言诗文的兴趣，养成一个"继承文言发展现代汉语"的习惯，给"学校后"的自学打下坚实的基础，以目前有限的吸入量摄取将来无限的吸入量。在充分挖掘古代优秀传统经验的指引下，在现代社会日新月异

---

① 《贝鲁的教改三部曲》，《参考消息》1996 年 10 月 3 日第 3 版。

的科学技术的指导下，统一思想，把准方向，我们完全有理由相信，在众人的努力下，中小学文言诗文教学必将走出黑暗中盲目兜圈的胡同，从那种"小园香径独徘徊"的自我欣赏、自我陶醉的寻寻觅觅中超拔出来，迎来光明的未来！

（五）文言诗文教学的历史转向

文言诗文是中国特有的文化现象，它从远古走来，用一种不同于现代话语的言说方式述说着中国的古代文明，透视着中国人的文化心态、思维方式、审美情趣。虽然年代久远，与时代隔阂，但它没有，也不可能过时和死去，而是仍然鲜活地流淌在我们民族精神的血液里。正像诗人流沙河诗中所写的："中国人有中国人的心态，中国人有中国人的耳朵。"文言诗文经典作品就是中国人内心深处极其敏感的一根弦，拨动它就很自然地激起一片浓浓的情愫：对民族故土的依恋。如果一个法国人不会读雨果的《巴黎圣母院》，将遭到人们的嘲笑，可《巴黎圣母院》就是法语的文言文。一个无力继承自己民族文化的国家，能发展到哪一步？正由于文言诗文在中国的特殊地位以及它的不可替代性，致使文言诗文教学也成为语文教学中一个特殊的领域。自语文教育现代化转型以来，它也不曾隐退，始终占有自己的一块"世袭领地"，不论大小与轻重。可是，文言文，就像那厚皮的核桃，虽有丰富的内涵，但观之满脸皱纹、饱经风霜，咬也咬不动，叩也难叩开，只好敬而远之，束之高阁。在现在的中小学语文教学中，文言诗文教学正举步维艰，情况不容乐观，若不创新形式与途径，则永远在模仿古人的旋涡里打转转。但是如何创新，求得突破，非一朝一夕之事。若就现在谈现在，拘泥于问题的表面，不去深挖问题背后的根源，则只能是治标不治本，徒劳而已；若只是为了适应未来现代化的需要而勉为所难，迫其改头换面，变成一个"四不像"的东西，那更是舍本逐末，得不偿失。至于随手拈来一个现代新理论、新思想，堂而皇之强加于之，美其名曰"创新""再造""新生"，则只会是凌空蹈虚，昙花一现，没有长远的实践指导意义。文言诗文教学是中国原创性的问题，我们应回到中国的大地上，批判地继承和发扬我们中华民族源远流长的语文教育传统，离开这一条，文言诗文教学效果就不会理想，甚至可能会"岌岌乎殆哉"。当我们感慨中小学文言诗文教学的不尽如人意或问题不断、困惑连连的时候，我们需要对现实的体察和思考，更需要追问——问题与困惑如何而来？关于问题的追问就必然将我们引向历史。百年来，中小学文言诗文教学的思想、理念、实施究竟有着怎样的演变过程？究竟留下了怎样的经验与教训？若不曾对那些散落的历史文献收集、整理、分析、研究，我们怎敢姑妄言之！当前，我们对于中小学文言诗文教学的讨论与建设，迫切地需要站在历史的平台之上，而不是凭着主观意愿来指手画脚。然而，文言诗文教学史的研究，是现代文言诗文教学研究的一个薄弱环节，长期以来，由于受到新的，特别是西方教育观、教学思想、方法的冲击，这一研究领域一直局限在中国古代语文教育史、中国现代语文教育史等领域，未能进一步扩大其影响。但是，考察文言诗文教学发展过程中的种种现象，有助于我们对文言诗文教学的一些问题进行重新思考。

因此，梳理、审视与剖析百年中小学文言诗文教学的发展、思想和实践，还原历史的真实，再现历史的现场，审视现实的困境，追溯问题的根源，探寻未来的出路，是一项极有价值的语文教育研究。正是基于此，我们选择百年中小学文言诗文教学作为研究对象，以"坚守与创新"为视角和线索，展示百年中小学文言诗文教学的演变历程，反思当下中小学文言诗文教学存在的问题和误区，旨在更好地为当下及未来的中小学文言诗文教学提供理论与实践的参照和指导。

二　文言诗文与文言诗文教学、坚守与创新

（一）文言诗文与文言诗文教学

首先，有一点我们必须认识到："文言和白话，实物是古已有之，名称却是近几十年才流行的。两个名称相互依存，互为对立面：因为提倡照口语写，所以以传统为对立面，并称作文言；因为一贯用脱离口语的书面语写，所以以革新为对立面，并称作白话。"① 但是，要对文言下一个定义却是很难的。有人从言文一致的角度看，认为文言是脱离口语的，"白话是现代人可以用听觉去了解的……文言是现代人需用视觉去了解的。"② 有的以时间先后为标准，说文言是古人用的死语言，白话才是现代人用的活语言。但古人写的不一定是文言，像唐代的变文、宋元明清的话本和小说就是用古白话写的，不属于文言。现在比较通用的"文言"定义是张志公的定义，"文言，是相对于语体文而言的一种书面语言，是两汉以后、"五四"以前以秦汉典籍所反映的古代汉语为基础形成的一种定型化的书面语言"③。但文言不等于古代汉语，文言只是古代汉语书面语的一个分支。古代汉语是与现代汉语相对而言的。我们通常所说的古代汉语是指周秦时期至鸦片战争的汉语。而汉语的古代书面语有两个系统，一是以先秦口语为基础

①　张中行：《文言与白话》，中华书局 2007 年版，第 1 页。
②　吕叔湘：《吕叔湘语文论集》，商务印书馆 1983 年版，第 75 页。
③　庄文中编：《张志公语文教育论集》，人民教育出版社 1994 年版，第 222 页。

而形成的上古书面语；二是六朝以后在北方话基础上形成的古白话。我们习惯把前者称作文言，把用这种文言写成的文章或作品就称作文言文。从学术上看来，文言文的范围是比较狭隘的。

文言文教学是中小学语文教学的重要内容之一，在中小学语文教学中占有相当重要的位置。在传承文化、陶冶情操、培养学生思维能力与人文素养等方面发挥着不可替代的作用。但语文教学中的文言文与学术上文言文的概念有所差别。我国古代各朝代、各时期文学样式丰富多彩，不仅有各种类型的散文，还有诗词歌赋、小说戏曲，宽泛地讲，所谓文言文也应包括这些作品。又因为这些作品虽然体裁样式不同，但语言基础都是古代汉语，要读懂这些作品，也必须具备古代汉语的一般知识。所以，在本研究中，我们的文言文概念是个较宽泛的概念。它泛指一切文言诗文，而文言文教学则泛指所有文言诗文的教学。① 文言诗文中的"诗"指的是一般意义上的"古诗"，即泛指包括诗、词、曲、赋等在内的各类韵文，也专指古代诗歌，包括不重格律的古体诗和讲究平仄对仗的近体诗。文言诗文中的"文"则是古代各种文学体裁，大的来分，主要指史传文、说理文、杂记文与应用文；细分则包括论、说、书、对、表、策、杂文、寓言、序文、赠序、传记、游记、杂记、古体小说等多种体裁的文章。人们习惯上把用文言形式写成的古诗词排除在文言文的范畴之外，为了区别之，我们在"文言文"中间加上"诗"字，称为"文言诗文"，而把人们狭隘理解下的文言文称为"文言文"。总的来说，中小学语文教学层面上的文言诗文是用古代汉语记载下来的以文章与诗歌式样呈现的中华民族的文化经典。它可以析出三个要素：从语言上说，它是古代汉

---

① 周庆元：《语文教育研究概论》，湖南人民出版社 2005 年版，第 363 页。

语；从形式上说，它是古代特有的文体；从内容上说，它是传统文化的结晶。

中小学语文学科中文言诗文教学不同于现代文的教学。"如果把白话和文言一样看待，教白话的时候忘了它是现代汉语，教文言的时候又忘了它不是现代汉语，这样的教法，用之于白话，用之于文言，都是不恰当的。"① 同时，又不能把中小学文言诗文教学混同于大学语文中的古代汉语教学。中小学是打基础的阶段，学习文言诗文除了传承文化、陶冶情操、培养思维能力和人文素养等与现代文同样的目的以外，还要注意培养学生对文言诗文的阅读兴趣，为今后进一步的学习（包括自学）打好基础，本着"先尝后买"的原则，为高等教育古代汉语专业输送人才，所以应该还有一个教学目的就是"培养学生阅读浅易文言文的能力"。虽然目前对于"浅易"的理解和界定还有争议，但作为打基础的中小学文言诗文教学，理应重视文言的基本训练。这个基本训练包括一些常用实词、虚词的理解和归纳以及一些常见文言语法和句式的掌握和训练，与高等教育阶段古代汉语课程的学习不一样。两者在教学要求、选文难易程度、理论知识的深度方面都不在同一个层次。

（二）坚守与创新

坚守与创新是一对范畴。为了更好地理解这对范畴，需要我们先理解"传统"和"现代"的关系。"传统"与"现代"只是相对的两个概念，"传统"并不意味着落后，更不意味着淘汰；而"现代"也不是万能的，因为若干年后它也会成为"传统"。传统不是一种僵死

---

① 吕叔湘：《关于语文的两点基本认识》，《语文学习》2005 年第 9 期。

固定的现成之物，而是过去与现在不断交汇融合的过程，亦即不断走向未来的过程，因而传统是不可穷尽的可能性之巨大源泉。用当代解释学大师伽达默尔的话来说就是："传统并不是作为过去流传下来的事物的保卫者，而是作为道德—社会生活的继续创造，总是依据于自由的意识。"① 也就是说，所谓的"传统""文化"等，是在每一代人所创造的新的结果、效果的影响下而不断地改变着、发展着。对于中国文化来说，我们不仅有一个古老的、民族文化的大传统；还有一个晚近的传统——"五四"新文化小传统。面对未来的挑战，我们不仅需要追赶和前瞻，而且需要回顾，需要重温并接续这两个伟大的传统。文言诗文是中国特有的，因此，学文言，教文言，应该批判地继承和发扬我们中华民族源远流长的语文教育传统。坚守文言诗文教学的传统，并不是盲目固守，抱残守缺，妄自尊大。根据我们的传统观，传统是"尚未被规定的东西"，它永远在制作之中、创造之中。因此，继承和发扬"传统"的最强劲手段并不在于死死抱住"过去已经存在的东西"不放，而恰恰是要不断地与"过去"相抗争，不断开发、开采"过去"这巨大的可能性源泉。② 因此，坚守传统，绝不仅仅是复制"过去已经存在的东西"，而恰恰是创造出"过去从未存在过的东西"，坚守同时在创新，创新同时也在坚守。在坚守与创新的过程中，不可能一帆风顺，偏离和异化总是伴随着前进和成长，这是一切事物的发展规律。坚守并不意味着拒绝修正和创新，积极的修正与合理的创新能使坚守的目标具有更强的生命力，只有在不断的创新中才能真正坚守。坚守绝不是"发思古之幽情"，其实质恰在于创新，

---

① ［德］伽达默尔：《真理与方法：哲学诠释学的基本特征》，洪汉鼎译，上海译文出版社 2004 年版，第 771 页。

② 甘阳：《古今中西之争》，生活·读书·新知三联书店 2006 年版，第 53 页。

坚守教育传统应包含批判式的认同与创造性的转化。百年来，中小学文言诗文教学历经数次转型嬗变，几代教育家、研究者、学者筚路蓝缕，薪火相传，实践着"坚守与创新"的使命，他们的努力所包含的独特性、创造性和复杂性，凸显着历史的肌理和质感。因此，本研究在历史追溯、问题寻源以及未来构想中，以"坚守与创新"为视角和线索，钩沉中小学文言诗文教学的百年发展历程，把"过去"纳入"现代"，进行"世纪跨度的思考"（既包含着对现状的思辨和对未来的前瞻，又首先包含着对传统的回顾），走向中小学文言诗文教学的"未来"。

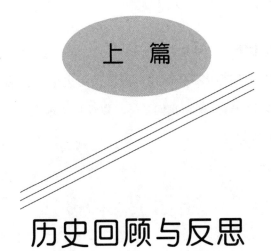

上 篇

历史回顾与反思

所谓对其本国以往历史略有所知者，尤必附随一种对本国以往历史之温情与敬意。至少不会对其本国以往历史抱一种偏激的虚无主义……亦至少不会感到现在我们是站在以往历史最高之顶点，此乃一种浅薄狂妄的进化观。①

——钱　穆

① 钱穆：《国史大纲》，商务印书馆2000年版，第1页。

第一章　中小学文言诗文教学的现代转型

　　"中国现代史以 1840 年鸦片战争为序幕；中国现代文学史以 1919 年'五四'新文化运动为发端；中国现代语文教育史当以 1904 年语文教育独立设科而掀开扉页。"① 从 1904 年语文正式独立设科到 1949 年新中国的成立，近半个世纪以来，中国的语文教育，开始冲破封建传统教育的藩篱，逐步走上了现代化的道路，这是一次巨大的转型，关乎整个社会、思想、文化。这种转型是整体性的、根本性的、深层次的。作为中小学语文教学的一部分，文言诗文教学是怎样完成这一现代化转型的？由于文言诗文在中国的特殊地位，要完成现代化转型并不是一蹴而就的事情，而是一个艰难的、渐进的发展过程。

　　这里，我们试将中小学文言诗文教学的现代转型进程分为三个时期：一是现代转型的过渡期；二是现代转型的激进期；三是现代转型的平和期。

---

① 李杏保、顾黄初：《中国现代语文教育史》，四川教育出版社 2004 年版，第 4 页。

第一节　延续传统，改良文言：过渡期（1902—1917）

19 世纪末 20 世纪初是中国教育发生根本性变革的关键时期。这段时期，中国逐步跨入现代化的进程，作为传统社会的书面语——文言文，正遭受前所未有的挑战。随着 1902 年以来中国教育界"壬寅—癸卯学制"和 1912 年"壬子—癸丑学制"的颁布和实施，文言作为主宰传统语文教育的语言形式，其"独揽江山"的地位受到"新式教育兴起"和"白话文振兴"的双重冲击，在中小学语文教育中，文言诗文的教学也面临现代转型的抉择。我们可以这样认为，从清末新政到 1917 年新文化运动爆发之前，中小学文言诗文教学处于由传统"经学"教育向现代国文、国语教育转化的孕育和过渡时期。

因为任何事物的运动和发展，不可避免地要受到它外部世界和内部世界种种相关因素的制约。语文教育作为一种观念形态，也必然要受制于一定时期的社会政治、文化思想的外部影响。下面，我们先来回顾一下清末民初的社会教育形势和"五四"前期语文的进步，在宏观的社会语境下，再来分析这段时期中小学文言诗文教学的变化及其特点。

一　清末民初教育的形势

鸦片战争以后，古老的中国被迫打开国门，遭遇"数千年来未有之变局"，"数千年来未有之强敌"（李鸿章语），面临巨大的忧患和挑战。人们开始睁眼看世界，从新的角度思考中国面临的问题。从"船坚炮利"的器用之学到"中体西用"的制度之学，再到文化教育、启蒙大众的文化之学，努力实践着对中国传统一次又一次的超越。这是一个忧思中国现状、叩问中国文化、设计中国未来的时代。历史学家费正清说："清朝在它的最后的十年中，可能是 1949 年前一百五十年或两百年内中国出现的最有力的政府和最有生机的社会。"① 而晚清新政中"最富积极意义而有极大社会影响的内容当推教育改革"。② 正是在这一时期，实行千年之久的科举制终被废止，新学制的设立、新式学堂的发展，使现代语文教育迈出了步履蹒跚的最初几步。

无疑，中国传统的语文教育以"研习儒家经典"为主要内容、以"代圣人立言"为主要目的、文言文一统天下的格局必然遭到社会变革的冲击和挑战，随着时代的风云变幻而悄然改变。

（一）废八股，停科举，现代教育转型前哨激战

清朝末年，科举制度与社会脱节，流弊日深。以儒家经典、诗歌辞章为主的教育已不可能培养社会所需之才，人们讽刺那种满口道德文章，却于救国救民无补的"腐儒""平时袖手言性命，临危一死报君王"。当时，整个国家的教育实际上是科举制度的附庸，教育目的、教育内容、教育方法尤其是考试方法，完全以科举考试为导向。为了应付科举考试，学生们只得仿作空疏无用的八股文，以至"巍科进士，翰苑清才，而竟不知司马迁、范仲淹为何代人，汉祖、唐宗为何朝帝者！若问以亚非之舆地、欧美之政学，张口瞠

① ［美］费正清：《剑桥中国晚清史》下卷，中国社会科学出版社 1993 年版，第 566 页。
② 陈旭麓：《近代中国社会的新陈代谢》，上海人民出版社 1992 年版，第 246 页。

目，不知何语矣"。① 可见，支配全部教育的科举制度，到了清末已腐败到了极点。

在内忧外患、风雨飘摇的晚清，许多有识之士都认识到，中国最严重的问题就是民智不开，人才缺乏，广大妇女不读书，农、工、商、兵不知学，而少数知识分子又埋首于训诂词章和程朱理学，醉心于科举考试，期望获取功名利禄。造成这种民智不开状况的原因在于封建统治者推行"牢笼天下"的科举制度，它有"锢智慧""坏心术""滋游手"（严复语）的三大祸害。只能培养一些空谈理性、玩弄词章、抱残守缺、置国家安危于不顾的"腐儒"和"学究"。若要在这民智不开的中国，效法"泰西君民并主"之"美治"，只是"大乱其道"也。进步人士改革科举制的呼声四起，终于，维新派代表人物康有为挑起大梁，于光绪二十四年（1898）写下了《请废八股试贴楷法试士改用策论折》，他在该折中开宗明义写道："臣窃惟今变法之道万千，而莫急于得人才；得才之道多端，而莫先于改科举。"② 锋芒直逼科举。然而，要改革旧的封建教育，废除"锢蔽文明之大根源"的科举制度，如同一棵参天大树斩断其根，势必遭到种种保守派的顽固抵抗，引起一场轩然大波。

科举制的终结一波三折，从戊戌变法时提出"变科举"到科举制度的真正废除，经历了 7 年时间。康有为审时度势地考虑到当时守旧势力之顽固，料知"科举之法，不能骤变"，便集中矛头请求先予废弃八股。他猛烈抨击八股所带来的种种危害："盖以功令所垂，解义只尊朱子……谢绝学问，惟事八股，于是二千年之文学，扫地无用，

---

① 康有为：《请废八股试贴楷法试士改用策论折》，转引自舒新城《中国近代教育史料》上册，人民教育出版社 1981 年版，第 37 页。

② 同上书，第 36 页。

束阁不读矣。"① 甚而耸人听闻地断言："中国之割地败兵也，非他为之，而八股致之也。"② 严复在《救亡决论》中也指出："天下理之最明而势所必至者，如今日中国不变法则必亡而已。然则变将何先？曰：莫亟于废八股。夫八股非自能害国也，害在使天下无人才。"③ 1898 年 6 月 1 日，"百日维新"开始，6 月 23 日光绪下达谕旨废除八股取士，改试实务策论。尽管光绪皇帝在科举制度上采取的变通、改良措施，并未真正触动封建专制制度的根基，但毕竟迈出了"废除科举"大业艰难的第一步。同年 9 月 21 日，戊戌政变发生，慈禧垂帘听政，宣告戊戌变法失败，不久，便下令："嗣后乡试会试及岁考科举等，悉照旧制。"④ 于是，"废除科举"之路惨遭搁浅。

1901 年，湖广总督张之洞、两江总督刘坤一合奏《筹议变通政治人才为先折》，时称"江楚会奏"，提出设文武学堂、酌改文科、停罢武科、奖励游学四项要务，⑤ 但在是否废止科举上措辞模糊。于是继戊戌变法之后清廷第二次明令废除八股，改试策论，并停罢武科。此后，日俄战争爆发，立宪呼声高涨，革命迫在眉睫。1905 年 9 月 2 日，袁世凯、张之洞等从人才培养的紧迫性出发，上《奏请废科举折》，奏折中写道："就目前而论，纵使科举立停，学堂遍设，亦必须十余年后，人才始盛。如再迟十年甫停科举，学堂有迁延之势，人才

---

① 康有为：《请废八股试贴楷法试士改用策论折》，转引自舒新城《中国近代教育史料》上册，人民教育出版社 1981 年版，第 37 页。

② 同上书，第 38 页。

③ 严复：《救亡决论（一卷）》，转引自沈云龙主编《近代中国史料丛刊续编》第十八辑，台湾文海出版社 1989 年版，第 179 页。

④ 《德宗景皇帝实录（卷四百二十八）》，转引自陈学恂《中国近代教育史教学参考资料》上册，人民教育出版社 1986 年版，第 473 页。

⑤ 参见张之洞、刘坤一《筹议变通政治人才为先折》，转引自舒新城《中国近代教育史料》上册，人民教育出版社 1981 年版，第 47 页。

非急切可成，又必须二十余年后，始得多才之用，强邻环伺，岂能我待？"① 面对危局，清廷当日即正式下诏立停科举。自隋朝以来，实行1300 余年的科举取士制度终告结束。它是中国教育史的一件大事，也是中国现代语文教育史的发端。从语文教育的角度来说，它宣告了一种束缚思维发展的话语模式的终结，为白话最终取代文言扫清了体制上的障碍。在客观上，它有利于语文教育内容的更新和充实，对于语文教育的现代转型，无疑打响了第一枪。

（二）兴学校，定学制，国文单独设科应运而生

甲午一役震动朝野，事后的反思是——要模仿日本"维新自强"，在政事、经济、教育等方面来个大变革，教育上就要"废八股、兴学校、改书院、建学堂、改章程"，从形式到内容全变，这是沉重的认可，虚心内化的开始。康有为就曾深刻地认识到："尝考泰西之所以富强，不在炮械军兵，而在穷理劝学。"② "泰西之强由于人才，人才出于学校。" "日本之骤强，由兴学之极盛。"③

在维新变法运动中，改良派创办了近百所新式学堂，但在早期的新式学校，并没有把本国的语言文字教育放在应有的地位。他们从发展资本主义经济的需要出发，强调学校应以传授自然科学为主。于是，清朝各派的办学，说的都是为了培养人才，然而，发展高级学堂有余，开展基础教育则不足。我国小学教育的实施，大致是以光绪四年（1878）张焕伦在上海创办正蒙学院为起点。课程中就曾设有"国

① 《奏请废科举折》，转引自李杏保、顾黄初《中国现代语文教育史》，四川教育出版社 2004 年版，第 26—27 页。
② 康有为：《上清帝第二书》，转引自康有为《康有为全集》第 2 集，上海古籍出版社 1992 年版，第 95 页。
③ 康有为：《日本变政考（卷四按语）》，转引自马洪林《康有为评传》，南京大学出版社 1998 年版，第 84 页。

文"，以"俗话译文言""讲解与记忆并重"，是我国民间萌生现代语文教育之始。但由于没有形成全国较为统一的制度，国文学科虽已萌芽，却没有较为明确的教学宗旨和具体要求，还不能在全国范围内产生足以掣肘全局的影响。

光绪二十七年（1901），京师大学堂的王季烈曾著《中国亟宜遍设小学堂议》，指出："人才出于学校，尽人而知之矣。顾中国派洋学生，设同文、方言馆，已数十年于兹；而京师之大学堂，南北洋之公学，暨各省所有格致、农务、武备、工艺学堂其创设亦复有年。然学生人才绝无仅有者，未尽教者之未善，学者之不力也。盖学问之道，由浅入深。小学者，学问之基础也。今中国小学未开，基础不立，虽有精深之理，专门之业，唯以语之未窥门径者。如是，则虽开学堂，永无成才之日矣。"[①] 1901 年 8 月 29 日，清政府颁布"兴学诏书"，着手兴办新式教育，将各省书院改为学堂，提出"兴学育才，实为当务之急"。1902 年，清政府颁布了由张百熙所拟的《钦定学堂章程》，即"壬寅学制"。该章程将整个学制分为三段七级。第一级为初等教育，又分为蒙学堂、寻常小学堂及高等小学堂三级。第二级包括中学堂及中等实业学堂和师范学堂。第三级含大学之预科及高等学堂。并规定：蒙学堂、寻常小学堂、高等小学堂、中学堂均设"读经"科。其中，蒙学堂设有"字课"和"习字"科；寻常小学堂设有"作文"和"习字"科；高等小学堂设有"读古文词""作文"和"习字"科；中学堂设有"词章"科。这里的"读经""字课""习字""作文""读古文词""词章"等科目，在学科性质和地位上，已接近于后来的语文教育学科。这一学制虽经公布却未能正式实施，成为新学

---

① 转引自李杏保、顾黄初《中国现代语文教育史》，四川教育出版社 2004 年版，第28—29 页。

制的先声。

1904 年初（癸卯年末），清政府又颁布了由张之洞、张百熙、荣庆合订的《奏定学堂章程》，即"癸卯学制"。这是 20 世纪中国第一个比较完整的并经法令正式公布且在全国推广实行的学制，它的颁行结束了中国几千年来办教育无章程、学校无体系的状态，确立了中国现代学制的基本模式和框架，奠定了我国现代学制的第一块基石。该学制一直沿用到 1911 年清朝覆灭。这一学制基本模仿日本。纵向分为三段七级，分别为初等教育段（蒙养院、初等小学堂和高等小学堂）、中等教育段（中学堂）、高等教育段（高等学堂或大学预科、分科大学、通儒院）。与"壬寅学制"相同，"癸卯学制"也规定：初等小学堂、高等小学堂、中学堂均设"读经讲经"科，此外，初等小学堂还设有"中国文字"科，高等小学堂、中学堂设有"中国文学"科。这里的"中国文字"和"中国文学"，以及"读经讲经"科，已经具备了后来的以阅读和写作为主体的语文教育学科的特征，是"语文"单独设科的正式开端。

"壬寅—癸卯学制"虽然在形式上披上了资本主义的新式外衣，但其本质还是封建的，是为维护清政府专制统治服务的。光绪三十三年（1907），《奏定女子小学堂章程》规定的教授科目中，单有"国文"科，而无"读经"科。此后，"国文"科的名称开始见诸法令。辛亥革命胜利后，1912 年，在蔡元培主持下，民国政府又进行了学制改革，颁发了《小学校令》和《中学校令》，制定了新学制，又称"壬子—癸丑学制"，调整了课程设置，加入了很多现代意义上的课程，取消了"读经讲经"和"中国文字（学）"，将"中国文字"和"中国文学"合称，并正式定名为"国文"科。从此，国文开始独立设科，摆脱了几千年来一直作为经学附庸的地位和鱼龙混杂的局面，语文学科朝着现代化的步伐又往前迈进了一大步，真正走上了独立发展之路。虽然这一胜利的果实在袁世凯"复辟帝制"的闹剧中遭到破坏，1915 年，在一般"尊孔读经"的复古逆流中，袁世凯相继颁布《颁定教育要旨》和《特定教育纲要》，"各学校均应崇奉古圣贤以为师法，宜尊孔以端其基，尚孟以致其用"①。一度取消了的读经讲经科又恢复起来，但是，在全国一片讨袁声中，1916 年 10 月，教育部又修正了有关的政策法令，再度撤销小学"读经"科，基本上恢复了民国元年制定的教育政策和教育制度。

二 "五四"前期语文的进步

（一）"言文一致"口号的提出

清末维新运动时期，维新运动者明确提出"言文一致"的口号。1868 年，黄遵宪在所作新诗中喊出"我手写我口，古岂能拘牵"② 的口号，是语体解放的开路先锋。他在《日本国志·学术志》里，援用西方的进化论对汉字和汉语作了精彩的论述，断言汉字"字体为愈趋愈简，愈趋于便"，汉语语体将令"适用于今，通行于俗"。他还联系日本如何解决民众识字问题，要求创造一种"明白晓畅，务期达意"③ 的新语体。"戊戌变法"的中坚人物梁启超是"诗界革命"的重要鼓吹者和实践者。他预言文言文走向白话文，是语言发展到一定阶段的自身要求。他的大部分诗歌都能毫无顾忌地冲破旧形式、旧格

---

① 《特定教育纲要》，载舒新城《中国近代教育史料》上册，人民教育出版社 1981 年版，第 256 页。

② 黄遵宪：《日本国志》，转引自郭绍虞主编《中国历代文论选》第四卷，上海古籍出版社 1980 年版，第 131 页。

③ 郭绍虞主编：《中国历代文论选》第四卷，上海古籍出版社 1980 年版，第 120 页。

调的束缚，语言比较通俗浅显、流畅自然。他的散文创作也正如他自己在《清代学术概论》一书中所说的："时杂以俚语韵语外国语法，纵笔所至不检束"①，能吸收一些近于口语的生动语言，把深奥难懂的文言改得通俗平易。

1898 年，第一份白话文报纸《无锡白话报》在无锡创刊，主编裘廷梁在《论白话为维新之本》这篇著名的论文中第一个明确提出"崇白话而废文言"的口号。他在文章中做了比较系统的阐述，认为："有文字为智国，无文字为愚国；识字为智民，不识字为愚民；地球之国同也。独吾中国有文字而不得为智国，民识字而不得为智民"②，其原因乃是"文言之为害"。他还从改造社会的角度提出了八项"白话之益"：一曰省力，二曰除骄气，三曰免枉读，四曰保圣教，五曰便幼学，六曰炼心力，七曰少弃才，八曰便贫民。他的这些主张对用行语文教育有很大的推动作用。另一位白话文的先驱者陈子褒也著文提倡白话。他认为："大抵今日变法，以开民智为先。开民智莫如改革文言。不改革文言，则四万九千九百分之人，居于黑暗世界中，是谓陆沉。若改文言则四万九千九百分之人，日嬉于琉璃世界中，是谓不夜"③。陈子褒基于这种"开民智"的思想，曾编写过许多白话小学读本。戊戌变法失败后，他便在澳门创办蒙学书塾，废止小学读经，用白话编写妇孺三字书、四字书、五字书代替《三字经》《千字文》《神童诗》。"言文合一"是语体进化的必然趋势，只是经过政治运动的外力作用，与戊戌变法这场史无前例的思想启蒙运动相

---

① 梁启超：《清代学术概论》，转引自夏晓虹编《梁启超文选》下，中国广播电视出版社 1992 年版，第 252 页。

② 裘廷梁：《论白话为维新之本》，转引自郭绍虞主编《中国历代文论选》第四卷，上海古籍出版社 1980 年版，第 168 页。

③ 陈子褒：《论报章宜改用浅说》，转引自沈云龙主编《教育遗议》，文海出版社 1973 年版，第 28—29 页。

（一）教学目的：强调圣化，突出实用

当语文学科在新式学堂中独立设科之初，不管是定名为"词章"，是"中国文学"，还是"国文"，要求学生读的、写的，仍然几乎都是文言文。而且，在"中体西用"思想的主导下，国文时期还是典型的"注重读经"的时代。从教育宗旨来看，《奏定学堂章程》规定："立学宗旨，无论何等学堂，均以忠孝为本，以中国经史之学为基。"1906 年，学部成立后，又拟定了一个新的教育宗旨。这个宗旨分二类五条，第一类为"忠君""尊孔"两条，第二类为"尚公""尚武""尚实"三条。学部在《奏请宣布教育宗旨折》中解释说，前两条是"中国政教之所固有，而亟宜发明以距异说者"；后三条是"中国民智之所最缺，而亟宜箴砭以图振起者"。[1] 可以看出，这个教育宗旨的灵魂是"中体西用"，其核心是"忠君"。按此宗旨培养出来的人，政治思想仍旧是封建主义的，方法技术可以用资本主义的。正如鲁迅讽刺的那样——"脑袋愈旧愈好，手段愈新愈好"。

在"癸卯学制"中，为了灌输"忠君""尊孔"的思想，尤重读经。《学务纲要》规定："中小学堂宜注重读经，以存圣教。""若学堂不读经书，则是尧舜禹汤文武周公之道，所谓三纲五常者尽行废绝，中国必不能立国矣。""故无论学生将来所执何业，在学堂时，经书必宜诵读讲解。"并认为，"中国之经书，即是中国之宗教"[2]。把读经与信教、尊圣联系在一块儿。读经书这样的"文"，就是保存历代"圣贤"那样的"道"，把读经看得与立国一样的重要。与此相

---

① 学部：《奏请宣示教育宗旨折》，转引自陈学恂《中国近代教育史教学参考资料》上册，人民教育出版社 1986 年版，第 564—565 页。
② 以上有关《学务纲要》内容参见张百熙、容庆、张之洞《学务纲要》，转引自陈学恂《中国近代教育史教学参考资料》上册，人民教育出版社 1986 年版，第 535 页。

应，经学的学时在总学时中也占据各科的首位。不仅如此，即使是单独设立的"中国文学"，也是相对于外国文学而言，实际上主要指文章，也包括文学，但并不纯属于文学，而是以文言文为主要语料。《学务纲要》第十一条对"中国文学"的学习目的和学习内容作了规定和说明。首先，《学务纲要》认为："学堂不得废弃中国文辞，以便读古来经籍。"即此一句就点明了"中国文学"的学习目的，还是阅读古代经典。学习"中国文辞"与读经原来是为了同一个目的，学习"中国文辞"只不过是为了更好地读经，因为"文学既废，则经籍无人能读矣"。这样就形成了一个目标序列：学习中国文辞——读经——存"国粹"——保"圣教"。《学务纲要》对"中国文辞"做了说明，它包括古文、骈文、古体诗、辞赋，甚至包括古代乐学。"中国文辞"，明白地讲，就是中国历代各体文选。因为它们"各有所用"，因此都要学习。学习不仅要能讲读，"且能为中国各体文辞，然后能通解经史古书，传述圣贤精理"，并"以能多引经史为贵"。如《学务纲要》所言：学习"中国文辞"，"即保存国粹之一大端"①。"中国文学"未能从传统教育中完全脱离出来，传统的封建教育观念仍然阴魂不散。

但是，语文教育毕竟冲破了传统封建教育的藩篱，开始单独设科，有了自己的设科宗旨和要求，向前迈进了一大步，其功不可没。值得注意的是，教学要求开始提倡俗语，重视实用。《奏定学堂章程》规定，初小"中国文字"一科，"其要义在使日用常见之文字，解日用常见之文理，以为听讲能领悟，读书能自解之助，并当使之以俗语叙事及日用简短书信，以开他日自己作文之先路，供谋生应世之要

---

① 以上有关《学务纲要》内容参见张百熙、容庆、张之洞《学务纲要》，转引自陈学恂《中国近代教育史教学参考资料》上册，人民教育出版社1986年版，第536页。

需。"高小"中国文学"一科，"其要义在使通四民常用之文理，解四民常用之词句，以备应世达意之用"。中学"中国文学"一科，则要讲"中国古今文章流别，文风盛衰之要略，及文章于政事身世关系处"，作文"当就各学科所授各项事理及口用必须各项事理出题，务取与各学科贯通发明，既可易于成篇，且能适于实用。"可见，在语文独立设科的最初阶段，其教学宗旨已明确地包含了"实用"的思想。虽然这种"实用"包括晋官之用、升学之用、应世之用、实业之用等各个方面，但强调语文教育的"应用"功能，说明这一时期的语文教育与读书仅仅为考试做官的封建教育已有所不同，是走向语文本体的重要一步。

1911 年 10 月，辛亥革命推翻了清王朝，结束了两千多年的封建统治，共和的阳光开始普照中国的大地。1912 年 9 月 2 日，中华民国新成立的教育部公布了新的教育宗旨："注重道德教育，以实利教育、军国民教育辅之，更以美感教育完成其道德。"① 新教育宗旨的公布清除了此前教育中的封建性糟粕，使教育性质发生了根本改变。蔡元培先生提出的"五育并举"的教育方针彻底动摇了封建教育的"忠君"与"尊孔"的思想根基，认为"忠君与共和政体不合，尊孔与信教自由相背"②。在"壬子—癸丑学制"中，这种资产阶级的自由、平等、博爱的观念取代了三纲五常的封建伦理道德，各级各类学校全部废除了经学。新学制颁布后，中小学教育被认为是国民应受的"普通教育"，有自己明确的宗旨。小学国文科的教学目的（"要旨"）在于"使儿童学习普通语言文字，养成发表思想之能力，兼以启发其智

---

① 北京政府教育部：《教育部公布教育宗旨令》，《教育杂志》1912 年第 7 期。
② 蔡元培：《对于新教育之意见》，《蔡元培全集》第二卷，中华书局 1984 年版，第136 页。

德"。中学国文科的教学目的在于"通解普通语言文字，能自由发表思想，并使略解高深文字，涵养文学之兴趣，兼以启发智德。国文首宜授以近世文，渐及于近古文，并文字源流、文法要略，及文学史之大概，使作实用简易文字，兼课习字"。民国之初的新学制比起癸卯学制，有了长足的进步。这些规定表明，语文是自由发表思想的工具，是培养文学兴趣的工具，是启发智德的工具。这种注重"应用"的思想体现了语文教育正在走向语文本身，语文的工具性作用已经受到重视。

（二）教学内容：重视经典，注意适切

从"学制"的规定看国文教学内容。就教学内容之读经讲经科来看，初等小学堂为：《孝经》、"四书"、《礼记》节本；高等小学堂为：《诗经》《书经》《易经》及《仪礼》之一篇；中学堂为：《春秋左传》《周礼》。就教学内容之中国文学来看，初等小学堂为：古歌谣及古人五言绝句；高等小学堂为：古文及古诗歌（五七言，短篇）；中学堂为：经史子集及近人文集，古诗歌（篇幅长短不拘）。

从以上所列教学内容来说，癸卯学制的语文教育内容仍以儒家经典、古文和古诗等为主。但由于西学的介入，学科增多，时间有限，经学的教育内容也得因时而变。从《奏定学堂章程》对"读经讲经"科的规定来看，这一时期的经学教育与传统书院、私塾形式的经学教育相比，已具有了鲜明的现代特色：一方面注重选文的经典性，另一方面注意适切性，根据学生的年龄，追求浅显与实用性。

中国经书博奥精深，很多内容非儿童可以理解。因此，《奏定学堂章程》根据学生的接受能力，"择切要各经，分配中小学堂内。若卷帙繁重之《礼记》《周礼》，则止选读通儒节本，《仪礼》则止选读最要一篇"。而且章程还对读经讲经科的各年级程度也有较详细的说明，从中也很好地体现了由浅入深、适合学生年龄的特点。初等小学堂读经讲经科，"其要义在授读经文，字数宜少，使儿童易记。讲解经文宜从浅显，使儿童易解，令圣贤正理深入其心，以端儿童知识初开之本。每日所授之经，必使成诵乃已"。高等小学堂读经讲经科："其要义亦宜少读浅解。《诗》《书》《易》三经文义虽多有古奥之处，亦甚有明显易解之处，可讲其明显切用者，缓其深奥者以待将来入高等学堂再习。"

在初等小学堂和高等小学堂还将"读有益风化之古诗歌"列入功课，具体的要求有："须择古歌谣及古人五言绝句之理正词婉，能感发人者"，"遇闲暇放学时即令其吟诵，以养其性情，且舒其肺气"。至于选什么令学生诵读，也有明确规定："选取通行之《古诗源》《古谣谚》二书，并郭茂倩《乐府诗集》中之雅正铿锵者（其轻佻不庄者勿读），及李白、孟郊、白居易、张籍、杨维桢、李东阳、尤侗诸人之乐府，暨其他名家集中之乐府有益风化者读之。尤如唐宋人之七言绝句词义兼美者，皆协律可歌，亦可授读。"对所读之诗歌，要依据学生的年龄，初等小学堂"惟只可读三四五言，句法万不可长，每首字数尤不可多；但万不可读律诗"。高等小学堂则要求为"五七言均可"，但"仍亦短篇"，"但万不可读律诗"。《奏定学堂章程》中的这些规定，一方面可见对古诗选文经典性的注重，另一方面也体现了由浅入深、由易到难的适切性。

从语文教科书的编选看国文教学内容。早在太平天国时期，就对文言型书面语言进行了从繁到简、从难到易、从贵族化到平民化的改造，使之容易学习。其中对后世小学语文教学有较大影响的是太平天国语文改革，颁行了多部新型的蒙学读本，对文言型书面语言进行了形式和内容两方面的改革，都取得了一定的成绩。如太平天国甲寅四年（1854）的《御制千字诏》，仿旧体《千字文》的形式，四字一句，句句有义。其内容十分广泛，包括自然、社会、天文、历史、动物、植物、日常生活等项，适于儿童初步识字教育。开篇几句：

维皇上帝 独一无二 当初显能 造天及地 万物齐全

生人在世 分光隔暗 昼夜轮递 日月莅照 星辰协治①

到了清朝末年，在资产阶级改革政治运动的背景下，继太平天国语文改革，发起了中国历史上的第一次白话文运动。传统的蒙学语文教学得到了进一步的革新，从"三、百、千、千"的传统蒙学读物中挣脱出来，现代意义上的语文教科书的模式初露端倪。早在光绪四年（1878），张焕纶所办的正蒙书院就有过国文教材，文体是以"俗语译文言"的。一般认为，中国自编的最早的蒙学语文教科书是光绪二十三年（1897）的《蒙学课本》，该课本分三篇，体制略仿外国课本。如第一篇第一课：

燕雀鸡鹅之属曰禽 羊牛犬豬之属曰兽

禽善飞 兽善走 禽有两翼 故善飞 兽有四足 故善走②

光绪二十八年（1902）编成的《蒙学读本》，共七册。这套教科书，按由浅入深的原则编排，并附有"文法书"，帮助儿童学习。前三册为初级小学国文体裁，多取儿童"游戏习惯之事"，如击球、捕蝉、钓鱼等，且采用讲故事的形式和附有图画，借以引起儿童的学习

---

① 《御制千字诏》，转引自陈学恂《中国近代教育史教学参考资料》上册，人民教育出版社1986年版，第6页。

② 陈学恂：《中国近代教育史教学参考资料》上册，人民教育出版社1986年版，第647页。

兴趣。第四册课文，为修身故事类。第五册为古代寓言，多采自诸子。第六册为叙事文，多半是自编。第七册为议论文，也多是自撰。这套读本，在思想教育方面虽然还不能超出当时统治者所认可的封建伦理道德的范围，但也多少反映出新兴资产阶级和爱国人士要求国家独立、富强的强烈愿望。如第三册第二课：

> 祝我国，固金汤。长欧美，雄东洋。陆军海军炽而昌，全球翻映龙旗光。帝国主义新膨胀，毋谓老大徒悲伤！印度灭，波兰亡，请看我帝国，睡狮奋吼剧烈场。①

以上这些蒙学读本，主要有以下几个变化：第一，在思想内容方面，资产阶级改良主义思想有所体现，体现出一定的适切性——适应时代的要求；第二，在编排形式方面，注意了在语言环境中教学汉字；第三，在教学内容方面，注意到语言训练的规律性。第二点和第三点又都反映出对学生的年龄特点和学习兴趣的照顾和考虑。如陈子褒言："夫新读本大旨以趣味、养生、修身、人情、物理、古事、今事、喻言为方针，而约而言之，又不出趣味开智四字。"②

癸卯学制颁行后，中国第一套小学国文教科书，是上海商务印书馆《最新国文教科书》，共18册。其中，《初等小学堂国文教科书》共10册，由庄俞、蒋维乔、杨瑜统编。该教科书由浅及深，由近及远，由已知及未知，按儿童脑力体力之发达，循序渐进，务使人人皆有普通之道德知识，然后进求古圣贤之要道，世界万国之学术。书中行文以平实活泼为主，间取游戏歌曲启发儿童之兴趣，而隐喻劝诫之意。《高等小学堂国文教科书》共8册，由高凤谦、张元济、蒋维乔

---

① 陈景磐：《中国近代教育史》，人民教育出版社1983年版，第299页。
② 陈子褒著，沈云龙编：《教育遗议》，文海出版社1973年版，第39页。

合编。该教科书能反映当时国内外政治、经济、科学等方面的情况，内容颇见新意。例如，第一册第五课为《预备立宪》《君主立宪》，第十八课为《深耕》，第五十五课为《水患》，第十二课为《声光》，第三十五课为《电热》，第四十三课为《巴律西》，第五十七课为《亚刺伯之马》。这些课文都是编者自写，一改过去按现成文章选辑的做法。诚如编者所说："按照初学程度悉心斟酌，每一课成，必经数手易数稿，以期适用。"[①]

1912 年民初新学制"癸丑学制"颁行后，小学国文教科书的编写又有所改变。商务印书馆的《共和国教科书新国文》（小学用书），是在清末的《最新国文教科书》的基础上，由原编校者根据共和国的新要求重新编写的，删除了含有歌颂清朝和忠君观念的内容，补充了一些反映民主自由平等思想的新课文。这套课本的初等小学（第一册至第四册）课文注重文字浅易，多用图画，贴近儿童的心理和生活。

当然，以上教科书均为文言文。虽然白话文教科书在民间已经开始萌芽，但大都不成气候，直到 1916 年前后，白话文教科书的发展才出现转机。先是俞子夷主持下的江苏省立第一师范附属小学私自采用白话文自编教材、自行油印，用来教授初等小学低年级学生。随后，中华书局出版了《新式教科书》，每册国文后均附有 4 篇白话课文。这一举措虽然极不彻底，但在当时却产生了极大的影响。教育部对《新式教科书》的批示说："查该书最新颖处，在每册后各附 4 课。其附课系用官话演成，间有与本册各课相对者。将来学校添设国语，此可为先导，开通风俗，于教育前途殊有裨益。至各册所用文句，其次序大致均与口语相同，令教员易于讲授，儿童易于领悟。在最近教

---

① 李杏保、顾黄初主编：《中国现代语文教育史》，四川教育出版社 2004 年版，第 35 页。

科书中泂推善本。"① 这就从官方的角度肯定了白话文教科书的价值，为"五四"以后教材的白话文奠定了基础。

这个时期中学国文教科书基本只是文章汇编，有少量圈点评语，全部都是文言文。可以说，在"五四"新文化运动前出版的中学国文教科书属传统语文教材，还具有浓郁的传统色彩。但它们是进行了改良并有所突破的语文教材，在追求教材的经典性和适切性方面，都不同程度地体现出编者突破旧制影响的努力和尝试。

这个时期较有影响的几套中学国文教材大都是由当时著名的学者、国学大师编订，如刘师培、吴增祺、林纾、张元济等。就选文而言，无论是史学价值还是文学价值，均具有传统文化的厚重感，教材中出现的许多名篇佳作，在历代语文教材中均有较高的复现率。

《重订中学国文教科书》（四册本），是吴增祺根据清末编选的《中学国文教科书》（五册本）修订而成的。此书共选古文 800 篇。《例言》中说："兹编凡分为四集：明清为第一集，五代、宋、金、元为第二集，自晋及唐为第三集，周、秦、汉、魏为第四集。一年读一集，四年可读毕。沿流以溯源，由近以及远。"② 编者主要偏重教材的文学性，编选文学史上有地位的作家的代表作。在所选 800 篇文章中，确有很多经得起时代淘洗又适合做中学语文教材的名作，如《过秦论》《项羽本纪》《廉颇蔺相如传》《魏公子列传》《出师表》《陈情表》《与陈伯之书》《滕王阁序》《吊古战场文》《春夜宴桃李园序》《张中丞传后序》《师说》《捕蛇者说》《陋室铭》《黄冈竹楼记》《岳阳楼记》《醉翁亭记》《读孟尝君传》《送东阳马生序》《卖柑者

① 参见 1916 年《中华教育界》第五卷第一期广告。
② 吴增祺评选：《重订中学国文教科书（例言）》，转引自李树编《中学语文教学百年史话》，山东人民出版社 2007 年版，第 125 页。

言》《项脊轩志》《核舟记》《五人墓碑记》《大铁椎传》《狱中杂记》《祭妹文》《登泰山记》《观巴黎油画记》等，以后都成为中学语文教材的传统篇目。

1913 年 8 月，商务印书馆又出版了一套《共和国教科书国文读本》，许国英编，张元济等校订，四册，供中学四年用。所选也多为思想健康、篇幅不长、文字优美的文章，除了与上述商务印书馆本相同者外，之外如《小石潭记》《阿房宫赋》等，就是这个课本新选的。

1912 年，刚创办不久的中华书局出版了一套《中华中学国文教科书》，由刘法曾、姚汉章评辑，共 4 册，每册选文 200 篇左右。与上述商务印书馆出版的《中学国文教科书》不选骈体文和诗歌，以及《共和国教科书国文读本》重文轻诗相比，该教材增加了诗歌和骈体文，内容分"文"和"诗歌"两大类，显得更加丰富。我们熟悉的诗歌如李白的《黄鹤楼送孟浩然之广陵》、柳宗元的《江雪》、王安石的《梅花》、鲍照的《拟行路难》等，就是这套课本选入的。目的是促进学生加深对中华民族传统文化的了解，充实文化底蕴，提升文化品位，在学习古诗文的过程中，吸收语言精华，提高书面语的表达能力。然而，总的来说，这个时期的中学国文教科书，唐诗、宋词这些中华文化的精华所选还是很少，不利于中华优秀传统文化的传承。

虽然以上这些教科书基本上全选古文，但对此前充斥于语文教育的"尊孔读经"的思想进行了批判，教材的选文范围有所扩大，语言也力求浅显，多选文字优美的短篇名文。在教学内容的安排上，打破按文学史先后顺序的古代选文模式，先今后古，由近及远，并开始斟酌选文的深浅程度进行编排。如《中华中学国文教科书》依照编辑大意中所言"中学校学生，国文程度渐深，急宜授以古人作文之法，顾古文之佳者，不能遍读，而古文之选本，存者又多不适教科之用……今特斟酌深浅，编撰本书，供中学校四年之用"，① 开始打破选文由近代上溯古代的习惯，每册都是前为史书作品，后为作家作品，依时间顺序排列，从第一册到第四册，史书篇目相对减少。文章具体内容的编排遵循学生由浅入深、循序渐进的认知规律。诗歌的编辑"略择著名诗歌附焉，大率先近体而后古风，取其声律和顺，易学易解。其在三代以下六朝以前之古诗"。体现出对学生接受心理和学习规律的顺应和尊重。

再如，许国英编撰、张元济校订的《共和国教科书国文读本》，第一册 57 篇课文"虽无系统可言"，但大部分是相近之文，彼此存在联系。根据教材编辑大意："故所选录之文，无论浅深，力避干燥无味之弊，而于文与文之排比次第，不仅用浅深分量为主，且暗含意义比较或事实互相衔接之作用，故虽无系统可言，而编次之微意，不无耐人寻味焉。"② 如第三课梅增亮的《士说》和第四课袁梅的《原士》，两文都是关于"士"的议论；又如，第二十课魏禧的《大铁椎传》、第二十一课宋濂的《秦士录》和第二十二课方孝孺的《吴士》三篇人物传记互相衔接。可见，每组课文或文体相同，或题材相同，但在思想内容和写作方法上却又有可对比学习之处。这也许就是后来单元教学的雏形。

另外，由刘宗向编辑，黎锦熙、刘翰良参订，1914 年宏文图书社发行并印制的《国文读本》4 册，其在编排上的独具匠心之举尤值一

---

① 刘法曾、姚汉章评辑：《中华中学国文教科书（编辑大意）》，转引自闫苹、段建弘主编《中国现代中学语文教材研究》，文心出版社 2007 年版，第 31 页。

② 许国英编：《共和国教科书国文读本（编辑大意）》，转引自闫苹、段建弘主编《中国现代中学语文教材研究》，文心出版社 2007 年版，第 14 页。

提。该教材分为甲、乙两集，第一册为甲集文，第二册至第四册为乙集文。并创造性地编制了第一册的内容，甲集一"励行"、甲集二"明史"、甲集三"博览古代典籍"。其实这就是整套教科书的三个学习要点，为四年中学学习打下一个坚实的基础，也是以后三年学习的专攻方向。而且，编者为了消除历史的沧桑感和由此带来的心理上的距离，在甲集二中以史传、史论、史评相间的形式，从政治、外交、军事、人物、事件、措施等多个层面、多种角度把华夏历史呈现给学生，用近代人的著述对华夏五千年的历史演变作了生动、具体的描述。有同类题材诗与史相连排列以形成对照的情况：《使刘敬和亲匈奴》（选自《通鉴汉纪》）的后篇是清代刘献廷的诗《王昭君》。有同一主题相关内容的史论和史料相连排列以形成对照的情况：《秦灭齐并论》（选自《通鉴秦纪》）、明代高启的《议秦》、顾炎武的《论秦禁淫俗》、宋代朱熹的《始皇求仙》（选自《通鉴纲目》）四篇文章连排。像这种针对某一主题或情境提供给学生多方位的观察视角，以搭建一种感性的认识平台的呈现方式，使学生在认识新事物时，在认知上的点线性局限得到扩展。并且，相关联的人或作品前后对照，使学生在比较与鉴别中，产生换位观照的兴趣，对人、事、物的见解也就有了历史的深度与厚度。这套教科书虽没有系统地组织主题单元或形成明显的情境，但在某种程度上，或许为以后语文教材编选的"主题组元、话题模式"开了先河。

（三）教学方法：延续传统，引入新法

新学制颁布以前，我国学校教育基本上是在私塾和书院中进行的，教学内容主要是诵读经书，基本的教学组织形式是个别讲授。与此相适应，传统的教学方法特别注重记忆和背诵。新学制颁布以后，教学内容有所变化，教学组织形式开始由个别讲授转变为班级授课。于是，传统的教授方法日益显得不切实用。这段时期，国文教授方法的改变主要表现在两个方面：一方面是对传统教授法进行改造；另一方面则是从国外引进一些新的教学方法。

新学制针对旧私塾"只重诵读，不讲解"的教法，强调了"讲解"的重要性。《奏定学堂章程》规定："凡教授之法，以讲解为最要，讲解明则领悟易。"除此之外，还要求"教授儿童须尽其循循善诱之法"。对于读经讲经和中国文学两科，其教法分别规定如下：讲《春秋左传》宜简要解说其大事与今日世界情形相合者；讲《周礼》宜阐发先王制度之善，养民教民诸政之详备，与今日情形相类可效法者。讲经先明章旨，次释文义，务须平正明显，切于实用。其详略视学生年龄而定。经书只讲其大意。

中国文学科规定"为文"的教学程序：文义、文法和作文。文法教学，强调"必自讲读始"，"先读经史文集中平易雅驯之文"，"并讲解其义法"；"次则近代有关系之文亦可浏览，不必熟读"。此外，"讲中国古今文章流别、文风盛衰之要略，及文章于政事身世关系处"。

当然这种变革是极不彻底的。由于癸卯学制规定，中小学堂设有读经讲经科，教学内容决定教学形式和教学方法，因此，这时在教学方法上仍然强调记诵，如《学务纲要》规定："自初等小学第一年，日读约四十字起，至中学堂日读约二百字止。大率小学堂每日以一点钟读经，以一点钟挑背浅解（挑背者，随意择资质较钝数人，每个指令背诵数语，以省日力。浅解者，止讲浅易切用大义），共合为两点钟，计每星期治经十二点钟。中学堂每星期以六点钟读经，以三点钟挑背讲解，计每日读经一点钟，间日挑背讲解一点钟，每星期治经九点钟。至温经一项，小学中学皆每日半点钟，归入自习时督课，不占讲堂时刻。"这样下来，从小学到中学，一个学生要读、背多少经书呢？初等小学五年，应读《孝经》《论语》《礼记》共 10180 字；高等小学四年应读《诗》《书》《易》及《仪礼》之一篇共 11520 字；中学五年应读《春秋左传》《周礼》两经 24 万字。这就意味着，学生从小学到中学 14 年，必须熟读和背诵的经书将近 26 万字。章程中还有"所诵经书本应成诵"的规定。另外，据几位文化名人的回忆，清末兴学堂之初，在各地纷纷兴办的府中学堂里，国文教学实际的基本情况是：教师多由科举出身的秀才、举人担任，在文化发达地区的中学堂里，尚不乏能使学生获益的名师，然而学术陋浅以至头脑冬烘误人子弟者，亦复不少。教法当是以传统的先生讲为主，学生仍然来自原为走科举之路的中产以上人家弟子。考试的题目大都从"四书""五经"来，所以学生仍注重读经。可见，旧私塾遗留的死记硬背的习惯势力依然很强大。

随着新学制的进一步推行，国外新的教学方法的传入和推行对变革传统私塾教法起了积极的作用。1901 年，《教育世界》介绍赫尔巴特的教授法原理四阶段（明了、联结、系统、方法）说，以及莱因发展了的"五段说"，即预备、提示、联系、比较和总结及应用。教学形式阶段理论以心理学作为教授方法的科学基础，系统构建了教授过程的模式，很好地解决了从个别教授向班级教授转变后如何同时向众多学生有效地传授系统知识的难题，适应了中国从传统的封建教育向现代教育转型的需要，在当时得以迅速推广。俞子夷称这种形式阶段教授法"最受欢迎。教师用以备课，师范用以实习，只须将教材依次安排，再出些习题即可竣事"。[①] 教学形式阶段理论应用于各科教学

① 董远骞、董毅青：《俞子夷教育实践研究》，浙江教育出版社 2008 年版，第 164 页。

中，语文教学当然亦在其中。就国文的读法来说，当时有些教育工作者加以改进变通，建立了一套"教顺"（即上课的顺序）。其教顺为：事物教学、目的指示、课文大意、新字解释、课文讲解、讲读练习、段落大意、文体结构、应用练习。这种教授方法与我国旧私塾"只重诵读"的教授法迥然不同，它是在西方资本主义工业发展基础上普及教育的产物。但是，这种新方法新理论的应用范围依然狭窄，一般只是在一些城市的优良学校中推广施行得较好，而全国的大部分学校，基本上是沿袭旧法，传统的"记诵"观念根深蒂固，一时难以动摇。另外，某些学校形式主义、教条主义地运用教学形式阶段理论，反而抛弃了这种理论中的启发式教学的积极因素，使其走向机械、消极、被动的一面，再加上当时封建传统教学方法"注入式"的掺和，产生了一定的负面影响。1922年，叶圣陶回忆说："往昔所谓教授法，殆可谓全属阶段之研究。教授倘拘泥于阶段，将整个的事件判析为零星死物，很有弊害，并且不论何种教材，必使通过程度的阶段，岂是可通之理？但阶段的区分，并非全属不必要。倘能相机活用，务求保存所教授的整个事件，则旧时阶段之节目，正不妨应用，或且更生新义。"①

　　1909年，白作霖、蒋维乔总结了新学以来教学理论和实际应用上的得失，编译了《各科教授法精义》，书中不但有理论，还有各科教学的实际应用，可谓当时学习西方教育方法的集大成之作。与此同时，许多教育工作者再次反思传统的国文教法，对其进行改良革新。如蒋维乔在《论小学校以上教授国文》一文中指出："昔者学塾之背诵呆读，为世诟病，以为学堂中，宜讲解不宜诵读"，接着又指出：

---

　　①　刘国正主编：《叶圣陶教育文集》卷三，人民教育出版社1994年版，第17页。

"夫教授国文，读法、讲法、作法、写法，缺一不可。且学生至成篇而后，再求进步，尤宜置重诵读。今乃乎之，必至毫无成效。此又一弊也"。他还从"气盛言宜"的角度分析了诵读的独特意义，把诵读分为三种：机械读法、论理读法和审美读法。中学生尤宜置重审美读法："注意音节之抑扬顿挫，使古人之声调，拂拂然与我喉舌相习，以畅发作者之感情，至是而读法之能事毕。"①

对于中国传统"有文法教授，而无言语教授"的问题也有所反思："授言语文章，使在传承知识表彰思想之方便，又不但知其话方读方缀方而已，要在深知其意义性质，悟国语国文之妙味，而有正确之实力。不然，单纯记忆一片，价值何足轻重。"至于言语和文章的关系，也有精辟的论述，"离言语，则文字文章不可存。而言语有声无形，必依文字文章，益致意味确实之明瞭，且得完其使用。故初等教育，常依三者相辅而行，为理所当然。此中国亟宜改良者也"②。无疑，这是"五四"以后国语一科出现的先兆。

这个时期，虽然基本上还是传统语文教育方法"读、背、讲"的延续，教国文跟古代一脉相承，还是"讲"书。但不乏对传统教学法的反思和改进之举，加上少数先进的教育工作者学习、宣传、改造西方的先进经验，开始在教育学、心理学理论指导下进行教学方法的改革，在延续旧法的同时，尝试引进新法，从而掀开我国语文教学方法研究的第一页。

---

① 蒋维乔：《论小学校以上教授国文》，转引自顾黄初、李杏保编《二十世纪前期中国语文教育论集》，四川教育出版社 1991 年版，第 5—6 页。

② 学部审定：《普通各科教授法》，转引自饶杰腾编著《近现代中学语文教育的发展》，广东教育出版社 2008 年版，第 11 页。

第二节　批判传统，抑制文言：激进期（1917—1927）

如果说，清末民初国文独立设科时期，在"变法维新，救亡图存"的改良主义运动的推动下，中小学文言诗文教学向现代转型已经迈出了步履蹒跚的最初几步，那么，狂飙突进的"五四"新文化运动无疑给了它猛力的一鞭，加速了其现代转型的进程。自1917年，胡适在《新青年》杂志上发表《文学改良刍议》，发出了新文化运动的信号，一时风云际会，气象恢宏，掀起了波澜壮阔的现代教育运动。随着1922年"六三三"学制的出台，三份国语课程纲要应运而生，为以后规范中小学文言诗文教学起了重要的作用。直到1927年国民党成立南京政府，结束了军阀混战的政治局面，"五四"时期浪漫、理想的激进色彩才渐渐褪去。然而，这伟大的十年，带给中小学文言诗文教学现代转型突飞猛进的力量是没有哪个时期能比的。

一　激进转型的发生

（一）文化观念转型：从中国传统文化取向到西方现代文化取向

这是一个新旧过渡的时代，是经受西方文明洗礼、自由精神充分发展的时期。封建传统文化的解体，军阀混战和政治动荡，为思想文化提供了一个难得的生长空间。新潮和旧浪冲突撞击，出现思潮迭起、异彩纷呈的局面。在这个被称为"中国的文艺复兴"时期，激进和保守作为最主要的话语形式，呈现这个时代新旧转型的阵痛。

新文化运动作为中国思想文化现代化开始的标志，其参照体系是西方文艺复兴以来的思想文化系统。晚清洋务派和维新派对西方器物文化和制度文化的学习，并没有从根本上改变中国积弱的现状。因为，他们骨子里奉行的还是"中学为体，西学为用"的封建传统文化思想。到了"五四"时期，新文化运动的闯将们已经意识到要从根本上推动中国的现代化，必须从思想和精神文化层面入手，引进西方的新文化、新思想，冲击中国古代的旧文化、旧思想。

对中国传统文化的落后面——文化惰性，"五四"先驱者们展开了尖锐愤激的批判。鲁迅曾经心痛地批评中国人对待四大发明，"外国人用火药制造子弹御敌，中国却用它做爆竹敬神；外国人用罗盘针航海，中国却用它看风水。"① 中国封建文化"惰性"之顽固，于此可见一斑了。胡适还指出中国的人生观缺乏科学的因素，认为"我们只有做官发财的人生观，只有靠天吃饭的人生观，只有求神问卜的人生观，只有《安士全书》的人生观，只有《太上感应篇》的人生观，——中国人的人生观还不曾和科学行见面礼呢！"② 这一批中国早期先进的知识分子，认清了中国传统文化的危机，西方现代文化的生机，东方文明的落后，西方文明的先进，因而极力主张中国应全面输入西方学理，完成由中国传统文化取向到西方现代文化取向的文化转型，使古老的中国尽早实现"充分世界化"。

"五四"时期引进的西方思想文化，其来势之迅猛，内容之丰富前所未有。但它们具有一个共同倾向，那就是"民主和科学"。"德先生"和"赛先生"，这两个古今相连，中西合璧的新的词语组合，赋予了"科学"一词迫切的价值期待和丰富的人文精神，注定了现代

---

① 鲁迅：《电的利弊》，《鲁迅全集》第5卷，人民文学出版社1981年版，第15页。
② 胡适：《科学与人生观序》，《胡适作品集》，台湾远流出版公司1986年版，第5页。

"科学"观念作用和功能的发挥决不仅限于科学领域，而是会扩展到人文领域，成为破除"无常识之思维"和"无理由之信仰"的思想武器。当时，科学在中国的地位，可用1923年胡适说过的一段话为证明：这30年来，有一个名词在国内几乎做到了无上尊严的地位；无论懂与不懂的人，无论守旧和维新的人，都不敢公然对他表示轻视或戏侮的态度。那名词就是"科学"。[①] 在这里，"科学"这一词汇所代表的绝不仅仅是一种知识体系，更是一种价值体系和评判标准，甚至是人生观。"科学"这个典型的西方现代话语洗刷着中国这片充斥着"吃人"的礼教的、毫无生机的土壤，在启蒙与救亡的时代风雨中，西方现代文化来势汹涌，犹如一声声春雷滚动，霎时间，民主、科学、个性、自由、创造等现代新思想的种子破土而出，古老的中国大地又开始萌发现代文明的春芽。

然而，这些代表西方现代文明的新思想、新文化要生长、传播直至茁壮，首先遭遇的是中国封建旧话语、旧文化所形成的那层"可悲的厚障壁"（鲁迅语）。而记录和承载这些封建旧道德、旧伦理的就是以文言为代表的古代话语体系。于是，在整个思想文化界涌动着一种反抗、破坏、颠覆、重构一切价值的大形势下，汉字、汉语、文言以及用文言文记载的古代文化典籍当然也不例外，遭受了前所未有的攻击和批判。在激进主义者的眼中，中国文字满身都是毛病，难认、难写、难记；无法记录新理、新事、新物之名词；很有必要创造新字或采用罗马字拼音。钱玄同甚至提出要"废灭汉文"。他说："中国文字，自来即专拘于发挥孔门学说及道教妖言。故此种文字，断断不能适用于二十世纪之新时代。我再大胆宣言道：欲使中国不亡，欲使中

---

① 　胡适：《科学与人生观序》，《胡适作品集》8，台湾远流出版公司1986年版，第5页。

华民族为二十世纪文明之民族，必以废孔学，灭道教为根本之解决，而废记载孔门学说及道教妖言之汉文，尤为根本解决之根本解决。"①

　　文言，更是被看作传统文化的代名词。对文言的批判，不仅仅是对一种语言形式的批判，更是与对封建文化、古代思想意识形态的批判联系在一起的。周作人深入地剖析了文言的弊害："我们反对古文，实又因为他内中的思想荒谬，于人有害的缘故。这宗儒道合成的不自然的思想，寄寓在古文中间，几千年来，根深蒂固，没有经过廓清，所以这荒谬的思想与晦涩的古文，几乎已融合为一，不能分离。"② 对此，鲁迅也有着深刻的体认："别人我不论，若是自己，则曾经看过许多旧书，是的确的，为了教书，至今还在看。因此耳濡目染，影响到所作的白话上，常不免流露出它的字句，体格来。但自己却正苦于背了这些古老的灵魂，摆脱不开，时常感到一种使人气闷的沉重。"③ 因为这个缘故，鲁迅还沉痛地告诫青年人"要少——或者竟不——看中国书，多看外国书"。在他们看来，文言话语已经成为思想的附属物，成为一种抽象的权威。传统人士屈服于文言话语的权威主体，在"正名"的伦理征途上完善自己的道德人格，"天不变，道亦不变"的观念使他们丧失了自身的意志自觉。而一般民众身上就更加体现了文言话语对生命个体意识的压抑、占有和掳夺，他们"在欺骗和压制之下，失了力量，哑了声音，至多也不过几句民谣"，④ 普通民众处于

---

　　① 钱玄同：《中国今后之文字问题》，转引自《中国新文学大系第一集》，上海文艺出版社 1981 年版，第 142—144 页。
　　② 周作人：《思想革命》，转引自载胡适编选《中国新文学大系·建设理论集》（影印本），上海文艺出版社 2003 年版，第 200 页。
　　③ 鲁迅：《写在〈坟〉后面》，《鲁迅全集》第一卷，人民文学出版社 1973 年版，第 263—264 页。
　　④ 鲁迅：《〈八月的乡村〉序》，《鲁迅全集》第六卷，人民文学出版社 1973 年版，第 287 页。

失语的地位。新文化运动要争取文化的大解放，首先要争取的就是个体自由言说的权利，而文言是束缚个体精神的枷锁，打破文言的枷锁便成为求得个体解放的第一步。要让生命个体自由言说，就要对文言权威进行根本性的颠覆，完全摒弃文言，用现代的语言说出现代的思想。

正所谓爱之愈深，期之愈重，责之愈切，这种对中国传统文化惰性的无情揭露和批判，对中国文字、语言、文化典籍"大义灭亲"的决裂态度，可以用"愤其不争"四个字来概括。这是一种先觉者对于国家民族命运的强烈的忧患意识裹挟着、推动着而表现出来的一种无所畏惧的人格力量和睿智的历史眼光。在中国传统文化和西方现代文化的冲突前，他们不想空谈折中选择，托庇于折中调和的烟幕弹下而抱残守缺，他们毅然选择了"拼命走极端"、矫枉过正的激进手段和策略，目的"不是要人消极，是要人反省，不是要人灰心，是要人起信心"，① 让世界文化"充分和我们的老文化自由接触，自由切磋琢磨，借它的朝气锐气打掉一点我们的老文化的惰性和暮气"。②

（二）文学观念转型：从文言旧文学到白话新文学

就中国历史上的发展来看，文学革命可以说代代有之，从未停止。然而，"五四"时期，动荡复杂的国内外形势为各种西方思潮的引入提供了难得的机遇，而具有现代性特征的启蒙思潮成为各种思潮中最引人注目，也最为人接受的"异域之火"。文言文的滞后被动和固定的语言套式又一次面临历史的选择。五四新文化运动的

---

① 胡适：《三论信心与反省》，《胡适作品集》18，台湾远流出版公司1986年版，第67页。

② 胡适：《试评所谓"中国本位的文化建设"》，《胡适作品集》18，台湾远流出版公司1986年版，第139—140页。

先锋们，正是抓住了这一历史契机，捕捉了"言文合一"这一语体进化的必然趋势，适时地提出改良文学进行文学革命，全面使用白话文的主张，完成了文白转化的历史使命。这是一场波澜壮阔而且彻底的文学革命。

实际上，中国趋向于言文合一的白话文学，已经流行了一千多年，但它始终局限于市民阶层，为整个上流社会所鄙夷，从而登不上大雅之堂，不能与长期占领文学殿堂的文言相抗衡。到了清末，由于新的种种社会文化因素的综合作用，教育普及的态势日趋明显，文言文所暴露的脱离口语、言文不一的弊病一览无余，社会上言文合一的现实要求已如久旱之盼甘霖。于是，清末的白话报刊应运而生，广为流行。但仍然是面对城市下层人民的一种辅助工具，仍然为上流社会所不屑。由于有意推广者未能有意识地反对文言，未能有欲取古文而代之的明确意识，也就根本不敢奢望去动摇传统古文的根基，故而上流社会则仍因袭文言文而已。白话文学于是也就难免其自生自灭的命运。直到胡适等人的有意识的提倡和尝试，才发生了翻天覆地的变化。

然而，在一千多年白话文学发展的量变基础上实现质变，完成从文言旧文学到白话新文学的现代文学观念的转型，需要一种"拆掉屋顶"式的革命的勇气和行动。1917 年，胡适在《新青年》上发表《文学改良刍议》，这是一个向传统旧文学"发难"的信号，虽只是一种"改良主义"的主张而已，但也是基于对传统正宗文学（古文）的批判态度：首先，他认识到古文是一种半死的文字，而白话是一种活的文字。半死的文字由于"言文"不合一，不利于表情达意，不利于耳闻目睹，不利于传播教育，认识到"文言的文字可读而听不懂，白话的文字既可读，又听得懂"；"凡文言之所长，白话皆有之。而白话之所长，则文言未必能及之"。① 他还敢于一反传统观念，认为宋、元以来盛行的白话文学乃是文学的正宗，白话为文学之利器，也为教育普及之工具。他说："以今世历史进化的眼光观之，则白话文学之为中国文学之正宗，又为将来文学必用之利器，可断言也。"② "这一千多年中国文学史是古代文学的末路史，是白话文学的发达史。"③ 这一新观念的建立，乃是文学革命的理论根本，它不仅动摇了古文为正宗、白话文学为鄙俗的传统观念，而且釜底抽薪、快刀斩乱麻地扫除白话文学赖以建立的根本障碍。

正是由于胡适以其独到而有力的文化批判意识，批判否定传统古文的中心地位，并有意识地欲取古文而代之，从而使中国文学脱离了自然演进的老路，走上了有意创造的新路。随后，陈独秀发表《文学革命论》，以鲜明而坚定的立场，高举着"文学革命"的大旗，"改良中国文学当以白话为正宗之说，其是非分明，必不容反对者有讨论之余地"④，把胡适吹响的文学革命的第一声晨号传播远扬。钱玄同、刘半农等人也随之并力提倡，推波助澜。钱玄同说："语录以白话说理，词曲以白话为美文，此为文章之进化。"⑤ 刘半农以为："余赞成小说为文学之大主脑，而不认今日流行之红男绿女之小说为文学。"⑥

① 胡适：《白话文言之优劣比较》，《胡适作品集》37，台湾远流出版公司 1986 年版，第 43—46 页。

② 胡适：《文学改良刍议》，《胡适作品集》3，台湾远流出版公司 1986 年版，第 16—17 页。

③ 胡适：《白话文学史·引子》，《胡适作品集》19，台湾远流出版公司 1986 年版，第 16 页。

④ 陈独秀：《答胡适之》，载胡适编选《中国新文学大系·建设理论集》影印本，上海文艺出版社 2003 年版，第 56 页。

⑤ 钱玄同：《寄陈独秀》，载胡适编选《中国新文学大系·建设理论集》影印本，上海文艺出版社 2003 年版，第 49 页。

⑥ 刘半农：《我之文学改良观》，《新青年》1917 年 5 月 1 日第 3 卷第 3 号，《二十世纪中国小说理论资料》第二卷，北京大学出版社 1997 年版，第 26 页。

可见，他们已经不单注重到形式的，而且注重到内容的问题了。1918年出版的第四卷第一号《新青年》，便实行他们自己的主张，完全用白话做文章。在这一卷里，胡适的《建设的文学革命论》一文，可以说是一篇文学革命最堂皇的宣言。在这篇文章里，胡适明确地指出："我的建设新文学论的唯一宗旨只有十个大字：'国语的文学，文学的国语。'……中国若想有活文学，必须用白话，必须用国语，必须作国语的文学。"① 鲁迅在《无声的中国》的演讲中曾说过："中国虽然有文字，现在却已经和大家不相干，用的是难懂的古文，讲的是陈旧的古意思，所有的声音，都是过去的，都就是只等于零的。所以，大家不能相互了解，正像一大盘散沙。"而首先来尝试恢复现时代中国的声音的，"是'五四运动'前一年，胡适之先生所提倡的'文学革命'"。它让人可以"用活着的白话，将自己的思想，感情直白地说出来"，发出真的声音，"只有真的声音，才能感动中国人和世界的人；必须有了真的声音，才能和世界的人同在世界上生活"。最后郑重地指出："我们此后实在只有两条路：一是抱着古文而死掉，一是舍掉古文而生存。"② 连当时的国民政府要员廖仲恺，也在致胡适的信中说："我辈对于先生鼓吹白话文学，于文章界兴一革命，使思想能借文字之媒介，传于各级社会，以为所造福德，较孔孟大且十倍。"③

当然，要撼动盘踞几千年的传统正宗文学高高在上的地位，宣判文言旧文学的死刑，仅凭几张伶牙俐嘴，靠几句激进的口号"口耳相传""奔走呼告"是远远不够的。"五四"先驱者们身体力行，用自己白话文学的创作实绩，攻克用白话入韵文的堡垒。梁启超汪洋恣

---

① 胡适：《建设的文学革命论》，《新青年》1918 年 4 月 15 日 4 卷 4 号。
② 鲁迅：《三闲集·无声的中国》，《鲁迅全集》第四卷，人民文学出版社 1981 年版，第 12—15 页。
③ 胡适：《胡适来往书信选》上，中华书局 1979 年版，第 64 页。

肆、激情澎湃的时政"新文体",鲁迅嬉笑怒骂皆成文章的随感录杂文,郭沫若情感和想象融合的自由体新诗,周作人舒缓自如、意蕴深厚的叙谈体散文……风靡一时,影响深远。散文和新诗佳作的大量涌现,从根本上确立了白话文的文学价值,从而使白话只可为通俗文学不能作美文和韵文的传统观念烟消云散。短短几年,"言文一致"的文学革命便已风行全国,并逐渐成为整个社会交流思想和发展教育的主要工具。文学革命在当时那种风卷残云的发展态势,我们可以从当时的守旧派代表章士钊的抨击描述中见出端倪:"今之贤豪长者,图开文运,披沙拣金,百无所择,而惟白话文学是揭。如饮狂泉,举国若一。"①

由确立白话文学的正宗地位到高举"国语的文学"的大旗,"五四"激进主义者们传达着一种全新的、现代的文学观。如胡适所言:"我们的中心理论有两个:一个是我们要建立一种'活的文学',一个是我们要建立一种'人的文学'。"② 这种从形式到内容全面革新的文学观,是建立在以个人为本位的现代人学思想基础上的。其价值指向向内表现为强调人性人情,向外则表现为强调文学要为人生为社会。这场史无前例的文学革命,使白话的文学价值得以真正的彰显,把文学与国语紧密地联系在了一起,有力地冲击、更新了有几千年传统的语文教育思想和教育内容,极大地促进了语文教育的现代转型,尤其是对文言诗文教学实现由传统向现代的质的转变,产生了深刻的影响。

---

① 章士钊:《评新文化运动》,载郑振铎编选《中国新文学大系·文学论争集》影印本,上海文艺出版社 2003 年版,第 198—199 页。
② 胡适:《胡适〈中国新文学大系〉第一集·导言》,载《胡适学术文集·新文学运动》,中华书局 1993 年版,第 244 页。

（三）国文观念转型：从"国文"到"国语"

民国新学制实施以后，国文虽已独立设科，但教学内容仍以文言文或经过改良的文言文为主，当时推行白话文的主张基本上仅限于初等小学。五四时期的"白话文运动"以"席卷一切旧事物，重估一切价值"的气魄和眼光，一扫过去推行"官话"那种从音标、注音方面入手的蜗牛式的改革，将"国语建设"与"文学建设"集合于"国语文学建设"的旗帜下，把此前国语统一运动从"山重水复疑无路"的困境中拉了出来。白话文运动与国语运动合流，将中小学国文教育再一次推向了现代转型的洪流中。

先从胡适那篇著名的《建设的文学革命论》谈起，在这篇文章中，胡适系统地提出了要先有"国语的文学"，然后再有"文学的国语"这一观念。他说："我们所提倡的文学革命，只是要替中国创造一种国语的文学。有了国语的文学，方才可有文学的国语。有了文学的国语，我们的国语才可算得真正的国语。"他认为："真正有功效有势力的国语教科书，便是国语的文学。"胡适的这个见解，并非一时心血来潮的草率提出，而是作了相当精确的考证研究，掌握了语言形成、发展的规律性才提出的。他说："我这几年研究欧洲各国国语的历史，没有一种国语是教育部的老爷们造成的。没有一种是言语学专家造成的。没有一种不是文学家造成的。"① 胡适坚持要用白话来编写教科书，以利国语的传播和普及。他虽然注重先造成有价值的国语文学，同时也极注重从小的国语教育。指出："从学校一方面着想，似乎还该从低年级学校做起。进行的方法，在一律用国语编纂中小学校

---

① 参见胡适《建设的文学革命论》，《新青年》1918 年 4 月 15 日 4 卷 4 号。

的教科书，且多取白话小说作教科书为小学教材。原来的国文称'古文'，在高等小学三年以上开始教授，其位置与'第一外国语'同等。且教授古文，也用国语讲解。"① 稍后，他又在公开通信中进一步阐述他的观点："现在的一切教科书，自国民学校到大学，都该用国语编成"；"国民学校全习国语"；"高等小学除国语读本外，另加一二点钟的'古文'"；"中学堂'古文'与'国语'平等，但除'古文'一科外，别的教科书都用国语的"；"大学的'古文的文学'成为'专科'与欧美大学的'拉丁文学''希腊文学'占同等的地位"②。

　　由于胡适的大胆建议，1919 年 4 月，国语统一筹备委员会成立，周作人、胡适、钱玄同、刘半农等人提出了《国语统一进行方法》的议案，提出改编小学课本，主张："统一国语既然要从小学校入手，就应该把小学校所用的各种课本看作传布国语的大本营；其中国文一项，尤为重要。如今打算把'国文读本'改作'国语读本'，国民学校全用国语，不杂文言；高等小学酌加文言，仍以国语为主体，'国语'科以外，别种科目的课本，也该一致改用国语编辑。"③ 由于胡适倡导文学革命的名声和地位，他们的这些主张和提议，在很大程度上影响了教育界尤其是国语研究会、教育联合会等组织。北京政府教育部也放弃了对"标准国语"的期待，采纳了这个建议，于 1920 年 1 月训令各省区：改小学"国文"为"国语"。规定自本年秋季起，先改一、二年级，三年级允许到 1921 年，1922 年冬季以后凡国民小学各种用文言所编的教科书，一律废止，改用语体文。又以教育部令修

---

① 胡适：《论文学改革的进行程序》，《胡适作品集》3，台湾远流出版公司 1986 年版，第 80—81 页。

② 胡适：《答黄觉僧君"折衷的文学革新论"》，载郑振铎编选《中国新文学大系·文学论争集》影印本，上海文艺出版社 2003 年版，第 71 页。

③ 《国语统一进行方法》，《教育公报》1919 年第 9 期。

正《国民学校令》，将有关条文中的"国文"改为"国语"。言文一致的"国语"科诞生于1920年，是中国现代语文教育史上继"国文"单独设科以来又一件具有里程碑意义的大事。

在国民学校中，改"国文"为"国语"，这不仅仅是一个名称上的转变，它还标志着白话文已被体制所接纳，文言文真正受到了白话文强有力的挑战。中国语文已由古代汉语统治全局的阶段进入现代汉语开始发挥优势的阶段。可以说，这是中小学语文教育改革以至整个教育改革中的一件具有划时代意义的大事。当年胡适先生曾说：教育部的"这一道命令把中国教育的革新至少提早了十年"。① 今人钱理群先生也认为："它不仅是中国现代汉语发展史，更是中国现代文学发展史上的一个划时代的事件。在某种意义上，它是五四文学革命最具有实质性和决定性意义的成果。……五四文学革命所创造的现代文学，是通过进入中小学教科书而真正在国民中扎根的；在当时就取得了出人意料的效果：白话文作为新思想的载体进入课堂，成为青少年思维、表达、交流的工具，这是一场空前的精神的大解放，于是被压抑的创造力就得到了空前的释放。"②

继1920年教育部训令后，1922年10月，教育部在济南召开学制会议，11月发布《学校系统改革令》，实行新学制，即"壬戌学制"。这个新学制博采中外所长，比较全面地总结了清末民初以来中国教育改革的经验，受美国民主主义教育思潮的影响，倡导民主与科学，突出儿童本位课程，强调尊重人的个性发展。列有七项标准：（一）适应社会进化之需要；（二）发挥平民教育精神；（三）谋个性之发展；

① 胡适：《国语讲习所同学录·序》，载白吉庵、刘燕云编《胡适教育论著选》，人民教育出版社1994年版，第122页。
② 钱理群：《五四新文化运动与中小学国文教育改革》，《中国现代文学研究丛刊》2003年第3期。

（四）注意国民经济力；（五）注意生活教育；（六）使教育易于普及；（七）多留各地方伸缩余地。总起来看，新方案的标准与五四新文化运动的精神同声相应，它们都顺应了历史发展的潮流。所表现出来的进化立场、平民精神、个性思想、生活取向、自主理念，都深刻地影响着中小学国语教育的理念和策略。

二 激进转型的表现

经历了"五四"激进主义思潮的冲刷和洗礼，中小学国文教学的局面，已由文言文的"独行天下"演变成白话文的"日行千里"。总体来说，在国语教育阶段，教育目的已由传授"圣贤之道"转向"练习常用的语言文字""使学生有自由发表思想的能力""启发想象力及思想力"；教育内容则由文言独霸变成文言与白话并存，并出现由文言文教学逐步过渡到白话文教学的趋势。那么，在这场疾风骤雨般的转型风暴面前，中小学文言诗文教学是怎样顺应时代的大潮，急流勇退，安全过渡，维护自己在国语教育中的那"半亩八分田"？这个阶段的中小学文言诗文教学具有什么样的特点？又是怎样具体开展的呢？

（一）"国语课程纲要"中文言诗文教学的地位变化

经由新文化运动中科学与民主思想的激荡，在内外因素的共同合力下，白话文被推到了历史的前台。同时，文言文也被送上了风口浪尖。无论从适应社会的需要，还是作为一种应用的工具，或是为了教育普及的需要，文言文已经是甘拜下风，无法再有大的作为了。可是，在中小学语文教育中，对于那些遗留下来的用文言写成的文学经典，是全部扫地出局，还是留作他用？对这个问题，"五四"时期激进的改革者、教育家们还是有过冷静思考的。胡适在研究探讨文学革命与科学教育的问题时就曾指出："现在中国人是否该用白话做文学，这是一个问题。中国现在学堂里是否该用国语作教科书，这又是一个问题。如果用了国语做教科书，古文的文学应该占一个什么地位，这又是一个问题。我们研究文学的人是否该研究中国的旧文学，这又是一个问题。"① 很显然，文言诗文本身与文言诗文教学，在胡适的眼中不是同一个问题。看来，这个曾宣判文言"死刑"的法官，还是明察秋毫的。在中小学语文教育中，他并没有把文言文（用他的话来说，是"古文"）一棍子打死，而是在文言文的实用价值之外，隐约看到了文言文的另一种价值——文学价值。朱自清也对那种完全否定文言文价值的观点持反对态度，他本人是承认"文言有时代的价值的"：初中的学生懂得"一点本国古代思潮，也未尝不是有益的事"；"现在的书报——尤其是报——还有许多是用文言的"；"白话的词类、兼词、成语等甚是贫乏，势不得不借材于文言；阅读些文言，于了解别人文字与自己作文都有帮助"。②

当时，随着白话文"大举进军"中小学语文教育，文言诗文在中小学的教学问题，首先在民间掀起了一阵波澜。其中关于对小学生是否应教文言文的讨论，有一个不断变化的过程。对于初小，梁启超③、劳泽人④等主张全教语体文，吴研因⑤等主张以语体文为主；高小，

---

① 胡适：《答黄觉僧君"折衷的文学革新论"》，载郑振铎编选《中国新文学大系·文学论争集》影印本，上海文艺出版社 2003 年版，第 71 页。

② 朱自清：《中等学校国文教学的几个问题》，载顾黄初、李杏保《二十世纪前期中国语文教育论集》，四川教育出版社 1991 年版，第 647—653 页。

③ 梁启超：《中学以上作文教学法》，载顾黄初、李杏保《二十世纪前期中国语文教育论集》，四川教育出版社 1991 年版，第 232—239 页。

④ 劳泽人：《小学校与国语》，载朱麟公《国语问题讨论集》，中国书局（上海）1921 年版，第 47 页。

⑤ 吴研因：《新学制建设中中小学儿童用书的编辑问题》，《新教育》1922 年第 8 期。

有的主张以语体文为主，兼教文言文，但对兼教的形式和内容有不同意见，有选择性地学习文学性的文言文和必修性地学习"近代文言文"（即指类似于当时报纸杂志上的文章和公文的文言文）两种意见，前者在于让学生多一条欣赏文艺性作品的途径，后者在于让不再升学的学生能够看懂报纸公文等和使继续升学的学生能够与中学学习相衔接。叶圣陶①、周予同等则主张小学不学文言文，也有人主张小学全学文言文。

对于中学是否兼教文言文，梁启超、周予同②、朱自清③、浦江清④等认为初中高中都只能是兼教文言文而不能全教文言文，其中朱先生和浦先生主张文、白分教，教材也分开单独编写；沈仲九、陈启天等认为初中高中都不必教古代文言文，但可以兼学"近代文言文"；穆济波主张初中不学文言文，高中专学文言文；还有人主张初中只选修国文常识课，高中则专攻古籍。对于文言文写作，有的认为不必学，有的则认为应学会写"近代文言文"。在价值取向方面，主张小学要学会阅读和中学要学会写作"近代文言文"，都是从实用的角度来看待的，着眼点主要在于让学生能够适应社会和考试的需要。主张小学学习古代文言文，主要定位于文学素养。而主张中学要学古代文言文，主要定位于培养学生阅读古书的能力，主要着眼于以下几个方面进行考虑：一是绝大多数学生在进入社会后都应通过直接阅读文言文以了解古代文化和继承古代文化遗产；二是不通过直接阅读文言文

① 叶圣陶：《小学国文教授的问题》，载顾黄初、李杏保《二十世纪前期中国语文教育论集》，四川教育出版社 1991 年版，第 167—178 页。

② 周予同：《对于普通中学过问课程与教材的建议》，载顾黄初、李杏保《二十世纪前期中国语文教育论集》，四川教育出版社 1991 年版，第 179—195 页。

③ 朱自清：《中等学校国文教学的几个问题》，载顾黄初、李杏保《二十世纪前期中国语文教育论集》，四川教育出版社 1991 年版，第 647—653 页。

④ 浦江清：《论中学国文》，《语文学习》2004 年第 4 期。

而通过阅读用现代白话翻译古代作品或介绍古代文化的材料来了解和继承古代文化，但当时根本少有这种材料；三是有部分学生今后要从事与文言文相关的职业，必须具备文言文阅读能力；四是学生要学好现代白话文，必须吸收文言的语言资源和文言文的章法技巧等。对于教什么，小学主要学"近代文言文"或文学性的文言文，中学则各种体裁、各种文学样式、各种内容的古代文言文都要学，甚至还要学"近代文言文"。

以上关于中小学文言诗文教学的看法和争论，可以说是仁者见仁，智者见智。但有一点是可以肯定的，那就是大家都不得不承认，白话文已经攻破传统经学的堤防，开始侵占中小学语文教学由文言文主宰的世袭领地。随着 1922 年新学制背景下制定的小学、初中和高中的国语课程纲要的出台，中小学文言诗文的地位问题，才逐渐趋于明朗，得到了比较清楚的定位。这也是中国历史上第一次以课程标准的形式单独对文言诗文教学的目的、内容做出规定。

1. 小学课程中的悄然隐退

《新学制小学国语课程纲要》由吴研因起草。纲要规定小学国语教学目的是"练习运用通常的语言文字，引起读书趣味，养成发表能力，并涵养性情，启发想象力及思考力"。该课程纲要将国语教学内容分为口头语（语言）与书面语（文字），"读文、作文和写字"都归于"文字"。在小学课程中，国语一科分为语言、读文、作文、写字四目，教学时间依次是读文（12）、作文（8）、语言（6）、写字（4）。语言与其他三目并列，在教学时间上，仅次于作文，足见其重要地位。读文教学的最显著特点是儿童文学的教学。一、二年级是童话故事、儿歌、谜语等的诵习；三、四年级增加传记、剧本、故事、诗、杂歌、小说、民歌等的诵习；五年级注重传记、小说，指导阅报和参考图书；六年级酌加浅易文言的诗、文的吟诵。取材以儿童文学（包括文学化的实用教材）为主。六学年的读文教学，只有第六学年才有少量的文言诗文，其余全部是语体文。另外，在小学高级读文教学毕业最低限度的标准里也没有阅读文言文的要求。写作教学，自始至终都明确强调要用语体文写作，而没有提文言写作的要求。由此可见，在小学国语课程中，文言文已悄然淡出，白话文取得了全面胜利。

2. 初中课程中的平分秋色

《新学制初级中学国语课程纲要》主要由叶圣陶起草。纲要将初中国语教学的目的规定为4个方面，即"（1）使学生有自由发表思想的能力。（2）使学生能看平易的古书。（3）使学生能作文法通顺的文字。（4）引起学生研究中国文学的兴趣。"可见，在"本科要旨"的表述上，"运用文字的能力"与"涵养文学兴趣"，"了解语体文"与"了解文体文"分别成为两两对应的目标。在纲要的第二部分"内容和方法"的总说明里，标明"本科要旨在与小学国语课程衔接，由语体文渐进于文体文，并为高级中学国语课程的基础"。这个教学目的在每学年的具体教学要求上都有所体现。首先，从精读教学来看，在第一学年精读的内容里要求语体文约占四分之三；第二学年语体文约占四分之二；第三学年语体文约占四分之一。其次，从作文教学来看，第一、第二学年要求以语体文为主，兼习文体文；第三学年语体文和文体文并重。除了命题作文之外，还有把文言文译作语体文的练习。打破了以往中学写作以文言文为主的局面。从初中国语教学的目的和要求来看，既重视语体文也关注文体文，在这两者的天平上，由语体文逐渐倾斜至文体文。另外，纲要也对初中语文科的教学内容做出了相应的阐述。明显的变化是：白话文正式进入语文课程。文言、白话混合教学，在选文比例上遵守"语体文渐减，文言文渐增"原则。初中阅读教材，三年文白比例依次为 1∶3，2∶2，3∶1。这一比例虽然还是以文言文教学为主体，但明确把白话文确立为语文课程内容，是一次历史性突破，以后语文课程改革不断增加白话文比例，削弱文言文比例即基于这一历史性突破。由此可见，在初中语文课程中，文言文和白话文二分天下的局面已经形成。

3. 高中课程中的稳中有变

从叶圣陶起草的初中国语课程纲要中说"本科要旨在与小学国语课程衔接，由语体文渐进于文体文，并为高级中学国语课程的基础"，可推知，高中国语课程肯定以文体文为主。这就给我们这样一个错觉：语体文不过是手段，到了高中最终还是得学习文体文，文言文在高中的地位还是牢不可破的。在由胡适起草、冯顺伯拟定的高级中学《公共必修科国语课程纲要》（以下简称《纲要》）中，我们能看到这个特点，但同以往已经有所不同：文言文在高中国语课程中的地位并非一成不变，白话文渐渐占据一定的位置。

首先，《纲要》中关于高中国语教学的目的表述为："培养欣赏中国文学名著的能力。增加使用古书的能力。继续发展语体文的技术。继续练习用文言作文。"四条目的中，有两条是直接关于古文的，而第一条的"中国文学名著"，从胡适所列的书目来看，主要是"整理过的古书"。可见，高中国语课程的教学目的还是一如既往地偏向文言文。但我们也要看到，"中国文学名著"虽然主要是古书，但毕竟包括一定数量的现代文学。另外，《纲要》中把"继续练习用文言作文"与"继续发展语体文的技术"并列作为高中国语课程的目的，表明高中国语的写作教学也并非文言文全部包揽。

这一点在其他方面也已露端倪。如，《纲要》规定高中毕业最低限度的标准是："曾精读制定的中国文学名著八种以上。曾略读制定的中国文学名著八种以上。能标点与唐宋八家古文程度相等的古书。能自由运用语体文发表思想。"在这个《纲要》附录的《高级中学应读的名著举例》中，已选入古白话文选和今人长篇白话文选，虽然与列举出来的名著总量相比，白话教材只占其中极少的一部分。另外，在文法部分，要求"注重语体文与古文文法的比较研究"。由此可以发现，高中阶段并不是文言文教学独霸天下，语体文已经攻破了最后的防线，敲开了长期以来对它封闭着的大门。

以上，我们对中小学国语课程纲要中有关文言诗文教学的规定分别作了描述和分析。把小学、初中、高中三阶段联系起来，一条清晰的轨迹赫然出现。小学六年基本上是国语教学，只在第六年有少量的文言诗文；初级中学三年属于过渡阶段，初一语体占大多数，约四分之三，初二语体和文言各半，初三文言占大多数，约四分之三；高中三年语体文教学处于极次要的位置，基本上是文言文教学。

（二）国语、国文教材中文言诗文的内容分析

对中学国语、国文教学来说，白话文进入教材并居于重要地位，势必压缩文言诗文的空间，文言诗文的编写形式也随之发生变化。有白话与文言分编的"分编型教科书"，也有白话与文言混编的"混合型教科书"，从此改变了旧式文选型教材文言文一统天下的局面。分编教科书主要有，无锡沈星一编的新中学教科书《初级古文读本》三册和《初级国语读本》三册；四川穆济波为高中编的文、白两套教科书，分别是新中学教科书《高级古文读本》三册和《高级国语读本》三册。由庄适、朱静农等编撰的《现代初中教科书国文》则是一套纯文言文的教科书。另外，吴研因、顾颉刚、叶圣陶等人则尝试编写在

同一本教科书中文、白夹杂的混编本，那就是 1923 年商务印书馆版的新学制初中《国语教科书》。其中文言文所占比例，按年级依次为十分之三、十分之五、十分之七。260 篇课文中，白话文 95 篇，占了36.5%，文言文 165 篇，占了 63.5%。这是最早尝试把文言和白话选文混合编排的教科书，所定的白话文和文言文的比例，后来经过长期教学实践，也被证明是适当的。另一套由周予同编辑的《新学制初级中学教科书国语》也具有同样特色。

随着大量的白话文学作品入选语文教材，语文教育从传统的文章义法开始渐渐转变，萌发出新的文学观念。他们意在对贵族文学、古典文学、山林文学进行抨击以及对国民文学、写实文学、社会文学予以提倡。这种新的文学观念也影响了文言诗文的选文观念和标准。下面，我们就当时几套具有代表性的中学国文、国语教科书的选文作具体的分析。

1. 选材范围的突破

清末废除科举制以来，虽然新式学校办了不少，但国语教学的变化并不大，仅从读经时代拓展到了读《文选》和《左传》，大抵还在旧圈子里踏步。而这一时期，新文化运动的兴起，文学革命的发难，加以 1922 年"新学制"的推行，中学国语、国文教科书"为之一变"，又向前迈进了一大步。就文言选文而言，突破了《古文辞类纂》《古文观止》等传统选本的选材范围，选文标准有了较大的改变。首先，表现为增加韵文，编选大量的诗歌，并把古典诗词作为重要内容。如沈星一所编的《初级中学古文读本》把各种韵文，如诗词歌谣等一起"斟酌摘录"，其中诗歌选用最多：第一册 20 首诗，第二册 18 首诗，第三册 16 首诗，这些诗"以合乎近世文法为主"；庄适编辑的《现代初中教科书国文》编选的诗歌，时间跨度很大，上起《诗经》，下至当时社会名流的作品：第一册选诗 12 首，第二册选诗 13 首，第三册选诗 9 首，第四册选诗 9 首，第五册选诗 13 首，第六册选诗 9 首、词 2 首。全套教材收入诗歌共计 65 首。其中选自《诗经》有 2 首。所涉及的诗人主要有古人李白、杜甫、白居易、陆游、苏轼、陶潜等名家，也有龚自珍、梁启超、皮日休、吴汝伦等近代名人。

其次，大量选取孔子、孟子、墨子等诸子百家的著述。如《现代初中教科书国文》就编入了诸子百家中的不少名篇，如第一册中的《孔子·子高游赵》《孟子·齐人有一妻一妾章》《列子·愚公移山》《列子·国民善盗》《庄子·屠羊说》，第二册中的《孟子·谓戴不胜章》，第三册中的《孟子·两章》，第四册中的《孟子·舜发于畎亩章》，第五册中的《孟子·陈代章》，第六册中的《墨子·非攻》《孟子·鱼我所欲也章》《吕氏春秋·察传篇》《荀子·非相》等篇。将中国传统的儒家经典《孔子》《孟子》与不为当时正统所接受的老、庄、墨、法共同编进教科书里面，无疑是在向传统挑战，读经时代传统的权威地位已经动摇由此可见一斑。同时，孔子、孟子在这里也不是被尊为圣人的，也即是说，《孟子》在这里不是作为经来教给学生的，它的面目，仅为诸子中的一家，而选取诸子百家中短小易懂的篇章，旨在使学生得以窥见经典古文原貌，从而使学生学习文言得到一种全面的锻炼。

另外，这一时期教科书文言选文对古文选本选材范围的突破还表现在把今人梁启超、蔡元培等的文言作品也选入教材，突出教材的时代性。而且在文体选择方面也有所突破，不再局限于传统的经史传记，像沈括、魏学伊、刘基等人的文言说明文也编选入内。《新中学古文读本》将六朝小品文，如丘迟的《与陈伯之书》、陶渊明的《桃花源记》等选入教材，就是那些名不见经传的写隐士、妇女的文章也被选中，表现出宽广独特的视野及平民意识。

2. 时代要求的融入

处于国家存亡关键时期的教材，多以个体、民族、国家的生存为第一要务，宣扬新思想便成了当时语文教材的责任。如《初级中学国语课程纲要》规定作品主题按照三个段落依次是：包含勇敢、冒险、个人修养或社会问题的；包含冒险、文雅等事实，关系个人修养或社会问题的；包含文雅、贞静等事实，关系个人修养或婚姻问题、家庭问题、社会问题的。为了突出地体现"五四"时期的现代精神，当时的教科书编选文言文，也注意尽量与时代的要求相照应。如作为纯文言文的《现代初中教科书国文》出现在这一时期，从编撰者的角度出发，是考虑到以下几方面的，即"国文研究的材料，以和人生最有关系的各种问题为纲，以新出版各种杂志中，关于各问题的文章为目。这种问题和文章，要适合学生的心理，现代的思潮，实际的生活，社会的需要，世界的大势，而且要有兴味。"① 这套教科书在散文的选择上，除了参照《古文观止》和《古文辞类纂》，选取唐宋明诸家、桐城派作家之外，还选取了当时的一些作品。如第一册中梁启超的《自由祖国之祖》《伟人纳尔逊轶事》，胡适的《黄克强先生哀辞》，包天笑的《亚美利加之幼童》，蔡元培的《理性与迷信》。第二册中蔡元培的《舍己为群》，蒋维乔的《菲律宾百震亭瀑布游记》。虽然这些作品都是文言文，但都有很强的时代性，而且这些文章文白夹杂，简单易懂，放置在第一册和第二册中，适应了学生学习的阶段特征。此外，对当时新创作的小说和外国文学作品，也选入了一些文言文的中

---

① 庄适编：《现代初中教科书国文·编辑大意》，引自闫苹、段建弘主编《中国现代中学语文教材研究》，文心出版社 2007 年版，第 59 页。

文译文。其中有包天笑《馨儿就学记》一书中的《勇敢之小学生》《雪合战》《医院中侍疾之童子》《扫墓》等篇；《天方夜谭》中的《盗穴》《盲人之言》。其中《盗穴》一文实际就是大家熟知的《阿里巴巴和四十大盗》。这些新文章的入选，有力地增强了这套教科书的时代感，它不仅仅是以往文选的延续，更是它的进步和创新。

3. 经典的重新阐释

20 世纪二三十年代的中国，内忧外患不断，面对落后和挨打，进步人士忧心忡忡，社会对年轻人寄予了更多的希望。培养有才学、有思想、能以国家民族兴亡为己任，有远大理想、奋发向上的一代是时代的要求和使命。教科书便承载了熏陶年轻一代人生观、世界观的任务，体现在当时的国语、国文教科书中，就是选用大量反映时代召唤的文章，当然这些反映新思想的文章多以白话文为主。但是教材编写者们不仅看到了白话文对推动中国文化的巨大作用，且他们自己又受益于博大精神的古代文化，所以他们没有忘记对中国古代文化的继承，他们知道古文中许多名篇同样有强烈的民族责任感和饱满的爱国情怀。如借《木兰歌》《五人墓碑记》《孙武》等文章对年轻人进行爱国主义教育；借《大铁椎传》《左忠毅公轶事》《荆轲刺秦王》来鼓舞年轻人的斗志；借《鱼我所欲也》《舍己为群》《廉颇蔺相如列传》来陶冶年轻人的情操；借《送东阳马生序》《伤仲永》等文章来教导学生勤奋读书。

对于经典的重新阐释，这个时期有一套教材值得关注，那就是秦同培编辑的《言文对照国文读本》，由上海世界书局出版印刷，1923年初版，1933 年第 13 版，发行时间应在 10 年以上。其创新点在于教材的评注，主要有要旨、评论、注释、译俗四项。虽在形式和内容方面均取法传统的注释评点，但其中也可见编者的思想痕迹，分析思考中常着自我之色彩，多有发挥推演。如编者在"要旨"中的分析阐述，并不拘泥于篇章本身，有许多引发开去，直指当前时事世象之语。如《老将行》："古人从军，以身许国，不问荣膺落职，唯国是念。故有老当益壮之慨。今之厕身军籍者，因循敷衍，以了其事。一旦落职，怨望丛生，犹能系心于外患之不靖乎？吾愿世之退伍军人，当奉此为模范，尤愿国中好男儿，毋徒恃军人为攫权内损之工具。"《茅屋为秋风所破歌》："仁慈根于本性当今水旱迭起，连年告灾，国库空虚，民穷财尽，愿群起而救之。"① 诸多文字，充分展示了教育者的社会责任感，拳拳之心跃然纸上。同时，鲜明的时代特色减少了古文读本的陈腐之气，引导学子从古人古书中汲取有益的风骨品格，以昂扬之精神面对时代和社会。于是古代文化经典便与时代精神交融，重新得以阐释。

（三）白话文教学对文言文教学方法的影响

"五四"之前，受文言文自身因素的限制，当时已传入我国的现代教学理论，因缺乏结合的契合点，在一定程度上无法与当时的中学文言文教学结合起来。在教学法方面，细枝末节的改变虽有所发生，但没有从根本上脱离主要是讲解、背诵的教学模式。当五四新文化浪潮席卷而来，白话文大量挤进中学语文课本以后，如何处理这些从形式到内容都与文言文有一定区别的文章，是当时中学教师面临的严峻问题。因为当时的中学国文教师，旧式文人居多，他们自己接受的是旧教法，用传统的讲解法和记诵法，是轻车熟路，习惯势力很难改变。现在要教白话文，文字明白如话，学生自己看了多半已经懂了，

① 参见闫苹、段建弘主编《中国现代中学语文教材研究》，文心出版社 2007 年版，第 112 页。

教师无须再逐字逐句讲解，原来教文言文的那一套不管用了，这就不能不感到茫然无措。"国语文侵入中学教科书里不过二三年的光景，倘若不从教法上研究，那前途的发展就非常黑暗了。"① 于是，"五四"以后，对白话文教学法的研究和探索蔚然成风。而且大多数研究者意识到照搬原来文言文教学的方法不适合白话文的教学，便都不约而同地向西方的现代教育理论看齐，认为白话文教学只有与现代教育理论相结合，才能走出困境。相比而言，专门针对文言文教学方法的研究要冷清不少。但由于当时白话文言都要教，而且大多是同一个教师教，白话文教学的新方法与文言文教学的老方法相互影响，相互撞击，使文言文教学在方法的改进中也迸发出几朵绚烂的火花。

1. 从注入到自主

传统文言教学方法基本上是接受型的，教师的讲解与学生的记诵构成一个封闭性的闭合系统。在标举科学、民主、自由、个性的西方教育思想的影响下，20 世纪 20 年代的国语、国文教学方法出现了由被动向主动、由接受到发现、由封闭到开放的历史转轨。

沈仲九是浙江一师国文教员，也是白话文教学的激进派人物。当时在浙江一师，他的白话文教学就完全排除了讲解法和记诵法，而采用"问题探讨"式的全新教法。他所设计的白话文教学程序共十项，即"说明、答问、分析、综合、书面批评、口头批评、学生讲演、辩难、教员讲演、临时作文"。这种教学程序的设计，致力于培养学生的自主性，体现了教学民主的精神，无疑是先进的，是对传统模式的有力冲击。

---

① 周铭三、冯顺伯：《中学国语教学法》下卷·发端语，商务印书馆 1926 年版，第 2 页。

在这种重自主的白话文教学影响下，有很多学者也开始思索文言文的教学问题。1920 年，胡适在《中学国文的教授》中明确指出，古文教学也要强调自主自动。认为课堂上要做的事有三种，即质疑问难、讨论内容、引申文字的意思。在《再论中学的国文教学》中，他再次强调古文教授"没有逐篇逐句讲解的必要，只有质疑问难、大家讨论两项事可做"[①]。

王森然，以 1925 年在济南第一师范从事国文教学的经验为基础，编撰成一部 20 余万字的中学语文教学法专著，即《中学国文教学概要》。在这本书中，他根据当时国外最新的教育理论——即启发学生自动精神的理论——中肯地指出，在确定某种教学方法的时候，至少要提出这样三个问题来加以考虑：（1）这样教能否养成学者自学的习惯？（2）这样教能否引起学者求知的动机？（3）这样教能否给予学者自习的工具？如果回答是肯定的，那就是好的教法；反之，就是不好的教法。这种以学生为出发点和归宿衡量某种教法利弊得失的观点，显然是一种全新的观点，是对传统的、严重束缚学生身心发展的教法的冲击和否定。

1923 年，大夏大学国文教授陈柱，在《中学生研究国文之方法》一文中，指出用比较法研究国文是中学生学习国文的重要方法。比较教学法，是基于"学而不思则罔，思而不学则殆"的学思结合原则提出的一种教学构想，旨在有效锻炼学生的思维品质。在教学过程中，他仍重传统的讲解法，但在吸取自动主义教育理论合理因素的基础上，他强调讲解时当详则详，当简则简，当由学生自查解疑者则让学生自行参考查阅，反对一味地逐句讲解，喋喋不休。这种把一组组文

---

① 胡适：《再论中学的国文教学》，载顾黄初、李杏保《二十世纪前期中国语文教育论集》，四川教育出版社 1991 年版，第 129 页。

章比较着教，启发学生独立思考的教学方法，表现出对学生自主精神的高度尊重。同时，他还在比较研究的过程中，试行图表式的结构指示和声情相应的诵读指导，使传统的讲读法显示出了某种新的时代气息。

2. 从形式到实质

传统的文言教学在整体上是偏重形式的，即重视文言读写技法的训练，试图通过形式化的文言训练来获得文言读写能力。蒙学中的识字、对课、经史的诵读、策论的写作等都是这种训练的常见形式。到了 20 世纪 20 年代，在五四新文学运动的驱动下，频频见诸媒体的，不乏清新俊逸、情感细腻的国语佳作，也不乏新锐进取、针砭时事的思想评论。这些带着"丰富的材料、精密的思考、高深的思想、复杂的情感"的白话文学作品，在进入语文教材后，成了一种新质的教育内容。这些新质的内容所蕴含的新思想、新观点是在古文中很难见到的，因此，读到一篇白话文，最令师生们耳目一新的往往是它的"思想"内容，而不是"语言"形式。这样一来，文言时代逐字逐句讲解的方式很不适合白话文教学，而代之以注重探讨文章思想内容的"问题讨论法"，教学方法由形式到内容的转变也就自然而然了。

白话文教学的这种偏重精神内容的教学方式，如同一缕春风，吹荡开当时弥漫在文言文教学上空那种偏重技术训练的沉闷空气。然而当时的国文教学奉行的还是传统的老路，只要求学生学文章的八股形式，学文章的起承转合，学文章的铿锵声调；至于文章的内容、文章的理路则不深究，因为旧时的文章无非代圣人立言，一派陈词滥调而已。这样教的结果，学生尽管可以写"且夫天下之人……"的滥调文章，自己的头脑则始终是一片空虚。对于这种现象，有学者指出，"以国语看作形式材料只注意于文字的教授，而把那维持传达精神生活的重要目的，完全丢在脑后，这是我国教师通有的毛病"。①

这些批判言辞，指出了传统文言教学忽视思想内容、偏重技术训练的片面教法的弊端，固然有其进步的一面。但当时白话文选文对各种社会问题由衷青睐，综观当时的白话文学作品，所表达的都是对各种社会问题的重新思索。如人生问题、妇女问题、科学问题、道德问题等。这种"社会问题热"也波及文言文的选文。有一些以"文字语言取胜"的经典古文被一些"巧立名目""牵强附会"于现时代思潮的文章取代。而教学方法上的"启发思想热"也同摄到文言文教学中。一时间，"风向立转"，对一篇篇以文采见长的经典古文也套用此法，层层挖掘其思想内容，探讨其人生旨趣，大力宣扬各种主义。而把词句、文法、章法剥离开来，使学生了解文字、运用文字的能力没有得到适量的锻炼。矫枉而过正，走向了另一个极端。对于这种时代性的教学偏差，时人与后人都提出过批评和反思。人们认为，这样的国语教学"喧宾夺主"，背离了国语教育的宗旨。如，孟宪承就认为："国文科的训练，本注重思想的形式上，至于思想的内容，是要和各科联络，而受各科供给的。现在专重社会问题的讨论，是否不致反忽了形式上的训练，喧宾夺主，而失却国文科主要目的，很是一个问题。"②

总而言之，白话文教学试图跳出旧文言教学的窠臼，努力开创自己独立天地的做法，带来了学生自主性的张扬，也带来了学生身心的解放，这无疑是巨大的历史进步。同时，它彰显出的"重自主、重实质"等的鲜明时代特征，一扫传统文言教学咬文嚼字、凝固化、程式

---

① 慈心：《读法教授的各问题》，《教育杂志》1921年第13卷第2号，转引自饶杰腾编著《近现代中学语文教育的发展》，广东教育出版社2008年版，第54页。

② 孟宪承：《初中国文之教学》，载顾黄初、李杏保编选《二十世纪前期中国语文教育论集》，四川教育出版社1991年版，第323页。

化的气氛，给文言文教学带来某种新意，促进文言文教学的现代转型，也是有一定功劳的。然而，我们也应该看到，现代白话文教学方法更大程度上表现出的是一种科学的、理性的"分析和归纳"。这种科学化取向直接源于西方教育理论，与文言教学中重视诵读、重视积累和感悟的基本精神是背离的。从某种程度上讲，国语教学正在逐渐远离我们优良的"诗教"传统，文言诗文教学也在逐渐失去自己的本性。

三　激进转型的意义

从文言文到白话文，是贯穿语文教学从传统向现代转变过程的一根主线。因为，无论是文学革命还是国文教育的改革，都要借助语言这个工具。晚清白话文运动把白话视为开启民智的工具，想对文言进行温和的改良。而五四新文化运动把白话与文言视为区分新与旧、现代与传统、进步与落后的分水岭，在对文言激烈的批判中确立了白话的优势地位，把文言文教学推进到现代转型的轨道。当然，转型的发生并非精英设计和鼓动的产物，而是历史演进的自然结果。但是，如果没有"五四"时期排山倒海般的激进之举，文学革命和语文教育现代化的实现将遥遥无期，这是历史性的贡献。

首先，它确立了白话文的正式地位，打破了文言独霸的局面，使人们重新思考中小学文言诗文教学的价值问题。白话文代替文言文的"正宗"地位，"不仅是一个语体形式的革命，而且是一个创造新的语义系统的过程，其目的在于适应了变迁了的现代社会心态及外部世界交流的需要"①。学者殷海光对此也有精彩的论述："传统中国文人运

---

① 许纪霖、陈凯达：《中国现代化史》第一卷，上海三联书店 1995 年版，第 311 页。

思和构思所用的工具是文言文。文言文，尤其是文言文中的成语，凝聚着自古以来代代相传且又因而硬化了的意型。这些意型老早与这个经验世界脱节了。白话文因和口语接近，所以其中的意型与经验世界接近。既然胡适们用白话文代替文言文，那也就是说，新的语言方式使他们从远离经验世界到接近经验世界。这一内在思想方式的转换，促进中国知识分子走出文字筑成的高楼，而落实到人世间。"①"怎么说便怎么写"，"自由地表现自己的意思"。这不仅仅是一种言说方式的变革，更是一种思想的空前解放。现代的人开始用现代的语言说出现代的思想，创作现代的文学，实施现代的教育，建设现代的中国，从根本上刷新了以文言为代表的旧中国的话语体系及隐藏于其背后的思想体系，重建了人们对于现代民主国家和世界图景的想象。

教科书由文言文转为白话文，是一场深刻的语言革命，它一方面改变了传统的书面语言，使书面语和口语统一了起来，从而克服了传统语言内在的分裂；另一方面重建了全新的语体文，使教材的内容和形式获得了内在的和谐。而语言的变革又与思维相联系，从言简义丰的文言向清晰明确的白话的嬗变，实质上在改变着含混模糊的传统思维方式。在中小学语文教学中，文言文受到白话文的冲击，但并没有完全被挤兑出局。然而，此时的文言文教学已不再是传统意义上的文言文教学了，它经过民主和科学精神的洗礼，也开始走上了现代化之路。相对于传统的语文教学，激进转型后的文言文教学首先碰到的就是它的教学价值和目的的问题。经过这次变革，它已完全挣脱了经学的束缚，解除了"八股文"的禁锢，从"忠君、尊孔"到"为生活、为实用"再到"涵养文学兴趣"，文言文教学经历了从蚕到蛾的"破

---

① 殷海光：《中国文化的展望》上册，桂冠图书公司 1988 年版，第 370 页。

茧"，实现了质的飞跃。

其次，改变了过去在中小学语文教学中文言文教学"一棍子插到底"的状况，人们开始思考每个阶段文言诗文教学的要求、内容、方法，文言诗文的教学问题纳入语文教学科学化的视域当中。虽然当时人们的意见不能完全达到共识，但在国语课程纲要中明确提出文言文教学目的，并对每个阶段文言文教学要求做出较具体的规定，这是前所未有的。除了教学目的发生了变化以外，教学内容也有了较大的突破。传统语文教材其文体构成基本上是经学文体加文学文体，所容纳的教学内容无非是圣人的纲常礼教以及文人学士的个人情怀、志向抱负。而新的白话文体所容纳的教学内容，则是贴近大众生活、情感和心灵的现代思想感情以及现代社会的新鲜事物。随着白话文在小学、初中国语教科书中的全面胜利，使各种新思想、新事物、新知识开始进入语文教材，革新了传统的语文教学内容。另外，白话文周遭弥漫的这种浓厚的时代氛围也影响着文言文的选文。如有学者就对那些沉浸着封建旧伦理道德，与现代生活格格不入的旧文言选文采取毅然决然的态度：凡思想学说带有神权或君权的色彩，不适合现代生活，或不足为将来生活的指导的，一概不录；凡违反人道或激起兽欲的文章，一概不录；凡卑鄙龌龊的应酬文章和干禄文章，一概不录；凡虚诞浮夸的记传碑志及哀祭文章，一概不录；凡陈义过高，措辞过于艰深之文章，一概不录。① 虽然此时的文言文选文染有过度的"实用性"色彩，但我们应该看到，在注重文言诗文的经典性之外，符合时代的要求、切合学生的实际这两大选文标准也得到重视，这对以后语文学科教材建设的科学化，无疑是具有很大的进步意义的。

---

① 周予同：《对于普通中学国文课程与教材的建议》，载顾黄初、李杏保编选《二十世纪前期中国语文教育论集》，四川教育出版社1991年版，第191页。

随着白话文渐渐逼近，文言文步步为营，当时的局面是：小学几乎拱手相让，初中大致二分天下，高中也已有所进驻。这是大势所趋，人们大都认可。但是，新的问题随之出现：既教文言又教白话，课程该怎样安排？教科书该如何编排呢？当时，人们进行了多方探索，中学出现了三类不同的语文教科书，第一类选文全是语体文，第二类选文全是文言文，第三类是文言语体混合。后来随着教学的实践，混合编排方式的教科书渐渐脱颖而出，成为主要的形式。而且这种混编教材，从早期无规则地混合在一起，到开始思索文言与白话的比例，显示出人们意识到了古代语文教育随意性有余、科学性不足的弊端，已经开始就如何提高选文在量和质方面的科学性，解决语文教学的效率问题，进行可贵的探索。可以说，我国语文教学的科学化之路由此起步。

当然，中小学文言诗文教学的激进转型在显示其深远的现代意义，昭示出明朗的历史趋势的同时，其中的暗流和旋涡也应该引起我们的重视。激进转型的爆发力、冲击力是惊人的，对文言诗文教学的现代化进程无疑有巨大的促进作用。但就当时中国所处的时代来说，这场转型主要不是"内发性"的，而是"外援性"的，过多地借助于外力，下"猛药"，而对自己既有的优秀传统视而不见，使文言诗文教学在转型期由于"营养不良"而造成"先天不足"。这种"先天不足"，在文言诗文激进转型的小学国语教学中就得到了鲜明的体现。

"五四"以后，在小学国语教学中，文言诗文几乎被"诛杀殆尽"，那些适于诵读的优美古诗早已不见了踪影，而代之为"小猫、小狗"之类浅显通俗的白话"儿歌"。这种受"儿童本位"和"兴趣主义"的影响，不适当地强调趣味性，一味迁就儿童的学习兴趣的做法其实并不明智。教科书的趣味性，必须与知识性和思想性相结合，使儿童在趣味中增长知识，陶冶品格。否则，就会庸俗化，会沦为"低级趣味者"或"唯兴趣主义者"。而且当时受"全盘西化"思想的影响，由模仿日本转向模仿美国，有些高级小学国语教科书，反映美国、英国内容的课文竟然多达 20 余篇，喧宾夺主，虽然突出了时代的适应性，却也在一定程度上忽视了民族传统的继承性。

第三节　反思传统，规范文言：平和期（1927—1949）

从 1927 年到 1949 年，这 20 多年的历史是一段极不平凡的历史。这无疑是一个战乱频繁、时局动荡的年代，却也是一个凤凰涅槃、新生希望喷薄欲出的年代。这种复杂多变的社会背景、战乱频仍的现实环境，也造成了一种奇特的社会现象，给教育的发展提供了一种意外的契机。

1927 年国民政府成立，结束了北洋军阀的混战局面，在国统区，那些经"五四"运动"科学与民主"洗礼的爱国志士们，逐渐成长为一批教育专家群体，国民政府形式上的统一给了他们一个相对稳定的工作环境。当五四新思潮渐渐褪去躁动、浪漫与偏执的色彩，人们可以平静下来，对以往的实践进一步加以反思，纠偏拾遗，不断完善。直至 1937 年抗日战争爆发，虽然当时政治局势光怪陆离，国文教育形式斑驳复杂，但强烈的民族危亡感、国家忧患感、社会使命感支持和鼓舞着他们顶风浪、排逆流，历经艰辛，艰苦卓绝，用自己的全部心血去哺育年轻的一代，通过自己对祖国语言文字的研究在学生们的心中栽下民族振兴的种子。

就中小学文言诗文教学来说，由于五四运动时期强有力的推动，其经历了现代转型的裂变。在这段历史时期中，它的现代化历程并没有因时局的动荡而搁浅，相反，进入了一个相对平和的时期，由纷扰逐渐走向澄明，文言诗文教学基本完成了现代化的革命性演变，现代文言诗文教学的基本框架已经初步形成。而且其理论和实践上取得的成绩，为后来的发展提供了宝贵的财富。这里的"平和"，是经历"阵痛分娩，脱胎换骨"后的理性反思，是艰苦环境中目标坚定的奋起前行。

一 "国文程度低落"引发"复古"争议

20世纪20年代，在欧美教育思想的感召下，面对全新的国语教育，人们曾充满了美好的憧憬。从西方移植过来的种种新思想、新理念、新探索不断鼓荡着人们的心。然而，新的事物毕竟在旧的土壤上刚刚破土而出，还很不成熟；活跃的研究态势，也容易形成各行其是的纷乱。如钱穆在批评新文化运动以来中学课程改革的弊端时曾一针见血地指出，当时的课程改革有两种弊端，"一则高唱重新估定一切价值，而结果则支离破碎，漫无准绳。一则提倡科学教育而未得其方，大学专门化之风气，浸寻波及于中学。一切科目，皆趋于形式僵化，未能提其精英，活泼运用。"①

从20世纪30年代前期开始，在社会上就流行着中学生"国文程度低落"的"声声叹息"。诸如"今日学生国文程度有每况愈下之势"，

---

① 钱穆：《改革中等教育议》，《大公报》1930年4月20日。

"讨论中学国文教学的人是那样多，发挥过的议论又是那样丰富，那么，为什么国文教学的状况反不及以前呢?"① "许多人说，现在高中学生的国文程度远不如二十年前的中学生了"② 之类的感慨随处可见。

当然，这些感叹并非空穴来风。由于当时社会处于新旧交接的阶段，中小学语文教育困于外部社会条件制约，内部又缺乏对自身规律清楚的认识，发展并不尽如人意，甚至可说是困难重重。"五四"时期白话战胜文言，但在实际的社会生活和学校语文教育中，文言仍有市场。从当时的社会环境看，政府文告虽然加上了新式标点，但内容依旧是文言。至于报纸文体，据胡适1934年对天津两大日报《大公报》和《益世报》白话和文言所占版面比例的统计，"白话所占篇幅还不到百分之十八"。③ 从教育制度看，虽然教育部10多年前就明令中小学教科书除国文一小部分外，不得用文言编撰，但当时中学、大学的入学考试却使用文言。当时一篇文章说："目前看见报上载江苏省会考试题一律用文言。现在国内各大学的考试，及考试院举办的考试，更非用文言不可。……无怪乎现在的中学生甚而小学生，你不教他文言，他还要求你教他文言。中学大学入学考试的影响于学生心理态度，比了行政机关的一纸号令，或文人的两三篇文字，不知要大多少。"④ 可见文言考试的指挥棒的影响，对推行白话文形成了障碍。由于"五四"时期的改革者们对当时社会的现实状况没有把握准确，又急功近利，反而欲速则不达。另外，国语、白话文教学毕竟是新生事物，它的发展是一个渐进的过程。可当时还处于萌芽时期，新的白话

---

① 祝世德：《初中国文教学经验谈》，载顾黄初、李杏保编选《二十世纪前期中国语文教育论集》，四川教育出版社1991年版，第567页。

② 朱自清：《朱自清论语文教育》，河南教育出版社1984年版，第48页。

③ 胡适：《报纸文字应该完全用白话》，《大公报》1934年1月5日。

④ 龚启昌：《读了"禁习文言与强令读经"以后》，《时代公论》1934年第113号。

作品也产生了"洋八股"和"新文言"的倾向，不容易为大众所接受和理解。怎样进行教学，也是当时的一大难题。虽然在许多人的探索和努力下，已取得了一定的成绩，但美好的愿望和理想与几年来的教学实际还是有很大的距离。再加上时局动荡，学校教育处于风雨飘摇之中，要求教学质量的提高当然是不可能的事。

当时，有很多教育界的进步人士，看到了这一点，并对此进行了深刻的反思。1934 年年底，由叶圣陶主持编务的《中学生》杂志，主动地发起了一次"关于中学生国文程度的讨论"，连续刊登了来自中学师生和社会人士的十几篇文章。经过讨论，大家一致认为，这里所说的"低落"，主要表现在学生的文言写作能力上。至于判断低落的标准是什么，"究竟低落到什么情形？从前中学生的国文程度怎样，现在又怎样？低落的现象是普遍的还是特殊的？其原因又何在？对于这些，似乎还少有人作过精密的研究，给过仔细的说明"①。这反映出的是当时对"中学生国文程度"的批评是社会话语对教育的印象式批评，这种批评容易引起从众效应。更有一些人借此提倡青少年读古书，想使他们"离开现实，忘却自己，而去想古人的念头，说古人的话语，作古人的文章"。② 对于这种复古倒退的倾向，叶圣陶、朱自清、李广田等都著文表示了自己的批评意见。如李广田认为，中学国文程度低落的原因在于"五四"以来"学科繁多，书本以外的生活，日渐扩大"。"我们与其说是中学国文程度'低落'，毋宁说中学国文尚未上升到令人满意的或合理的标准。"③ 当然，除李广田所说的原因

① 叶圣陶：《中学生的国文程度低落吗？》，《叶圣陶教育文集》第三卷，人民教育出版社 1994 年版，第 40 页。

② 叶圣陶：《再读〈中学生国文程度的讨论〉》，《叶圣陶教育文集》第三卷，人民教育出版社 1994 年版，第 46 页。

③ 李广田：《中学国文程度低落的原因及其补救方法》，《李广田文集》第四卷，山东文艺出版社 1986 年版，第 225、228 页。

之外，中学生国文程度低落的客观原因还和教材、教法、考试、教师素质有很大的关系。但毋庸讳言，国文教学确实也存在问题。叶圣陶对国文教学的评价是："几乎没有成绩可说。"原因在于学校国文教学受"古典主义"和"利禄主义"影响严重，加之"训练不切实，教学不得法"，学生能够读书作文，不是靠在国文课上的"明中探讨"，而大多是靠自己课外的"暗中摸索"。要改变这种状况，必须"站定语文学和文学的立场"，① 改善教学方法，提高教学效率。

本来，像这样出于切实提高教学质量、改进教学方法的目的，展开"中学生国文程度"的讨论，大家"心往一处想，力往一处使"，广开言路，未尝不是一件好事。然而，某些别有用心之人，抓住这一点，借题发挥，大肆渲染，并把矛头直接对准新文化运动的发起者，认为当时国文教育的核心问题就是，激进者对于白话文的鼓荡，使得人们疏远了传统文化，疏离了国学经典，国文教育失去了固有文化的底蕴。而当时国民政府醉心于推行党治文化，"通过三民主义传统文化的阐释，消解三民主义的革命精神，从而达到三民主义的保守主义化"。这种思想也投射到教育中。如 1931 年通过的《三民主义教育实施原则》规定：课程"应以三民主义重要的观念为编订全部课程之中心"，"应注意伦理知识及实践，以助长儿童忠孝仁爱信义和平之德性"。这样，从政教合一的目的出发，国文课程必定要重视儒家经典的学习，提倡"尊孔读经"。于是，无论是出于"保护国粹、守护传统"的学术真心，还是出于"利用传统，维护独裁"的政治野心，两股力量扭结在一起，掀起了一股"复古读经"的逆流。那些原本就是"五四"新文化运动的反对派，

---

① 参见《叶圣陶·认识国文教学——〈国文杂志〉发刊词》，《叶圣陶教育文集》第 3 卷，人民教育出版社 1994 年版，第 91—95 页。

在政治与社会气候"得宜"的形势下，重新唱起复古老调，或提倡"读经"，或美化"国粹"，或妄图让古文继续取代白话文的地位。至于当时广东省政府主席陈济棠、湖南省政府主席何键，或作提案或发通令，大肆鼓吹读经，更是攻击新文化、诋毁社会进步势力的一种倒行逆施。如当时的国民党中央政治学院教授汪懋祖就发表文章，认为教育部"两次修订标准，文言文分量愈削愈少，势将驱除文言文于中学课程之外。而尽代之以白话，使十数年后，文言文绝迹，移风易俗，莫善于此矣。宜有人主张高中全用语体，以为必如是则教育普及，社会进步，不意民族意识，从此告亡"①。由此他提倡中小学生学习文言，尊孔读经，发动"中小学文言运动"。② 上海某报在陈济棠强令读经的消息传出后，立即发表评论，在舆论上予以配合，其中说："十五年来，自北大所谓新潮流发生之后，斥经书为死物，礼教为桎梏。……于文字则尚白话，而欲尽燔旧时典籍，虽二十四史亦不过一部相书。于人生则竞吹解放，孝悌忠信，礼义廉耻，目为洪水猛兽。然行之数年，稷舍中之课艺。求一文从字顺者不可或得；而礼教既倒，共产党乃便于中国矣。"③ 此番言论"醉翁之意不在酒"，其"复古"的实质昭然于世。

面对"复古"思潮逐渐升温，以致在中小学国文教学中掀起了一股不小的浪头。为了捍卫新文化运动的成果，以鲁迅为代表的社会进步力量与之展开了激烈的斗争。鲁迅在《老调子已经唱完》中，宣告复古"老调"原是一把"软刀子"，重唱"老调子"无非是要把中国彻底葬送。教育青年认清当局者的面目，坚决抵制所谓"训育"、所

---

① 汪懋祖：《禁习文言与强令读经》，《时代公论》1934 年第 110 号。
② 汪懋祖：《中小学文言运动》，《时代公论》1934 年第 114 号。
③ 引自叶圣陶《读经》，《叶圣陶散文·甲集》，四川人民出版社 1983 年版，第 256 页。

谓"尊孔读经"、所谓"读书救国"的种种论调。此外，中小学教育名家吴研因、陈鹤琴等也纷纷撰文分析批驳。在社会主流进步主义思潮的影响之下，这种以"国文程度低落"为托词，以"恢复发扬民族传统文化"为幌子，逆潮流而行的"复古"言行，最终不得不销声匿迹。

但是，社会上贬抑中学国文教学的论调仍然存在。1939年高校毕业生的高等考试结果发榜，考试委员会副委员长沈士远对国民党中央社记者发表谈话，说考生"国文之技术极劣，思路不清"。也就是说中学和大学生的国文程度严重低落。由此，又引发了一场相当广泛的讨论。正因为社会舆论是一片"低落"，国民党政府教育部便在1941年通令中等学校"改进国文教学方法"，并将原来每两周作文一次的规定，改订为每周作文一次，每学期不得少于16次，希望用增加写作量来提高中学生的国文程度。

首先对这个问题提出异议的是朱自清。他的观点很清楚：要考察当前中学生的国文程度，必须坚持全面考察，必须用前进的、发展的眼光来考察。在《中学生的国文程度》和《再论中学生的国文程度》两篇长文中，他具体地分析了中学生的国文程度低落，详尽地论述了中学国文教学的诸多问题。认为"所谓近年来中学生的国文程度低落，自然意在和前些年的中学生相比，但没有人指出年代的分界"。在分析"五四"前后中学生学习国文的不同之后，他指出："低落的只是文言的写作。白话尽管在这样的情形之下，还是有长足的进展"。"只要中学生不必分心力于学习文言的写作，白话文写作的这些毛病，便可得功夫逐渐矫正起来。"① 这样，朱自清就把"低落"论者只重

---

① 朱自清：《再论中学生的国文程度》，《国文月刊》1940年第2期。

文言而且只重文言写作的错误一语道破，对慨叹者中某些人复古卫道的用心委婉地予以揭露。

1943 年 10 月，在桂林师院任教的叶苍岑发表了《中学生国文程度低落的分析》一文，他在朱自清论述的基础上，根据中学国文科的课程标准，对中学生国文课程的各个方面又作了分析，从而得出结论："现在中学生的国文程度，并不是全部低落，只是一部分低落了；这一部分是限于文言方面，尤其是在古代文言方面。"① 叶苍岑还指出：偏偏这低落的一部分，就正是高中会考、大学入学统考的国文试题重点。而一般人谈中学生的国文程度低落，就正是以这些考试的成绩为依据的。

这一次关于中学生国文程度问题的讨论，显然比 20 世纪 30 年代前期的那次讨论深入了一步，人们的认识逐渐趋于全面和理性。

就在社会上展开的对中学生国文程度的热烈讨论声中，文学批评史家罗根泽在参加了当时的一场"高考"（国民党政府组织的高级文官考试，应考者为大学毕业生）阅卷之后，对试卷中反映出来的高校毕业生国文程度之低、写作水平之差感到十分吃惊，于是在《国文杂志》上写了一篇文章，发出了"抢救国文"的"惨痛呼声"。认为"抢救国文"必须自中学始。由此围绕"抢救国文"，引发了新一轮国文教学论争。这次讨论谈的较多的是国文试题存在的问题，其中延伸到如何消除"八股遗风"的问题，意义非常深刻。首先，陈卓如针对这次高等文官考试的国文试题提出了尖锐的批评。这次考试的国文试题题目为："试以近代文明发展之事实，引证荀子'从天而颂之，孰与制天命而用之'之说。"② 叶圣陶的观点更为深刻。他认为，这

---

① 叶苍岑：《中学生国文程度低落的分析》，《国文杂志》1944 年第 1 期。

② 陈卓如：《从"抢救国文"谈到国文教学》，《国文杂志》1943 年第 3 期。

样的题目有两个缺陷：牵搭，阿 Q 精神。把荀子的话和近代文明生硬地拉扯到一起，用近代文明的发展来为古人的话作注解、唱赞歌，这是牵搭。"而这中间隐伏着一段阿 Q 精神"，即"用自夸来掩饰自卑"，"仅仅说近代文明发展的原理，咱们的荀子老早说过了，因而脸上现出荣耀的神色，这就不免是阿 Q 的同志"。并进而联系到国文教学中的八股传统，至今仍"保留在国文教室于试场里"，摆脱它"不大容易"，"实在不能预言该要多少年"。① 一针见血地指出了考试中的八股传统对学生话语方式的负面影响，以及对人的思想的毒害，让人"练习瞎说"，久而久之还会养成揣摩别人意旨说话的奴性人格。

这场贯穿了 20 世纪 30—40 年代的关于"国文程度低落"的讨论，虽然从中滋生了"尊孔读经"的复古逆流，但多少也启发人们重新审视和对待传统文化经典。因为无论是慨叹中学生国文程度的"低落"，还是痛彻呼吁要"抢救国文"，许多人的着眼点似乎都在"国文根底"，即古文基础或国学基础。当中小学语文教育奋力突破重围，却又陷入重重迷雾，理想之鹰在现实的天空折断羽翼时，人们不得不反思，面对强大的传统，一味地抵制、批判以求纳新，是否会适得其反？该如何审视、对待传统，让传统重新焕发现代价值？

二 "课程标准演进"凸显传统文化价值

1927 年以来，南京国民政府加强了教育立法和制度建设，并大力推动基础教育改革。针对中小学国语、国文教育，国民政府先后共颁

---

① 叶圣陶：《读罗陈两位先生的文章》，《国文杂志》1943 年第 5 期。

布并实施了四套课程标准，分别为"29课标""32课标""36课标"及"40课标"。其中"29课标"是在"23新学制课程纲要"的基础上修订而成的，之后的三个课标均以它为蓝本，加以进一步的修订和完善。这是第一次以官方形式制定的完备的语文课程标准。虽然国民政府的官方意图是强化思想控制，渗透独裁专制，实行"党化教育"，但参加课程标准讨论和编制的是由一些富有理论修养和实际教学经验的专家学者和中小学语文教育工作者主持，总的来说，还是着眼于提高中小学语文教学水平，多少吸纳了当时语文教育界一部分有识之士的看法，反映了时代发展的某些痕迹。从"暂行"到"标准"再到"修正"，人们对"五四"以来国文教学经验的总结和反思，在课标的演进中也留下了清晰的痕迹。下面，我们将这几个课标视为一个相互联系的整体，对课标中关于语文教学目标的表述进行分析，考察这个时期人们对这一根本问题认识的变化趋势（见表1－1、表1－2）。

表1－1　　　　　　　初级中学国文课程标准比较（教学目标）

29课程标准	(1)养成运用语体文及语言充畅地叙说事理及表达情意的技能	(2)养成了解平易的文言文书报的能力	(3)养成阅读书报的习惯和欣赏文艺的兴趣	
32课程标准	(1)使学生从本国语言文字上，了解固有的文化，以培养其民族精神	(2)养成用语体文及语言叙事说理、表情达意之技能	(3)养成了解平易的文言文之能力	(4)养成阅读书籍之习惯与欣赏文艺之兴趣

续 表

36 课程标准	(1) 使学生从本国语言文字上,了解固有文化	(2) 使学生从代表民族人物之传记及其作品中,唤起民族意识并发扬民族精神	(3) 养成用语体文及语言叙事说理、表情达意之技能	(4) 养成了解一般文言文之能力	(5) 养成阅读书籍之习惯与欣赏文艺之兴趣
40 课程标准	(1) 养成用语体文及语言叙事说理表情达意之技能	(2) 养成了解一般文言文之能力	(3) 养成阅读书籍之习惯与欣赏文艺之兴趣	(4) 使学生从本国语言文字上,了解固有的文化,并从代表民族人物之传记及其作品中,唤起民族意识并发扬民族精神	

表 1 - 2　　高级中学国文课程标准比较（教学目标）

29 课程标准	(1) 继续养成学生运用语体文正确叙说事理及表情达意的能力,并依据学生的资质和兴趣,酌量兼具有运用文言作文的能力	(2) 继续培养学生读解古书的能力	(3) 继续培养学生欣赏中国文学名著的能力	
32 课程标准	(1) 使学生能应用本国语言文字,深切了解固有文化,以期达到民族振兴之目的	(2) 除继续使学生能自由运用语体文之外,并养成其用文言文叙事说理、表情达意之技能	(3) 培养学生了解古书、欣赏中国文学名著之能力	(4) 使学生能够应用本国语言文字,深切了解固有文化,并培养其民族意识

36课程标准	（1）使学生能应用本国语言文字，深切了解固有文化，并增强其民族意识	（2）除继续使学生能自由运用语体文之外，并养成其用文言文叙事说理、表情达意之技能	（3）培养学生读解古书、欣赏中国文学名著之能力	（4）培养学生创造国语新文学之能力
40课程标准	（1）除继续使学生能自由运用语体文之外，并养成其用文言文叙事说理、表情达意之技能	（2）培养学生读解古书、欣赏中国文学名著之能力	（3）陶冶学生文学上创作之能力	（4）使学生能应用本国语言文字，深切了解固有文化，并增强其民族意识

　　说明：以上两表，根据课程教材研究所《20世纪中国中小学课程标准·教学大纲汇编·语文卷》相关内容整理而成。

　　由上面对1929年、1932年、1936年、1940年连续颁布的中学国文课程标准关于教学目标的历时性描述，我们不难发现，从1932年开始，"了解固有文化"与"增强民族意识"就赫然列入了整个中学阶段的教学目标中。纵观百年语文课程标准，这是第一次真正明确从"文化"层面提出课程目标，它的意义不仅在于国语教育兴起后，人们对于传统的关注和再认识，而且，它确定了语文教育在传承民族文化方面的重要价值，为语文教育指明了正确的方向。

　　对民族文化的尊重与强调，本是民族母语教育应有之意，但这里的课程标准做出如此变更，多大程度上是源于对语文学科本体的认识呢？为什么"了解固有文化""增强民族意识"会作为强势话语占据20世纪30—40年代国文课标的头条位置？我们对它的分析要放在当时特殊的时代背景之中。当年，国民党政府教育部委请周予同、夏丏尊、顾均正等人重新审核 1929 年颁发的国文《暂行课程标准》。在课程目标上特意增加了一项，即"使学生能应用本国语言文字，深切了解固有的文化，以期达到民族振兴之目的"。在后来的"36 课标"及"40 课标"中，又描述为"使学生能应用本国语言文字，深切了解固有的文化，并增强民族意识"，"使学生从代表民族人物之传记及其作品中，唤起民族意识并发扬民族精神"。"了解固有文化"作为国文的"课标话语"一直延续至 1948 年修订的高级中学国文课程标准中。我们首先从目标表述所运用的话语来分析，了解固有文化为的是什么？是"增强民族意识"，是"唤起民族意识"，是"发扬民族精神"，是"达到民族振兴"。这是一种沉重而又带有鲜明政治色彩的话语形式。在日寇铁蹄的蹂躏下，中华民族到了生死存亡的危急关头，什么东西能把我们紧紧连在一起？是我们共同的家园，是我们共同的精神，是我们共同的文化。在抗战的大背景下，保卫本位文化、民族文化就成为强大的时代呼声。可见，"了解固有文化"这一课程目标的提出也是与"抗日救亡"的时代主题紧密相关的。人们对民族文化的体认和认同，更大程度上是基于外力的推动。由此，它也必然显露出历史的局限性。

如何理解"固有文化"中的"固有"？"固有文化"显然是相对于外来文化而言，即民族的、本土的、传统的文化。"了解固有文化"，是否就意味着拒绝新文化及外来文化呢？"培养其民族意识"，是不是就排斥世界意识、人类意识呢？循着"课标"的思路，答案自然显现：要了解固有文化，就得读"经、史"古文，读经史古文，乃能唤起"民族意识"；要"唤起"的，要"发扬"的，要"增强"的，无非是古老的文化，古老的意识。在"文化"前面加上"固有"这个修饰语，透露出 20 世纪 40 年代文化复古、文言复兴的基本倾向。同时，国民政府企图借助传统的儒学经典达到政教合一的"党化教育"的政治心态也暴露无遗。

那么，"了解固有文化"这一"课程话语"的出现，对于中学文言诗文教学究竟意味着什么呢？从课标的文字表述来看，1929 年的课标"暂行本"提出，在初级中学阶段，要"养成了解平易的文言书报"的能力；1936 年"修正本"将"平易的文言文"修订为"一般文言文"。到了高级中学，暂行本提出"酌量兼具有运用文言作文的能力"，"修正本"将此条修订为"用文言文叙事说理、表情达意之技能"。很明显，在"了解固有文化"这一关乎全局的课程要求之下，文言文的教学要求有了较大的提高。

课标对文言文教学的要求，一方面，反映出政府所持的学习国故、保存国粹的立场，反映出对传统文化的价值重估态度；另一方面，20 世纪 20 年代初那种高扬"白话"而冷落"文言"的激进势头也得到缓和，文言与白话那种对立的关系不复存在，"五四"时代那种激烈的反传统的声音亦渐渐隐退了。人们开始用比较平和的心态思考中小学文言诗文的教学问题。

最值得一提的是，随着人们对传统文化态度的转变，文言诗文教学的价值取向也在悄然改变。叶圣陶说："学校里课程的设置通常根据三种价值，一种是实用价值，一种是训练价值，还有一种就是文化价值。"① 朱自清则旗帜鲜明地指出："在中等以上的教育里，经典训练应该是一个必要的项目。经典训练的价值不在实用，而在文化。"② 这两位对百年中国语文教育做出重大贡献的语文教育专家的独到见解，于文言诗文教学的"实用"价值之外，看到了它的"文化"价

---

① 叶圣陶：《读罗陈两位先生的文字》，《国文杂志》1943 年第 3 期。
② 中央教育科学研究所编：《朱自清论语文教育》，河南教育出版社 1985 年版，第 8 页。

值，可谓开风气之先，为中小学文言诗文教学的现代转型打开了另一条发展路向。如果说，文言诗文教学价值取向由"圣教"到"实用"，是"五四"激进的革命性建构；那么，文言诗文教学"文化"价值的发现，则是前瞻性的方向标，显示出人们对文言诗文教学价值认识的不断深化，并逐步走向成熟。

三 "学科本体建构"规范文言诗文教学

"五四"时期，新文化运动带给教育领域最深刻的冲击就是，人的进一步发现与觉醒，从思想启蒙、教育救国到关注个体成长、关注日常生活，语文教育也开始了学科本体的自省、自觉。但由于来自学科本体外社会变革力量的强大攻势，古老而又年轻的现代语文教育被赋予了过多沉重的宏大使命和现实担当，打压了来自学科内部的本体意识。随着理性反思的深度介入，人们从激情四射的"理想云端"降到理性强劲的"现实大地"，现代语文教育进入了一段相对平和的建构期。这一时期语文教育的最大特点是学科意识的进一步觉醒和加强。

1929 年，语文教育界对 1923 年颁布的新学制课程纲要进行了丰富和完善，以国民政府教育部的名义颁布了中小学《暂行课程标准》。对于为什么要加上"暂行"，当时中小学课程标准委员会认为，当时的教科书、教学与新学制课程纲要"不尽相符"，"这次编订的课程标准，自鲜客观的事实，需待实验后修订"。从中我们可以看出此时在语文教育领域内，那种宏大叙事及其话语方式在弱化，基于学科本体及其教学实践进行相关探究的学理思想，以及重视实验研究的科学化的学科建构的价值取向正在凸显出来。

随着学科本体意识的自省自觉，语文学科疆域渐趋明晰，学科内部的建构就成了人们关心的中心话题。文言诗文教学一直是广受争议的对象，但此时人们对它的讨论已不再是要不要的问题，而更多地在思考"教什么""如何教"等学科本体的核心问题。诸如，文言教学到底是读写并重，还是只读不写？文言学习到底是取法于唐宋以上的古典文学还是如蔡元培、梁启超等人的"近代文言"？文言教学与白话教学的区别何在？文言教材与白话教材到底如何编写？种种具体和实际的问题成为人们关注文言诗文教学的焦点。

（一）文言文写作要求的淡化

过去，学习文言诗文是为了求取功名，长期盛行的是靠一篇仿"八股"的作文决定一个读书人的命运，于是，写作在古代语文教学中处于首要地位。自1923年新学制及其课程纲要推行以来，语体文已正式走进语文教育领域。特别是"国语"的诞生，为语体文走进语文教育提供了存在空间。但对当时全国的小学语文教学来看，文言文教学还占据着非常重要的地位。"各小学校，除少数主张坚定的外；有的文言语体兼教；有的表面教语体，暗中教文言；有的索性仍教文言不教语体。"① 这是当时实际情况的真实概括，应该说也是合乎逻辑的发展。新学制时期的变革是自上而下猛然之间推行语体文教学，绝大多数人还没有充分理解和认识到语体文教学的意义和价值，教学语体文的优越性还没来得及展现出来，再加上没过多久复古潮流占主导，各地军阀极力批判语体文教学，重新进行读经和文言文教学。另外，初级中学肯定要学文言文的，并且"作文语体文体并重"，高中则只有"继续练习用文言作文"，对语体文的作文没作要求。可见学

---

① 参见《教育杂志》第二十卷第八号。

习用文言作文还是很重要的，而且入学考试还是文言文，那么要想在小学的语文教学中清除文言也只能是一种理想。

随着新学制推行语体文在小学国语实际教学中捉襟见肘的局面渐趋明显，课程纲要在小学、初中、高中各阶段中教学要求上的模糊混乱、缺乏连贯，以至造成实际教学中各行其是的弊端也渐渐暴露出来。为了更切实地保证小学国语教学的全面实施，严防从中能找出教文言文的依据和借口，"29 课标"的要求更加明确。因"语言"二字仍带文言气息，改"语言"为"说话"；恐"读文"有提倡文言书之嫌，改"读文"为"读书"。这虽是名称上些微之差，可是对于改造思想、纠正观念也有很大的关系。在"29 课标"里，唯一出现"文言"二字之处是在小学第五、第六学年读书教学的要求里，"诗歌、戏曲、鼓词，平易文言诗词的欣赏吟咏或表演"。而且只限于欣赏，丝毫没有提出文言文写作的要求。而且在小学、初中、高中各学段都把提高学习者运用语体文叙事说理、表情达意的能力作为主要目的。小学、初中只要求用语体文作文，不提文言作文；高中阶段在肯定文言白话兼教的情况下，仍继续要求学习语体文，并提倡试写语体文的文学作品，不再排斥语体文的写作训练。对于文言作文的能力，不作普遍要求，只要求根据学生的资质及兴趣酌情予以培养。即使在以后修订的课标中，为达到国民党党化教育的目的，加强了文言写作的要求，把原来"依据学生的资质和兴趣，酌量兼具有运用文言作文的能力"改为"养成其用文言文叙事说理表情达意之技能"，也是在"继续使学生能自由运用语体文之外"兼顾的，这表明高中阶段也对语体文敞开了大门。并以政府的训令方式强制规定"提倡语体文、小学不教文言文、初中入学考试不考文言文并不准小学采用文言教科书"。这样一来，明确了语体文教学在中小学阶段听说读写方面的全面要求，使学生对语体文的学习得以连续的发展，而不会因为读的是语体文，写的却是文言文而有所顾忌。

对于高中阶段的文言写作问题，也有很多人提出异议。叶圣陶认为本不必提出这样的目标，只是因为现实社会中还有一些文章如报纸、公文和书信等在用文言写作，所以要求学生学一点文言写作的本领也未尝不可。但要求学生学写的只是报纸、公文和书信中常用的那种"近代文言"，而非"古文"。因此，他反对用唐宋以上的文学作为写作的范本，他说："认清了教学文言写作的目标，知道学生要学写的是近代文言（也可以叫作普通文言或应用文言），不是古文言，尤其不是古文学；自会知道把古文学作为范本绝不是办法。""学生要学写的是报纸公文和书信的那种文言，那么作为范本的……应该是应用文言字汇，文言调子，条理上情趣上和语体相差不远的近代文言，如梁启超先生和蔡元培先生写的那些。"① 叶老先生的观点很明显，他认为当时中学生学点"近代文言"的写作，是因为社会上还没有完全消除文言文的工具价值，随着时代的发展，在社会的交际领域内语体文完全取代了文言文，学生也就没有学习文言文写作的必要了。

既然文言诗文教学在"写"方面的要求淡化了，那它的重点应该放在哪里呢？自然，文言诗文教学的要求主要在"读"上。本时期的课程标准以及相关研究文献，都把阅读置于国语国文课程的首要地位，小学为欣赏儿童文学而读，"开拓其阅读的能力和兴趣"；初中为人生日用而读，"养成阅读书报的习惯和欣赏文艺的兴趣"；高中为文学鉴赏而读，"培养读解古书，欣赏中国文学名著之能力"。

---

① 叶圣陶：《论中学国文课程的改订》，《叶圣陶语文教育论集（上）》，教育科学出版社 1980 年版，第 79 页。

（二）教材编写格局的大致趋同

我国现代意义上的中学语文教材的形成并不是与语文独立设科同步的，而是在对旧式文选型教材体系的不断突破和逐渐改造、发展的过程中形成的。这个时期对于文言文教材的编写已渐趋成熟，大致形成了一些趋同的格局。

一是文白比例渐成共识。中学国文教科书文白兼选已基本定型。但兼选并不能随心所欲，须明确一定的比例。按当时"暂行课程标准"规定，文白比例采用逆升递降法，即：初一，3∶7；初二，4∶6；初三，5∶5；高一，6∶4；高二，7∶3；高三，8∶2。当时流行较广的一些中学国文教科书，都是严格按照上述比例处理的。如《复兴初级中学教科书国文》（傅东华编著，上海商务印书馆 1933 年 3 月起初版）在编辑大意中说："语体文与文言文各学年之分量为七与三、六与四、五与五之比例。"①《初级中学学生用 朱氏初中国文》（朱剑芒编，上海世界书局 1933 年 7 月起初版）共选模范文 360 篇，分配六册：第一、第二两册共 100 篇，文言占 3/10，语体占 7/10；第三、第四两册共 120 篇，文言占 4/10，语体占 6/10；第五、第六两册共 140 篇，文言语体各占 5/10。②

二是文体编排从杂乱走向有序。20 世纪 30 年代前，中学语文教材的文体排列较为杂乱，序列不清。这个时期逐步走向有序。初中教材，按宋文翰的概括，大致是："初一，以记叙文为主而以描写文为副；初二，以描写文为主而以说明文为副；初三，以说明文为主而以

---

① 傅东华编著：《复兴初级中学教科书·国文》，商务印书馆 1933 年版，第 1 页。
② 参见闫苹、段建弘主编《中国现代中学语文教材研究》，文心出版社 2007 年版，第 254 页。

论辩文为副。"① 对此，1940 年颁布的《修正中学国文课程标准》也有具体的说明：初一以记叙文为中心，初二以说明文为中心，初三以说明文、议论文为中心；高中阶段在初中的基础上循环加深，高一以记叙文为中心，高二以说明文为中心，高三以议论文为中心。从具体到抽象、从形象思维到逻辑思维、从记叙到说明到议论，这种编排程序，符合青少年的思维特点和学习心理。针对高中文言文的编排程序，另有特别的安排，按宋文翰的概括，大致是："高一，注重文字的技能，用以完成前三年之所学，作一个总结束；高二，注重文学的流变，用以诏示各种文学作品的产生、构成、流变及其价值，兼借此引起学生研究、欣赏及增进读写的能力；高三，注重中国学术思想的流变，用以诏示各种学术思想的产生、影响、流变及价值，并借以引起学生研究、批评及增进写读的能力。"② 实际上，这就是课程标准中已经确定的原则：高一以体制为纲；高二以文学源流为纲；高三以学术思想为纲。

三是编撰体例逐渐完备。从后世采用的中学语文教科书来看，它的内部结构一般是由四个系统构成：一是范文系统，就是供学生研读的各体各类优秀的古今文章；二是作业系统，就是配合范文或有关知识所编制的思考性或训练性的作业题；三是知识系统，就是有关语言文字的基础知识和读写方法的基本要领；四是助读系统，就是辅助学生自修的注释、题解、评语和有关提示。这四个系统的组合方式可以多种多样。不过，这种体例较为完备的新型教科书，到 20 世纪 30 年代以后才开始出现，其主要标志是对于单元组合方法的探索。把教科

---

① 宋文翰：《一个改良中学国文教科书的意见》，载顾黄初、李杏保编《二十世纪中国语文教育论集》，四川教育出版社 1991 年版，第 495 页。

② 同上。

书中的选文，组成一个个相对独立的单元，这在"五四"以前就有人尝试过。只是，过去的单元还仅仅是把选文或按题材内容，或按体裁样式，或按时代和作家进行集中编组而已，并没有完全突破旧式文选型的窠臼。在这一时期，语文教科书在课文结构上取得了重大突破，明确地划分单元编排教材诞生并逐渐成为主流，而且组织单元的方式也渐趋多样化。前期有许多中小学语文教材一窝蜂似的采用"以内容分类"的话题结构，这种话题结构凸显人文内容，或有长处，但用于语文教材，如果仅以内容为主线，按文章主题组成单元，按主题单元组成册，容易把主题相同或相近而深浅程度不一的文章组到一起，不利于学生循序渐进地认识事物、掌握知识。诚如叶圣陶所指出的："时下颇有好几种国文课本是以内容分类的。把内容相类似的古今文章几篇合成一组，题材关于家庭的合在一处，题材关于爱国的合在一处。这种方法……失去了国文科的立场，我们未敢赞同。"① 这种编排组元的形式到后期已经有所改变，还是以单元来组织选文，但不是以某种单一的组合方式来组织全部教材，力求消除"文体组元"及"主题组元"的各自病弊，真正实现并提高单元教学的效率。如，罗根泽编选、黎锦熙校订，1933 年由北平立达书局出版印行的《初中国文选本》，这套教材的组元方式就灵活多样，极具个性化。有的以表达方式组织单元，可集中学习一种表达方式的要领。如：第一册胡适《新生活》与梁启超《无聊消遣》组成论说文单元。第二册魏学洢《核舟记》与宋起凤《核工记》组成说明文单元。有的以文体组成单元，如第四册韩愈《祭十二郎文》、归有光《祭外姑丈文》、袁枚《祭妹文》组成祭文单元；第三册苏轼《志林记游四则》与恽敬《游

---

① 中央教育科学研究所编：《叶圣陶语文教育论集》，教育科学出版社 1980 年版，第179 页。

庐山记》组成游记、小品文单元，便于学习文体及写作。而以题材组编单元的，则旨在让学生进行多角度比较阅读，拓展学生的视野和思维。如第六册司马迁《聂政传》与郭沫若《棠棣之花》组成单元，学生需从文体、时代、作者的差异去理解、鉴赏其作品；第三册由无名氏《十五从军征》、白居易《新丰折臂翁》、胡适《你莫忘记》、冰心《到青龙桥区》组成单元，写战争题材，但因作者时代和角度不同，对战争、军人的态度及感情也有差别，这就需要学生在阅读中进行比较、鉴别、体悟，形成自己的判断。像这样组织单元方式的多样化，既使课文编排有序，又使教学灵活自由，使教师能根据实际自由支配教材，提倡学生个性化阅读鉴赏。正如"编辑大意"表明："按各篇之题材或性质将每册划分单元，但教者仍可自由支配教材，绝无偏枯拘束之弊。"①

当时有些教科书在助读系统和作业系统方面也有了较充实的内容和较新颖的设计，而有意识地在文选型教科书里编进系统的语文基础知识短文，始于1933年傅东华编的复兴初、高中《国文》教科书。首次在选文中穿插编入系统的习作教材，习作教材内容包括语法、文法、文章作法三个方面，开创了读写教材混合编制的新体例。如第三册习作一《直接抒情和间接抒情》，这一单元安排了三篇课文：《祭妹文》《落叶的挽歌》《茅屋为秋风所破歌》。② 三篇短文的"暗示"都结合各自的选文，指出选文哪一部分是直接抒情，哪一部分是间接抒情，把课文当成学习语文知识的例子。自从傅东华把读写知识以短文的形式系统地编入文选型教科书以后，知识系统就成了后来许多同类

---

① 参见闫苹、段建弘主编《中国现代中学语文教材研究》，文心出版社2007年版，第196—197页。

② 傅东华：《复兴初级中学教科书·国文》第三册，商务印书馆民国二十二年初版。

教科书中的一个重要组成部分。而在语文教材史上具有划时代意义的《开明国文百八课》，也是在这样的探索背景下应运而生的。

　　四是选文标准异中求同。自"五四"以来，教材编制主要采用"审定制。"当时的课程标准对教材的编选已经有明确的规定，主要表现为四个原则：（1）适合程度的原则。编初中教材的人，必须研究小学教科书和小学毕业生的实际程度。（2）兴趣的原则。依年龄程度与心理变迁而不同。兴趣是和努力互为因果的，要有兴趣，方肯努力；要肯努力，方生兴趣。要使学生用不断努力去战胜困难，进一步得一步，向有欲罢不能，求此程度之势，才是教学上真正的兴趣。（3）需要的原则。一般的需要，则欲从社交、道德、文雅、民族精神与时代环境各方面去研究。要做现时代的人，对于现时代环境的了解和适应，其重要十倍于古代的文人雅事。（4）功效原则。要求用最经济的方式而得到高的效率。从前书塾专习国文，"中才生"要十年才能学通。今日的中学生，只有五分之一的心力习国文。现在希望在二年或二年半内学通，则教材教法的效率，须四倍或五倍于昔日。①

　　但这些规定一般都属于"原则"的范围，这些原则在教材中的体现可以有不同的方式和途径。这个时期，民间自编教材仍然有用武之地。在课程标准面前，固然有"遵守"的一面，但也往往有"探索"和"超越"的一面。有的注重选文的"艺术和经典"性，如张弓编的《初中国文教本》（1930年大东书局出版）选材标准是：（1）内容合于本书中心旨趣；（2）"艺术"优美，足供评赏；（3）"问题"切于现代中国青年的思想生活；（4）"深度"适合于初中年级之学力；（5）篇幅不过长，适于教堂教授；（6）白话文言，参合编辑。有的

---

　　①　《二十九年部类修订中学国文课程标准》，《国文杂志》1944年第1期。

偏重于选文的"适切性"，如《中学国文教科书》（江苏省立扬州中学国文分科会议编辑，1931—1933 年南京书店出版）选材的标准有三项：（1）务求联络：就内容或形式相近之文字，分为若干集团，各以类聚；（2）注重调节：华实相间，枯腴相间，力避呆板单调的排列，以期增进学生修养之兴味与效率；（3）结合实际：根据过去的经验，审查中学生的程度，以最经济的手段，选授富有时代的教材，期得学生充分的领会、欣赏、模仿为究竟目的。不同的选材标准，反映出这一时期教材编写思想的活跃，有利于各具特色的教材形态的形成。

有人对 20 世纪 30—40 年代出版的几种有代表性的初中国文教科书中入选的文言诗文篇目作了一个粗略的统计。

入选文章最多的作者或作品集是：孟子、《战国策》、司马迁、韩愈、柳宗元、欧阳修、苏轼、司马光、王安石。

入选频率最高的文章有：

以议论为主的：《墨子》的《兼爱》《非攻》，《孟子》的《鱼，我所欲也》，《荀子》的《劝学》，《吕氏春秋》的《察今》《察传》，《战国策》的《鲁仲连义不帝秦》，贾谊的《过秦论》《论积贮疏》，晁错的《论贵粟疏》，韩愈的《师说》《原毁》，柳宗元的《送薛存义序》，司马光的《训俭示康》，宋濂的《送东阳马生序》，顾炎武的《与友人论书说》，黄宗羲的《原君》，刘开的《问说》，袁枚的《黄生借书说》，宋端淑的《为学》。

人物传记：司马迁的《项羽本纪》《廉颇蔺相如列传》《魏公子列传》，褚少孙的《西门豹治邺》，柳宗元的《童区寄传》，侯方域的《马伶传》，魏禧的《大铁椎传》，方苞的《左忠毅公轶事》，陆次云的《费宫人传》。

叙事而抒情性强的：诸葛亮的《出师表》，李密的《陈情表》，韩愈的《祭十二郎文》，欧阳修的《泷冈阡表》，归有光的《先妣事略》《项脊轩志》，袁枚的《祭妹文》。

以记叙为主的：陶潜的《桃花源记》，郦道元的《三峡》，韩愈的《画记》，柳宗元的《小石潭记》《钴鉧潭记》，范仲淹的《岳阳楼记》，欧阳修的《醉翁亭记》，司马光的《赤壁之战》，程敏政的《夜渡两关记》，张溥的《五人墓碑记》，魏学洢的《核舟记》，宋起凤的《核工记》，黄淳耀的《李龙眠画罗汉记》，方苞的《狱中杂记》，姚鼐的《登泰山记》，龚自珍的《病梅馆记》，薛福成的《观巴黎油画记》。

短篇文赋：杜牧的《阿房宫赋》，苏轼的《赤壁赋》。

一些短小隽永通俗易懂的名文，如刘禹锡的《陋室铭》、周敦颐的《爱莲说》、王安石的《伤仲永》，则多选进小学课本。

这一时期初中国文课本所选的古代诗歌篇目，也越来越集中在一些适宜中学生学习的篇目上了。

唐代以前的，主要有：《诗经》的《伐檀》《君子于役》，《楚辞》的《国殇》《涉江》《渔父》，《乐府》的《陌上桑》《孔雀东南飞》《木兰辞》和陶渊明的《归园田居》等。

唐诗：李白、杜甫、王维、孟浩然、高适、岑参、白居易、杜牧等诸家的名作。

宋诗：欧阳修、苏轼、黄庭坚、陆游、范成大、杨万里等诸家的名作。

唐宋词：李白、白居易、温庭筠、柳永、李清照、苏轼、陆游、辛弃疾诸家的名作。①

不难看出，依据各自的标准选出的文言作品确有很多相似之处。

---

① 统计资料参见李树《中学语文教学百年史话》，山东人民出版社 2007 年版，第 73—74 页。

能被各编者青睐，挑选入初中教材的，基本上都是那些思想健康、语言文字精练、文化内涵丰富而又篇幅不长的文章。

（三）教学方法研究的科学探索

20世纪20年代随着西方教育思想的引进，曾掀起一阵教学方法研究的热浪。经过喧闹以后，30—40年代，人们对流行的教学方法开始反省和过滤，其态度更加审慎，更加注重实效。

20世纪20年代，对白话文新式教学方法的推崇，固然给陈旧的文言文教学天地带来些许"春意"。但也应该看到，强劲而新颖的新式教法，光芒四射，掩盖了文言文教学的个性特点，使得传统教法中优秀的一面得不到发挥。如黎锦熙就曾尖锐地指出，历来语言教学成果不佳，其症结"就在教学讲读时，不知道把白话文的教材与文言文的教材分别处理，而只知道笼统地用一种大概相同的教法"。[1] 他还指出："白话文以'耳'治始，以'目'治终，其成绩之表现则全在'口'，'口'自与'手'相应，而白话文之写作进步矣。文言则始终以'目'治为主，口治之极，自能影响'目'与'心'，若一霎时之'眼到'与偶然间之'心到'，而'口'则长期不'到'，如今学生之听讲文言文者，则其效果必等于零无疑也。"[2] 因此，他特别强调教学文言文，要更多地在记诵上下功夫，无论是听读或自读，都必须"对看本文"，认真揣摩如何断句，如何处理音节的轻重缓急，如何表达出文章所蕴含的思想和感情，进而达到字字句句"如出己之口"的境界。针对如何学习、借鉴外国的理论和经验，王森然也指出："在其他各科的教材教法，内容工具，似乎都还有可以借镜与他国先例的地

---

① 张鸿芩、李桐华编：《黎锦熙论语文教育》，河南教育出版社1990年版，第12页。
② 同上。

方，独有国文，非由我们自己来探索不可。"① 随着文言诗文教学的个性被重新发现，人们的目光开始回溯，思考如何在传统的基础上，根据当时语文教育的实践进行创新探索，从而使传统教学方法焕发新的活力和生机。

针对当时文言文教学重视语法和作文法的讲授，夏丏尊提出了自己的看法："学生在文字结构上、形式上，虽已大概勉强通得过去，但内容总仍是简单空虚"②；奖励课外读书，或是在读法上多选内容充实的材料，"结果往往使学生徒增加了若干一知半解的知识，思想愈无头绪，文字反益玄虚"。③ 就在这山重水复疑无路的情形下，他从自己重温旧籍的过程中忽然悟到了一种契机，那就是培养语感的重要性。他说："无论是语是句，凡是文字都不过是一种寄托某若干意义的符号。这符号因读者的经验能力的程度，感受不同：有的所感受的只是其百分之一二，有的或者能感受得多一些。"④ 这种对文字符号所表达的内容的灵敏的感觉，夏氏名之为"语感"。夏氏从传统语文教学方法中提炼出"语感"的观念，在国文教学观念更新上影响深远。后来叶圣陶专门著文阐发了这一观点，并充分论证了在阅读中"训练语感"的重要性及其训练方法，为国文教学的改革在方法论上开拓出一片新的天地。

传统语文教学重视诵读，像"书读百遍，其义自见""熟读唐诗三百首，不会作诗也会吟"等，其中虽然也包含着一些合乎规律的成分，具有一定的科学性，但所得结论大都是基于个体日常生活的经验

① 王森然：《中学国文教学概要》，商务印书馆1929年版，第2页。
② 夏丏尊、刘熏宇：《跟大师学语文——文章作法》，中华书局2007年版，附录三。
③ 同上。
④ 夏丏尊：《我在国文科教授上最近的一个信念——传染语感于学生》，载赵志伟编著《旧文重读——大家谈语文教育》，华东师范大学出版社2007年版，第122页。

和体会，而真正通过科学实验而得出的科学结论却很少。艾伟运用现代心理学的研究方法，从不同角度对此进行了实验研究。从"篇幅长短与诵读速率的关系"以及"文章内容在背诵与默写上的影响"两方面展开了细致的实验，得出：文章内容的枯燥，文字的难解，影响到学生诵读的速率。在对中学生文言白话学习问题的研究中，他缜密地分析了中学生的阅读能力与理解速度等各方面，所提出的有关初高中文白教材比例的建议，在 1929 年为教育部所采纳。

第二章 中小学文言诗文教学的当代发展

1949 年 10 月 1 日中华人民共和国成立，标志着中华民族进入了一个新时代。中小学文言诗文教学经历了现代转型的破冰之旅，从此掀开了新的一页，进入了当代发展时期。这半个多世纪以来，中小学文言诗文教学的发展并非一片坦途，而是历经起落沉浮，其曲折前行的发展历程折射出人们对中小学文言诗文教学的地位、性质、功能、价值及实施策略的认识过程，也凝聚着人们对整个语文学科本质规律与发展方向不断反思的成果。

我们将这个过程分为：以政治话语为标志的起伏期，以工具理性为标志的探索期，以人文复兴为标志的融合期。

第一节 政治话语，放逐文言：起伏期（1949—1978）

从 1949 年新中国成立到 1976 年"文化大革命"结束，这 30 年来，运动一个接一个，高低起伏，惊涛骇浪，历史在曲折中前进。就新中国语文教育来说，从"语、文"统一到"语言、文学"分科，从停止分科到《全日制中学语文教学大纲》的公布，从"文化大革命"取消"语文"到《全日制十年制中小学教学计划（试行草案）》的颁发，几次曲折，几次反复，不知经过多少艰辛才重新走上正道。那么，在这个"政治风云"瞬息万变的历史时期，中小学文言诗文教学的命运又将如何？其间经历了怎样的曲折和磨难？磨难中显现了怎样的特点？曲折中又预示了怎样的前行路向呢？

一 政治风云中文言诗文教学的命运起伏

（一）社会改造——文言受到冷落

在新中国成立前后的一段时间里，中小学语文教学相当轻视和忽略文言诗文教学。一是由于长期受战争环境的影响，对教育为政治服务的要求非常强烈。二是新中国刚成立，百废待兴，旧中国半殖民地半封建的旧教育需要根本改造。三是由于那时候在文化教育界弥漫着一种轻视以至否定传统文化的气氛，青年学生普遍认为古代的文言作品思想落后，崇尚的是那个时代的革命文章。教师为了紧跟革命的形势，少讲甚至不讲文言文。

从当时使用的几套教科书来看，语文教育内容发生了重大变化，主要表现在：比较重视为政治服务，有较强的政策观点，文言诗文篇目较之新中国成立前国统区的教材，大幅度减少，几乎处于"被遗忘的角落"。

1949 年的国文课本，是以老解放区《中等国文》为蓝本修订出来的临时课本。这套课本，初中的全是白话文，高中仅有少量文言文。据当时的教师回忆，高中语文教材"文言文在每册里有两三篇，可是解放初期在上海市的中学里，文言文是规定不教的"。① 1950 年，中央人民政府出版总署编审局，又在"临时课本"的基础上改编出版了全国统一的《初中语文》和《高中语文》。课本的《编辑大意》里说："说出来是语言，写出来是文章，文章依据语言，'语'和'文'是分不开。语文教学应该包括听话、说话、阅读和写作四项。因此，这套课本不再用'国语'和'国文'的旧名称，改称'语文课本'。"这是新中国第一套"统编"中学语文教材，也是自清末兴学堂以来所设的"国文"课正式改称"语文"课之后的第一套中学语文课本。"过去的'国语'，给人一个印象，似乎只指口头语言；'国文'似乎只指书面语言，甚至只指文言文。"② 以"语文"统一命名，由此结束了清末以来文白之间的争论，体现了听、说、读、写综合训练与发展的语文教学思想，更有利于在教学实践中做到"言文一致"。新的语文课本中，增添了现代著名作家大量言文一致的优秀白话文，有的古代寓言也用口语作了改写。由于这是一套临时应急的课本，编写时间急促。响应"以解放区教育的新经验为基础"的方针，也是以1946 年的陕甘宁边区的《中学国文》为蓝本的。选文除了对作者的政治立场有严格的限制以外，对作品所表现的思想感情也体现出很高的要求。至于文言文，初中完全没有选入，高中从第三册起才选了少量文言文。"选文言的主要目的，在使学生明确地了解文言跟现代口语的同异，养成阅读文言参考书的初步能力。文言只是给学生阅读，绝对不是教学生模仿着来写作"，"至于文言的教学，我们希望教师们能够在比较文言跟口语的异同方面多多指点，多多提示"③。1951 年，

① 刘国正主编：《我和语文教学》，人民教育出版社 1984 年版，第 199 页。
② 张志公：《张志公文集》第三卷，广东教育出版社 1991 年版，第 60 页。
③ 叶圣陶：《中学语文教材与教学》，人民教育出版社 1981 年版，第 5—6 页。

人民教育出版社对这套"总署本"中学语文课本进行了修订和改编，指导思想还是强调教材的政治思想，要"清除教材中含有封建、买办、法西斯思想的内容"。所选课文，主要还是解放区和新中国成立之初报刊上发表的歌颂新中国、歌颂领袖、歌颂工农兵、歌颂苏联的时文。这套课本还确立了毛泽东和鲁迅的作品在中学语文课本里的突出地位。文言诗文的待遇依然如旧。1952 年，人民教育出版社再次进行改编，新课本中初中仍然没有选文言文，高中则"从第一册起兼选文言文，用以培养学生阅读文言的初步能力"①。即使如此，所选文言课文一是篇目少；二是内容浅。比如，高中第一册 18 篇课文中，文言仅 4 课，占 22%，且都是《活板》《晏子使楚》《〈列子〉二则》《木兰诗》之类短小浅易的古代诗文。

（二）学习苏联——文言随文学"显身"

新中国成立初期，中小学文言诗文教学的这种"边缘化"遭遇随着 1953 年开始逐渐升温的学习苏联的"热潮"而得到改善，一直到 1956 年实验语言和文学分科，由"低谷"达到"巅峰"。

实际上，新中国成立初期，中央人民政府教育部在北京召开的第一次全国教育工作会议中提出，"以老解放区新教育经验为基础，吸收旧教育有用的经验，借助苏联经验，建设新民主主义教育"，其中"借助苏联经验"就为中小学语文教育的改造指明了方向，奠定了全面学习苏联的"基调"。1953 年以后，对中小学语文教育的整顿和改进，很大程度上，就是借鉴苏联经验的结果。

对于语文教育来说，充满艺术情调的俄罗斯民族一直有着文学艺

---

① 人民教育出版社编辑出版：《高级中学语文课本》第一册"出版者的话"，人民教育出版社 1952 年版，第 1 页。

术教育的优良传统，到了苏联时代，他们就一直实施俄语与文学分科教学。这种课程模式，自然成了 20 世纪 50 年代中国语文教育效仿的对象。在这种模仿与求同心理下，关于语言和文学分科的讨论成为当时的热门话题。

应当说，对中小学语文教育来说，新中国成立初期正处于一个发展低谷。教材过于偏重思想性，语文知识教学和训练的要求不明确，加上编排缺少系统科学性，越来越明显地不能适应语文教学发展的需要。广大教师迫切要求进行教材和教法改革。1950 年，有关部门在陕西的部分中学召开教师座谈会，许多教师提出新课文存在着"艺术性太弱"的缺点，要求增加诗、文言文、文学史、文学批评、创作方法等内容，还有教师提出要把"新文学教程"作为正式教材。[①] 在 1951 年 3 月全国第一次中等教育会议上，胡乔木指出，语文教学目前存在着特别混乱的现象，其原因就是没有把语言教育和文学教育分开。并首次提出了语言文学分科的设想。随后，在全国开展"学习苏联教育经验"的热潮中，许多教师也感到，语言文学混在一起教不符合语文教学的规律，应该像苏美和西欧其他一些国家那样，把语言和文学分开，进行系统的语言和文学知识教育。1953 年 12 月，中央语文教学问题委员会给中共中央提交了一份《关于改进中小学语文教学的请示报告》，进一步分析了语言文学混教的弊病。报告认为，"语文混合教学的结果是语言教育和文学教育两败俱伤，都不能得到应有的效果"。在各方面要求语言、文学分科的呼声越来越高的形势下，1954 年中央政治局扩大会议批准了这个报告。经过一年多细致繁忙的准备工作，1956 年 4 月，中央教育部正式发出了《关于中学、中等师范学校的语

---

① 西北军政委员会教育部：《语文教学的方向问题》，西北人民出版社 1950 年版，第 32 页。

文科分汉语、文学两科教学并使用新课本的通知》。就这样，语言、文学分科试验在全国全面推开了。

20世纪50年代中期在中国语文教育史上，上演的这场语言、文学分科教学，是"空前"也是"绝后"（至今）的大事。它宣告了自语文独立设科以来，文学终于成了一门独立的课程。文学教育，赢得了前所未有的关注。文言诗文也随着文学"显身"，在中小学语文教学中渐渐得到重视。

文学课教什么？《关于改进中小学语文教学的请示报告》中认为"文学教学不仅应教现代文学作品，而且也应教古代优秀的文学作品，使学生认识我国历代人民的生活和我国文学的悠久传统"[1]。人们对当时中学语文教材中偏重现代文学作品，特别是"五四"以来的现代作品的做法也发表了各自的看法，认为，教材中对"民间口头文学作品""古典文学作品"以及"外国作品"的忽略是不对的。有人指出："我国文学有二千多年的光辉历史。文学史上有不少富于人民性的优秀的古典作品。这些作品真实地反映了各历史阶段的社会生活面貌，富于现实主义精神，表现着作者的人道主义和爱国主义思想感情，是我们宝贵的文学遗产。应该教学生阅读一些古典作品，领会这些古典作品的人民性和艺术价值。"[2] 在1956年颁布的"中学文学教学大纲"中明确规定"教学大纲规定的文学作品，包括我国民间口头文学、古典文学、现代文学和以苏联为主的外国文学作品"。这样，文言诗文作品戴着"文学"的美丽光环在中小学文学教材中脱颖而出，闪耀登场。

---

① 李树：《中学语文教学百年史话》，山东人民出版社2007年版，第129页。
② 张毕来：《论中学文学科的教材问题》，《语文学习》1956年第9期，载饶杰腾编著《近现代中学语文教育的发展》，广东教育出版社2008年版，第167页。

初中文学课本第一、第二册按思想内容编排，第三、第四册按文学史编排，第五、第六册按体裁编排。其中文言篇目有：

初一：唐诗10首（《登鹳雀楼》等），民歌（《敕勒歌》等2首），词和曲6首（白居易《忆江南》等）。初二：《诗经三篇》，杜甫诗4首，白居易诗3首，苏轼词2首，《论语》和《孟子》5章，《楚辞二篇》《岳阳楼记》《晏子将使楚》《归园田居二首》《木兰诗》，李白诗3首，陆游诗3首，辛弃疾词3首。初三：古代诗词曲4首，《三峡》（郦道元）、《闻官军收河南河北》《庄周家贫》《扁鹊见蔡桓公》《捕蛇者说》《核舟记》。共计短诗48首，长诗1首，文章及语段13篇（段）。比例约占33%。①

高中文学科则从高一全年级到高二上学期连续三学期学习古典文学，将涉及每个时代的文学作品分成几个专题，每个专题包括文学作品和文学史知识两个内容，专题后还附有"文学史概述"一篇。

高中文学课本的文言篇目中，有诗歌约60首，另有长诗《梦游天姥吟留别》等8首，文章（含语段）36篇（段）。其中先秦及汉代的散文有：《论语》9章；《左传》中的《晋公子重耳出亡》；《孟子》中的《庄暴见孟子》《孟子谓戴不胜曰》；《战国策》中的《触龙说赵太后》《冯谖客孟尝君》；《史记》中的《信陵君列传》《荆轲传》。独立成篇的散文有：王维的《辋川闲居赠裴秀才迪》，韩愈的《原毁》，柳宗元的《钴鉧潭西小丘记》《小石潭记》，欧阳修的《醉翁亭记》，苏轼的《前赤壁赋》，王安石的《答司马谏议书》（以上唐宋文）；归有光的《项脊轩志》，姚鼐的《登泰山记》，吴沃尧的《草木皆兵》，梁启超的《谭嗣同传》（以上明清文）。此外，还有《搜神

---

①　根据张毕来、蔡超尘主编《初级中学课本·文学》（1—6册，人民教育出版社1956年版）整理。

记》中的两段文字，《世说新语》中的 4 段文字，以及《资治通鉴》中的《赤壁之战》等。①

在古代诗词曲方面，与 1952 年的 12 本教材相比，10 本文学教材中《诗经》《楚辞》、汉乐府中的诗和李白、杜甫、白居易、苏轼、辛弃疾、陆游等人的诗大大增加，并且新增了 20 位有代表性的诗（词、曲）人的诗作。

可以看出，为了纠正前期教材的弊端，这套文学教材在选材上力求精选素有定评的名诗名文，尤其是古典文学精品的大量增加，更增加了这套教材深厚的文化底蕴。

（三）阶级斗争——文言横遭批斗

汉语文学分科毕竟是一件开创性的事情，随着它的全面推开，由于大纲、教材本身的缺点和师资队伍等方面的问题，逐步暴露出不少缺陷。为此，《人民日报》从 1956 年 8 月起开辟了"语文教学问题讨论"专栏，对汉语、文学分科问题展开了讨论和研究。虽然这时针对文学教育，特别是高中文学课程，已经有很多批评指责的声音，也不乏激烈严厉之辞，但人们的出发点是就事论事，为的是展开各方言论，总结经验，求得不断改进。

然而，到了 1957 年，形势发生了逆转，"百家争鸣"一下子变成了资产阶级和无产阶级"两家"的政治斗争，"双百"方针竟然成了"引蛇出洞，聚而歼之"的政治斗争手段。一场"反右"风暴席卷全国。国际、国内的阶级斗争都空前激烈起来，要求各个领域都突出无产阶级政治和以无产阶级政治挂帅，"教育为无产阶级政

---

① 根据张毕来、蔡超尘主编《初级中学课本·文学》（1—6 册，人民教育出版社 1956 年版）整理。

治服务"成为教育方针的核心。在这样的形势下，历来被认为负有向学生进行政治思想教育任务的中学语文课，岂能允许排斥了具有无产阶级思想和密切反映现实生活的文章（如革命导师和领袖的著作、《人民日报》的社论等）而引导学生回到"故纸堆"里去向古人顶礼膜拜？于是，全国上下针对语文教学问题的讨论一转而成对汉语、文学分科的批判。尤其对古典文学作品的批判上纲上线，简直就是飞来横祸。

当年曾大力提倡"教学生读一点古典作品"的张毕来竟然摇身一变，成为古典文学的"批斗士"。他横加指责："古典文学作品表现着封建士大夫或资产阶级知识分子的思想感情。那些消极的出世思想和没落感情，固不用说，就是李白的鄙夷权贵，杜甫、白居易的同情劳苦人民，辛弃疾的爱国忧世……同社会主义革命中的蓬勃生气和快乐情调放在一起，也不甚融洽。"① 并给中学语文教学中大量选用古典文学作品扣上了"厚古薄今""脱离政治"的"罪名"。还有许多文章责问："今天全国人民以无比的干劲建设社会主义，而现行文学教材却编选了一些消极避世、闲情逸致、儿女情长的作品来教育学生，这和今天轰轰烈烈的时代合拍吗？"② 在政治话语的粗暴干涉下，这次汉语、文学分科教育大规模的尝试还没来得及发育成长就夭折了。

随着分科教学试验的中途夭折，文学课本的惨遭废弃，文言诗文的命运也急转直下。接踵而来的"大跃进""教育大革命""左"倾思潮的演进使语文教学偏离自己的学科方向，成为阶级斗争的"战场"，政治思想的"代言"。语文课本的选文标准从"政治标准第一"

---

① 张毕来：《中学语文教学中的厚古薄今倾向》，《人民日报》1958 年 7 月 17 日。
② 顾振彪：《人教版 1956 年初中、高中文学、汉语分科课本介绍》，载张鸿苓等编《新中国语文教育大典》，语文教育出版社 2001 年版，第 516 页。

极端化为"政治标准唯一"。被指责为"脱离政治、脱离现实"的古典文学作品自然被打入"冷宫"。对那些当时被视为"片面强调作品的艺术性而忽视作品的思想内容"的古典文学作品，诸如《诗经》的《关雎》篇、六朝乐府、柳永的《雨霖铃》之类，弃之若帚不说，就连那些当时被认为"富有人民性的古典作品"，如《石壕吏》《卖炭翁》也受到牵连，"学了也不可能比读几篇反映总路线精神工农业跃进的现代文学作品，会起更大的教育作用"。① 于是，后来许多地方自编教材时，就只能不选或少选古典文学作品。北京市教育局干脆明文指出："初中不选古典文学，高中约选10%的古典文。"②

可想而知，在这种强大的政治气候的高压下，文言诗文教学"被流放"的命运是很难被扭转的。可是，自1959年起出现了三年严重的自然灾害，使阶级斗争的弦暂时有所松弛，先前风声鹤唳的"政治运动"也得到缓解。在"调整、巩固、充实、提高"八字方针的指引下，教育战线开始纠正"乱、糟、偏"，明确提出了"以教学为主"。1963年5月制定并颁布的《全日制中学语文教学大纲（草案）》就是明证。这个大纲是在60年代初期社会各界"关于语文教学目的和任务"广泛讨论的基础上，对新中国成立以来中学语文教学的经验教训认真总结的产物。大纲开明宗义第一章，就鲜明地确定了中学语文的性质，"语文是学好各门知识和从事各种工作的基本工具"。同时明确指出："中学语文教学的目的，是教学生能够正确地理解和运用祖国的语言文字，使他们具有现代语文的阅读能力和写作能力，具有初步阅读文言文的能力。"从这个大纲中，我们欣喜地看到中国语文教育开始"迷途知返"，从极端政治化的阴影中走出来，重新踏上务实的

---

① 李树：《中学语文教学百年史话》，山东人民出版社2007年版，第157页。
② 李杏保、顾黄初：《中国现代语文教育史》，四川教育出版社2004年版，第291页。

前行之路。同时，文言诗文教学开始"恢复名誉"，在中学语文教育中重新占有了一席之位。

与1956年分科教学时只在高中提出"培养学生阅读文言著作的初步能力"相比，这次大纲对文言文的教学有了更高的要求。"培养阅读文言文的能力"的要求贯穿初中、高中六年，"为将来阅读古籍，接受祖国丰富的文化遗产，打下初步基础；并且吸收古人语言中有生命的东西，学习一些写作技巧"。大纲规定文言文教学内容有文言实词、虚词和句式，并要求学生能够初步独立地阅读一般文言文。并规定"文言文可占课文总数的百分之四十以上，各年级依次增多"。我们把1963年初中、高中语文课本中白话、文言的选文作了一个初步统计，列表如下：

表2-1 1963年初中语文课本中白话文、文言文篇数统计（单位：篇）

册次类型	一	二	三	四	五	六
白话文	20	20	19	19	18	18
文言文	10	10	11	11	12	12

表2-2 1963年高中语文课本中白话文、文言文篇数统计（单位：篇）

册次类型	一	二	三	四	五	六
白话文	17	17	16	16	15	15
文言文	13	13	14	14	15	15

说明：以上两表根据《全日制中学语文教学大纲（草案）》"教学内容"一栏中的"目录"选文篇目整理而成。①

---

① 课程教材研究所编：《20世纪中国中小学课程标准·教学大纲汇编》（语文卷），人民教育出版社2001年版，第420—436页。

除了文言选文数量上的增加，选文标准与以往也有不同，大纲在"选材标准"中总的要求是："课文必须是范文，要求文质兼美，具有积极的思想内容和优美的艺术形式，足为学生的典范。入选的文章，一般应该是素有评定的，脍炙人口的，特别是经过教学实践证明教学效果良好的。"对古代的作品，大纲还专门做出说明："应当尽量多选思想内容和语言文字都好的；其次，也可选内容无害而写作方面值得学习的。至于思想内容稍有消极因素而艺术水平很高，足以作为学习借鉴的，也可选一点。"

　　可是好景不长，正当文言诗文教学开始朝着健康方向发展的时候，阶级斗争"山雨欲来"，"文化大革命""阴风满楼"，十年动乱开始，在"横扫一切牛鬼蛇神""涤荡旧世界遗留下来的一切污泥浊水"的口号下，对古代文化遗产的讨伐更是"变本加厉"了，文言诗文教学的命运再度急转直下。"文化大革命"的十年间，语文课本又变成"政治课本"。当时称之为语文课本的教材的共同特点是：突出毛主席的文章和诗词；以政论文为主，政论文又以革命大批判文为主；记叙文则选革命通讯和"四史"（厂史、社史、村史、家史）等；选少量古代诗文，则必加批判性的说明和提示。1972年1月版上海市初级中学的语文教材前三册只选了六篇文言文。第一册：《叶公好龙》《卖炭翁》；第二册：《曹刿论战》《过零丁洋》；第三册：《赤壁之战》《捕蛇者说》。这些篇目本是长久流传、脍炙人口的名作，但在当时血雨腥风的政治气候下，都被肆意安上了"莫须有"的罪名而一一骂倒。

　　在《赤壁之战》的提示中就有如下一段文字：

　　　　作者记叙这件事实，是要北宋统治者以古为鉴，从中学会互相利用、消灭异己、巩固统治的伎俩，故对战斗场面简略节省，而集中笔墨写战前勾心斗角的阶级斗争，着力描绘孙权的"知人善任"，周瑜的远见卓识，为历代统治者制造偶像。对此，必须彻底批判。①

而《捕蛇者说》的"提示"就更尽讨伐之能事，长达 500 余字，对作者和这篇名文无端地进行恶意中伤，真乃一篇"奇文"，现摘入一小段，以端其容：

> 柳宗元是唐王朝由盛转衰时期的一个封建官吏。他在《捕蛇者说》一文中，描写了封建社会中赋敛毒于蛇的悲惨景象，反映了封建剥削制度的一个侧面，目的是向封建统治者献策，企图挽救唐王朝覆灭的命运。柳宗元强调赋敛毒于蛇，也就是鼓吹"轻徭薄赋"。在封建社会中，地主阶级总是最大限度地剥削农民，所谓"轻徭薄赋"，完全是一种欺骗的论调。它和封建统治者运用国家机器镇压农民，其阶级本质是一样的，这是地主阶级的反革命两手。因此，我们必须认清，柳宗元的写作目的，纯粹是为了维护唐王朝的长治久安。②

在这种肆意歪曲的讨伐之下，连被认定是属于"法家人物"的柳宗元和他沉痛悲愤地反映农民疾苦的千古不朽之作《捕蛇者说》，都落到这步田地，其他的古代作家作品就可想而知了。

畸形的时代造就畸形的教育。整个国家都笼罩在黑暗压抑的"革命大批判"中，疯狂而扭曲的"政治运动"吞噬着一切。学校的教学简直无法正常进行，一位公社干部在给中学教师训话时说："中学语文课

---

① 上海市中学语文教材编写组：《上海市中学试用课本·语文》第三册，上海人民出版社 1972 年版，第 138 页。

② 同上书，第 145 页。

有什么难讲的？叫学生听你们'臭老九'念经，哪跟得上让贫下中农领着学生进行大批判？"① 可见，当时的语文课基本上成了变相的蹩脚的政治课，传统教学中的"人文性"和"工具性"都化为乌有。倘说"文化大革命"时期中学生在学校里受到了语文训练，那大概首先就是以抄录毛主席语录和"两报一刊"的文句为能事的写"大批判文章"吧。

然而，严冬终将过去，历史前进的大潮毕竟是阻挡不住的，1976年10月，"四人帮"被彻底粉碎，在举国上下进行义愤填膺的"拨乱反正"之时，中国社会迎来了改革开放的春天，语文教育也随之开始进入生机复苏的历史新时期。经过短时间的苏息调整之后，1978年《全日制十年制中小学教学计划（试行草案）》颁发，犹如一声春雷，中小学文言诗文教学结束了十年噩梦般的命运，从此走上了正常的发展道路。

二 政治语境中文言诗文教学的本性迷失

这30年来，文言诗文教学在中小学语文教学中的地位所显示出来的跌宕起伏的轨迹，足以证明这个时代政治话语的强劲与威力。一切个人话语都必须让位于时代的宏大叙事，政治上的任何"风吹草动"，都必然引起中小学文言诗文教学的轩然大波。在革命政治话语的统摄之下，文言诗文教学在中小学语文教学中的地位经历两次"大起大落"，这种易变性，从整体上就反映出文言诗文教学自身独立性的缺失。由于本身就缺乏独立性，那么，就很难根据自身的特点和教学规律实施教学。这个时期的文言诗文教学，在很大程度上迷失了自己的"本性"。主要表现为以下两个方面。

---

① 转引自李树《中学语文教学百年史话》，山东人民出版社2007年版，第174页。

（一）政治性解读方式窄化文学价值

在汉语、文学分科时期，由于文言诗文是随着"文学"的受重视而改变命运的，自然，当时人们对文学教育的认识必然影响文言诗文教学。依据1956年的《中学文学教学大纲（草案）》开篇所述："文学反映社会生活，是帮助年轻一代认识社会生活的重要手段，是对年青一代进行社会主义教育的有力工具。"这是典型的"文学工具论"。在这种"工具论"的思路下，人们只看到，文学教育作为"手段"与"工具"而存在，文学没有自身的本体价值，除了认识功能与教育功能之外，文学没有它的审美功能。由于当时浓郁的政治氛围，文学教育坚守"政治第一，艺术第二"的原则，文学作为社会主义教育的工具，又被狭隘地理解为社会主义政治教育的工具。文言诗文是古典文学的一部分，这种"政治工具化"的思想在当时文言诗文的选文标准、教学要求中得到充分体现。

当时的初中文学教学大纲规定：编入大纲的古典文学作品，"都是富有人民性和现实主义精神的作品，反映了各个历史阶段人民的生活和斗争，表现出作家的人道主义与爱国主义精神。像'君子于役''廉颇蔺相如传''石壕吏''卖炭翁''解珍解宝''王冕'等篇，揭露奴隶社会制度或封建社会制度对人民的剥削和压迫，痛斥反动统治者的残暴、虚伪、腐败和卑鄙无耻，表现人民对这些社会制度和统治者的憎恨和反抗，歌颂人民的勤劳、勇敢的品质和爱国主义精神"。可见，古典文学作品选文标准极力强调的是选文的政治性、阶级性、人民性。依据这种标准选入的文言诗文作品，初中基本上是以"爱国、忧民"为题材的杜甫、白居易、陆游、辛弃疾等现实主义诗人的诗词作品。其他的文言选文主要是散文，则是一些传统优秀篇目中饱含阶级情感的作品。

这种鲜明的政治化倾向，使得人们总是陷入"阶级分析"的思维方式，并用一套"微言大义"的政治性解读话语，将一篇篇经典的文言诗文作品纳入思想政治教育的僵硬框架中。在确定每篇教材的教学目的时，首先考虑的就是思想内容。于是第一条是使学生认识高贵品质或伟大意义，第二条是明确问题或道理，还有培养精神和道德品质，末了一条才提到写作特点或语言特点之类。这种"三段式"的确定教学目的的"套路"在《初中文学教学大纲》中也有体现，如大纲中对杜甫诗《石壕吏》内容的分析是这样表述的：

> 这首诗描述老妇一家的悲惨遭遇，反映当时人民在兵役重压下家破人亡的痛苦。诗人同情苦难的人民，反对黑暗的政治。用人物的自叙来表现全诗主要内容的写作特点。[①]

更加不可思议的是，在还没接触作品时硬要学生背诵作品的中心思想。如高中第一册《屈原》后面的练习，有"简述《离骚》的主要内容"一条。与它相配合的，在"文学史概述"里，有200多字关于《离骚》中心思想的叙述，主要内容是屈原在《离骚》中如何揭发楚国统治集团人物的丑恶灵魂和肮脏行为，攻击他们的奸邪、纵欲、贪婪、淫逸、强暴、狠毒，表现诗人爱人民爱乡土的高

---

① 课程教材所编：《20世纪中国中小学课程标准·教学大纲汇编》（语文卷），人民教育出版社2001年版，第355页。

贵情操。① 普通学生在学习中不可能见过《离骚》，硬叫他们来背未曾接触的文章的主要内容，无非是在教学中令思想政治教育的任务进一步得到强化。这无疑是当时"政治话语"过分膨胀而导致的一种怪现象。

至于随后的"整风""反右"以及后来的"文化大革命"，这种政治性解读更是发展到了一种登峰造极的地步。对于分科时期选入的少数几篇富有"人情美""自然美"的古典文学作品，展开了批判的攻势，"《诗经》中的作品歌咏爱情生活的居多，但总的看来，它所反映的生活面还是很广的。那么，是否可以调换一点思想性更强的作品呢？"② 这还多少带有某种商榷的语气，随着国家政治越来越走向歧路，这些表现爱情、亲情的古典文学作品的厄运真正开始了。一些地方主管教育的官员，将纯洁美好的爱情和淳厚的亲情视为小资产阶级感情而深恶痛绝："当右派分子向党向社会主义猖狂进攻的时候，我们却在教室里给学生讲什么'昨日春来，今朝花谢'；当社会主义建设飞跃前进的时候，我们竟叫学生在夕阳西下的时候去桥上体会'小桥、流水、人家'，这都是因为我们的文学教材内容脱离政治现实生活，脱离政治，思想性不强。"③ "必须从思想政治来考虑，教育部要削减古代文学。"④ 1956 年教材中仅有的少数几篇佳作美文被排斥在语文教材之外。相反，那些反映

① 参见张毕来、蔡超尘主编《高级中学语文课本文学》，人民教育出版社 1956 年版，第 34、60—64 页。

② 苍翠：《从"认识生活"看课本的古典文学教材》，《人民教育》1957 年第 2 期。

③ 辽宁省教师进修学院编印：《改造思想，明确方向，鼓足干劲，促进文学教学大跃进——辽宁省教育厅时绍五厅长在辽宁省中等学校第二期文学教学研究会的报告》，1958 年 4 月，第 4 页。

④ 辽宁省教师进修学院编印：《中华人民共和国教育部副部长在辽宁省中等学校文学教学研究会报告摘要》，1958 年 4 月，第 5 页。

阶级仇恨的作品却大大增加。文学教学更承受了相当大的政治压力。

在 20 世纪 30 年代，朱自清就提出"学习经典的价值不在实用，而在文化"。突出文言诗文在文学方面的价值，本来无可厚非，但这种政治性的解读方式，使许多具有丰富内涵的古典文学作品被限定在一个阐释上，在统一的声音下丧失了文学教育的个性多元色彩，从而窄化了古典文学作品丰富的人文价值。

（二）文学分析范式弱化语言训练

分科时期的中学文学教学大纲中，把文学作品的教学过程分为：起始、阅读和分析、结束、复习四个阶段。并指出"阅读和分析是一篇文学作品的教学过程的主要阶段"。当时对"分析"的倚重，是与"苏联经验"的影响分不开的。首先，在苏联教育思想影响下，当时中学课堂上普遍盛行着凯洛夫提出的"教学五环节"（组织教学、检查复习、教学新课、巩固新课、布置作业）。具体到文学教学上，这种"分析范式"就免不了作者背景介绍、人物形象分析、情节结构分析、艺术特色分析。

其次，苏联专家普希金所倡导的"红领巾教学法"的影响也很大。当时，在普希金的指导下，北师大的学生把每节课的教学重点确定为：讲述故事梗概、分析人物形象、分析主题、分析写作特点。具体教学过程是：教师范读，接着引导、启发学生自己分析人物形象，加上教师的小结，最后布置作业。在分析人物形象的环节，教师先把课文分为四部分，然后按照主人公平时注意锻炼、热爱工作、对妹妹友爱、爱护祖国人民生命财产的顺序，让学生把能够代表主人公高贵品质的行动、想法和语言的句子找出来，由老师按备课时准备好的顺序简明扼要地写在黑板上，然后加以分析综合，最后得出结论："这就是共产主义教育的结果。"

可见，"红领巾"教学法的核心思想也是"分析"。这种"分析"范式采取谈话法、讨论法、图解法，通过教师的启发引导，企图给学生"完整和深刻的印象"，并让学生觉得是通过自己的思维和分析得出的。表面上看，"红领巾"教学法突破了此前语文课生拉硬扯的政治思想说教的模式，但实际上，它只是通过所谓文学分析的知识权力来代行政治权力对语文教育进行直接控制。因为这些分析和结论未必是教师和学生个人真切的感受和体验，也不一定是文本客观呈现出的内容，我们听到的是时代权威话语所提供的"标准答案"，它用文学分析的共性代替了文学鉴赏的个性。而当时的时代权威话语正是政治话语，在简单僵化的政治思维方式下，文学分析又异化为政治抽象。这种政治式的文学解读思路，发展到后来便成为一种可笑的机械模式。正如当时有人戏称："分析主题四样宝，两个主义一个领导，还有品质多么崇高。"①

看来，文学"分析范式"试图摆脱政治束缚回归自身的努力，最终还是难以摆脱政治主流话语的钳制，从而陷入了政治性解读的窠臼，背离了它的初衷。而且，这种文学分析范式过分拘泥于"作者背景分析，人物形象分析、情节结构分析、艺术特色分析"的模式化设计，用绝大部分篇幅去烦琐地分析思想内容和艺术形象，不太重视学习课文的语言。在实际教学中，造成了文学欣赏和词语的基本训练的矛盾。有人就质疑："教学古典文学的主要目的究竟在认识古典文学作品中所反映的祖国过去的社会、祖国古代人的生活和思想感情，从

---

① 袁微子：《教学中发掘文学作品的内在思想性的问题》，《语文学习》1955 年第 6 期。

而培养学生爱好祖国优秀的文学遗产、培养学生的爱国主义思想感情呢，还是在初步掌握表达古典文学的文字工具（文言文），并在掌握文字工具的基础上学习一些古典文学作品呢?"① 显然这种离开语言文字的架空的文学分析，对培养学生的读写能力是十分不利的。而且大纲中关于文学史、文学理论的不切实际的要求和学校的实际也发生了矛盾，使得教师在认识文学教学的目的和任务方面有了偏差，认为文学教学的目的主要是文学史和作品内容的研究，而不必进行词语教学，或者随便看看注解就算了。在这种情况下，20 世纪 50 年代，把古典文学课讲成文学评论课和文学史知识课，弱化、淡化对文言语言形式的理解和训练，是司空见惯之事。

现代在这种分析范式下，文言文只是被看成文的延伸和补充，是用来"向学生进行思想教育的很好的教材"，教师苦于阐释作品的人民性、思想性和政治性，自然无暇顾及其他。文言诗文特殊的语言形式，实词、虚词及一些基本句式的理解与掌握，大纲及实际教学都没有提出明确的要求。而且选文过于偏重思想性，并不是文言形式的典范之作。教学又迷恋"文学分析"范式，挤掉了学生必要的文言基础训练，学生阅读文言文的基础十分薄弱。而高中又强调文学史知识的传授和纯文学作品的选读，让学生系统地阅读古典文学作品。脱离学生的实际接受能力，显然不符合文言诗文教学的自身规律。

三 政治夹缝中文言诗文教学的曲折发展

历史总是在曲折中前进。这 30 年来，中小学文言诗文教学在奇谲突变的政治风云中跛足、彷徨、反复、随波逐流。在当时来看，文

---

① 辛安亭：《中学文学教学的讨论应该改进一步》，《人民教育》1957 年第 2 期。

言诗文教学处于极端盲目混乱的状态。可是，当历史的烟云渐渐散去，时代的尘埃也缓缓落地，在"起起落落"之间，文言诗文教学的发展路向渐渐显现出来，而且这潜在的前行路向在以后的发展中得以显性化。

（一）文言诗文教学思路的初步成型

到目前为止，关于中小学文言文教学目的有两种明显的取向：一种是"阅读浅易文言文"的能力取向，另一种是"欣赏文学作品"的价值取向。由此形成的两种教学思路，我们姑且称之为：语言训练教学思路和文学教学思路。这两种教学思路的形成都发轫于这个时期。

新中国成立初期，高中语文课本的"编辑大意"把文言文教学的目的定为："使学生明确地了解文言跟现代汉语的同异，养成阅读文言参考书的初步能力"，剔除了用文言写作的要求。只提阅读技能要求，不专门提其他要求，这是第一种确定文言文教学目的的思路。后来延续这种思路，1960 年中学语文课本初稿的"编者的话"，把文言文教学目的定为"培养学生阅读浅近文言文的能力"。到了 1963 年，中学语文教学大纲提高了文言文教学程度，明确提出，初中要"为获得初步阅读文言文的能力打下必要的基础"，高中要"具有初步阅读文言文的能力"。然而，由于当时政治环境的影响，在文言文教学目的的表述上，依然作了低调处理，谨慎地讲："文言文，要有计划地讲读，培养学生初步阅读文言文的能力，为将来阅读古籍，接受祖国丰富的文化遗产，打下初步基础；并且吸收古人语言中有生命的东西，学习一些写作技巧。"不管是"阅读文言参考书的初步能力""阅读浅近文言文的能力"还是"初步阅读文言文的能力"，都着眼于能力取向，学习文言文的目的在于学习古代语言的形式。后来这种教学思路从 20 世纪八九十年代直到 21 世纪一脉相承，没有多大改动。

第二种确定文言文教学目的的思路，主要体现在 1956 年颁发的中学文学教学大纲之中。该大纲要求把古典文学作品作为"向学生进行思想教育"的教材，要认识"我国古典文学的人民性和艺术价值"（初中）；"进一步提高学生阅读、理解和欣赏文学作品的能力，培养学生阅读文言著作的初步能力，提高他们运用语言的能力，巩固学生经常阅读文学作品的兴趣和习惯，进一步扩大学生对社会生活的认识"，以及培养热爱祖国语言和文学的感情，提高认识能力和想象能力，培养正确的审美观点等（高中）。高中阶段，还提出"有系统地研究"文学作品，"初步认识我国文学的发展概况和基本规律，认识我国文学的独特性和创造性"，掌握运用"评估古典文学作品的历史主义原则"等项要求。当然，古典文学的鉴赏能力与文言文阅读能力是两种不同等级的语文能力。但这种文学教学思路突破了浅易文言文教学思路始终定位于语言形式、过于功利化的局限性。虽然这种文学教学思路在以后的八九十年代的教学大纲中没有明确提出来，但时隔 30 年，在人文兴起的 21 世纪，随着文言诗文在"继承中国古代优秀文化传统"以及"人文精神的全面涵育"方面价值的重新发现，文学教学思路再次进入人们的视野，并引发人们进一步的思考。

（二）文言诗文教学的"诗教"转向

中国是一个诗的国度，有着优良的"诗教"传统。那些充满汉民族文化诗性和智慧的古代艺术经典，总在饱经磨难的心灵上播种着光明、希望和温暖，总会让人们感受到人文的烛照，得到情感的慰藉、美的熏陶。自然，在1956年分科教学的中学文学课本中，无论当时"政治标准第一"的压力多么强劲，也抵挡不了人们内心深处对语言艺术魅力的追求和向往。

表2-3　　1956年中学文学课本中关于"人情之美"与"自然之美"的
文言诗文选文细目

	《望庐山瀑布》	描写庐山瀑布的壮丽景色
	《绝句》	描写草堂远近的美丽景色
	《山行》	描写江南深秋的美丽景色
	《夜雨寄北》	表现诗人想念妻子的深厚感情
	《敕勒歌》	描写祖国西北草原辽阔雄伟的景象
	《忆江南》	描写美丽的江南风景
初中教材	《鹧鸪天》	描写江南农村春天的景色
	辛弃疾《西江月》	描写江南农村夏夜的景色
	《春夜喜雨》	描写春夜雨景
	苏轼《西江月》	月夜野景，表现诗人对自然景色的喜爱
	《浣溪沙》	乡村景象，表现诗人对农村生活的喜爱
	《木瓜》	描述男女间表示深情厚谊的互相馈赠
	《采葛》	抒写怀念所爱的人的深切感情
	《君子于役》	描述对丈夫的怀念

续　表

	《关雎》	表现古代人民对幸福生活的向往
高中教材	《蒹葭》	描述诗人希望见到他所爱慕之人的殷切心情
	《陌上桑》	对罗敷美丽的描写
	《羽林郎》	对胡姬美丽形象的夸张描写
	《迢迢牵牛星》	男女相爱横遭压迫
	《子夜歌》四首	表现少女思念爱人的感情
	《华山畿》四首	表现少女恋爱不自由和对爱人的深厚感情
	《柳毅传》	表现龙女的忠于爱情
	《雨霖铃》	描写秋天傍晚的江上景色和惜别的心情
	《梦游天姥吟留别》	想象中的天姥峰的奇丽景象
	《辋川闲居赠裴秀才迪》	描写辋川秋日的山水景色
	《过故人庄》	乡村环境的清幽
	《小石潭记》	作者对自然的热爱
	《念奴娇》	赤壁的月色景色
	《如梦令》	日暮归舟所见的情景
	《醉花阴》	重阳时节的景色

　　说明：此表根据 1956 年《初级中学文学教学大纲（草案）》和《高级中学文学教学大纲（草案）》说明归纳，有关思想感情的概括也均据大纲。①

――――――――――

　　① 课程教材研究所编：《20 世纪中国中小学课程标准·教学大纲汇编（语文卷）》，人民教育出版社 2001 年版，第 345—385、393—414 页。

在那个思想单一的年代，这些赞美河山和讴歌爱情的作品无疑为当时的教材涂上了一抹亮丽的明快之色。虽然它们在国家政治走上歧路时也最早遭受厄运，有些课文（如《君子于役》《关雎》《蒹葭》等）在以后的三四十年里一直被排除在课本之外，但在现今的教材中却再次被采用。可见，这套教材选文的"诗教"转向，给人们提供了许多具有超越时代而有永恒价值的文本。

那么，该怎么讲授这些独具特色的古典文学作品呢？尽管这个时期文言诗文教学处于"政治挂帅"的严密掌控之下，但那些有着深厚文化底蕴和责任感的语文教师们，借着学习先进"苏联经验"的"政治之风"，把苏联的文学教学方式与中国传统的教学方法结合起来，在自己平凡的工作岗位上，不为政治运动左右，努力探索教法改革，创造了许多很好的经验和方法。其中，最主要的表现是：追求完整的意象和强调情感的体验。这是对"诗教"传统的一种创造性回归。

当时苏联文学教学经验中有一条就是"树立文学形象的完整性"，苏联的教学法书中明确指出："在文学的教学上，仅仅学习字义，解释句子，追究出处，或者繁琐地抄录不相干的议论，背诵文法的外表和形式，是非常不够的。这样的教学似乎很切实，也可能是很努力的结果，但如此支离破碎，缺少整个的印象，对于意义的了解，思想的把握，时常反而是有害的。"[1]"完整"的观念与我们诗教传统中强调意象的把握有异曲同工之妙。于是，当普希金将苏联文学教学的这种整体观念带到中国，很快被当时中国的教学界接受。现代白话文要注意形象的完整，学习文言文同样有这样的要求："用艺术形象感染学生，使之正确认识生活，是古典文学教学的主要任务。"[2] 例如，"王

① 转引自郑国民等著《当代语文教育论争》，广东教育出版社 2006 年版，第 145 页。
② 罗大同：《初中文学教学讲话》，湖北人民出版社 1958 年版，第 77 页。

维的《登高》这首诗，没有难句，你如果一句句拆开来串讲，那是索然无味的，学生也体会不到这首诗好在哪里。最好先要给学生一个完整的概念，使每个学生都能记住诗句"①。对于需要串讲的文言文也是如此，"在文言文串讲之后，进行复述，能够有效地帮助学生掌握课文大意，获得对作品的完整的印象"②。

我国传统的"诗教"注重"涵泳，体验"，强调"入情悟境"。现代认知心理学的认知过程激活模型认为，主体情感活动是认识文学形象的酵母和催化剂，如果能充分运用情感的驱动效应，就能充分"唤醒"大脑潜在的语言图式的创造性本能，而教师若能创造一定的艺术情境，就能让学生获得真实的体验。这种通过营造艺术的情境帮助学生"入情悟境"，体验作品人物的亲身感受的方法，是对中国传统"诗教"的进一步发扬。当时的教师十分注意情境的创设，特别是课堂教学的切入方式。一位教师为《庭中有奇树》设计了这样的导语：

> 上一课《行行重行行》一首描写的是爱国志士思念故乡的思想感情，像诗中所描写的爱国志士，虽然怀念亲人，但是我们替他想一想，他还可以登山临水，排遣愁怀；而住在家里的人，生活没有什么变化，生活圈子仍旧那么狭窄，对着春花秋月，更容易触景生情，相思无极……③

当时像这样一些教师的出色教学，让学生对文学的热爱之情倍增。在一些回忆性的文章中，我们可以鲜明地感受到："那时高一开

---

① 周裔：《关于目前中学文学教学的一些问题》，江苏人民出版社 1957 年版，第 17 页。
② 罗大同：《初中文学教学讲话》，湖北人民出版社 1958 年版，第 131 页。
③ 转引自郑国民等著《当代语文教育论争》，广东教育出版社 2006 年版，第 149 页。

始学古典文学，也是我们这些青少年首次接触中华文化的瑰宝。时老师极为投入，也极具感染力地把我们带入课文的意境。还记得讲李白《送孟浩然之广陵》时，时老师在台上反复地吟诵、讲解着，他自己也欣赏陶醉着，我们好像看到了那三月的桃花，那浩荡的长江，那无际的孤帆，而身心也处于融融的友情之中。"①

在当时的政治形势下，这些积极的文学教改的影响有着更为潜在的一面，但影响很是深远。这种文学教改的"诗教"转向其实隐含着以后以至当前某些教学风格和流派的雏形。它们就像黑暗夜幕中几颗星星，荧荧发着微弱的光，虽不能为"夜行者"照亮前方的道路，但它们毕竟冲破了"黑暗的云层"，尽力地发着光。我们不能因为整个天空的黯淡而忽略它们的存在。

第二节　工具理性，规划文言：探索期（1978—1997）

坚冰已经打碎，春天已经来临。现代转型后的中小学文言诗文教学在政治风云的裹挟中经历了一段惊心动魄的风雨历程之后，终于迎来了自己的"春天"。从1978年《全日制十年制中学语文教学大纲（试行草案）》的颁发，到1997年语文大讨论的爆发，时间跨度约20年。对中小学文言诗文教学的发展来讲，这又是一个怎样的20年呢？

与前一个时期不同的是，时代发展的"阵阵涟漪"代替了政治运动的"惊涛骇浪"；基于学科本体建设的"针砭直言"取代了政治话

---

① 北京师范大学附中编：《在附中的日子》，京华出版社2001年版，第188页。

语外来干预的"欲加之罪"。这20年来，文言诗文教学步入了健康发展的轨道，呈现出一条渐趋平稳的发展轨迹。而贯穿这一发展历程的主脉是"工具理性"。在"工具论"的理性思维下，"教学改革""科学化探索"成了这一时期的主流话语。在"学科本位"的思想指导下，中小学文言诗文教学经过人们科学化的探索和实验，取得了长足的进步，当然也暴露出许多问题。

一 工具论的深化与文言诗文教学的定型

自语文独立设科以来，有关语文学科性质的争论就由来已久，至今仍未有定论。关于"工具"一说，最早出现在1929年的《小学课程暂行标准·小学国语》中，该课程标准第一次明确提出："练习运用本国的标准语，以为表情达意的工具，以期全国语言通用。"从中我们可以解读到这样的信息，国语是个体表情达意的工具。但在20世纪30年代的几个修订的课程标准中，"工具"这一提法都不再沿用，由此，我们可以看出语文教育界对工具性的谨慎态度。然而，新中国成立以后，当"大跃进"的时代狂潮汹涌而来之时，语文教育因找不到方向而完全迷失在政治话语当中。人们痛心于语文课完全异化为政治教育课，不得不思考语文教育区别于其他学科的本质属性。于是，"工具"一说旧话重提，成为语文教育回归自身的"宣言"，试图将拒之门外已久的知识传授和技能训练重新请回语文教育的舞台，并被大张旗鼓地写进1963年的中学语文大纲中。大纲开篇就旗帜鲜明地写道："语文是学好各门知识和从事各种工作的基本工具。"

以"工具论"给语文教学定位，用"工具化"抵抗"政治化"，使简单化的政治干预难再兴风，对消除长期以来把语文课讲成政治课的严重流弊方面，有不可磨灭的历史功绩，保护了中小学语文教学的正常进行。然而，我们也应该看到，产生于 1963 年大纲中的"工具说"，首先是出于对语文教学过度政治化的矫正，是以纠偏的历史姿态出现的，并没有得到多少"学理"上的论证。而且由于当时的政治条件，它也不可能不烙上时代的印痕，如《文汇报》上对语文教学目的和任务的表述："语文，归根到底是一种工具，是阶级斗争的工具，是生产斗争的工具，是交流思想感情的工具，是传播知识的工具。"[1]就为后来"文化大革命"期间，这种"工具说"异变为"阶级斗争的工具"埋下了隐患。

"工具论"真正产生强大影响是在新时期。1978 年改革开放，随着新时期而来的不是政治化思潮，而是从西方引来的科学主义与实用主义。虽然新时期之后的语文教育还是以重提"工具论"的姿态登上历史舞台的，但是在科学思想的语境下，语文"工具论"不再像 20世纪 60 年代那样以抵抗"政治化"的姿态发挥力量，科学主义和实用主义为"工具论"注入了新的内涵。

当时被奉为圭臬的"工具语言观"成为语文"工具论"的理论支撑。这种语言观的形成，事实上也和苏联的影响分不开。"语言，乃是作为人们交际的工具，作为社会中交流思想的工具，作为使人们相互了解并使人们在其一切活动范围中调整其共同工作的工具。"[2] 当年斯大林这一番关于语言"工具论"的观点得到了叶圣陶先生的强调和肯定，他进一步阐述道："语言教育的一个主要任务是让学生认识

---

① 《试论语文教学的目的和任务》，《文汇报》1961 年 12 月 3 日第 2 版。
② 北京外国语学院俄语系语言学教研组编：《马克思主义经典作家论语言》，商务印书馆 1959 年版，第 89—90 页。

语言现象，掌握语言规律，学会正确地熟练地运用语言这个工具。"①由此，"语言是工具"的思想得以深入人心。

在语言工具观的强力影响下，我们往往自觉或不自觉地将语言与思想的关系视为形式与实质的关系。并且在这两者关系的处理上，人们在纠正过分强调语文教育的思想政治教育的偏差过程中，也自觉不自觉地在逐渐强化语文教育的工具价值和作用。早在 1940 年夏丏尊先生就曾经提出语文教学的着眼点应该是文字的形式，认为我们"所当注意的并不是事情、道理、东西或情感的本身，应该是各种表现方式和法则。……至于文字语言所含的内容，倒并不是十分重要的东西"。② 这在当时确立了语文学科的工具属性，从而为 20 世纪八九十年代语文教育的工具理性的强化提供了滋生的土壤。

"工具论"的强化对中小学文言诗文教学意味着什么呢？以"工具论"作为统帅的语文教育，隐含着这样的判断和推理：语文是语言（口头为语，书面为文），文言是古代的一种语言，文言文是古代的一种书面语言形式。学习文言文理应关注文言这种语言形式。固然，学习文言文还有继承古代文化传统的目的，但是，如果没有一定的文言阅读能力，学不好文言文的字、词、句、篇，掌握不了阅读文言文的工具，又怎么能读懂这些蕴含丰富传统文化的作品？读不懂这些文章，又怎么能继承古代优秀的文化传统呢？所以，应该首先明确文言文教学是一门工具课，不是历代文选课，更不是文学史知识课。于是，工具理性战胜了价值理性，科学策略击垮了人文策略，文言诗文教学被轻而易举地统于"语言训练"的麾下。

---

① 叶圣陶：《关于语言文学分科的问题中学语文教材和教学》，人民教育出版社 1981年版，第 143 页。

② 夏丏尊：《学习国文的着眼点》，《夏丏尊教育名篇》，教育科学出版社 2007 年版，第 152 页。

这个时期，中小学文言诗文教学的目的、任务、内容及具体的教学措施都受到"工具论"的影响。其中，中小学文言诗文教学目的的确定，是一个关键的问题。目的明确了，把握了为什么教，文言诗文教学才有了奋斗的方向。新中国成立初期，关于文言文教学目的渐渐形成了两种教学思路。其中以"培养学生阅读浅易文言文的能力"为主要目的的"语言训练"的教学思路，似乎更符合"工具论"的精神。在现代社会中文言几乎没有交际的使用价值，而"语言是一种交际的工具"，就排除了文言在听、说和写方面的要求，只有读的要求。中小学语文教学的主要任务是培养学生理解和运用现代汉语的能力，文言诗文教学不要去争风头，要摆正自己的位置，只要具有阅读浅易文言文的能力，为以后的阅读打下初步的基础就可以了。虽然由于"浅易"的标准不明确，有很多人质疑"阅读浅易文言文的能力"对中学生来讲要求太高了，但当时人们的初衷是适当降低文言文教学的要求，减轻学生的负担。

　　随着"工具论"的强化，20世纪50年代语言文学分科时期刚萌芽的"文学"教学思路由于忽略语言文字的训练，被"浅易文言文"的教学思路打压了下去。贯穿于20世纪70年代末到90年代末，荣登历年中学语文教学大纲"文言文教学目的"的是"使学生具有阅读浅易文言文的能力"。这期间，"工具论"也时常受到"人文论"的挑战，简要说来，1986年大纲首次出现"初步具有鉴赏文学作品的能力"，从此文学教育得到关注。随后，从1992年大纲提出"培养健康高尚的审美情趣"，到1996年正式提出"语文是最重要的交际工具，也是最重要的文化载体"，语文的文化功能得到肯定，文学教育的力度增大。体现在文言诗文教学中，在教学目的依然高举"工具论"旗帜下，更具人文性的"文学"教学思路，通过教材选文篇目的增删，单元结构的调整，已经有所渗入。在实际教学中，人们在强调文言文语言形式训练的同时，对文言作品的审美鉴赏也有了一定程度的关注。但总体上还是没能动摇浅易文言文的教学思路，尤其是在"应试教育"的不断紧逼下，这种突出"工具训练"的文言文教学无疑更具有短期的功利效应。

"为什么教"决定着"教什么"。随着"培养学生阅读浅易文言文的能力"的文言文教学目的在语文教学大纲中的确定、巩固与定型，中小学语文教材中文言诗文选文也渐渐稳定化，在中学语文教材中的地位和编排模式也逐渐定型。

首先，这一时期的文言选文，明显继承了1963年教材"强调严格训练以掌握语文工具"的思想，又适当整合了1956年《文学》教材注重文学教育的经验，避免了一段时期以来特别是"文革"期间教材片面强调思想性的偏向。历年大纲中都明确了"思想内容好，语言文字好，适合教学"相结合的选文标准。虽然三个标准中"思想内容"的分量依然居高不下，但出于"培养浅易文言文的阅读能力"的考虑，选文"语言文字"和"适合教学"方面的分量逐年增加，而且评判"思想内容好"的标准逐渐从简单政治化的阴影走了出来，"阶级""革命"的斗争字样不见了，代之以"热爱祖国""热爱祖国语言"之类的道德字眼，从而摘掉了一段时期以来强行加在文言诗文作品头上"政治标准第一"甚至"政治标准唯一"的"紧箍咒"。由于政治压力的缓解，人们得以"轻装上阵"，心态平和了，许多名家名篇逐渐得到了较客观公正的评判，选文的质量大大提高。

以合编本为例，这个时期人民教育出版社出版了四套初中语文课本，分别是1978年版、1982年版、1988年版和1992年版；高中语文课本五套，分别为1978年版、1982年版、1988年版、1990年版和

1996 年版。下面，我们对这些课本中文言诗文的编选情况作简要的统计和分析。

表 2 - 4　　　　初中教材文言诗文选文情况汇总

项目 / 版本	诗			文（课）				文言诗文选文总计（课）	课文总数（课）	文言诗文占比
	诗	词	曲	先秦	汉魏六朝	唐宋	明清			
1978	3 课(5 首)			5	4	9	5	26	152	17.11%
1982	6 课(37 首)	7 首	2 首	11	6	12	13	46 *	180	25.6%
1988	4 课(17 首)	14 首		10	7	13	13	45 *	240	18.8%
1992	9 课(26 首)	6 首	2 首	5	4	6	7	30 *	172	17.4%

说明：46 * 第一册第 28 课《故事三则》（《两小儿辩日》《乐羊子妻》《卖油翁》）重复计三次；

45 * 第二册第 37 课《故事三则》（篇目同上）重复计三次；

30 * 第四册第 7 课《短文三则》（《马说》《说虎》《为学》）分计二次。

另外，因教材中的词、曲与诗合编，故只标出几首，未计入文言诗文选文总课数。

表 2 - 5　　　　高中教材文言诗文选文情况汇总

项目 / 版本	诗			文（课）				文言诗文选文总计（课）	课文总数（课）	文言诗文占比
	诗	词	曲	先秦	汉魏六朝	唐宋	明清			
1978	4 课(6 首)	1 课(2 首)	1 课	4	6	9	5	30	105	28.6%
1982	7 课(11 首)	2 课(4 首)	3 课	10	8	16	21	67	180	37.2%
1988	7 课(12 首)	2 课(4 首)	2 课(2 首)	13	12	19	21	76	190	40%
1990	5 课(9 首)	2 课(4 首)	2 课	9	9	11	15	53	149	35.6%
1996	11 课(26 首)	1 课(六首)	4 课	12	8	11	6	53	141	37.6%

从表 2 - 4 和表 2 - 5，我们可以明显看出，在人教社合编本的中学语文教科书中，文言诗文比例变动不大，初中占 20% 左右，高中占 40% 左右。选文注意兼顾时代，韵散结合。

至于编排方式，有一个变化过程。1978 年版和 1982 年版初中、高中文言诗文课文均集中编排，不分单元，放在每册之末，初中以文章深浅为序，高中以时代先后为序。1988 年版初中文言诗文单独组织单元，第一册至第三册各一个单元，放在书末，第四册至第六册各 2 个单元，也放在书末，中间被小说单元隔开；高中按各册阅读能力训练点单独组织单元，每册 3 个单元，分别放在每册之末。1990 年版高中教科书文言诗文单独组织单元，除第 5 册有 3 个单元外，其余各册为 2 个单元，都放在每册之末。1992 年版初中语文教科书第一册至第四册分别按生活内容、记叙、说明、议论与现代文混合组织单元，第五、第六册单独组元分编。1996 年版高中语文教科书全套教材按照阅读训练要求，大致依时代先后单独组织单元，第一册至第三册各 3 个单元，第四、第五册各 2 个单元，第六册 1 个单元。从中我们可以看出，文言诗文的编排方式由不分单元到单独组织单元，到按阅读能力训练点单独组元，然后又与现代文混合组织单元，这种变化趋势进一步表明了文言诗文教学突出"语言训练"的意识。

二 理性的引领与文言诗文教学的规律性探索

"文化大革命"的破坏阻隔了中国通向第三次科技革命的道路，经济落后、技术落后的严峻现实刺激着敏感的心灵。科学成为人们经济建设的有力手段，科学主义的工具理性观就自然而然地成了当时中国社会主流的价值取向。在这种环境下，人们热衷于能立竿见影地"根本解决"问题的办法和模式，功利和效用成了最高的价值标准。

这种科学主义的工具理性观在语文教育领域中集中表现为对语文教学科学化的追求。

在科学理性的引领下，人们认识到教学过程就是不断发现规律、求证规律、实现目标的过程。摸清这些规律并运用它，设计出训练的途径、步骤和方法，就能大大减少教学上的盲目性，减少浪费，提高效率。这就是科学化。在过去的中小学语文教学中，我们忽视了这种规律性，不尊重这种规律性，并将"政治性"置于"规律性"之上，走进了一条"误区"，造成了语文教育界"少、慢、差、废"的现象，出现了"用10年的时间，2700多课时，用来学本国语文，却是大多数不过关"的"咄咄怪事"①（吕叔湘语）。

由于当时信息论、控制论、系统论知识的传播，美国著名教育心理学家布鲁姆教学目标思想的学习以及教育统计学、教育测量学基本方法的推行，促使人们对传统语文教学进行反思。一种"要用科学的认识论、方法论彻底改造中国语文教学"的意识由此萌发，对语文教学规律性的探索也就成为当时人们热衷追求的目标之一。这种规律性的探索和实践打破了长期以来中小学文言诗文教学"听其自然，任其沉浮"的被动发展局面，那种只是在选文编排、方法改进等方面暗中摸索的小步调发展模式也有很大的突破。自"五四"以来，当科学的"春风"再次吹度"文言诗文教学"这个"玉门关"，文言诗文教学独特的"个性"色彩正一点一点向人们展现，一条若隐若现的教学规律性线索渐趋明朗，科学化建设与发展的大门正向它敞开。

这个时期，人们对文言诗文教学规律性的探索是随着热烈的争鸣和讨论展开的。首先是在1978年9月"北京地区中学语文教学问题

---

① 吕叔湘：《当前语文教学中两个迫切问题》，《人民日报》1978年3月16日第3版。

座谈会"上，人们谈到文言文教学问题。随后，1979 年和1980 年的两次中学语文教材改革座谈会上都涉及文言文教学问题。1983 年 8 月，《中学语文教学》编辑部在北戴河专门召开了一次"文言文教学座谈会"，并于1984 年第 8 期起到1985 年下半年，设专栏展开文言文教学的讨论。这些讨论最大的一个特点就是，人们的观念从"务虚"转到"务实"，关于文言文教学的理论探讨、教学方案、教材编选和实践经验的文章琳琅满目，珍宝纷呈。从文章题目来看，大的方面有文言诗文教学"序列化""现代化""计划性"的研究初探，小的方面有"文言词语""能力训练"及"怎样培养学生阅读浅易文言文的能力"的经验总结，可见当时人们在探索文言诗文教学的规律性，研究如何有效提高文言诗文教学的效率方面所投入的热情。

在这种探索热情的驱动下，人们既看到了传统文言文教学积累的经验，又看到这些经验缺乏现代科学理性的印证，难以产生立竿见影的效果。例如"多读多练"，这是传统文言诗文教学的一个经验，也是个行之有效的经验。但"读些什么？读多少？练些什么？怎么练？"才能更有效地提高学生阅读文言文的能力，往往被看作一种"只能意会，不可言传"或者"运用之妙，在乎一心"的神秘之事。传统经验强调多读，忽视巧读，只能有"潜移默化"之功，而无"立竿见影"之效。要真正扎实、有效提高文言文教学效率，提高学生阅读浅易文言文的能力，光靠这种"暗中摸索"是不够的，非要借径于现代科学理论作一番"明理探讨"不可。阅读"听其自然，也可以形成某些能力，但是远不如有目的、按科学规律去自觉培养和历练这些能力。后者的效果要好得多。"[1] 那么，在中小学语文教学中，培养学生阅读浅

---

① 钟和诚：《阅读教学规律试析》，载顾黄初、李杏保主编《二十世纪后期中国语文教育论集》，四川教育出版社 2000 年版，第 1155 页。

易文言文的能力，有哪些规律可循呢？人们在反思传统的基础上，纷纷把目光投向现代科学理论，努力促使文言诗文教学从随意性、散漫性状态中解脱出来，解决其规定性与精确性这两个疑难问题，全面提高教学的效率。

在"语言训练"的教学思路下，人们注重从文言诗文本身的规律以及学生学习语言的规律出发，探讨文言诗文教学的规律。首先，人们思考的是语言学习的"量化"问题。古代的语言学习，被大量文选阅读"淹没"了，从一篇篇文章中学语言，就好比在浩如烟海的语言宝库里捡杂碎。这种零敲碎打的积攒，瞎打乱唱的练习非常耗费时间和精力。更何况现代转型后的中小学文言诗文教学在阅读范围和阅读时间上都难于匹敌古代，要达成阅读浅易文言文的目标，只能走"捷径"，进行规律性的探索，走科学化的道路。

在把文言文教学与小学的识字教学和初中的外语教学比较分析后，人们认为，学习一种语言文字主要是学习词汇，首先要"识字"。不管学习哪一种文字，80%以上的精力要花在这上面。因为识字是读写的基础，也是衡量阅读水平的重要标尺。文言文的学习，关键也在词汇。于是，人们就从文言常用词的整理和研究入手，展开对文言文教学的规律性探索。经过多方调查和考证，这些研究成果在教学大纲和教材编写中有所体现。如 1978 年中学语文教学大纲高中部分的附录中就列出了"文言虚词简表""文言句式简表"和"文言和现代语比较表"。饶杰腾则通过对全部中学文言文教材的研究，参考王力主编的《古代汉语》中的常用词部分，确定中学文言常用词大概为 800 个左右。① 这个结论得到当时的普遍认同。随着研究的逐渐深入，文

---

① 饶杰腾：《谈谈中学文言常用词表》，《中学语文教学》1980 年第 1 期。

言常用词的数量进一步精简，在 1990 年的高中语文教学大纲中规定常用重点文言实词 340 个，虚词 32 个。

接下来，人们要思考的是如何把这些量适当、合理地安排在中小学各个年级中，怎样把这些知识转化成一种与学生智慧发展相切合的形式。这就涉及语言学习的"序化"问题。当时在国内盛行的西方结构主义课程理论给了人们启迪。结构主义课程理论的代表布鲁纳说："不论我教什么学科，务使学生理解该学科的基本结构。"① 苏联教育学家乌申斯基也说："智慧不是别的，而是一种组织得很好的知识体系。"② 因此，人们认为，要实现语文教学的高效率，除了教学中心必须从知识转移到能力，教学主体必须从教师转移到学生，教学方法必须从讲析式到练习式等教育理念上的转变之外，还有一个很重要的方面，就是教学体系必须实现序列化。"所谓序列化，就是按一定的系统进行教学，包括系统的知识和系统训练的方式方法。"③ 这个序列必须既符合青少年智力发展的特点，又符合文言知识体系本身的规律。然而，语文教材不同于数理化，一向是"文选型"的教材，有关知识不够系统。虽然目前我们在单元编排、课后练习、穿插知识短文等方面力求系统化，但还不能尽如人意。尤其是文白混编的语文教材，更不能很好地体现文言诗文教学本身的规律，必须对这种文选型教材进行一番科学的设计，使知识条理化和系统化。

由于中学文言文教学目的单一，只要求培养阅读能力，所以教材编写中的知识序列，主要就是教材中文言实词、虚词、词类活用和句式的知识序列。有人认为，"中学文言教材的编写，应该学习英语教

---

① 戈致中：《中学文言文教学序列化初探》，《扬州大学学报》（人文社会科学版）1984 年第 4 期。
② 同上。
③ 同上。

材的体系，以虚词、词类活用和句式的知识为序列来贯串，而实词则应先列出《常用实词表》，然后有计划、分阶段地安排到各个学期的课文中去，再通过教师的序列化训练，来实现中学文言文教学体系的序列化"①。还有人提出，应该"按知识练习系统来选编范文，让范文受知识体系的制约，服务于知识练习的程序。不是先选文章然后再安排知识和练习，而是反过来，先确定知识、练习的程序，后按程序的要求来选文章。"② 这些看法反映出人们"以知识系统组织文言教材"的倾向。由于种种条件的限制，当时统编的中学语文教材大多还是延续"文白混编"的老例，在体现文言知识的序列化上，受到种种束缚，难免捉襟见肘。但是，在实际教学中，许多一线教师对当时现行教材中文言知识的序列化问题提出了很多有针对性的建议，并创造性地使用教材，重新整理出文言的知识序列进行教学。例如，有位教师就以文言虚词为例，首先统计出初中第一册文言教材中24个虚词及每个虚词出现的频率，再按出现频率由大到小，从中理出初中第一册文言虚词的知识序列，然后依照这个虚词的序列，对教材中九篇文言教材和练习重新做出次序的安排。形成一个螺旋上升、循环复习、逐步积累的练习序列。③ 这段时期，像这样以知识序列重组文言教材的探索和实践还有很多。

要实现文言教学体系的序列化，还有一个很重要的方面，那就是能力训练的序列化。训练不是简单的多练，也不是盲目的滥练，"训练应当有系统、分层次地进行，同有关基础知识相互配合，做到通盘

---

① 戈致中：《中学文言文教学序列化初探》，《扬州大学学报》（人文社会科学版）1984年第4期。

② 张寿康：《语文教学程序初探》，载顾黄初、李杏保主编《二十世纪后期中国语文教育论集》，四川教育出版社2000年版，第467—468页。

③ 参见张定远编《文言文教学论集》，新蕾出版社1986年版，第40—43页。

安排，目标明确"①。因此，要使训练科学化，首先要有明确的目标。在美国教育心理学家布鲁姆目标分类思想的启发下，人们对教学目标制定了较为严格的体系。从纵向上分为四个层次：《大纲》意识——总目标；年级要求——阶段目标；单元要求——单元目标；课文要求——达成目标。首先是在教学大纲中突出这种目标分类意识。纵观20世纪80—90年代颁布的各中学语文教学大纲，都在"阅读浅易文言文能力"的总目标下，又对中学各年级分别提出文言文教学的具体要求，将文言文阅读能力进行分解，试图建立起由浅入深、循序渐进的阅读训练体系。接着，是中学语文教科书引入教学目标观念。在1982年，教学目标还未出现在人教社出版的语文教科书上，只是以"教学要点"的形式呈现在教学参考书中。但是到了1993年人教版教科书中，编写者则根据教学大纲中的各种教学目标按照能力要求的难易程度和学生的认知特点将其分解细化，编排入每一个单元和每一篇课文。以初中第三册为例，按照大纲的要求，"联系生活培养说明能力"是这一阶段的训练重点。于是，教材的选文，"一方面着眼于说明能力的训练需要；另一方面考虑到和生活的联系"，而"科学的说明事物特征，和恰当的说明方法，合理的说明顺序，准确的语言，是一个有机的整体"，② 因此，在教材的编排上，每个单元在突出本单元教学重点的同时兼顾其他方面。如第五单元安排了四篇课文，把文言选文《活板》和《故宫博物院》《从甲骨文到缩微图书》《万紫千红的花》三篇现代文混编在一起，共同完成"合理安排说明顺序"的单元"教学目标"。每篇课文又分别列出具体的目标，以"训练要点"

---

① 朱泳燚：《语文教学要强化语言训练》，《课程教材教法》1994年第7期。

② 人民教育出版社语文一室编著：《九年义务教育三年制初级中学教科书·语文》第三册，人民教育出版社1993年版，第2—3页。

和"阅读提示"的形式明确各自的能力训练侧重点。《活板》一课在"阅读提示"中就明确提出"要重点学习说明活版印刷的程序部分。程序是时间顺序的一种表现形式"①。课后安排的四个练习题除一题是对文言词汇的理解训练外，其他三题都是有关说明顺序的训练。

当然，由于当时"语言训练"意识的突出，人们过于关注教学目标的认知领域，而对情感、行为领域有所忽视。对文言文阅读能力的培养来说，偏重认知与理解能力的培养，相对看轻鉴赏能力的培养。但是，从20世纪80年代后期开始，人们看到了这一点，并努力加以矫正。尤以1985—1986年在全国部分地区进行的文言文教改实验最为突出。这次"以诵读法为主要教学方法，以初步培养学生阅读文言文的能力为中心，在高中一年级集中文言文教学，促进语文能力的全面提高"的教改实验，采用当时人教社新编六年制重点高中语文《文言读本》为教材，构建"文言阅读""文学鉴赏""文化名著概览"三文体系，确立了培养学生的"认读与理解能力""理解和欣赏能力""鉴赏和研读能力"三级训练目标。

总之，这一时期经过长期的探索，在改变教学目标的模糊性、教学内容的随意性、训练方法的无序性等方面，中小学文言诗文教学向着科学化的方向前进了一大步。

三　训练的异化与文言诗文教学模式的僵化

在语文工具论的主导之下，中小学语文教学在整体策略上强调"训练"，即语文课的主要任务就是对学生进行语言训练和文章读写训

---

① 人民教育出版社语文一室编著：《九年义务教育三年制初级中学教科书·语文》（第三册），人民教育出版社1993年版，第190页。

练。以实用为根本取向，强调"联系生活、扎实、活泼、有序地进行语文基本训练，培养学生正确理解和运用祖国语言文字的能力；在训练的过程中传授知识，发展智力，进行思想教育"。明确以练为主，在当时来讲，是有积极意义的。一方面，其意义在于不让训练处于可有可无的从属地位，使语文教学遵循科学的规律进行；另一方面，在于解放教师的手脚，放胆创造出更多更好的训练方法，实现语文教学的高效率。上述针对文言诗文教学的规律性探索而逐步建立的独立的文言文训练体系，涌现出的各种各样的训练方式方法，就是很好的证明。

按《现代汉语词典》中的解释，"训练"指的是"有计划有步骤地使具有某种特长或技能"。由此可见，训练强调"有计划有步骤"，表明训练应该是目的明确、科学有序的，而不是随意的、机械重复的。同时，训练的定义还暗含了与之相关的两个主体——"训"方和"练"方："训"，指教师的指导、引导、教导、辅导，也就是教师在教学过程中发挥"导"的主体作用；"练"，指学生在教师指导下的实践、操作，也就是学生在教学过程中发挥认知主体的作用。"训练"的过程，其实是一个师生互动、合作的过程。① 当时人们对"训练"的理解也是基于这种认识，如针对文言文阅读训练，在阐述重复和反复的关系时，认为"简单的重复有两重性：它既可以使学生巩固知识，又会使学生产生厌倦心理。我们要发挥它积极的一面，克服它消极的一面，这就应把简单的重复变成反复。重复和反复是既有联系，又有区别的，前者只是知识的简单重复，后者是在重复的基础上加以新的发展。"② 这可以看出人们对"训练"中学生发挥主体作用的重

---

① 钱梦龙：《为训练正名》，《中学语文教学》2000 年第 10 期。
② 叶一苇：《加强文言词句教学计划性的刍议》，载张定远编《文言文教学论集》，新蕾出版社 1986 年版，第 60—61 页。

视。这种意义上的"训练"理应大加赞赏，可为什么后来人们会对它大加指责呢？看来，只有一种可能，在具体的操作过程中，"训练"发生了变异。

那么，"训练"被异化是怎样产生的呢？这固然与教育界人士对语文"工具性"的过度推崇，具体操作中又被片面发挥和误用有一定的关系。然而，在具体的实际教学中，掣肘语文"训练"的正确导向的，最直接的是语文学科自身的特点、应试教育的压力以及教师自身的能力、态度等原因。由于语文学科自身很难做到科学有序，一本语文教科书包罗万象，一堂语文课讲授的方法千变万化，想要把这些全都进行量化已经很困难，归入计划体系中进而实行严格控制更是难上加难。语文教学的情感性、模糊性决定了语文教学本身是有序和无序的对立统一。语文教师要在无序中把握有序，也就决定了语文教学工作的复杂性。在巨大的考试压力面前，语文教师限于自身的能力、生存状态等因素，很难真正做到"有计划有步骤"，只能瞄准考试，以"多练"弥补无序的不足。久而久之，"训练"渐渐远离"师生互动""科学有序"的初衷，向着纯工具化、技术化的方向发展，演变成机械枯燥、耗时多效益低，只有量而没有质的"题海战术"。由于科学有效的"训"和积极主动的"练"缺失，因而真正意义上的"训练"并不在场，训练被异化了。

这种异化的倾向，随着高考成为标准化考试的代名词以及高考在教学中"指挥棒"作用的日渐强化而愈演愈烈，逐渐走入了僵化的死胡同。为求得高分数，许多教师采取了一些"过度行为"，以重复单一的习题取代富有激情的讲授；用固定僵化的规律束缚学生阅读的兴趣与空间；用猜题、押题的技巧去赢得试卷上的分数；用大规模"地毯式"的复习取代语文课上情感的交流。这种似乎仅仅为了考试而存在，被机械重复"训练"填满教学空间的语文教学只能使它离自身的特点越来越远。

由于中小学文言文教学被定位于"语言训练"的框架之内，当"训练"在实践中面临不断被"异化"的危险之时，就预示着其科学探索的前行之路必将受到遏制。在文言诗文教学课堂中，其僵化的程度比之现代文教学更甚更惨。随着 1985 年标准化考试堂而皇之进入语文教育界，对文言诗文的考试与评价就由主观题为主转向客观选择题为主，而这些客观选择题又往往偏重对文言语法知识点的识记和运用。一直到 1997 年以前都是这种标准化试题一统天下。而此时，大部分的语文教师由于自身文言能力有限、文化底蕴不足，教文言文只能照搬教参，现学现教，停留在浅层次的字词语句的抠挖上，难以解释阐发文章丰富的文化内涵，往往把文质兼美的传统名篇讲成了枯燥无味的文字堆砌，没想却正中这种应试教育下标准化试题的"下怀"。因为，要考的就是一些知识点的机械识记和简单的规则运用，而这种记忆能力和再认能力完全可以靠重复单一的"训练"获得。于是，在中学文言文课堂教学中，一篇篇精美的课文被肢解为一个个的知识点，用以"备考"。教师们唯恐"挂一漏万"，便撒开"天罗地网"搜集各种训练材料，将课堂变为标准化考试的"演练场"；学生们则在漫天飞舞的试卷中疲于奔命，满脑子如马蹄杂沓，光堆砌了许多字、词、句的零部件，其他却一无所有。考什么就教什么，哪些内容考得多，就多教哪些。有些明明是违背语文教学规律的"短期行为"，但只要能使多数学生立竿见影提高分数，就被公认为是有效的、有益的。在"应试教育"控驭一切的形势面前，连那些致力于探索文言诗文教学规律的优秀教师以及名师也徒唤奈何，甚至不得不屈从就范。就算还有一些对文言文教学规律的探索，也只局限在文言语法知识的程序化教学方面，因为这些属于考试范围之内。至于真正抓住文言这种语言形式的特点，考虑"规律"问题的研究却是凤毛麟角。比如，文言诗文诵读涵泳的教学形式就很少有人问津。该读的不好好读，该练的不认真练，以一些语言"规则"冒充规律，恰恰是在违背学习语言的基本原理，与规律背道而驰。

这种充斥机械重复"语言训练"僵化的教学模式，教师和学生都放弃了自己的主动权，沦为考试的机器。文言诗文事实上已经不再是饱含思想感情的"文"，即便是千古传诵的名篇佳作，都只是一组组按刻板的语法规则组合起来的实词和虚词而已。讲解课文时，用冷漠的知性分析取代生动的语言感受，用大规模的抽筋剥骨，扼杀语言的气韵和灵动，文言诗文教学对师生双方来说，都成了一件最索然无味，但为了应考又不得不忍受的苦事。这种以牺牲个性为代价换来的教学"高效率"，只是徒增了一些无用的应试技巧，不但没有真正培养学生阅读浅易文言文的能力，反而滋生学生对文言文的厌恶之感。待到考试完毕，课本中仅有的几篇文言诗文作品忘得一干二净不说，还有几人会去再读文言作品，汲取古代优秀的文化遗产？既没有这个兴趣，也没有这个能力。

第三节 人文复兴，正视文言：融合期（1997 年至今）

"成也萧何，败也萧何。"当"工具论"引领着中小学文言诗文教学沿着科学规范的道路踟蹰前行之时，却不幸跌入"唯工具主义"的泥潭而裹足不前，继而又在应试教育的磕绊中偏离方向而越走越远。许多习焉不察的弊端层出不穷地暴露出来，人们又开始了深刻的反思。

于漪曾经讲过："有这么一个规律，语文教学改革每前进一步，总要对其本源进行一次反思，这是自然的，也是必要的。"① 这里的本源指的就是语文学科的性质。对语文学科的性质之争，从语文单独设科之时就开始了，每一次的扬弃和重新阐释，都标志着语文教育的一次大变革。这一次，当语文教育在"工具理性"的道路上举步维艰之时，人们开始从"五四"和西方文化寻找资源，终于发现了一个内涵丰富、边界模糊、便于言说的词汇——"人文"，并以此为基点，对语文教育展开了批判。从 1997 年年底开始，一场社会性的语文大讨论爆发了，并成为 21 世纪初全国新课程改革的前奏。随着新课程改革的推进，语文教育的新纪元逐渐拉开了帷幕，中小学文言诗文教学也开始踏上了新的征程。

一　文化价值：人文语境下文言诗文教学的价值重估

在 20 世纪末的语文大讨论中，强烈呼唤"人文价值回归"的声音跨越世纪，连通古今，沟通中西，一路呼啸而来，最终汇聚成"人文复兴"的思潮，融入新世纪改革的历史大潮中。这首先与整个社会的文化语境和话语转型有关。20 世纪 90 年代，中国进入一个社会转型期，随着诸如假冒伪劣、贪污腐败等社会弊病的暴露，文化上也出现了一个短暂的无序期，理想失落、规范失效、情感匮乏、价值模糊等，逐渐成为阻碍文化健康发展的问题。另外，思想的贫困、文学的媚俗倾向也已显现。这些道德、精神和文化的危机，促使人们加紧寻

---

① 于漪：《语文是进行素质教育最有效的一门学科》，《于漪文集》第 1 卷，山东教育出版社 2001 年版，第 205 页。

求解决方法和途径。在变革的实践中，人们发现：当代中国尤其缺少的是人文关怀和理性精神，科学要发展，人文也要弘扬。因此，人文精神成为"时代的口号"，引起了社会各界的广泛关注。"人文话语"也就成为社会的主流话语。于是，在对语文教育的反思和批判中，在新课程改革的构建和推行中，对语文教育"人文性"的弘扬，对语文教育"文化价值"的诉求便成为新世纪重要的话语事件。

与此同时，受西方"语言学转向"的深刻影响，语文课程从"语言文化观"中得到深度的理论滋养。这种"语言文化观"认为，语言不仅仅是工具，它具有比工具更为丰富的人文内涵，语言是一个民族的精神之根，是民族文化的结晶和载体。这就是说，语言不但具有自然代码的性质，而且有文化代码的性质；不但有鲜明的工具属性，而且有鲜明的人文属性。然而，长期以来，由于对语言工具价值的过度追求，导致对语言文化价值的淡漠。在基础教育阶段，语文教育过度重视语言的实用性功能，局限于对学生进行语言技能训练，而忽视了语言对人的涵化、建构功能，导致语文教育文化资源的流失。语言被剥去人文属性和文化内蕴，只剩下赤裸裸的"工具"，就会失去内在的灵魂。忽略"文化价值"的语文教学，必然只强调语文工具而看不到使用语文工具的人。于是，原本该是才华横溢、激情四射的语文教师异化为技艺娴熟的庖丁，原本充满悟性和灵气、感情丰富的学生被规训为接受知识的容器。这种看不到"人"的语文教学，导致了人文精神的严重失落。

语文教育要摆脱危机，走出困境，必须在充分肯定语言工具观的同时，对语言的人文特性、文化本质进行整体观照。于是，发生了从"工具性"和"人文性"整合统一的角度寻求变革和突破的转向。这鲜明地体现在指导语文教育的权威纲领中。1996 年《全日制普通高级中学语文大纲（供试验用）》就明确地指出："语文是重要的交际工具，也是最重要的文化载体。"这一界说不仅将语文定性为工具，而且突出了这个工具的特点：交际工具——文化载体。2000 年 2 月《全日制普通高级中学语文教学大纲（试验修订版）》给语文下了这样的定义："语文是重要的交际工具，是人类文化的重要组成部分。"这较以前语文是"文化的载体"的认识，有了质的飞跃，即认识到语文的文化本体特征，将语文作为文化有机的组成部分，而不仅仅是文化的载体。2001 年 7 月《全日制义务教育语文课程标准（实验稿）》对语文也有相同定位，指出，"工具性和人文性的统一，是语文课程的基本特点"，这一界定打破了长期以来所坚持的语文纯工具论的思维框架，明确提出语文的"人文性"。由"交际工具"而"文化载体"，由"文化载体"而"文化的重要组成部分"，"工具性和人文性的统一"，这一历程说明语文教育的人文属性愈渐成为共识，人们对语文的文化本体已经有了一定的认识。

人文性是一个内涵相当宽泛的名词，也是一个不断发展着的概念，在不同的历史情境中有不同的含义。但都体现了一个共同的理念，那就是强调人的尊严、肯定人的价值、张扬人的个性。21 世纪全球文化语境中的"人文"，是历史上出现过的各种人文思潮在当代的融合与发展。关于语文教育的人文性，在当时的讨论中，逐渐形成了以下几点共识：一是指汉语汉字中所包含的民族的思想认识、历史文化和民族情感；二是指引导学生开掘汉语汉字人文价值，注重体验汉族人独特的语文感受，学习中华民族的优秀文化；三是指尊重和发展个性，培养健全的人格。①

---

① 李震：《一场重要的讨论——关于语文学科性质的争鸣综述》，《语文学习》1996年第 10 期。

强调语文教育的人文性，是出于对"纯工具性"的纠偏，是为了警醒，语文教育作为母语教育，要学生养成正确地理解和使用祖国语言文字的能力，同时还肩负着为学生的精神打下底子，弘扬民族文化的伟大使命。学习母语就是一种文化认同和文化传承。因此母语教育在立足文本的基础之上，必须注重开掘汉语言文字的文化意蕴，把握汉语文所张扬的生命意趣，追求"以文化人"的境界。而在这一点上，以文言的形式记载的中国古代诗文经典更是中华民族之根，是民族文化的结晶和载体，是通向民族文化的桥梁。有位教师曾这样诗意地描述语文："语文是炫目的先秦繁星，是皎洁的汉宫秋月；是珠落玉盘的琵琶，是高山流水的琴瑟；是'推''敲'不定的月下门，是但求一字的数茎须；是庄子的逍遥云游，是孔子的颠沛流离；是魏王的老骥之志，是诸葛的锦囊妙计；是君子好述的《诗经》，是魂兮归来的《楚辞》；是执过羊鞭的《兵法》，是受过宫刑的《史记》；是李太白的杯中酒，是曹雪芹的梦中泪；是千古绝唱的诗词曲赋，是功垂青史的《四库全书》……"①

　　然而在知识本位时代，由于对语言工具价值的过度推崇，如此意蕴深厚、博大精深的文化遗产，却被狭隘地窄化为"双基训练"的工具，任由抽筋剥骨式的技术操作肢解成支离破碎的语码。从而导致文言诗文教学僵化而不鲜活，呆板而欠灵动，单一而失丰富，"言者谆谆，而听者昏昏"的课堂教学现象屡见不鲜。"你拼命灌输给他，要他'一定要记牢'的那一个个知识点，在他脑中乃是断枝残叶而不是生意盎然的鲜花，是破砖碎瓦而不是回廊曲折的楼台。"② 长此以往，怎能催生学生对祖国语言文字的喜爱、自豪之情？反而会滋生出许多

①　袁卫星：《听袁卫星老师讲课》，华东师范大学出版社 2006 年版，第 283 页。
②　盛海耕：《品味文学》，上海教育出版社 2001 年版，第 22 页。

乏味、厌恶之感，更遑论激发学生对祖国传统文化的浓厚兴趣和热爱之情。

在人文意识高扬的当代文化语境下，针对文言诗文教学表现出来的种种弊端，人们首先想到的是摆脱以往过于注重能力的价值取向，将文言诗文从狭隘的工具认识局限中解脱出来，从"文化"这个角度重新思考文言诗文的教学价值。人们更多地把目光投向文化素养、文学素养层面。北京大学林焘教授语重心长地表示："文言文教学有传承文化的作用，不能把文言文看成纯粹的语言教育。"[①] 南京大学鲁国尧教授则从文化建设的角度，表示文言文是中国几千年文化的载体，学习文言文最重要的是对我国古代优秀传统文化的学习和借鉴，应该对传统文化里的精华加以继承[②]。另外，人们还从文化的层面对文言文教学的目的作了阐述。如，朱瑜章认为不应从工具性而应从人文性的角度来定位教学目的[③]，商友敬认为，小学和初中着眼于语言积累，高中则语言和文化皆重，但侧重文化[④]。"学习经典的价值不在实用，而在文化"的呼声愈来愈高，仿佛是 20 世纪 40 年代朱自清先生称文言文教学为"古典的训练，文化的教育"观点的世纪回响。如此相似的两股声音最终在 2003 年新颁布的《普通高中语文课程标准（实验）》中汇成文言诗文教学新时代的强音："学习中国古代优秀作品，体会其中蕴含的中华民族精神，为形成一定的传统文化底蕴奠定基础。学习从历史发展的角度理解古代作品的内容价值，从中汲取民族智慧；用现代观念审视作品，评价其积极意义与历史局限。"至此，

---

① 桑哲：《"淡化文言文教学"大家谈》，《现代语文》2007 年第 1 期。
② 同上。
③ 朱瑜章：《也谈文言文的教学目的》，《语文学习》2002 年第 6 期。
④ 何勇：《文言文教学的困境与出路——中青年教师语文沙龙纪要》，《语文学习》2003 年第 1 期。

文言诗文教学的"文化价值"得到了制度上的有力支撑，而弘扬民族优秀传统文化，成了文言诗文教学责无旁贷的任务。

曾经基于"工具价值"的认识而困于"语言形式训练"难以自拔、超脱的中小学文言文教学，随着"文化价值"被重新发掘，其教学的意义和价值得到了升华，其教学的必要性得到进一步的肯定。在这里，最值得一提的是打破了小学不学文言文的惯例。除了在小学语文教科书的"日积月累"部分安排了一些文言韵语（主要是《三字经》《论语》《孝经》等传统蒙学教材中的简短文言语句）让学生记诵以外，从 2002 年开始，在小学高年级的语文教材中还出现了少数几篇内容浅显、独立成篇的短小文言文。关于编写文言文篇目的意图，人民教育出版社小语室编著的《语文第十一册教师教学用书》作了明确的说明："安排文言文的目的，是让学生感受一下文言文的语言，了解祖国悠久灿烂的文化，进一步培养学生热爱祖国语言文字的思想感情，并为初中学习文言文打点基础。"① 从这一番阐述中，我们可以看出，在小学阶段教学文言文是出于语言、文化和情感三方面的考虑，目的是作好衔接，为初中的教学打好基础。虽然这只是一个"蜻蜓点水"般的尝试，却暗含着人们开始重视传统文言文教学的经验，对文言文教学规律性的探索逐渐走向了正确的方向。

二　文学鉴赏：人文视野下文言诗文教学的思路转向

语文教育文化本体的发现使文言诗文教学的"文化价值"潜能重新焕发出时代的光彩。那么，如何才能让文言诗文的教学价值得到更

---

① 人民教育出版社小语室编著：《语文第十一册教师教学用书》，人民教育出版社 2002 年版，第 130 页。

好的发挥，过去始终定位于"培养浅易文言文阅读能力"的语言训练的教学思路能担此重任吗？在当时语言研究、课程改革均被纳入人文视野的研究态势下，人们对文言诗文教学的思考路向也发生了改变。

20 世纪以来，受到西方"语言论转向"的深刻影响，人们对汉语言文字的认识更加深化，汉语人文性理论的提出即为明证。这种理论认为：汉语言文字不仅具有工具性价值和功能，同时作为人的主体意识的显现，它还充溢着浓郁的文化意义和人文性意蕴。也就是说，汉语的工具性和人文性，是一个统一体的不可分割的两个侧面。没有人文，就没有语言这个工具；舍弃人文，就无法掌握语言这个工具。如果说，各民族语言都具有人文性，那么，汉语言文字的人文性可说是特别突出。王力先生曾说汉语是一种"人治"的语言，西方语言是一种"法治"的语言；黎锦熙先生曾说汉语"偏重心理，略与形式"。"汉语保留了更多感性的东西，更接近人的瞬间体验而非理性思维。"① 面对着以感性的汉语言文字而构筑的汉语文世界，仅凭理性的语言分析是无法达到对其内蕴的深刻把握的，只有引导学生把整个心灵都投放其中，用自己的感官去触摸语言文字的声音与色彩，才有可能抵达语言的深处，感受主体生命所焕发出的光彩与神韵，体味历史与文化的无穷魅力。由此看来，中国现代语言学研究思路已发生了文化转向，由一味"西向化"转向汉语文"本体化"。随着语言学研究的不断深化，汉语言文字独特的人文性特征凸显出来，汉语文教育的人文性传统也焕发出新的时代光泽。

在尊重汉语言文字基本特点的基础上，古人在教学实践中逐渐摸索出诸如诵读、感悟、涵泳、体味、积累等体现中国人以感性思维为

① 朱竞：《汉语的危机》，文化艺术出版社 2005 年版，第 5 页。

主这一特征的教学理念和方法，这些理念和方法不但有利于培养学生理解和运用语言文字的能力，而且有利于提高学生的文化素养、丰富文化底蕴。日本教育家小原国芳也指出："国语教学不只是简单的文字或字母用法和段落句读的问题，除此之外，更重要的是内容问题。国语不是训诂之学，而是活的思想问题，是川流不息的生命。"① 长期以来，由于受科学理性的诱惑和影响，我们抛弃了传统语文教育中良好的人文传统，走上了唯理是尚的歧路。在我们致力于克服传统语文教育中缺少形式化、精确性的科学形态的同时，如果对汉语的人文内涵和人文精神施行彻底决裂，最终只能使母语教育游离于国人情感之外，造成学科教学的僵化和滞后。

以汉语人文性理论来观照当时中小学的文言诗文教学，由于过分强调它的工具性，教学目标更多地定位于认知目标，始终停留在文言词句的理解、语法的把握上面，追求教学的形式化和精确化，显然不符合汉语文重意会重感悟的基本精神。到头来，"知识"掌握了不少，但文化素养不高，更缺少一种文化精神，尤其是民族意识和情感。正如后现代课程观的代表多尔所说："因视科学为唯一的途径，我们却失去了许多宝贵的东西。我们失去了或至少忽视了故事（我们的文化）与精神（我们作为人的意识）。"② 这种做法窄化了文言诗文教学的价值，不利于继承中国古代优秀的文化传统，不利于人文精神的全面涵育。

既然这种局限于语言形式的教学思路在发挥文言诗文教学的"文化价值"方面出现了瓶颈，那么，怎么才能有所突破呢？人们纷纷把

---

① ［日］小原国芳：《小原国芳教育论著选》下卷，刘剑乔、由其民、吴光威译，人民教育出版社1993年版，第109页。
② ［美］小威廉姆·E. 多尔：《后现代课程观》，王红宇译，教育科学出版社2000年版，序第2页。

目光转向 20 世纪 50 年代汉语文学分科时期出现但不幸夭折的"文学"教学思路。半个多世纪以后，人们逐渐体悟到它新的意义，开始认识到它的时代价值。这在新颁布的语文课程标准中得到了一定程度的体现。

2001 年《九年义务教育语文课程标准》中关于文言诗文教学的规定：

> 总目标：在语文学习过程中，培养爱国主义感情、社会主义道德品质，逐步形成积极的人生态度和正确的价值观，提高文化品位和审美情趣。

> 阶段目标：（1—2 年级）诵读儿歌、童谣和浅近的古诗，展开想象，获得初步的情感体验，感受语言的优美。（3—4 年级）诵读优秀诗文，注意在诵读过程中体验情感，背诵优秀诗文 50 篇（段）。（5—6 年级）诵读优秀诗文，注意通过诗文的声调、节奏等体味作品的内容和情感，背诵优秀诗文 60 篇（段）。（7—9 年级）诵读古代诗词，有意识地在积累、感悟和运用中，提高自己的欣赏品位和审美情趣。阅读浅易文言文，能借助注释和工具书理解基本内容。背诵优秀诗文 80 篇。

评价建议：

> 文学作品阅读的评价：根据文学作品形象性、情感性强的特点，可着重考查学生对形象的感受和情感的体验，对学生独特的感受和体验应加以鼓励。在 7—9 年级，可通过考查学生对形象、情感、语言的领悟程度，来评价学生初步鉴赏文学作品的水平。

> 古诗文阅读的评价：评价学生阅读古代诗词和浅易文言文，重点在于考查学生记诵积累的过程，考查他们能否凭借注释和工

具书理解诗文大意，而不应考查对词法、句法等知识的掌握程度。

2001 年《全日制义务教育语文课程标准（实验稿）》中关于文言诗文教学的规定：

初中：总目标：能借助工具书阅读浅易文言文。七到九年级分目标：诵读古代诗词，有意识地在积累、感悟和运用中，提高自己的欣赏品味和审美情趣。阅读浅易文言文，能借助注释和工具书理解基本内容。背诵优秀诗文 80 篇；

高中（当时还称为《教学大纲》）：学习中国古代优秀作品，体会其中蕴含的中华民族精神，为形成一定的传统文化底蕴奠定基础。学习从历史发展的角度理解古代作品的内容价值，从中汲取民族智慧，用现代观念审视作品，评价其积极意义与历史局限。阅读浅易文言文，能借助注释和工具书理解词句意义，读懂文章内容。了解并梳理常见的文言实词、文言虚词、文言句式的意义或用法，注意在阅读实践中举一反三，诵读古代诗词和文言文，背诵一定数量的名篇（70 篇）。

2003 年《普通高中语文课程标准（实验）》关于文言诗文教学的规定：

高中必修：努力提高对古诗文语言的感受力。通过阅读和鉴赏，深化热爱祖国语文的感情，体会中华文化的博大精深、源远流长，陶冶性情，追求高尚情趣，提高道德修养。

学习中国古代优秀作品，体会其中蕴含的中华民族精神，为形成一定的传统文化底蕴奠定基础。学习从历史发展的角度理解古代作品的内容价值，从中汲取民族智慧，用现代观念审视作品，评价其积极意义与历史局限。阅读浅易文言文，能借助注释和工具书理解词句意义，读懂文章内容。了解并梳理常见的文言实词、文言虚词、文言句式的意义或用法，注意在阅读实践中举一反三，诵读古代诗词和文言文，背诵一定数量的名篇。（参考附录《关于诵读篇目和课外读物的建议》）

通读新课标，我们发现它对学生的"审美""性情陶冶""文化品位"等方面投入很大的关注，体现了对人的全面健康发展的要求；同时，在文言诗文学习上加强了诵读和积累的要求，注重在诵读、积累中的感悟和熏陶，体现了对传统语文教学精华的汲取；并且，对文言诗文教学提出了更高的要求，要求学生不仅要会"阅读"，还要学会"鉴赏"。鉴赏，作为一种文学活动，具有再创造的性质，含有"深知、识别"的意思。既包括对作品中蕴含的美质如思想之美、语言之妙、艺术手法之巧等方面的欣赏，也包括对作品中的不足之处的鉴定和识别，既包括"审美"，也包括"审丑"。无疑，它比"理解""欣赏"层次更高。文言诗文拥有巨大的教育潜能，但只有当文言诗文教学达到它的较高境界，即对作品所蕴含的思想之美、情感之真、人性之善等因素进行鉴赏、审美时，方能实现它的最高价值。

虽然新课标中"使学生具有阅读浅易文言文的能力"的要求还是占据总目标高高在上的位置，重点强调"掌握（了解）文言实词的含义、虚词的用法以及各种特殊的句式，会翻译文句"，"鉴赏"的要求只是在分目标中稍有涉及，而且提法模糊笼统，没有更明确、具体的阶段性要求，却透露出一个信息：文言诗文教学不能仅仅停留在语言训练层面，必须提高到鉴赏层面，将"语言训练"与"文学鉴赏"两种教学思路整合已经开始进入人们的视野。

这种整合的思路在这一时期的语文教材中有所体现。在语文教育大讨论中，对教材的批评主要集中在 1979 年以来的高中语文教材上。因此这一时期的高中语文教材较上一时期变化比较大。《全日制普通高级中学语文教科书》［试验修订本·必修（2000—2002 年第 2 版）］是这一时期的代表。这套新教材从 1997 年秋季开始，分别在江西、陕西、天津等两省一市进行实验，2000 年上半年第一轮试验结束后进行了修订，向全国推行使用。这套教材第一册至第六册文言课文数量占教材总量的 45% 左右，按照明确的文言文阅读能力培养要求，以单元为整体，按逐步推进的三个阶段进行编排，高一着重培养阅读浅易文言文的能力，高二着重培养初步欣赏能力，高三培养研讨评析能力。

　　与此同时，另一套由周正逵主编、人民教育出版社出版的《高中语文实验课本》，历经 16 年实验四次修订，也于 2000 年秋季正式在全国范围内使用。该套教材完全打破了现行教材的格局，将浅易文言文阅读能力的培养集中放在高中一年级，按照学生文言阅读能力形成和发展的规律编排各类训练项目，编写专门教材《文言读本》（上、下册）。至于把文言文作为古代文学作品着重培养文学鉴赏能力这一高层次的阅读要求，则通过高二的《文学读本》和高三的《文化读本》教材，与现代文学作品有机结合来加以落实。

　　可以看出，这一时期的中小学文言诗文教学既重视传统的从语言形式角度培养浅易文言文阅读能力，继承了 20 世纪 80 年代以来探索出来的能力训练的成功经验，对文言文认知层面的要求越来越明确、具体；同时，更注重文言文的文学教育功能，并按时代需要和学生能力要求，对 20 世纪 50 年代分科时期的文学教学思路进行了适当的改进，初步明确了文言文的阅读能力层级的要求。然而，由于对整个基础教育阶段的文言诗文教学，缺乏全面、合理的审视和研究，还存在小学、初中、高中各个阶段"单打独斗，各自为政"的现象，造成实际教学中不必要的重复、混乱，使标准难以高上去。但我们也应该欣喜地看到，中小学文言诗文教学思路由单一走向融合，"文学鉴赏"得到关注，并出现有机整合语言训练与文学鉴赏两种文言诗文教学思路的积极探索，代表了文言诗文教学改革的正确方向，文言诗文教学正在逐步走向理性和成熟。

三 主体彰显：人文视域下文言诗文教学的理念更新

2001 年 7 月颁布的《全日制义务教育语文课程标准（实验稿）》在"课程的基本理念"中提出了几条全新的课程理念：要"全面提高学生的语文素养"，"应该重视语文的熏陶感染作用，注意教学内容的价值取向，同时也应尊重学生在学习过程中的独特体验"，"积极倡导自主、合作、探究的学习方式"，"应拓宽语文学习和运用的领域"。随后，2003 年颁布的《普通高中语文课程标准（实验）》在"课程目标"与"实施建议"两部分对文言文"阅读与鉴赏"的阐述则与这些课程理念相呼应，如：突出让学生借助注释和工具书自行解决阅读过程中的障碍的能力，这是对自主学习的要求；第一次将以往教学大纲中的"读懂课文"改为"读懂文章内容"，要求学生不仅读懂教材中的课文，还要举一反三，完成阅读能力的迁移，这是学习内容的拓展；第一次引入阅读评价机制，"注意考查学生能否了解文化背景，感受中华文化精神，用历史眼光和现代观念审视作品的内容与思想倾向"，传达出一种崭新的"人文精神"，注重生活的积累和感受，培养科学理性精神；对文学作品提出了"鉴赏"的要求："应引导学生设身处地地去感受体验，重视对作品中形象和情感的整体感知和把握，注意作品内涵的多义性和模糊性，鼓励学生积极地、富有创意地建构文本意义"，表现出对感悟体验的重视，以及对创造能力培养的关注。另外，新课标对"诵读"提出更为明确的要求，对培养"语感""审美情趣"的强调，则体现出文言诗文教学对传统的一种理性回归。

"自主、体验、建构"这些充分彰显"主体精神"的字眼，闪现夺目的"人文"光辉，力挽狂澜，涤荡积弊，展示出 21 世纪的语文教育向着它自身的终极目标——促进人的全面发展进发的图景。这些思想和理念充分吸收了西方后现代主义人文思想的成果，同时汲取了汉语文教育人文性传统的精髓，有力地刷新了现代中小学文言诗文的教学理念。

在课程改革的背景下，这些新理念带来了教材编写的新面貌。这一时期的文言诗文选文普遍重视注意缩小经典文言作品与现代生活、学生心理的时空差距，在选取内容较严肃的古代散文名篇的同时，许多具有丰富的文化内涵和充满情感意蕴的新选文也得以崭露头角。如 2001 年《义务教育课程标准实验教科书·语文》初中教材第一册新选入沈复的《童趣》，就是一篇清新动人、意趣横生的文言小品文，由于文章内容贴近学生的生活，故虽是文言，读来却亲切感人，能够引起同感，并引发学生对生命的体验和思考。

另外，教材还在导读提示及课后习题的设计上突出新课程理念，注意引导学生转变学习方式，促进学生个性发展和创新能力的形成。陶渊明的《桃花源记》是千古传诵的名篇，历年都被选入中学语文教材。

人民教育出版社 1993 年出版的初中语文教科书第二册对这篇课文的"预习提示"是这样描述的：

　　陶渊明（365—427），名潜，字元亮，东晋浔阳柴桑（现在江西省九江市西南）人，著名诗人。陶渊明生活在一个战乱频繁，生灵涂炭的时代。他做过几任小官，因对统治阶级不满，辞去官职，归隐田园，躬耕辟野，过着简朴的生活。本文原是《桃花源诗并序》中的"序"。《桃花源记》是一篇脍炙人口的名作。它虚构了一个与黑暗现实社会相对立的美好境界，寄托了自己的政治理想，反映了广大人民的意愿。文章以渔人进入桃源为线索，以时间先后为顺序，从发现桃源，到访问桃源，再到离开桃源，一线贯之，层次分明，但并非平铺直叙，而是曲折回环，悬念迭起，虚虚实实，引人入胜。语言简洁凝练，通俗流畅。阅读时，要认真揣摩、体会。①

花费如此大的篇幅将课文主旨、特色介绍得详尽全面，一览无余，固然可以帮助学生加快对文章的了解，但是它却把教学内容以定论的方式呈现出来，给学生一种思维定式，以致本应富有个性的阅读过程变成"按图索骥，印证结论"的过程。

到了人民教育出版社 2001 年出版的八年级语文教科书中，上述"预习提示"删除了，代之以这样的文字：

> 你是否知道"世外桃源"这个故事？它就出自这篇课文。这是一个虚构的故事，但在当时具有鲜明的社会现实意义，并且千百年来一直吸引着人们。读课文时要注意，作者是怎样按照他的社会理想来编制故事情节的。读后还要仔细想想，对作者的理想应当怎样认识，这个故事为什么具有长久的魅力。②

---

① 人民教育出版社语文一室编著：《九年义务教育三年制初级中学教科书·语文》第二册，人民教育出版社 1993 年版，第 202 页。

② 课程教材研究所、中学语文课程教材研究开发中心编著：《义务教育课程标准实验教科书·语文》八年级上册，人民教育出版社 2001 年版，第 165 页。

两相对照，新教材中的"导读"文字，显然更富有启发性，更具有亲和力，更有利于学生以一种自由的心态进入课文情境。正如新课标《解读》中所说："教材提示、注释系统应该少而精，简明扼要，给学生留下自学、探究的空间，不要嚼烂了喂学生。"学生摆脱了各种预设框框的束缚，有了更多的体验空间，有利于激发创造性，能够选择适合自己的方法学会学习，真正成为学习的主人。对于文章的主题，新教材也打破旧教材简单"结论呈现"的方式，而是通过富有启发性、争鸣性的课后练习题来引导学生思考："作者在这篇文章里寄托了怎样的社会理想？这个理想在当时的条件下能不能变成现实？今天我们应当怎样看待这样的理想？"① 从教材导读与练习设计的这些变化中，我们明显地感受到：在新课程背景下，中小学文言诗文教学正在走向自主、走向体验、走向审美、走向建构与多元，一个生动活泼的文言诗文教学局面正在形成并逐步向我们展现。

---

① 课程教材研究所、中学语文课程教材研究开发中心编著：《义务教育课程标准实验教科书·语文》八年级上册，人民教育出版社2001年版，第168页。

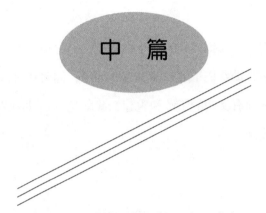

中　篇

现实观照与剖析

通过严肃分析我们面临的活生生问题；通过由输入的新学理、新观念、新思想帮助我们了解和解决这些问题；同时通过以相同的批判的态度对我国固有文明的了解和重建，我们这一运动的结果，就会生一个新的文明来。

——胡　适①

① 　唐德刚译注：《胡适口述自传》，华东师范大学出版社 1993 年版，第 197 页。

第三章　坚守——中小学文言诗文教学的必然需求

中小学文言诗文教学夹杂着变幻莫测的时代风云，起伏浮沉，穿越了一个世纪的风风雨雨。有过"崇"与"废"的激烈对阵，有过"多"与"少"的冷静调停，经历过生死存亡的危急时刻，遭遇过兴衰更替的命运波折。然而，仔细研读中小学文言诗文教学这部"百年风云史"，却给我们传达着这样一个信息：那就是——坚守。在中小学语文教育中，文言诗文教学不能丢，文言诗文教学的传统不能丢。这是历史给我们的启示，同时也给了它有力的脚注。无论是处在疾风骤雨般剧烈变革的年代，还是面向现代化风平浪静的和平发展时期，不管对它的质疑和打击态度多么坚决，言辞多么犀利，国家、社会始终没有完全遗弃它。相反，经历过风雨的洗礼，中小学文言诗文教学的发展越来越趋于理性和成熟。仿佛一块尘封的"宝石"经过风沙的反复打磨，去粗存精，光泽渐显，其坚守的意义显得愈发重要起来。

"坚守"，这是我们从百年中小学文言诗文教学的发展历程中解读出的一个"关键词"，历史给了它明证。但历史终将是历史，它只能为我们提供证据和线索，启发我们进行学理上的更为深入的探讨。因此，我们很有必要另辟蹊径，寻找一条更强有力的线索，为历史佐证，用一种发展的眼光，阐述文言诗文教学坚守的意义和价值。

国内外基础教育阶段的母语教育中，古代语言和文化教育的必要性、合理性及其目的、地位和作用等问题一直都备受关注。不少教育家、学者都提出了自己的看法。如夸美纽斯认为，针对不同的学习者，对古代语言教育的要求应有所不同。① 乌申斯基认为，由于时代的发展，高标准要求的古代语言教育的必要性和可能性都受到挑战，古代语言包含着过去时代的智慧，但现代社会的智慧则蕴含在最新的语言中。② 文言，是中国古代的语言，我们应该从现在的角度来看待它的教育问题。同时，我们这里的文言诗文教学是中小学语文学科的课程内容，按照课程论的原理，选择什么样的知识进入课程，既要考虑社会需求，将社会需求转化为学生的内在需要；又要兼顾儿童的发展，还要考虑学科自身的发展和知识的内在逻辑。下面，我们就从课程论的视角，沿着社会、个人、学科三个层面展开对中小学文言诗文教学坚守的意义探寻。

第一节　社会的发展需要文言诗文教学的坚守

时代随时在前进，社会随时在变化。百年来，中国社会总的趋势是朝着"现代化"方向发展。我国现代化的意识始于鸦片战争以后。

---

① ［捷］夸美纽斯：《大教学论》，傅任敢译，教育科学出版社1999年版，第157页。
② 参见［俄］乌申斯基《乌申斯基教育文选》，郑文樾编译，人民教育出版社2004年版，第239—240页。

当年，梁启超所说的"新化"，陈独秀所说的"欧化"，胡适等人所说的"西化"，是20世纪初中国思想界对"现代化"的理解。当时人们对"现代化"这一概念的理解是基于西方的语境之下的，因此，误以为现代化就是西化，一味地引进西方、模拟西方，带来相当大的程度上的偏狭和错误。时至今日，社会主义现代化的发展已经进入了一个新的历史时期，人们对"现代化"的理解达到了一个新的高度。现代化和民族化并不矛盾，是融合为一体的。"越是民族的，越是世界的。"在全球化的大背景下，社会的现代化发展向内延伸出"民族化"的要求，向外升华至"人类化"的高度，于是，"民族化"和"人类化"成为新世纪社会发展的"关键词"。

一　推进民族化需要文言诗文教学的坚守

自中国社会经历了现代转型以来，本土化、民族化的努力就一直没有停止。"建设有中国特色的社会主义"的口号便是一证。然而，"中国特色"是什么？靠什么维护"中国特色"？它的内涵和目标仍待充实和廓清。国学大师季羡林认为，科技对国家建设来说是非常重要的，但科技很难表现出什么特色，只能是程度、水平上的差别，其本质是一样的。那么特色表现在什么地方呢？"特色最容易表现在精神文化方面，我姑且称之为'软件'，哲学、宗教、文学、艺术、伦理、道德、经营、管理等等都属于这个范畴。"① 季老所说的这些"软件"实际上指的就是中国所特有的传统文化，在几千年的文化传承中，它已经融入中华民族的血液，是最具有民族性的东西。

---

① 季羡林：《谈国学》，华艺出版社2007年版，第2页。

在社会的基本政治、经济制度实现了现代转换之后，传统文化的重要功能是在伦理道德教化、文化共同体的形成、增加民族凝聚力和认同感等方面。任何一个社会，作为其文化土壤或社会文化背景的有两个东西，一个叫"伦理共识"，另一个叫"文化认同"。所谓"文化认同"，解决的是"我是谁""我来自哪里"的问题，是个体所归属的民族文化的基本身份和自我认定，是精神信仰的归乡和故园。所谓"伦理共识"，其实是指在民众中的一个隐性的然而又具有约束力的价值观、生活态度、对待家庭与社会的方式以及终极信念的共同点。一个社会如果没有"伦理共识"和"文化认同"两样东西，那是非常危险，非常可怕的，不免会遭受脱序的危险，当然也就不可能有健康的现代化，健康的政治、经济、科学、文化的建设。而古代文言经典作品正是孕育中华民族的"伦理共识"和"文化认同"的母体。因此，在语文教育中对文化传统的教育不可等闲视之，它关乎着民族文化心理的建构，甚至关系到国家民族发展的命运和方向。

　　从这个意义上来看，对于今天的中国，文言诗文的重要意义是不可忽视的。汉语文教育作为中华民族的母语教育，既承担着传承民族文化知识、历练语文能力的责任，又必须发挥涵化民族情感、唤醒民族文化意识、振奋民族文化精神的功能。语言是最生动、最丰富而最稳固的一种联系，它把过去、现在和将来的各代人民联结成为一个伟大而富有历史意义的、生机勃勃的整体。语文教育中的古典文本充溢着浓郁的民族文化精神，是维系一个民族的纽带，昭示着一个民族鲜明的存在。如果我们对这些珍贵的文化遗产视若不见，势必拦腰截断传承至今的传统文化，从而使得我们的民族悬浮于无根的空间。

　　西方发达国家没有不重视本国文化传统的，都是利用教育尤其是中小学语文教育传播这些传统的精髓，撒下人文精神的种子。在相当长的时间里，我们吃了太性急的亏，缺少了辩证的观点，以为彻底打倒孔家店，洗净旧时代的文化积淀，不读古文，不学文言，乃至废除汉字才能卸下因袭的包袱，轻装上阵，专心从事现代事业。我们忘记了或者忽略了物质文明与精神文明之间密不可分的联系。精神文明，就一个国家和民族而言，不可能没有传统文化作为底蕴。一个民族的传统文化及其最重要的载体——语言文字，乃是新生事物的母体，新与旧的脐带是不能过早地草草割断的。正如编撰过《经典常谈》的朱自清所言："中学生应该诵读相当分量的文言文，特别是所谓古文，乃至古书。这是古典的训练，文化的教育。一个受教育的中国人，至少必得经过这种古典训练。才能真正成为一个受教育的中国人。"[1] 剥夺一代儿童接触最有影响的光辉灿烂的用母语表达的最好的言辞和思想的权利，是可能做到的，但要考虑这样做的结果，不仅会导致青年本身蒙昧无知，而且会使历代创造的文化精粹趋于毁灭。

早在 20 世纪前期，朱自清就已意识到，文言文对于中国的现代化发展具有不可替代的积极价值。"中国人虽然需要现代化，但是中国人的现代化，得先知道自己才成；而要知道自己还得借径于文言或古书。"[2] 中国古代语言的书面语一直是文言，汉字的特殊性使得文言成为一种超越时空的书面语，中国古代文化主要甚至几乎可以说全部是以文言文为载体。当然，中国古代的思想文化是一个复合体，既有精华又有糟粕。"历史和旧文化，我们应该批判地接受，作为创造新文化素材的一部分，一笔抹煞是不对的。"[3] "由于文言文在日常应用中渐渐地失去效用，我们对于过去用文言文写的典籍，便漠不关心，

① 朱自清：《再论中学生的国文程度》，载张圣华总主编《朱自清语文教学经验》，教育科学出版社 2007 年版，第 71 页。
② 中央教育科学研究所：《朱自清论语文教育》，河南教育出版社 1985 年版，第 37 页。
③ 同上书，第 44 页。

这是错误的思想。"① 学习文言，不在实用，而在文化。文言文蕴含着中国古代文化，在这座由文言"砖石"砌成的文化宝库里，浓缩着中华文明的景观，记录着中华民族的历史，反映着历朝历代的生活，透视着中国人的文化心态、思维方式……有人说，掌握祖国的语言，好比掌握了一把打开本国文化的钥匙。那么，教学文言文，就好像在孩子们面前打开了一扇窗户，铺开了一条通道，让他们能穿越时空，去阅读、去思考、去吸取，与两千年前的大师直接对话，了解并深刻地认识我们的祖先，懂得我们的历史，从而继承和发扬我们的文化。

由此可见，从传承文化这个角度看，学不学文言，广义上讲，首先不是语文教育中的课程问题，而是语文教育对于国家民族之强盛发展所应具有的功用问题，也就是说，其要义在于国家政治而非仅止于学术。我们从国家与民族的层面上认识文言文的教学价值，并不是越俎代庖，夸大其词。正如法国教育家加斯东·米亚拉指出："学校的语言首先是占统治地位的文化的传播工具。因此，所谓母语教学的问题从来就不是一件纯技术问题。"② 一个民族的文化如要得到传播，必须从青少年开始，教育使这种传播自觉化、科学化。仅有专家的研究而不落实到普及上，是很难产生实际效益的。如果不想与中国的传统文化决裂，如果我们不愿看到自己的后代除了黑头发、黄皮肤，不再具有中国人的道德、情感、习俗和艺术能力，那么我们就应该将文化传统的教育、传统道德的教育纳入学校正规教育的主渠道，使其名正言顺地进入教材和课堂，使"孔子""孟子""古代文言经典"不再是一个冷冰冰的"知识点"，而是一个值得尊重和继承的伟大传统。总而言之，要使现代化的中国社会仍然是中国人的精神家园、文化家

① 中央教育科学研究所：《朱自清论语文教育》，河南教育出版社1985年版，第42页。

② 转引自权曙明《阅读教学的观察与思考》，《语文学习》1996年第6期。

园，而非商业化的、恶俗的"世界公园"，那就要不断推进社会民族化的进程，而这一伟大行动的起点就在中小学课堂，在中小学语文教学中坚守住文言诗文教学这块"土壤"。

二 走向全人类需要文言诗文教学的坚守

（一）面对全球化的自我保护

今天，全球化的浪潮试图消弭文化的差异，高科技、网络化、信息化为西方文化霸权提供了肆虐的平台。"'全球化'的理想是令人神往的……但'全球化'也是一个蕴含某种危险的口号。"[①] 全球化带来了文化之间的冲突，一方面，为不同文化的交流与借鉴提供了条件；另一方面，也带来了文化上的趋同化现象，它将模糊原有民族文化的身份和特征。中国文化最大的悲哀莫过于自身文化的解释系统正被西方文化彻底解构掉了，我们的心灵已被西方文化完全殖民了，我们已不能按自己的文化理念来看待自己的历史。多元社会使人们思想获得了前所未有的自由，但是面对这遽然而来的自由，国人却有些不知所措，于是思想上的无序化与多元化同时出现，心有千千结却没有纯正的自我，信仰濒临崩溃的边缘，精神世界形成了一个大缺洞。

对社会的新生代来说，这种影响更为深刻。与霸权文化新异便捷的特点相比，作为华夏文化子孙的精神家园——我们自身的民族文化传统显得那么古老和沉重，以至于难以看到它的价值。这种文化上的自卑，加上学校教育在人文教育上的失误，使母语教育陷入了一种茫然不知所措的尴尬境地。首先表现为汉语对英语的俯首称臣，服服帖

---

① 刘梦溪：《21 世纪的挑战：亚洲价值的反省》，《文汇报》2001 年 3 月 24 日第 1 版。

帖地接受英语的"改造"。从小学开始，英语就成为中国青少年的必修课，在决定青年命运的高考中，英语是与语文、数学并列的重要科目，几乎所有的中国高校，都曾经把英语水平作为学生能获得学位的必要条件之一。中国人学习英语热情如火，母语却躲在"被爱遗忘的角落"瑟瑟发抖。至于母语教学中的文言诗文，更是被应试教育异化得面目全非，何来美感之言？青年学子们避之都唯恐不及，又何谈接受文化遗产呢？于是，社会是一步一步地向前发展着，而一代又一代的中国人正一步一步地远离中国古典文明的灿烂。作家韩少功说："一个民族的衰亡，首先是从文化开始的，从语言开始的。一个人的心里只有语言，精神唯有语言可以建筑和守护。"①

中华民族之所以能绵延至今，屹立于世界民族之林，正是因为中国有着优秀的文化传统。社会的进一步发展，接力棒就在这一批处在全球化背景中的新生代手中。倘若他们对自己祖国的语言文字没有丝毫的喜爱，对优秀的民族文化传统完全丧失了感觉，对国家、对社会、对民族，那将是一场多么可怕的灾难！在多元文化融合的时代语境中，面对全球化的严峻挑战，我们再也不能迷失在对自我传统与资源的舍弃和漠视中。本民族的文化越有活力，越是刚健、自信，就越能自由开放地吸收世界先进文化，成为世界多元文化中的一员。正如汤一介先生说的："一个民族失去了其自身的民族文化的传统，将是不可能充分吸收外来思想文化的，更不可能使自己的思想文化走在其他民族的前面。"② 因此，我们的语文教育必须脚踏这块丰润的文化土壤，对优秀的传统文化进行精心的维护，为新生一代营造文化氛围，提供丰厚的民族文化精神资源，促使我们的民族永不停息地向前发

---

① 韩少功：《世界》，湖南文艺出版社 1996 年版，第 121 页。
② 冯秀珍：《中华传统文化纲要》，中国法制出版社 2003 年版，第 4 页。

展，实现中华民族的伟大复兴。

（二）走向全人类的自我升华

西方文化风靡世界几百年，在分析思维模式的指导下，取得了光辉成就，这一点我们决不能抹杀。但它所带来的一系列道德危机、环境污染问题，我们也决不能轻视。英国浪漫主义诗人雪莱以诗人的惊人的敏感，在西方文化主导下的工业发展正如火如荼地上升的时候，就预先看到了它将产生的恶果。并开出了药方：那就是诗与想象力，再加上一个爱。以爱来医治人的创伤，以想象力来开拓人的崇高，以诗来滋润久旱的土地。用"想象力、诗和爱"作为与物质崇拜和金钱专政相对抗的解毒剂，以拯救全人类。雪莱提出的想象力、诗和爱，与我们中国传统文化的精髓"天人合一"的思想，有着异曲同工之妙。中国传统文化基于一种综合的思维模式，即承认整体概念和普遍联系，表现在人与自然的关系上就是人与自然融为一整体，对大自然的态度是同自然交朋友，了解自然，认识自然，在这个基础上再向自然有所索取。在中国固有的思想中，对大自然的这种态度，包括对鸟兽的同情，在古典诗文作品中，所在皆有。最著名的两句诗"劝君莫打三春鸟，子在巢中待母归"是众所周知的。孟子的话"恻隐之心人皆有之"，也表现了一种同情。"天人合一"的命题，就是这种态度在哲学上的凝练的表述。如今，全球的生态问题已危及人类未来发展甚至人类生存，它不是哪一个国家、民族自身的事情，而是一个全人类必须共同面对的问题。在西方文化和东方文化逐步走向融合的新时代，人们找到了比较合理的挽救方法，就是以东方文化的综合思维模式济西方的分析思维模式之穷。1988 年年初，75 位诺贝尔奖获得者在巴黎宣称：如果人类要在 21 世纪生存下去，就必须回首两千五百年前，去吸取孔子的智慧。就像20世纪80年代英国著名的历史学家汤因比在《展望二十一世纪》一书中所赞扬的那样："是两千年来培育了独特思维方法的中华民族……从两千年来保持统一的历史经验来看，中国有资格成为实现统一世界的主轴。"① 从这个意义上说，弘扬中华民族的优秀文化，是为了全世界人民的利益，是社会向全人类化发展的指归。

再从世界文化遗产的角度来看。21世纪既属于西方，也属于东方，属于全人类。以文言写成的大量经典作品是中国古代璀璨文明的结晶，无论在思想上还是在艺术上都是属于人类共同的文化遗产。一位国家教委的领导曾说，他在新德里时亲耳听到印度总统引用中国《管子》关于"十年树木，百年树人"的话。在巴基斯坦他也听到巴基斯坦总理引用中国古书的话。足以证明中华智慧已深入世界人民之心。它产生于中国的过去，却影响了中国和世界的今天，连将来也会受到影响。2005年7月在北京举行的世界汉语大会上，60多位外国与会代表都表达了对汉语学习的强烈兴趣，汉语正成为全球最具扩展性的语种。自2004年11月21日，全球第一所"孔子学院"在韩国首尔成立，之后便迅速蔓延到世界各地，迄今为止，已有210所在世界各地安家落户，提出开办申请的国家和地区也络绎不绝。另外，据不完全统计，有100多个国家的2300多所大学和越来越多的中小学开设了汉语课程。法国巴黎街头矗立着这样的广告牌："学汉语吧，那将是你未来20年的机遇和饭碗。"迅速升温的"汉语热"昭示着汉语正在走向世界，走向全人类，而面对这些，我们准备好了吗？

现实的状况却不得不叫人担忧。在前面的叙述中，母语教育受英

---

① ［英］汤因比：《展望二十一世纪——汤因比与池田大作对话录》，荀春生、朱继征、陈国梁译，国际文化出版公司1985年版，第295页。

语挤压的现象就可见一端。在当今多元文化的大融合中，对母语学习的相对冷落现象比比皆是。一位研究日本文学与翻译的学者招收研究生的考题中有一道题，要求考生把岳飞的《五岳祠盟记》翻译成现代汉语。全文不到 200 字，其中有一句："今又提一旅孤军，振起宜兴、建康之城，一鼓败虏，恨未能使匹马不回耳。"有数十名考生把这句话译错。更有一名考生独辟蹊径，居然把最后一句译为"恨不能够让一匹马回过耳朵"，让人哭笑不得。这位老师后来无意中见到了一份日本国文高考试卷，其中有一道汉文题，占试卷总分的 25%，选自刘向的《说苑》，难度远在《五岳祠盟记》之上。这位学者不由得发出感慨，日本人深知日本文化源于中国文化和中国典籍，日本高考的语文考试才会考文言文。与之形成鲜明对照的是，在文言文的故乡，完成了正规高等教育的考生竟连"恨未能使匹马回耳"中的"耳"也会理解成耳朵。

2005 年，复旦大学举行汉语言文字大赛，主要考查汉语言的基本知识，包括汉字的结构、多音字的读音、成语解释等，夺得第一名的竟然是一支留学生队，让许多人大跌眼镜。复旦大学中文系语言文学研究所所长傅杰教授说："正如古话所说的，久居兰室不闻其香，不少中国学生并不领会母语的优美，对母语的研究少之又少，倒是留学生更愿意多花时间研究中国文字背后的文化现象。"①

"半部《论语》治天下。"《论语》在中国文化中的独特地位，使中国传统文化、中国人的行为方式都深深地打上了它的烙印。然而对于这样一部影响中国几千年，直到今天还对中国文化和中国社会有着深刻影响的著作，在现代中国社会又是怎样一番情形呢？华东师范大

---

① 潘文国：《危机下的中文》，辽宁人民出版社 2008 年版，第 22 页。

学出版社社长朱杰人教授曾发表过以下的评论：

以《论语》为例，这是一部流传了几千年的文化经典，它的思想浸润在中华民族的灵魂深处，已经成了我们这个民族基因的组成部分。可是，现在的中国人，从小到大，有几个人完整地或者较完整地读过《论语》？即便出身如中文系、历史系、哲学系的大学生们恐怕也没几个真正地读过。我们的中小学教科书里选有《论语》的部分章节，但那比蜻蜓点水还不如，简直可以忽略不计。更可悲的是，一旦中学毕业（无论是高中还是初中），就基本上不可能再有机会与自己的民族经典相接触了。《论语》如此，遑论其他。民族传统经典的断裂，造成了整个社会文化生态链的断裂。①

看到这里，做何感想？汉语的美在国人心目中的缺失，难道真的只是"自家种瓜瓜不甜"的心理在作怪吗？汉语在国内的不景气，难道只是"墙内开花墙外香"怪圈的必然反映吗？当汉语和中国文化越来越受到世人的关注和欢迎，而我们自己却暴殄天物，不懂得珍惜自己母语中蕴含的丰富文化和历史价值，难道不感到悲哀吗？当一个受过高等教育的人竟连以前儿童都知道的东西都看不懂，当外国人参观兰亭时要求东道主一起"流觞赋诗"而主人无以为对，特别是面对新世纪汉语国际推广和弘扬中国文化的重任，我们还能轻松得起来吗？

当我们意识到这些，从而更深刻地感到文化断裂带来的危机，于是重提继承文化传统的问题、大力弘扬中国文化的时候，猛然发现，文言能力的丧失，已成为许多人面临的一个难以逾越的障碍，多数人已失去了阅读经典、继承传统的能力。于是，转而关注基础教育中文言诗文的教育问题也就理所当然了。如果我们不想让中国的古代文明

① 潘文国：《危机下的中文》，辽宁人民出版社2008年版，第15页。

离我们远去，就不能让它的载体——文言诗文远离我们。何况中国的古代文明是全人类的宝贵遗产，我们没有理由不去继承、推动和发展。

第二节　学生的成长需要文言诗文教学的坚守

如前所述，我们从社会的立场出发，以一种观照现在、面向未来的眼光，看到了中小学文言诗文教学传承文化、推动社会发展的重要意义。当然，国家要发展，社会要进步，需要社会个体的充分发展。在教育普及的情况下，首先要求教育应该要注重学生个体的发展。那么，学习文言诗文在促进国家、民族、社会发展的同时，是否有利于学习者个体自身的充分发展呢？文言诗文教学对于学生个体成长的价值表现在哪里呢？

一　语言纯化与心灵净化

语言教育和"立人"是紧密结合在一起的。"说什么、怎么说"是一个人心灵和思想的外在表现。孔子早就说过，"不学诗，无以言"，"言之无文，行而不远"；现代学者也说过："要中学生读诗，读的是诗，学的是语言，并非要培养他们成为诗人。诗是运用优美凝练的语言写成的，对于发展学生的语言是有好处的。"① 从个体层面上讲，语言和言语是人本身的内在需求，是人的精神要素，是人的精神

---

① 刘国正：《实与活》，《刘国正语文教育文选》，人民教育出版社1995年版，第43页。

家园，是人这一智慧生命体的有机构成。"获得一种语言就意味着接受某一套概念和价值。"① 也就是说，一种语言便是一种世界观，是一个民族认识世界、阐释世界的意义价值体系。中华民族的母语是美丽的汉语言，它是一种极具人文性的诗化语言，蕴含着丰富、深邃、广博的人文意蕴与文化精神。它们是学生们品尝不竭、领受不尽的精神盛宴，无论是传承中华文明，还是对学生的人格陶冶都是极佳的精神资源。如今，在"全球化"的历史语境笼罩之下，在"后殖民"的文化思潮侵袭之中，我们固有的汉语传统正在面临着触目惊心的变化。当然，任何文化都是以开放的姿态向前发展，我们的母语同样也需要不断地除旧布新，以适应现代文明的发展步伐。然而我们当下的汉语变化，似乎溢出了"适应现代化要求"的正常变革范围，不是对自身文化的自觉尊重，而是对异域文化的盲目崇拜；不是科学化的求新思维，而是猎奇式的求异心态。社会上弥散的这种母语的"过度变异"，影响着每个社会成员的语言生活，同时也给学校的母语教育造成很大的负面影响。造成母语"过度变异"的"污染源"有很多，这里，我们仅举与青少年成长密切相关的几例，试作说明。

（一）网络语言的是是非非

互联网的横空出世，一举解决了"全球一体化"的时空束缚，使人类真正步入了信息时代，并催生了一个副产品——网络语言。网络时代是一个彰显个性的时代，虚拟世界是一个自由的世界，网络语言则是缺少规范制约的语言，它对青少年的影响力不容小视。首先，网民大多数是青少年，有不少还是中小学生，他们对新奇、有趣的事物

---

① ［德］伽达默尔：《伽达默尔集》，严平编选，邓安庆等译，上海远东出版社1997年版，第11页。

容易接受，也容易受到外界因素的影响。另外，网络由于传播速度快、受众多、影响范围广，大大提高了网络语言传播的速度，扩大了网络语言的覆盖面。如今它们已不断渗透到我们的日常生活中，成为不少"新新人类"的交际语言，甚至出现在中小学生的作文里。一方面，网络语言结合了数字、字母、符号和文字，形式多样、活泼生动，减少了规范的束缚，给了年轻人张扬个性的空间，在一定程度上可以说也丰富了汉语的表现力。古老的汉字似乎一下子变得调皮起来，与数字、字母、标点、图形结成同盟，极尽所能地帮助网民表达各种各样的情意。然而在这过程中，我们不无遗憾地发现，在网络语言面前，中文所付出的代价却远远大于它所能汲取的营养，它所受到的甚至是伤害。网络语言造成的第一个伤害是对汉语所承载的民族传统价值观念的颠覆。随着网络语言夹杂而来的西方的色情、暴力及责任感沦丧的一些价值观正疯狂地撞击着汉语的传统堤坝，大量粗鄙化、毫无责任感道德感的语言弥漫在整个网络世界，庸俗糜烂、怪诞不经的各种内容充斥其间，反映出极度低沉颓唐、猥琐堕落的价值观念。网络语言造成的第二个伤害是极大地破坏了现实世界中语言文字的使用规范，使人们尤其是正处于语言学习阶段的年轻一代渐渐疏远了蕴含着自己民族根基的母语，而只把它当作一种简易的工具肆意滥用，随心所欲地将各种语言材料组合、嫁接，出现了许许多多不符合规范的别字、生词和句式。一名中学生在题为"我的理想"的作文中有这样的语言："偶 8 素米女，木油虾米太远大的理想，只稀饭睡觉、粗饭，像偶酱紫的菜鸟……"（我不是美女，没有什么远大的理想，只喜欢睡觉、吃饭，像我这样子的新手……）如果是不常上网的教师或父母看到这样的作文，只能是一头雾水，不知所云！试想，对语言的使用采用这种嬉皮士的态度，他将来怎么与正常人进行交际？怎么能指望他会对自己的母语产生敬畏之情，并将其发扬光大呢？

（二）广告语言：有人欢喜有人愁

如今，广告可谓无处不在，形式也五花八门，其中营利性的商业广告更是随处可见。在这类广告中，语言表达是必不可少的重要因素之一，一语出彩能使整个广告熠熠生辉，让消费者过目难忘。于是，商家便挖空心思在广告语上下功夫，利用人们熟悉的诗词名句、成语、谚语、歇后语等，然后有意加以误用，以取得新奇和哗众取宠的效果。平心而论，汉语音节简单，同音字多，利用谐音双关来增强语言表现力符合汉语的传统习惯，本也无可厚非，有些用得巧妙的广告也确实生动活泼，令人难忘。如："一明惊人"，"明"谐"鸣"，治疗眼病的器械果能令患者视力复明，说是"惊人"，也不为过。但什么事一旦做过了头就会适得其反，惹人生厌，并且贻害无穷。下面这些广告，我们不妨看看有多少是正面宣传产品，有多少只是生拉硬扯、莫名其妙，甚至是故意恶俗地颠覆成语："油（有）备无患""无鞋（懈）可及（击）""喝喝（赫赫）有名""别无锁（所）求""无胃（微）不治（至）"。面对这么多铺天盖地的乱改成语的广告泛滥到这种地步，我们实在是"牙口无炎"（哑口无言，某牙膏的广告）了。广告追求"新""奇"，这无可厚非，但广告创意不应该以任意拼凑汉语为代价，以颠覆我们的语言和思维为筹码，否则其结果只能是使人们渐渐游离于母语的习惯之外，与自己的母语越来越隔阂。这些广告对孩子们的影响是很大的，大人们看到这些俏皮的篡改，有时只不过一笑了之。但孩子们的头脑是一张白纸，错误的东西如果先入为主，其危害是难以想象的。报上曾载过一则消息，一个沈阳的小学生在考试时，将成语"十全十美"写成"十泉十美"，原来这名小学生家附近有个建筑工地，打出的广告用语就有"十泉十美""森临其境"等随意篡改成语的文字组合。

对于中小学生来说，在未掌握语言规范之前就过多地被不规范语言所熏染，对其今后的成长十分有害，甚至会影响他们的心理健康。流行歌曲、通俗读物、媒体广告、手机短信等助长了人们说话不动脑子的言语惰性。结果，垃圾语言泛滥成灾，套话空话不绝于耳，"短路"了的文字思维导致语言表达能力和创新能力下降。试想，一个只会用"爽、超级"或者"哇塞、呗"来形容自己情感的人，一定是词汇贫乏的，他们讲究不起文字，也舍不得在文字的精致上花精力。这不仅造成了汉语言的失范，生活用词的平庸乏味，也让汉语中独特的文化意蕴在我们生活中日渐消退，汉语言的纯洁性和独特性也在渐渐被销蚀。一句话，汉语正面临着危机。如果我们的语言尽显低俗与伪善，那么语言危机将会直接冲击人们的心理进而变异为信仰危机、道德危机，尤其是对青少年的成长造成的负面影响，是无法估量的。

"立人先要立言"。语言的低俗、贫乏所折射出的是道德的缺失和心灵的荒芜。被污染的语言一旦先入为主，占据人的心灵，就像电脑染上病毒，接踵而来的混乱和毁灭将会多么恐怖。因此，保卫我们的母语，纯化我们的语言，是多么重要。青少年是民族的未来和希望，也是中国语言文化的最终传承者。而处于这一阶段的中小学生可塑性极强，最容易受到来自各方面的涂抹，施朱则赤，施墨则黑；对流行的事物嗅觉极其灵敏，追逐时髦、新异、刺激，似乎是他们的本能。因此，加强对他们的母语教育，既需要全社会对语言的污染源进行肃清、排毒的"破"字当头，更需要从"立"字着手，通过学校教育，一方面加强语言的规范训练，另一方面突出母语的文化意识、文化观念的培养。使他们从小就对祖国的语言文字产生热爱之情，对民族传统文化由衷生发出自豪感和自信心，给他们的心灵打上"精神的底子"，今后面对各种污染和侵蚀，不再偏离心灵的航向。作为中国传统文化的主要"守护者"——文言诗文，以其语言的含蓄、严谨和精致，珠玉重拾，精华再现，在"保卫汉语、纯化语言"的建设中被委以重任，自然成为中小学语文教学一块必须坚守的阵地。

二　经典阅读与语文素养

信息高速公路的搭设告诉我们：高效率的、以获取信息为目的的阅读已经进入我们的生活。有研究表明，西方社会人们头脑中 80% 以上的"社会信息"来自大众传媒。现在世界上越来越多的国家已经把"媒介语言"看作继"口头语言""书面语言"之后的第三种语言，将运用媒介进行浏览、发布的能力看作继听、说、读、写后的第五种语文基本能力。如英国 2007 年 9 月推出的新修订的《中学国家课程·英语》中有这样的规定："学生应成为小说、诗歌、戏剧以及非小说文本和媒体文本的热情的、批判性的读者，并从中获得读物所提供的关于世界的知识和快乐。"① 目前，美国 50 个州的母语课程中已经全部增加有媒介教育的内容，并提出"数字时代读写能力"的教育理念。如美国田纳西州语言艺术课程目标就指出："视觉传播正在成为今天迅速变化的科技社会不可或缺的一环。学生必须为 21 世纪做准备，学会利用视觉媒体进行有效的沟通。"② 在母语教育中，适应社会的发展变化，提出关于媒介语言的阅读能力的培养，无疑是有重要意义的。

---

① QCDA，"The National Curriculum for English"，http：//curriculum. qca. org. uk.

② Frank Baker， "State Standards Which Include Elements of Media Literacy"，http：//www. frankwbaker. com/Tennessee. html，2008 年 5 月 4 日。

日本教育家内田义彦在《读书与社会科学》一书中区分了两种阅读：一种是作为信息的阅读；另一种是作为经典的阅读。并认为后者是包括了"改变眼动的结构，改变接受信息的方法，改变探究的方法"的一种"精细"的阅读。[①] 对培养现代人的语文素养来说，这两种阅读都是必要的。但这里有一个孰轻孰重的问题，有一个泛读和精读的关系。前一种是可泛读的部分，而经典就是要精读的部分。经典给人知识，教给人做人的道理。前者的阅读是为生活，后者的阅读则是为人生；前者的阅读具有很大的功利性，而经典的阅读富有更多的人文性。经典阅读无论何时都应该也必须成为人们阅读的主旋律。经典的阅读，可以使年青一代从生命与学习的起点上，就占据一个精神的制高点。经典的阅读，会使教师和学生的生命达到一种酣畅淋漓的自由状态，这种难得的高峰体验，生命的瞬间爆发与闪光，会使学生以一种全新的眼光去看待自我与世界，甚至从根本上改变学生的生命状态与选择。经典是精神的种子，具有超越性和生长性，随着人们视野的扩展、认识的深化以及人生阅历的不断增加，而在我们的头脑和心灵中生根发芽并日益茁壮，从而提供取之不尽的精神食粮。从这个意义上说，经典在青少年的成长过程中起着十分重要的作用，为他们的人生之旅保驾护航。

　　固本培元，守正求新。母语教育是一个国家和民族发展的根，也是学生将来进一步发展的根。在中小学语文教育中，盲目求新、追随潮流并不是件好事，还是应该将选文的经典性放在第一位。所谓经典，它"既是实在本体又是关系本体，是那些能产生影响的伟大作

---

　　① 引自钟启泉《我们的中小学生需要怎样的语文素养——与日本教育学者臼井嘉一的对话》，《课程·教材·教法》2002 年第 4 期。

品，它具有原创性、典范性和历史穿透性，包含着巨大的阐释空间"。① 选入中小学语文教材中的文言诗文，大多经过时代的刷洗、过滤，很好地体现了民族文化传统，是历史积淀的结晶，相对时文更富有经典性。主张中小学生不读文言的意见倘若付诸实行，后果是不堪设想的。一言以蔽之曰：残。那些不读大学文科的学生，他们眼前几千年的文化典籍，一百年来的大量文言著述，以及汉语中数以千计的文言成语、格言、警句等，恍惚如同无物，阅读能力的结构将出现极为严重的残损状态。抑或说，他们不具备健全、管用的现代阅读能力。文言作品经过历史锻造，许多诗文堪称精品，大多布局严谨、行文简洁、气韵生动、文采斐然。多读这样的作品，确实会使人受益匪浅，对全面提高学生的语文素养十分有利。著名作家舒婷曾说过这样一段话：现代文学和古代文学，对于我的一生，或者我们一生的影响，孰重孰轻？因人而异，很难梳理明白。若是要在我们的身上检测出"优雅汉语"的成分，多多少少会把古典诗词的脐带给拉出来，"谁家玉笛暗飞声"，古典诗词的潜移默化，涓涓潺潺，积少成多，是我们平时想不起，终生扔不下的无形财富；是纯净的源头；是汉语的核心；是薪火相传的民族精神；是中国文明社会的基本构架。②

语文课程首要的任务就是培养和提高学生的语文素养，而且培养和提高的是现代语文素养，比传统的"含英咀华""修养身心"内涵要丰富得多。它是一个多层次立体性结构，既包括人文素养，也包括科学素养。具体来说，可以划分为五个层次：一是知识技能层；二是方法习惯层；三是语感思维层；四是品味情趣层；五是人

---

① 黄曼君：《中国现代文学经典的诞生与延传》，《中国社会科学》2004 年第 3 期。

② 舒婷：《汉语的魅力值得一生体味》，转引自朱竞编《汉语的危机》，文化艺术出版社 2005 年版，第 60 页。

格创新层。为适应当今时代的发展，语文教育中对学生思维与创新能力的培养也相当重视。有人认为"文言文当中蕴含的奴性和僵化思维不利于培养学生的批判和创新精神"，主张"把文言文赶出基础教育语文课程"。语言是表达思想感情的。文言是古代的语言，表达的思想感情是旧时代的，因而其中不可能没有坏的、低的，也就是所谓糟粕。我们承认文言有过，但我们不能因噎废食。在古汉语文化与其继承者的关系中，不是古代汉语文化决定着它的继承者，实际上，在面对前人创造的文化时，后人永远是决定性的一方；是他在阅读、在继承、在决定自己的行为和命运。如果学习古代汉语文化就会被它同化，那么就根本不会有现代汉语文化。经典阅读是一种思辨性阅读，比如，在阅读《出师表》之类的作品时，我们完全可以不被其中的主奴逻辑所同化，而是在批判主奴二分法的同时复活古代的语言文化，用它来充实我们的内心世界。所以，不应将对古代汉语文化的复活等同于古代汉语所负载的一种价值观念的复活，更不能据此对古汉语文化判死刑。另外，学习文言文就一定不能培养学生的批判和创新精神吗？只要教法得当，在引导学生领悟文言作品无穷的艺术魅力的同时，鼓励学生不迷信古人，不盲从教参、老师，学会用历史的眼光和现代的观念审视和评价文言文，不也是一种批判和创新意识的培养吗？

学古为何用？是翻箱倒柜将某部经典放于案头，做一个详细的校注？是偶尔掉掉书袋，锦心绣口引用几句古语，显示自己的学识、儒雅？还是让自己的文章引经据典似乎增添几分文采？都不是，利用经典对学生进行语文教育，是通过学习作品本身，了解一个人的人格魅力，从而升华自己，重塑自身。母语教育不能墨守"知的教育"，而忘掉"人的教育"。要培养青年学生的"健全人格"，不能靠"零零碎碎之国文常识"和"七镶八搭之断片的科学知识"①，还得依靠经典阅读，依靠经典文学作品中所蕴含的文化精神、哲学思想、审美趣味、民族智慧和理想人格，从中汲取各种文化营养，完成学生人格的自由发展和精神生活的建构。这也是语文教育培育民族新人和时代新人的重要手段。

第三节　语文学科的发展需要文言诗文教学的坚守

语文学科作为国家的母语教育，历来是一个"热点"学科，其学科自身的建设非常活跃。尤其是进入21世纪以来，随着基础教育课程改革的深入发展，语文学科努力探索自己独特的体系构造，逐渐形成了学科建设的新气象。作为语文学科的内容之一，中小学文言诗文教学坚守的必要性与合理性要满足语文学科自身的发展要求。根植于现实，面向未来，中小学语文学科的发展该走向何处？文言诗文教学是否顺应这种发展趋势并能对这种发展起到一定的促进作用？这些问题对我们思考中小学文言诗文教学尤为重要。

一　语文学科民族化的建设需要文言诗文教学的坚守

古代的语文教育是大语文教育，自19世纪末20世纪初，随着西方关于知识分类的学科制度进入东方，代之而起的便是1904年独立设科的语文教育，宣告具有现代意义的语文学科成立。一百年来，当

---

① 穆济波：《中学校国文教学问题》，《中等教育》1923年第2期。

人们不断向西方现代学科理论开疆拓土，沿着科学化的方向规划语文学科的发展时，总是会不由自主地"回头看"，这是很自然的。因为语文学科是进行母语教育的学科，有自己独特的民族特点，与传统文化有着千丝万缕的关系。"我国现代语文教育一开始便没有冷静分析古代语文教育的是与非，没有顾及汉语言文字的自身特点"，"造成我国现代语文教学发展与汉语言文字的特征不相适应，与我国古代语文教育的发展轨迹不相衔接，发生了错位，形成了历史的断层"①。语文学科该走向何处？自张志公先生身体力行"现代化和民族化相结合"的语文教学改革以来，对语文学科民族化发展的探寻便成为一种自觉自为的行动。进入 21 世纪，语文学科民族化建设已被摆上了议事日程。

余应源在《为语文真正独立成科（课）而奋斗》一文中就严正提出要认真总结植根于汉语言文字特征的古代泛语文教育经验。裴娣娜也指出，"要深层次地研究问题，就要回到原点"。有的学者甚至认为百年语文教学低效的根源就在于"西化"，背离了汉民族母语教育的传统。在百年现代语文教学的发展历程中，向西方学习，向印欧语系母语教育"学习"，其最大的失误就在于：简单地学习西方的分散识字，抛弃了利用韵语集中识字的传统；通过诵读典范文章以形成语感的做法，也被斥之为"死读书"；并且以并不那么合乎汉语规律的"语法"，作为语文教育的基本内容。② 经过一个多世纪的实践，这些打着"现代化、科学化"旗号，企图用西方语言学改造"汉语"及"汉语教学"的做法遇到了难以逾越的屏障，而中国古代语文传统对汉语及汉语教学的理解重新显示出它的价值和现代意义来。一个世纪

---

① 余应源：《西化——百年语文教学低效的根源》，《中学语文教学》2001 年第 1 期。
② 同上书，第 15 页。

以来的语文教育变革告诉我们，"汉语文教育要重新获得生机，就必须正本清源，恢复汉语文教育的本色，从背离传统的道路上走向回归，重新构建 21 世纪的汉语文教育框架"。①

这些旗帜鲜明的主张昭示着语文学科建设"民族化"的发展方向。有一点必须要说明，语文学科的"民族化"建设并不与语文学科"科学化"探索相对立。民族的东西只有科学的才是应该肯定的，科学的作用就在于使传统长期被遮蔽的意义和价值得以显现，并重新获得新的时代意义。正是由于对语文教学规律的科学思考与探索，我们才得以窥见传统的精髓所在，那就是汉语的特点和我们的文化传统。语文教学要认清汉语汉字的特点，必须遵从汉语母语教育的自身特点和汉语文习得运用的规律，才能真正走上科学化的道路。

那么，文言诗文教学与语文学科民族化发展有什么样的联系呢？下面，我们就结合汉语汉字特点及汉语习得规律的分析，阐述文言诗文教学坚守的必要性和可能性。

首先，汉语是一种以文字为中心的语言，与西方表音文字迥然有别。对于表音文字来说，口语一变，文字渐死。如莎士比亚戏剧中的英语与今天的英语很不一样，而 14 世纪诗人乔叟的英语手写体诗稿对今天说英语的人无异于是一门外语。但对中国人来说，几千年前写成的《诗经》《论语》，今天读来依然并不难懂。因为，不同时代、不同地域的语音虽然有明显的差别，但文字是一样的，对由文字写成的同一文本意义的理解也就不会产生太大的障碍。瑞典汉学家高本汉说："一个中国人一旦掌握了它（汉字），他所读的一首诗无论是在基督时代，或者是公元一千年以后，或者是昨天写的，从语言学的观点

---

① 王鹏伟：《汉语文教育传统与汉语文教育的民族化方向》，《教育研究》1999 年第 1 期。

看，对他都是一样的。不管什么时代写的，他都能理解并欣赏它。"①
正是汉文字这种沟通古今的"共时文化"② 特性使文言有了超越"生
死"的特权，维系着中华民族的文化血脉，传承着中华民族的文化传
统。只要文字不死，文言的生命还将延续，并将在现代与传统的对话
中焕发新的光彩。

其次，汉语与西方语言不同，西方语言重外部形态，有着丰富的
形态变化，如词的性、数、时、格、体、态。而汉语的语法关系不是
靠形态变化来表现，而是以意义为支点，依赖于语义的搭配及语用因
素来反映语法关系，表达句子的意义。其主要语法手段是词序和虚
词，因此汉语的词类活用现象很多。如王力先生所言，西方语言是
"法治"的而汉语是"人治"的。法治的西方语言不管用不用得着都
呆板地要求句子形式一律，而人治的汉语则很灵活，不拘于烦琐而机
械化的外部形态的束缚，讲究"意尽为界"，只要使对方能听懂就行。
因此大大地简化了语法关系，可以以少驭多地表达丰富的内容，具有
一种传神写意的艺术气质。葛兰特（Granet）对汉语言如此感叹道：
"中国人所用的语言，是特别为'描绘'而造的，不是为分类而造的，
那是一种触发特别情感，为诗人或怀古家所设计的语言……"③ 朱光
潜则认为，中国文学只有诗还可以同西方文学相抗衡，其特点就在于
语言的精练隽永。

同西方语言相比，汉语在语法之灵活，信息量之超常，文本内容
之异常丰富，隐语与感性形象的突出诸方面，都是一种十分优越的语
言形式。而这些特点主要体现在作为书面语言的文言作品上。中国历

---

① ［英］李约瑟：《中国科学技术史》第一卷一分册，科学技术出版社 1984 年版，第
71 页。

② 马钦忠：《语言的诗性智慧》，学林出版社 2004 年版，第 222 页。

③ 同上书，第 235 页。

代的经典文本都体现了尚简的追求。《诗经》四言兴寄，简短有力；《春秋》一字褒贬，微言大义；《史记》往往笔未到而意已到；陶潜诗总能于朴素中见无穷"真意"。援用一个国外美学理论的发蒙，或许更能说明汉语言的优越性：20世纪初英美诗歌现代主义的兴起，竟是从汉字和中国古典诗词找到灵感，提炼成意象派的"新诗艺术理论"，从而奠定了诗歌现代主义的主要美学理论。

追本溯源，同西方语言相比，汉语的特点见诸文言。汉语言简意赅、意蕴深远等诸多优越性也在许多优秀的文言诗文作品中得以体现。作为母语学习的语文学科，要突出民族特性，理应展现其与众不同且优异的一面，从而培养年青一代对本民族语言的热爱之情。

虽然西方有将古代经典翻译成现代语文的成功经验，但作为表意文字的汉语，不必也不能照搬西方的做法。原因是表意系统的汉字在字形、字音、字义等方面的特殊性，使得用现代白话翻译中国古代优秀作品时往往失去或改变了原文的情味。朱光潜在《诗论》中举过一个例子：把《诗经》中的四句诗"昔我往矣，杨柳依依；今我来思，雨雪霏霏"译成白话，则为："从前我走的时候，杨柳还在春风中摇曳，现在我回来，天已经在下大雪了。"译文在通俗易懂方面确实略胜一筹，但这种直白无味破坏的正是简练、含蓄、生动的汉语美感。如果文言诗文都作这样的翻译，"则情致不知去向了"[1]。

从这一点看，推进语文学科的民族化建设，失去文言诗文这一翼，必将使汉语的美失色不少，而汉语母语的优越性也将得不到很好的表现和发挥。

另外，语文学科建设的"科学化"在很大程度上表现为语文教学

---

① 朱光潜：《诗论》，安徽教育出版社1999年版，第99页。

规律性的探索。所谓语文教学的"科学化"，就是要使语文教学更加符合其自身的特点和规律，采用更加科学和现代的方法和手段，尽可能地提高教学效率。汉语文教育在漫长的历史发展中形成了完备的体系，其积累的经验应该说是符合汉语母语教育的自身特点和汉语文习得运用的规律的。如孟宪范所言，"据语言学家们的考察，语文这门学问主要是语言文字之学，无论如何，语言文字是一种客观存在，多年的传统教学肯定会摸索出符合客观存在的语言文字以及学习它的某些客观规律的经验"①。从这个意义上看，语文学科的发展必须重视汉语文教育的传统经验。

古代汉语文教育是一种以经史为核心的"大语文教育"，其教学内容全是以"文字"为中心的文言。传统语文教育扣住的正是以"文字"为中心的汉语特点，如汉语平仄相谐的音韵美，汉语对偶、排比的形体美等，这些都是表音文字所不具备的。传统语文教育深谙汉文字的固有特点，积累了许多行之有效的教学经验。如采用韵语"集中识字"的识字教学就是一条成功的经验。特别应当提及的是《三字经》，全书400多个三字结构，几乎包罗了全部最基本的语素组合方式和最基本的语法结构，可以认识1000多个汉字，可以学习汉语语法和其他许多新的知识，并且为学生日后阅读其他读物奠定了基础。这本启蒙教材是传统语文入门教学的经验结晶，它符合汉语言的特点，极易诵读，又饶有趣味，古人小时候学之，老了还记忆犹新。历史发展到现在，在纷繁复杂的"现代白话"幼小读物中，虽然不乏许多借鉴古代"韵语识字"经验编写的优秀儿歌、童谣的单篇作品，但要觅到一本像《三字经》那样集大成的经典之作，作为小学阶段识字

---

① 孟宪范：《科学研究中最需要的科学理性精神——读张志公的传统语文教育教材论——即蒙学书目和书行》，上海教育出版社1992年版，第149页。

教学的主要教材，还有待时日。

现代的语文教育从独立设科以来也有一百年了，吸收了人类进步的优秀成果，难道还难以超越过去封闭锁国的经验性摸索？恐怕不能这样讲，传统的文言教育绵亘几百年，现代语文近百年的发展历史在整个汉语母语教育的发展史当中只不过是沧海一粟，能取得现在这样的成绩可以说已经是突飞猛进了。另外，传统语文教育的许多经验，应当说都是建立在文言的基础之上的。因此，当我们把一些优秀的传统经验移入现代白话文的教学时，常常感到扞格难通。以诵读为例。古代汉语文教育根据汉语意合性、整体性的特点摸索出一条通过熟读吟诵加强语言积累，达到涵养情感、启迪智慧的重感悟、体验的教学之路，应该说，它反映了汉语言的习得特征，符合汉语言的学习规律。古代文言诗文简练、蕴藉，诵读时，我们能感到一种抑扬顿挫的音乐美，同时诗文中的文化意蕴也足以令人回味无穷。可是，同样是诵读，如果是一篇现代说明文、议论文或是记叙文，我们则很难读出音乐美，直白的语句也没有多少让人回味的余地。于是诵读便不得不降格为形式上的朗读，甚至异化为枯燥乏味的"死记硬背"。

从文化的角度分析，传统语文教育积累的丰富经验就是一种宝贵的文化遗产，为了不让像"诵读涵泳、含英咀华"此类极富汉语民族特色、符合母语习得规律的优秀传统失真以致失传，我们首先要做的，就是让它们在现代文言诗文教学中得以复原升华，然后才谈得上运用到白话文中的改造、创新。

二 文言诗文教学有助于现代汉语表达能力的培养

一个时代有一个时代的教育，在不同的历史条件下，教育目标以及受过教育的人的形象都有不同的时代特点，几乎每一种受过教育的人的形象都严格地镶嵌在当时的历史背景之中，都会打上时代的烙印。21 世纪是知识与信息的时代，教育培养什么样的人才能适应新的时代要求，是我们在思考每一门学科教学目标时所要关注的问题。

1996 年，国际 21 世纪教育委员会向联合国教科文组织提交了报告：《教育——财富蕴藏其中》。报告指出，未来的社会是一个学习型的社会，"学会认知，学会做事，学会共同生活，学会生存"将是每个人一生中的知识支柱。教育应围绕这四种基本学习加以安排"①。作为基础中的基础，母语学科教育应怎样围绕这四种基本学习加以安排，是母语教学的关键所在。21 世纪前后，世界很多国家都相继开展了新一轮的课程改革，在制定、修订的课程标准或教学大纲中，对各自的母语教育的核心理念都作了进一步明确的表述：母语教学"应培养学生口头和文字的熟练交际能力以及良好的听力"②，"使学生们获得基本的语言能力，以达到表达与理解上的自治"③，"良好的交际能力——读、写、听、说——是人类经验的核心。语言技能是基础工具，不仅是由于它是人们进一步学习和事业发展所必要的基础，而且是因为它们能丰富人的心灵，培养负责的公民，形成国家是一个集体的观念"④。如此种种，反映了现代母语教学适应时代需要突出了对语言表达力培养的需求。我国课改以后颁布的语文课程标准是这样说的，使学生"具有实际需要的现代文阅读能力、写作能力、口语交际

---

① 联合国教科文组织总部中文科译：《教育——财富蕴藏其中·国际二十一世纪教育委员会报告》，教育科学出版社 1996 年版，第 75 页。

② 江苏母语课程教材研究所编著：《当代外国语文课程教材评介》，江苏教育出版社 2004 年版，第 26 页。

③ 汪凌：《法国九十年代中小学课程改革》，《外国教育资料》2000 年第 1 期。

④ 美国加利福尼亚州：《公立学校英语课程标准》，载《基础教育课程改革资料选编》，教育部基础教育司 2000 年版，第 135 页。

能力"①，可见，我国语文学科主要培养"现代人对现代汉语的理解和运用能力"的目标是顺应了时代发展的潮流的。

有人会说，既然语文学科的主要任务是"使学生具有实际需要的现代文的阅读能力、写作能力、口语交际能力"，即现代汉语的表达力，很显然，文言已经丧失了现代的实际需要，与其把时间花在学习与时代隔阂的文言，不如把精力集中投入现代文的学习。确实，文言主要是作为一种文化保留方式而存在，其主要功能不在语言交际上。让学生读文言诗文的最终目的应该还是让学生读好现代文，写好现代文，这应该是一大前提。在当今学科门类繁多，学生学习语文时间有限的条件下，如果文言诗文的学习对提高现代汉语的表达力一点帮助都没有，就算文言诗文的文化内涵再丰富、语言形式再优美，它在中小学语文教学中坚守的意义和价值也得大打折扣。

那么，读文言诗文对学习现代汉语到底有没有帮助？如果有帮助，那这种帮助有多大？是不是独特？用别种方法替代是不是更省事？如果这些疑问都能得以证明：学习文言诗文对学习现代汉语有帮助且用别的方法均达不到这样的效果，那文言诗文教学在中小学语文教学中的坚守就更为必要了。

对这个问题，人们一向有不同的看法。张志公的意见是："只要在教学上作出合理的安排，采取适当的方法，教学生读些文言文对于学习现代语是有好处的。"② 张老先生的话很能代表我们的意见。下面，我们就从汉语的特点和语言发展的规律来具体分析。

汉语有很强的历史继承性。从语言历时发展的角度看，中国古代

---

① 中华人民共和国教育部制定：《全日制义务教育语文课程标准（实验稿）》，北京师范大学出版社 2007 年版，第 2 页。

② 张志公：《读文言文对学习现代汉语有什么好处》，《人民教育》1962 年第 10 期。

语言与现代语言之间的紧密联系是任何国家不可比的。现代汉语中活跃着大量古代汉语的因素，古今汉语一脉相承，犹如一条墨写的黄河，蜿蜒至今，既有差异性，又有着千丝万缕的联系。不必说句法结构的基本格式"主谓"和"动宾"贯穿古今，也不必说"天、地、山"这些基本词汇活跃始终，单是那些在我们口头上、书面上常用的词和成语，有很多就是从古书上的话逐渐形成的。以 2600 多年前的周朝诗歌总集《诗经》为例，其中的许多篇目和词语至今还活在人们的口头和笔端。诸如"万寿无疆""小心翼翼""战战兢兢""如履薄冰""明哲保身""进退维谷""一日不见，如隔三秋""高山仰止、景行行之""它山之石，可以攻玉"。可以这么说，现代汉语的词语，绝大部分与文言词语有承传关系。王力先生甚至认为："现代汉语的词汇没有文言文的基础是很难理解的。"①

　　另外，从语言发展的规律来看，白话文与文言文的关系也不是断裂的，现代汉语是在文言和白话此消彼长而又融合互补的基础上形成的。在特殊的历史时期，思想启蒙和社会变革的需要成为压倒一切的首要矛盾。当年胡适从简单的二元对立的思维模式出发，认为文言与白话是绝对相互抵触和对立的，而且这种对立也代表了"新"与"旧"，"死"与"活"的对立。正是这些偏激的"进化论""对立论"，阻碍了当时的人们以客观公正的态度对待文言，断然把文言宣判为"死语言"。语言学家简·爱切生说："语言的死亡是一种社会现象，是因为社会的需求才导致的。没有任何证据可以证明死去的语言本身存在任何问题。它的基本结构既不比任何语言好，也不比任何语言差，它之所以消亡，那是因为它不能满足使用这一语言的社会群体

---

　　① 转引自蔡莱莉《并非是"开历史倒车"——略论文言文教育对现代语文学习的意义》，《教学与管理》2005 年第 36 期。

的需要。"①

朱光潜也认为："从语文的观点看，文言和白话的分别也只是比较的而不是绝对的。活的语文常在生长，常在部分地新陈代谢。在任何一个时期，每一个活的语文必有一部分是新生的，也必有一部分是旧有的。如果全是旧有的，它就已到了衰死期；如果全是新生的，它与过去语文就脱了节，彼此了不相干。我们中国语文虽然变得很慢，却也还是活的，生长的，继续一贯的。这就是说，白话也还是从文言变来的，文言和白话并非两种截然不同的语文。"② 在语言的变化中旧的本质是不变的，"文言与现代汉语虽然差别很大，却又有拉不断扯不断的关系。一方面，两者同源异流，现代汉语不管怎样发展变化，总不能不保留一些幼儿时期的面貌，因而同文言总会有这样那样的相似之点（表现在词汇和句法方面）。另一方面，两千年来，能写作的人表情达意，惯于用文言，这表达习惯的水流总不能不渗入当时通用的口语中，因而历代相传，到现代汉语仍不能不掺杂相当数量的文言成分"③。文言和白话反映的不是各成体系互相对立的语言，而是有一个共同的基础，即汉语词汇的基本词。"五四"时期白话文取代文言文的变革虽然在表面上废弃了文言文这样一种书面语系统，但在话语生态的意义上，文言文所赖以生存的原有话语生态不可能被完全废弃，而是变成了白话文话语生态的一部分，且通过文化传承和教育的方式内在地影响着人们的哲学思想、价值观念和审美观念，乃至思维、认知和话语方式。文言文中的经典诗文、成语、名句和一些经典人物形象及史实融入了白话文中，从而使白话文在言文一致的发展中

① ［英］简·爱切生：《语言的变化：进步还是退化》，徐家祯译，语文出版社 1997 年版，第 275 页。

② 朱光潜：《谈美谈文学》，人民文学出版社 1988 年版，第 220 页。

③ 张中行：《张中行作品集》第一卷，中国社会科学出版社 1995 年版，第 3 期。

具有古今传承的纵深感。如朱光潜所言："白话的定义很难下，如果它指大多数人的日常所用的语言，它的字和词都太贫乏，决不够用。较好的白话文都不免要在文言里借词，白话必须继承文言的遗产，才可以丰富，才可以着土生根。"①

　　汉语及汉语言发展的这些特点，给我们的启示是，学习汉语不能无视古今汉语的血缘关系，文言诗文的教学可以收到探本溯源、察古知今之效，从而进一步丰富与发展现代汉语。

　　首先最显著的一点是，读文言诗文对学习现代汉语的字词有很大的帮助。如前所述，文言里的字还大量活在现代汉语中，主要是作为词素，同别的字构成新词，而原来的意义则或多或少、或隐或显地保留在新构成的词里。关于这点，张志公先生曾举过一个很经典的例子：如"达"这个字，文言里单用，现代汉语不单用，可是现代汉语里有"达到""通达""四通八达""达官贵人"这些词和成语，每个里边都保留着"达"字的一部分原义。学白话文，遇到这些词和成语，不见得有机会去讲字的含义，这样学生就只能似懂非懂地接受它们，随后又模模糊糊地去用它们。念《论语》，念到"赐也达"这句话，念《孟子》，念到"穷则独善其身，达则兼善天下"这句话，就不能不把"达"字的意思弄清楚。弄清楚这两个"达"字，"通达""达官贵人"的意思就可以理解得确切多了。② 再如"穷"字，在现代汉语中是"缺钱少物"的意思，可是学了《桃花源记》"渔人甚异之。复前行，欲穷其林"后，明白了这里的"穷"字是作"尽"讲，用的是古义。《说文》："穷，极也。"现代汉语的复音词和成语的语素中仍然保留着这个古义，如"穷尽"的"穷"和"穷奢极欲""穷

_____

① 朱光潜：《从我怎样学国文说起》，安徽教育出版社 1996 年版，第 107 页。
② 张志公：《读文言文对学习现代汉语有什么好处》，《人民教育》1962 年第 10 期。

年累月""穷途末路"等的"穷"都是"尽"的意思。从上述例子可以看出，准确地把握关键字的"字义"对理解现代汉语有很大的帮助。但如果我们把字义的演变问题作为一种知识向学生去讲，无疑会把学生讲糊涂。而教文言文，则在讲文章的过程中自然而然讲了字义的演变，学生不以为难。在字的问题上，文言和现代汉语有千丝万缕的联系，可以这么说，学文言文是过字关的一个有效办法。这并不是说学习现代汉语的词语，都要搬出一大堆古文作盘根问底式的训诂学考究，这是舍近求远，也是不切实际的。然而通过合理的教学，把文言词义与和现代汉语中的有关词义联系起来，促成准确和深刻地理解现代语言，让文言诗文的学习成为学习现代语言的必要深化和补充，这一点是可以做到的。

语文学科的宗旨是培养学生准确理解和运用祖国语言文字的能力，"运用"的重点是"写作"。写也是写白话文，不要求写文言文。大量优秀的白话文理应作为"范例"提供给学生，让学生从中汲取养料，优化自己的语言表达。在这一方面，文言诗文教学不应喧宾夺主。如张志公所言："依靠文言来全面地有效地提高现代所需要的语文能力，是不可能的，并且越来越不可能。一代一代离开文言越来越远，绝不是越来越近。"[①] 但我们这里讨论学文言文对现代汉语写作能力培养的好处问题不是要改弦易辙，取白话而代之，只是希望通过合理的教学使文言文教学适应语文教学的需要而发挥其应有的功效。

阅读和写作，是一种思维的训练。当下一些中小学生读书只注重文章内容的理解，对文章的条理层次不愿弄得很清楚，不大会有条不紊地说出文章的要点。作文时，常常是有很好的想法而说不清楚，写

---

① 张志公：《传统语文教学的得失》，转引自庄文中编《张志公语文教育论集》，人民教育出版社 1994 年版，第 119 页。

出来却前言不搭后语，或者重复累赘，颠三倒四，或者拖泥带水，眉目不清。这当然是思维条理的问题。其实，学习文章的篇章结构，是培养阅读写作能力的非常重要的一个方面，也是锻炼思维的一个有效方法。清末吴曾祺曾提出："法者如规矩绳尺，工师所借以集事者也。无法则虽有般输之能，无所用其巧，大抵文章一道，其妙处不可以教人，可以教人者，惟法而已。"① 这里的"法"的意涵，广义而言，指文章作法；狭义而言，指连章布局之法。对中小学生来说，我们所教之"法"指的是后者，也就是章法。明晓章法，才能真正洞谙作者为文的用心和文章布局之妙。倘若不知文章布局之妙，一味探析情意，不免有隔靴搔痒之弊。

学习白话文，能够解决这个问题，但有困难。很重要的一个原因是白话选文的问题，一些优秀的现代白话文的内容一般比较复杂，篇幅比较长，尽管文字好懂，但文章的结构层次不容易体会。所以要选篇幅短，结构简，容易念，容易背，容易模仿且水平高的现代白话文并不容易。在这一点上，文言文又显示出它的优点。经常选来做教材的，不仅词汇丰富，语言精练，而且命题立意、布局谋篇、遣词造句等方面，都堪称典范。还有个最大的特点就是篇幅比较短，章法较简明，怎么起，怎么结，作者的思路比较清楚，初学者比较容易把握。像王安石的《读孟尝君列传》、陶潜的《桃花源记》、范仲淹的《岳阳楼记》等，都有这样的特点。

文言文这一优势要能得到很好的利用，得求之于教学方法的改进。文言文教学不仅要顾及字词的分解等"打点"的功夫；也要完成语句的剖析，有关解释、语法、修辞、翻译等"连线"的作业；

---

① 吴曾祺：《涵芬楼文谈·明法》，商务印书馆 1966 年版，第 16 页。

更要完成意旨的探究、作法的审析以及连章布局等"连线成面"的工程；还要进一步"结面成体"，完成艺术欣赏、性灵陶冶的任务。具体到文章章法之教学，则要注意配合文意，切忌生硬说理。章法是作者思考脉络的具体呈现，与作者的思想感情关系密切，文章的意旨如何？作者如何建构布局才能展现抽象的情志？这是章法教学的重点。如果一味套用公式生硬解说，缺乏作者的情感思想，不能体悟作者为文的用心，又无法透视作者构思的巧妙，徒惹人厌恶而已，达不到真正的教学效果。所以，对文章章法即文章连章布局之法的探讨，应该和文意结合，使学生体会作者的思考脉络，进而锻炼自己的思维，并能在潜移默化中形成熟练的运用技巧，那不仅有助于培养学生对作品赏析的能力，同时也可以有效地提高写作能力，对于学生听、说、读、写等表达能力的提高，无疑也是一条有效的途径。

我们应该可以看到，虽然现代人不再用文言表达和交际，但有没有文言修养，又直接表现在他的白话表达里。不说那些文坛巨匠无一不是从小就接受文言的熏陶，单看看我们身边那些文学修养好的人，也都读过不少文言经典。再听听一些国家领导人的讲话，引经据典，妙语连珠，其深厚的文化底蕴、独特的人格魅力尽显。如温家宝有一次在回答凤凰卫视记者的提问时引用了三处古语和古诗词：第一处是"行事见于当时，是非公于后世"，出自《明太祖宝训》朱元璋语。原文为"自古有天下国家者，行事于当时，是非公于后世。故一代之兴衰，必有一代之史以载之"；第二处是"苟利国家生死以，岂因祸福避趋之"，是林则徐《赴戍等程口占士家人》的名句；第三处是"天变不足畏，祖宗不足法，人言不足恤"，语出《宋史·王安石列传》大意是天象的变化不必畏惧，祖宗的规矩不一定效法，人们的议论也不用担心。① 虽说很多国家领导人多是工科、理科出身，但他们都有一个共同的爱好，那就是对中国古代典籍情有独钟。

　　如果说这些事实还不能说明问题，仍有许多人以中小学的基础教育不是要培养什么"文学家""大家"为由，拒绝承认学习文言文对提高现代语言的表达有益而无害，那台湾及海外华侨的语言实践呈优势，他们的语言呈现"雅俗相宜"的特点，又说明了什么？恐怕与他们基础语言教育中长期重视文言诗文的教学不能分开。南京大学鲁国尧教授曾讲述过一次经历：

　　20 世纪 90 年代，有一次我从南京坐火车去厦门大学，在火车上有一个 30 岁出头的年轻人跟我聊天，他是一个做木材生意的台湾商人。闲谈中，他说话一会儿引用《论语》里的几个句子，一会儿又引用《孟子》中的一段话，而且能脱口而出，我感到很惊讶。就问他："你对《论语》和《孟子》怎么这么熟悉呀？"他说："这有什么，我们在中学课文里都学了，我们都背得滚瓜烂熟。"我又问他上过大学没有，他说："我不想上大学，高中毕业之后就去做生意了。"他的文化程度不是很高，年龄也不大，但是对传统文化掌握得却比较好。②

　　最近几年内地纷纷仿效、借鉴台湾及海外的教学模式，搞了一些小规模的教改实验。如浙江湖州中学几年来一直积极开发文言写作资源，他们首先要求学生阅读一批文言精品，加强积累；其次，每次作文指导或讲评都选用一两篇文言名篇作范文，跟现代名篇配合使用；再次，他们还注意从不同角度开发文言文提升学生写作能力的功能，或汲取古人的人生智慧，或化用文中材料，或开发想象，或练习语言

---

　　① 《国务院总理温家宝答中外记者问实录》，http://news.qq.com/a/20080318/004875.html，2008 年 3 月 18 日。

　　② 桑哲：《"淡化文言文教学"大家谈》，《现代语文》2007 年第 1 期。

等。"多读背一些文言佳作，对提升语言能力有不可低估的作用。""学生作文内容的文化味，语言的书卷味日益增强。"这是他们教改后的经验之谈。①

可见，理论与实践都能证明：只要教学得法，并做出合理的安排，学习文言诗文确实能在某些方面给学习现代汉语增加不少的助力，使学习效果更好一些，学习语言更全面一些。

---

① 参见蔡莱莉《并非是"开历史倒车"——略论文言文教育对现代语文学习的意义》，《教学与管理》2005 年第 36 期。

第四章　异化——中小学文言诗文教学的实然审视

　　坚守不是固守，文言诗文教学坚守的道路也不是一帆风顺。中国的语文教育经历了从文言文到白话文的变革以后，中小学文言诗文教学已不再是传统意义上的文言文教学了，也开始走上了现代化之路。在当今时代，文言诗文的教学目的要求，文言作品的选编，教学内容的安排，教学方法的采用及评价方式等具体的层面都不能与传统同日而语。重温历史我们不难发现，中小学文言诗文教学的百年历程就是一个不断发展变化的过程，只不过在发展的过程中，由于各种阻碍和干扰偏离了目标，走了一些弯路。

　　"异化"原是社会学中的一个概念，是指人的物质生产和精神生产及其产品变成异己的力量，反过来统治人的一种社会现象。借用此概念，中小学文言诗文教学中的"异化"指的是在它的发展过程中，在内外各种因素的影响之下，理论和实践中出现的偏离人们预期目标从而影响文言诗文教学的发展进程的现象。

　　偏离和异化总是伴随着事物发展的过程，这是事物发展的客观规律。对中小学文言诗文教学发展过程中出现的异化现象，我们不能以偏概全、惶恐不安以至全盘否定、推倒重来；也不能麻痹大意、无所作为以至前功尽弃，满盘皆输。我们选择"异化"一词统观当下文言诗文的教学问题，正是基于在肯定中小学文言诗文教学发展方向的前提下，对其在现实中呈现的形态作一番客观冷静的分析，以便及时纠偏，使中小学文言诗文教学早日恢复常态、步入正轨。

第一节　教学目的的南辕北辙

首先，要说明一下，以前的教学大纲用的是"目的"一说，课改以后，新课程标准又换成了"目标"，为了统一，我们全部用"目的"。严格意义上来说，一百年来教学大纲中对文言诗文教学并没有提出什么明确的"教学目的"，要么在语文学科"总目的"，要么在教学内容或教学要求的分栏中提及，充其量也只是一种目标及要求的规定。这里我们用"目的"一说，还有一个意思，就是认为："这只是一种约定，在汉语词汇里，目的、目标并没有质的区别。这种约定是为了某种方便，假若我们不觉得有何不便，对不同类型的目的可以通过其他方式加以区分，也就无需这种约定了。"①

一　历年教学目的的简要回顾

在审视现有文言诗文教学目的之前，我们有必要对百年来的文言诗文教学目的作一个简要回顾，这有利于把握文言诗文教学目的的演

---

① 张楚廷：《教学论纲》，高等教育出版社1999年版，第86页。

变规律，也有利于认识现有文言诗文教学目的在继承传统与开发创新之间的思考路向。

表 4 - 1　1923 年以来中学语文教学大纲或课程标准中文言文教学目的及要求

大纲简称	文言文教学目的		具体要求
	初　中	高　中	
1923 年课程纲要	使学生能看平易的古书	增加使用古书的能力；继续练习用文言写作	
1929 年课程标准	养成了解平易的文言文书报的能力	依据学生的资性和兴趣，酌量兼使有文言作文的能力	
1936 年课程标准	养成了解一般文言文之能力	养成用文言文叙事说理、表情达意之技能	培养学生读解古书，欣赏中国文学名著之能力
1949 年课程标准		能够阅读浅易的文言文	能够就词汇和句式，分辨文言和现代语异同
1956 年教学大纲		培养学生阅读文言著作的初步能力	
1963 年教学大纲	为获得初步阅读文言文的能力打下必要的基础	培养学生初步阅读文言文的能力，为将来阅读古籍、接受祖国丰富的文化遗产，打下初步基础；并且吸收古人语言中有生命的东西，学习一些写作技巧	实词、虚词、句式，初步能够独立阅读文言

续　表

大纲简称	文言文教学目的		具体要求
	初　中	高　中	
1978 年教学大纲	能够阅读浅易文言文	继续培养阅读文言文的能力	整理和复习一般常见的文言词汇和句式,能借助工具书独立阅读浅易文言文
1980 年教学大纲	初高中同一大纲,具有阅读浅易文言文的能力		能借助工具书独立阅读浅易文言文
1986 年教学大纲	初高中同一大纲,具有阅读浅易文言文的能力		能借助工具书阅读浅易文言文
1990 年教学大纲	能了解基本内容,能顺畅地朗读文言课文	具有阅读浅易文言文的能力	复习常见的文言实词、虚词和句式。能把文言句子翻译成现代汉语。能借助工具书阅读浅易的文言文,理解文章的思想内容
1992 年教学大纲	"教学目的"项中没有说明,但在教学要求项中有说明		读文言课文,要了解内容,能顺畅地朗读,背诵一些基本课文
1996 年教学大纲		具有阅读浅易文言文的能力	掌握一定数量的文言实词、虚词和常见的文言句式,诵读浅易文言文,理解词句含义,把握思想内容,背诵一定数量的文言文名篇

续　表

大纲简称	文言文教学目的		具体要求
	初　中	高　中	
2000 年教学大纲		阅读浅易文言文的能力	诵读古代诗词和浅易文言文,能借助工具书理解内容,背诵一定数量的名篇,掌握 150 个文言实词,18 个虚词和主要句式
2001 年课程标准	能借助工具书阅读浅易文言文	阅读浅易文言文	能借助注释和工具书理解基本内容,背诵优秀诗文 80 篇
2003 年课程标准		努力提高对古诗文语言的感受力;学习用历史眼光和现代观念审视古代作品的内容和思想倾向,提出自己的看法	阅读浅易文言文,能借助注视和工具书,理解词句含义,读懂文章内容。了解并梳理常见的文言实词、文言虚词、文言句式的意义和用法,注重在阅读实践中举一反三。诵读古代诗词和文言文,背诵一定数量的名篇

说明:

资料来源:1923—2000 年的资料来源于课程教材研究所编《20 世纪中国中小学课程标准教学大纲汇编:语文卷》(人民教育出版社 2001 年版),同时参考了顾黄初主编《中国现代语文教育百年事典》(上海教育出版社 2001 年版)的附录;

2001 年的资料来源于《全日制义务教育语文课程标准(实验稿)》(中华人民共和国制订,北京师范大学出版社 2001 年版);

2003 年的资料来源于《普通高中语文课程标准(实验稿)》(中华人民共和国制订,人民教育出版社 2003 年版)。

纵观百年来大纲中关于文言文教学目标和要求的表述，我们首先检索出几个关键词语，通过这些关键词，我们可以看出教育理念的转折变化：①"平易""一般""浅易""初步"。这四个词语作为阅读什么类型文言文的定语，初读起来，感觉大体上意思十分相近，都是追求容易，反对艰深与古奥，"平易"与"一般"是相对"艰深"提出的，而"浅易"更进一步，不仅要容易，内容还要浅显。"初步"也是相对深入钻研学习提出的，意在浅尝辄止，有所不同的是，"平易""一般""浅易"侧重于内容层次，"初步"则偏指阅读技能方面。自1949年大纲提出后，"浅易"便成为较稳定的提法。②"独立"。1963年大纲中提出要求"独立阅读文言文"，是对阅读品质的要求，"独立"可理解为不借助资料，不借助外人帮助，是独自完成阅读的能力要求。1978年大纲虽加入借助工具书的项目，但仍沿用了"独立"的要求，仍强调自身要具备较强的阅读能力，至1986年大纲后，对于文言阅读的要求中就不再提出"独立"的要求了，取消"独立"要求，只谈"借助工具书"阅读，对学生阅读要求放宽了标准，要求会借助工具书阅读，培养查找工具书的能力。③"了解""理解"。"了解"与"理解"意思相近，但仔细品来，它们在知晓这个程度上还是有区分的，"了解"限于知道这个层次，对事物粗浅知晓既可，"理解"则要求不仅知道，而且要体会其含义，比知道有更深的要求。1929年、1936年大纲提出"了解平易文言书报""了解一般文言文"，虽然此时作为阅读对象的文言文材料选择难度较大，比例也较高，但学习重点在于语言形式、轻内容，因此对内容只要一般知道就可以了；1986年、1992年大纲中也提出"了解内容"的要求，至2000年大纲才更改为"理解内容"，可见虽然对文言文学习要求在整体上是渐渐放宽了标准，但逐渐重视对文言材料内容的挖掘，教学目标由重语言学习逐渐向重内容品读方面转变。

　　在把握这几个关键词的基础上，我们对一百年来中小学文言诗文教学目的做一个整体上的分析，可以解读出：新中国成立前，文言诗文教学目的还是比较明确的，分为主要目的和次要目的两个方面。主要目的是培养文言的阅读能力和写作能力，包括欣赏文学、研究学术思想的能力；次要目的是涵育品德情操，学习为人处世的道理。这两个方面实质上是密不可分的。新中国成立后，在确定文言教学目的方面出现了两种思路：一种是语言训练教学思路；另一种是文学教学思路。前者强调文言诗文的语言形式，注重文言实词、虚词的积累和词类活用、特殊句式的掌握；后者强调文言文的文化内涵，力图通过古典文学作品的赏析研讨，来提高文化品位和审美情趣。这两者又以"培养学生阅读浅易文言文的能力"笼而统之。

　　比较两种教学思路，新时期以来，文言文教学在理论上始终以语言训练教学思路为主，把文言诗文教学限定在阅读技能训练的使用范畴，注重在语言的层面上加以顾及和处理。这对于培养文言文阅读能力固然提供了切实可行的训练途径，有利于学生从语言形式上加强对文言诗文的认识。然而这一过于功利化的教学思路，把教学目的局限在文言诗文的语言形式方面，窄化了文言诗文的教育功能，文学教学思路有效地弥补了语言训练教学思路的不足。然而，文学教学思路自1956年提出后，在以后的历次大纲中一直未明确提出。而且1956年大纲陷入了过于强调系统文学教学的泥沼，不切实际地拔高了文言诗文教学要求，超出了学生的实际学习能力，违反了循序渐进的教学原则。之后的历次大纲却又矫枉过正，对文学教学要么避而不谈，要么含糊其词。例如，1960年中学语文课本初稿的"编者的话"，把文言文教学目的定位于"培养学生阅读浅近文言文的能力"。次年，该套课本的试用本问世，课本"说明"中把文言文教学目的分解为两个侧面。前面说，高中阶段"简要地讲一些文言虚词、文言句法，培养学生阅读浅近文言文的能力"；后面又说"选文言文，目的是指导学生吸收其精华，学习古人语言中有生命的东西，接受足够的文化遗产"。前面与后面，显然不在同一个层面上，讲的是两个目的，两种要求。该"说明"在最后又做了补充说明：

全套课本选了文言文 101 篇，占全部课文的 34%。对于教学文言文，这套课本是相当重视的。这是因为：学习语言的一个重要方面是学习古人语言中有生命的东西，这就需要阅读一定数量的古代名著。我国有丰富的文化遗产，要吸收这些遗产的精华，必须掌握文言这个工具，这就需要在中学阶段打下一定的基础；历代有许多优秀的作品，在语言运用上，写作方法上具有独到之处，值得学习或借鉴，精读这些文章，对于培养现代汉语的写作能力有很大帮助。①

比较前后的措辞，所谓"吸收其精华"的第二点——"接受足够的文化遗产"，已经变成为今后吸收遗产的精华"打下一定的基础"，也就是掌握相关的语言能力。结果，两个目的，又成了一个目的——学习古代语言。如此闪烁其词，自然有难言之隐。

到了 1963 年，中学语文教学大纲提高了文言教学程度，明确提出，初中要"为获得初步阅读文言文的能力打下必要的基础"，高中要"具有初步阅读文言文的能力"。然而，在文言文教学目的的表述上，却依然做了低调处理，谨慎地讲："文言文，要有计划地讲读，培养学生初步阅读文言文的能力，为将来阅读古籍，接受祖国丰富的文化遗产，打下初步基础；并且吸收古人语言中有生命的东西，学习

---

① 转引自刘占泉《汉语文教材概论》，北京大学出版社 2004 年版，第 155 页。

一些写作技巧。"根据这份大纲编出的中学语文通用教材，在"编辑意图"中专列了"关于文言文的教学"一节，进一步阐发："培养学生阅读文言文能力的目的有两个方面。一是为阅读古籍打下初步基础。一是为了更好地提高学生运用现代语文的能力。"正说反说，最后归为一句话，学习文言文的目的在于学习古代语言的形式。

以后，在1986年、1990年、2000年大纲都对"培养文学鉴赏能力"提出了要求。然而，这些侧重于文学鉴赏方面的要求，是否涵盖了以文言文为主的中国古典文学作品，各大纲对此都语焉不详。

根据以上分析，对于百年来中小学文言诗文教学目的的演变，我们可以归纳出这样几个特点：（1）从教学目的对学生能力的要求上，总体上呈现逐渐降低要求的态势。自1923年至2003年，经历了由"能看平易的古书"到"阅读文言著作的初步能力"到"阅读浅易文言文的能力"再到"借助工具书阅读浅易文言文的能力"，从发展文言的读写技能到只要求文言的阅读能力，要求一再放宽。（2）对文言文的知识体系，长期保持一个稳定的基本要求。自1923年至今，无论教学目的的表述如何变化，都反映了要学生达到对浅易文言文的阅读要求，在知识点上也限于对其基本内容、实词、虚词、句式等项目上提出具体要求，虽具体内容上有变化，但基本教育模式不变。（3）文言文教学中心，即文言文教学导向不再只强调文言语言形式本身的学习，转而重视对内容的解读，也就是对人文性的重视，通过工具去认识人文。

从中学文言文教学目的的演变规律中，一方面，我们可以看到人们对文言文教学的认识逐步走向清晰，表现为：教学目的历经了一个由难而易再到相对稳定的过程；教学要求上历经了一个由单纯语言知识的掌握到知识与人文思想并重的过程。另一方面，我们也能看出，百年来在确定文言文教学目的方面一直隐匿着的弊端。主要表现在两个方面：一是"阅读浅易文言文的能力"中的"浅易"含义模糊。我们从长期以来人们对"浅易"一词理解的不一致就能体会到。"阅读浅易文言文""阅读文言的初步能力""初步阅读文言的能力"这三种表述是新中国成立后文言文教学目的的经典规定，极其模糊，以致人们在具体教学中极难把握它的程度。许多专家、学者沿着不同的视角对"浅易"所做的说明也是仁者见仁，智者见智。吕叔湘认为，"'浅近'二字很难说，古典作品除了书经、诗经、楚辞等特别难懂得之外，可以说都是一般文言，要在这里面分别浅近和高深是很困难的。"他还认为，"什么是'浅近文言'也还大可研究。生字少不一定就是浅近，熟字也可能有生义；句法跟现代差不多，也可能所差的那一点出入很大。何况选文章还得受内容的限制，文字浅近不一定内容可取。"① 在他看来，"浅近"不能只是根据生字的多少来判断，有时文字浅显但由于内容艰深也不能说这种文章就是浅易。朱光潜认为，"所谓'浅近文言'是当代易于了解的文言，一方面冷僻古字不用，奇奥的古语组织法不用；一方面也避免太俚俗的字和太俚俗的口语组织法。以往无心执古而自成大家的作者大半走这条路，我想孟子、左丘明、司马迁、王充、陶潜、白居易、欧阳修、王安石、苏轼一班人都是显著的代表"②。可见，朱先生主要是以字词冷僻与否和句法奇奥与否作为判断文章浅易与否的标准。张中行先生与吕先生和朱先生的见解又不同，"怎么样算初步，很难说，这里假定有个共同的认识是，读加标点的宋以后的记叙文，如笔记之类，能够理解，大致

----

① 吕叔湘：《吕叔湘语文论集》，商务印书馆 1983 年版，第 18 页。
② 朱光潜：《谈文学》，安徽教育出版社 1996 年版，第 88 页。

不误"①。这三位先生都是学术界的泰斗，他们对"浅易文言"的看法相差很大，但都有各自的道理。正如吕先生所说，要在其中分出浅近与高深是很困难的，中学文言文教学到底该让学生的能力达到一个怎样的程度，也很难说得清楚。也正因为如此，中学文言文教学一直以来都是在近乎无目的的状态中进行，编者、教者、学者、命题者都没有一个明确的目标。这不得不说是文言文教学中一大诟病所在。

二是关于文言文教学工具性与人文性的问题，历年大纲中的表述都比较模糊，指示不明。如在 2002 年颁行的高中语文大纲中对高中语文总的教学目的是这样表述的："高中语文教学，要在初中的基础上，进一步提高学生正确理解和运用祖国语言文字的水平，使他们具有适应实际需要的现代文阅读能力、写作能力和口语交际能力，具有初步的文学鉴赏能力和阅读浅易文言文的能力。"可见，新大纲对高中学生的语文能力培养的要求可以归结为三大方面：现代文（读写听说）能力，文学鉴赏能力以及文言文阅读能力。与旧大纲相比，最明显的差别在于：新大纲在原来的现代文读写听说能力与文言文阅读能力之外，增加了"文学鉴赏能力"的培养要求。旧大纲着眼于"现代文"和"文言文"两大方面提出能力要求，从逻辑上看，还是严密而清楚的，可是新大纲加上了"文学鉴赏能力"这一条后，却使得各能力之间的关系变得复杂起来。我们的理解是，"现代文"的概念显然应当包括文学作品与非文学作品两大块。叶圣陶先生说过："国文所包含的范围很广，文学只是其中的一个较小的范围，文学之外，同样包在国文的大范围里头的还有非文学的文章，就是普通文……中学生要应付生活，阅读与写作的训练就不能不在文学之外，同时以这种普

---

① 张中行：《张中行作品集（第一卷）》，中国社会科学出版社 1995 年版，第 397 页。

通文为对象。"① 对此问题，大纲增加了非常明确的说明，在"教学内容和要求"的"阅读"条中有这样的表述："发展独立阅读的能力，能阅读实用类、文学类、理论类等多种文本。"这里的"实用类、理论类"文本，大体上就是叶圣陶先生所指的"普通文"的对应物。因而，"现代文的阅读能力"与"文学鉴赏能力"显然有着交叉关系。确切地说，"文学鉴赏"中的现代文学作品的鉴赏，显然是作为"现代文阅读"的一个子系统而存在的。同样道理，"文学鉴赏能力"与"文言文阅读能力"之间也显然有交叉。照这样分析，新大纲为了强调突出语文教育的人文性，增加"文学鉴赏能力"培养的要求，却无意造成了在能力要求表述上的"硬伤"。以至为了突出"文学鉴赏能力"培养的目的落实不了，同时，文言文阅读能力提升到文学鉴赏方面的要求也不甚明了。

总之，历年大纲在确定和表述中小学文言诗文教学目的方面，这两大弊端演变为一种"遗传病"，直到现在，也没能得到很好的治疗。

二 现行课标表述的模糊不清

下面，我们来具体分析一下现行课程标准中有关中学文言诗文教学目的的规定。在《全日制义务教育语文课程标准（实验稿）》初中课程标准中的"总目标"项里明确规定初中文言文的教学目的为"能借助工具书阅读浅易文言文"，高中课程标准则主要以具体要求的形式呈现出来。对于初中和高中各自到底做了怎样的具体要求，我们以一个表格呈现出来（见表4−2）。

---

① 刘国正主编：《叶圣陶教育文集》第三卷，人民教育出版社1994年版，第55页。

表4-2 现行语文课程标准中中学文言诗文教学目的和教学要求

	初 中	高 中	
		必修课程	选修课程
教学目的	能借助工具书阅读浅易文言文	1. 努力提高对古诗文语言的感受力 2. 学习用历史的眼光和现代观念审视古代作品的内容和思想倾向,提出自己的看法	
教学要求	1. 诵读古诗词,有意识地在积累、感悟和运用中,提高自己的欣赏品位和审美情趣 2. 阅读浅易文言文,能借助注释和工具书理解基本内容。背诵优秀诗文80篇	1. 学习中国古代优秀作品,体会其中蕴含的中华民族精神,为形成一定的传统文化底蕴奠定基础。学习从历史发展的角度理解古代文学的内容价值,从中汲取民族智慧;用现代观念审视作品,评价其积极意义与历史局限 2. 阅读浅易文言文,能借助注释和工具书,理解词句含义,读懂文章内容。了解并梳理常见的文言实词、文言虚词、文言句式的意义或用法,注重在阅读实践中举一反三。诵读古代诗词和文言文,背诵一定数量的名篇。(可参考附录一:《关于诵读篇目和课外读物的建议》)	1. 用历史的眼光和现代的观念审视古代诗文的思想内容,并给予恰当的评价 2. 借助工具书和有关资料,读懂不太艰深的我国古代诗文(与附录一所建议的古诗文程度相当),背诵一定数量的古代诗文名篇。学习古代诗词格律基本知识,了解相关的中国古代文化常识,丰富传统文化积累

从表4-2中,我们能明显看出"文言文"这一指称衍生出许多新名词,在历来的大纲中很少见到。正所谓"名不正,则言不顺","文言文"这一概念在课程标准中所指不明,带来了文言文教学目的定位的模糊不清。

初中课程标准中出现"古诗词"和"文言文"两种提法，如果理解没有偏差的话，这样做的原因应该是制定者认为："文言文"与"古诗词"不存在种属关系，"古诗词"不属于"文言文"的范畴，否则没有必要分成两条且用不同的要求来加以说明。可是，教学目的"能借助工具书阅读浅易文言文"，以"浅易文言文"统称，并没有"古诗词"的分支。于是，这里便造成了概念间的混乱，即教学目的中的"浅易文言文"与教学要求中的"浅易文言文"不是同一概念。教学要求中的"浅易文言文"似乎以功用和表达形式为标准，它只要求"能借助注释和工具书理解基本内容"，至于"欣赏"的要求只出现在"古诗词"中。因此，初中课程标准中在不同的地方使用"文言文"，含义竟不同。这样，编者、学者、教者、学习者在编写和教学中又该以何种含义为标准。

高中课程标准中的提法就更多了，"古诗文""古代作品""中国古代优秀作品""古代文学""文言文""古代诗词""古诗词"共有七种提法。如果粗略地按范畴大小来看，这些提法之间都存在交叉关系，"古诗文""古诗词"和"文言文"主要是根据作品的风格来界定。而"古代作品""古代文学"和"中国古代优秀作品"则主要是以时间标准来界定。另外，课程标准中用"现代汉语"与"古诗文语言"相对，"具有良好的现代汉语语感，努力提高对古诗文语言的感受力"，从中可以判断这里是以语言系统来界定的。课标中出现的这些概念与"文言文"是什么关系？是否能用"文言文"来总称呢？

然而，我们从高中课标的表述中，能明显地感受到"文言文"概念外延的窄化。在教学目的项中，主要是从文学鉴赏的角度提出总的教学目的，这里用的名称是"古诗文""古代作品"。"文言文"的指称只是在教学要求项中作为与"古代优秀作品"分列而出现。而且对

"文言文"的教学要求也只是局限在"能借助注释和工具书理解词句含义，读懂文章内容"上，没有特别提出"文学鉴赏"的要求。那么，我们似乎可以这样理解，这里的"文言文"只是作为"古代作品"的一个下位概念，它的范畴更倾向于张中行所指的文言文的主流形式，"指处理事务之文（由功用方面看），也就是无韵之文（由表达形式方面看）"。于是，"古诗词"被排除在"文言文"概念之外。照这样说，高中课标中提出的"努力提高对古诗文语言的感受力"，"学习用历史的眼光和现代观念审视古代作品的内容和思想倾向，提出自己的看法"，这些侧重情感、态度与价值观人文性方面的教学目标，是否适用于文言文教学，就显得模棱两可，不得不叫人怀疑了。

一直以来，人们就对"文言文"的范畴看法不一，也有众多学者、专家做了不少说明。吕叔湘在 1948 年这样说过，"文言和语体的区别，若是我们要找一个简单的标准，可以说：能用耳朵听得懂的是语体，非用眼睛看不能懂的是文言"①。吕先生的这种界定比较含糊。张中行先生曾在《文言与白话》中用了一个章节来对"文言"加以界定，综合他的界定，文言大致有以下几方面的限定：一是不同于白话；二是与现代汉语不同；三是以战国两汉作品为标本；四是文言有相当严格的词法句法系统。由于骈文、格律诗、词在词法、句法仍属旧系统，因而它们也是文言。张先生的这种界定是大家比较认可的一种看法。周庆元教授在《语文教育研究概论》一书中就指出："人们常说的文言文泛指一切文言诗文，而文言文教学则泛指所有文言诗文的教学。"② 但实行新课程改革以来，"文言文"（包括古代诗词）这一传统提法渐渐受到质疑，有人认为"文言文"的概念主要是从语言

① 吕叔湘：《文言与白话》，《吕叔湘语文论集》，商务印书馆 1983 年版，第 75 页。
② 周庆元：《语文教育研究概论》，湖南人民出版社 2005 年版，第 363 页。

学的角度来把握古代作品的，不利于古代作品人文性的发挥，并提出用"古典诗文"来替代"文言文"，只有这样，才能把古代作品从语言学角度认识的固见中解放出来，从文化学、人文性的角度来重新给古代作品的教学目的定性。

果真如此吗？我们认为，"文言文"这一传统称谓，在概念的包容性上表现出更大的优越性。因为"文"可以兼指文学性的与非文学性的文章，而且，"文"的概念可以涵盖平常所谓的"散文"和"韵文"，因此，将"诗"归入"文"当中，也是顺理成章的，萧统《文选》的选"文"范围可以作为参照和明证。当然，"文言诗文"表现为各种体裁，包括论、说、疏、对、表、策、杂文、寓言、序文、赠序、传记、游记、杂记、小说、诗、词、曲、辞赋、杂剧等，有文学类作品（散文、韵文等），也有非文学（非文学样式的"散文"）作品存在——不管这种文章所占的比重是大还是小。我们再来考察一下课标中出现的这些概念，其中"古代作品"范畴最大，既包括用文言形式记载的作品，也包括一些古白话作品。"古诗文"则处于"古代作品"和"文言文"两者之间的一个中位概念。一则，教材中的"古代作品"并非全部都是"古诗文"（注意，此处的"文"，显然应该是作为"文学作品"的一个类别出现，否则，"诗""文"的结合就莫名其妙了）；二则，教材中的"文言文"也并非全部都是具有文学性质的"古诗文"，也有非文学作品的"文言文"存在（虽然其在中小学教材中所占的比重非常小）。所以，用"文言文"的概念，既可以很好地涵盖各种类型的古代文章，更能恰当地传达出这类文章在语言上不同于现代文的特点。固然，新课标的制定者并非没有考虑这些问题，相反，可能正是考虑得过多，顾虑专用"文言文"的概念会造成人们理解上局限"文言"这种"语言形式"，而忽略文言文作品丰厚的文学性、文化性、人文性，故而千方百计换用"古诗词""古诗文""古代优秀作品"等偏重"文学色彩"的字眼避开使用"文言"，却反而弄巧成拙，以至在中小学语文教学中，"文言文"由于身份不明，造成人们认识上的模棱两可，对文言文教学目的的把握自然也就大打折扣了。

现行课标中初中和高中文言诗文的教学要求之间的梯度不明，也是文言诗文教学目的定位模糊不清的表现之一。根据初中和高中课程标准中对文言诗文教学要求的具体表述，我们可以知道总体上高中要比初中高不少，而从对阅读浅易文言文能力这一点具体要达到的程度分析来看，却让人感觉没有区别，都是借助注释和工具书，都对文章内容方面有要求，只不过初中是"理解基本内容"，高中是"读懂文章内容"，再多了"理解词句含义"。"理解"和"读懂"根本难分高低，真要说起来，"理解"的要求不比"读懂"的要求低，而要理解基本内容，不理解词句含义是不可能的。如此，对阅读文言文的其他方面的要求的明显提高又如何实现呢？

三　实际教学运作的理解错位

现行课程标准中对文言诗文教学目的的表述存在着上述"文言文"概念所指不明，初中、高中教学要求梯度不明的弊端，再加上遗留下来的"浅易"含义模糊，"文学鉴赏"要求态度暧昧的痼疾，使表面上看似确定无疑的"阅读浅易文言文"的教学目的显得扑朔迷离起来。那么，在实际教学中，广大一线教师是怎么把握并落实文言诗文的教学目的呢？

对此，我们在江西省某高校教育硕士班里做了一次简单的调查，询问来自小学、初中、高中和师范学校的 30 余名语文教师有关文言诗文教学的问题。为什么选择教育硕士作为调查对象，主要是基于这样的考虑：一是这个班里的教育硕士均来自中小学教学一线且都是语文教师，能反映广大一线教师的心声；二是这些教师均是一线教学中的佼佼者，不管是从实践上还是理论上，他们都能代表当前新课改以来本地区广大教师中较为接近前沿的观点。当问及"您认为中小学文言诗文教学的基本特点是什么？"他们提出了很多意见，反映出文言诗文教学目的观的诸多看法，这些看法基本上可以提取出以下四种观点：①文化传承观。认为文言诗文教学的基本目的，乃是通过学习中国古代的经典作品，认同文化传统，丰富语文素养，为"立人"提供有力的支持。②文学陶冶观。认为学习古代文学经典，能够提高文学鉴赏力，并借鉴其中的笔法和语言表达技巧，提升文学素养这才是文言诗文教学的要义所在。③能力培养观。认为学习文言诗文，基本目的就是培养"阅读浅易文言文的能力"，其他则属于次要目的，不能喧宾夺主。④综合观。即把上述三种意见叠加在一起，认为文言诗文教学目的乃是多方面的，不能只取一点，不及其余。

这些观点折射出广大教师文言诗文教学价值观的改变，不再拘泥于知识能力的实用取向，转而更多地关注文化、文学素养层面的人文取向。但是，在处理文言诗文教学中的"工具性"与"人文性"，"语言训练"和"文学鉴赏"的关系时，他们的理解不能不说是不全面的。这与他们自身的理解能力有关，当然也与新课标对文言诗文教学目的表述模糊不清有关。新课标中由于忌讳"文言"二字过于浓重的语言学色彩，有损于经典教育在传承文明、弘扬人文精神方面的功能，一再使用其他的名称代用"文言文"，致使文言文的"阅读能力"概念严重缩水，似乎现有的文言文阅读能力仅仅是通过掌握一些文言实词、文言虚词、文言常用句式，达到"过文字关，以疏通文意，理解内容"就是"主要全部的目的"了。其实，这是对文言文"阅读能力"的一种误解。不要说"文言文"教学，哪怕是真正意义上的"古代汉语"这一语言课程，也无非就是为了"更好地掌握古代汉语，以便阅读古代文献，批判地继承我国古代的文化遗产"。① 关于这一点，王力先生在不同的场合是反复强调的。所以，只要是真正意义上的培养阅读能力，便不可能不同时发挥传承文明、弘扬人文精神的作用。

与现代文阅读能力的培养一样，阅读浅易文言文的能力也应该包含认知能力、理解能力、鉴赏能力的内容，即"阅读"不仅包含读懂文字，还包含"鉴赏""研读"等较高的教学层次和教学要求；同时也必须融合文学的、文化的、立人的诸多追求。也就是说，文言文阅读能力是一个系统的层级结构。那么，对于"阅读浅易文言文的能力"这一教学目的的理解就不能平面化了。这里，我们援用刘占泉教授的观点，他对"培养文言文阅读能力"的目的采用了这样的解析思路：划分出文言教学的基本目的和其他目的，然后分辨各个要素之间的关系，追求系统分析的研究效果。从这个角度衡量，文言文教学的基本目的首先定位于"能力说"所推崇的文字方面的教学要求，再补充其没有明示出来的要素，即鉴赏、研读、文化、文学等较高层次的要求。对于各个要素之间的关系，可以这样看待：文字方面的教学活动，乃是文学方面较高追求的基石；文字、文学方面的教学活动，乃是文化传承和立人方面较高追求的基石。认识到这一层，还是不够的，因为这些教学活动和教学追求，应该始终相互关照、呼应和融合，而且，各个学段的实质性的教学标高，也绝对不能简单的扯平，

---

① 吉常宏等编：《古代汉语》第一册，中华书局1999年版，绪论第1页。

需要有合理的教学梯度。① 然而，这些关于文言文阅读能力的阶段性、层次性理解，在课标及教材说明等指导性文件中都没有全面切实的说明和解释，难怪人们在实际教学中，只能是片面曲解课标中鳞牙凤爪式的表述，要么苦苦守住文字训练的低基础凝固不化，要么一味追求鉴赏研读的高境界凌空蹈虚，造成对文言诗文教学目的理解和把握上的南辕北辙。

第二节　教学内容的游移不定

"为什么教"决定着"教什么"，即教学目的对教学内容有很大的制约作用。而教材（这里的教材是专指性概念，即教科书）是进行教学的依据，是教学大纲和课程标准精神的最好体现，也是教学内容的重要载体。可以这么说，语文课程改革的成败与语文教材的改革休戚相关。同样，中小学文言诗文教学的健康发展也与文言诗文教材紧密相关。因此，讨论文言诗文的教学内容的问题，首先得对文言诗文教材作一番细致的分析。

中国语文教材以"文选型"为正宗，在漫长的发展历程中，在课文的选编上积累了大量的成功经验。自从"白话"取代"文言"，占据中小学语文教科书的主体地位，"文言文"便只作为选文的一部分，以"文白混编"的主要形式出现在语文教科书中。然而，文言典籍浩如烟海，选用什么样的文言文、选用多少文章、在教材中占多大比

---

① 刘占泉：《文言教学的反思及建议》，《语文教学通讯》2008 年第 1 期。

重，以及如何科学编排才能够在量与质上达到最佳契合，这些延续了近百年的问题在当今的中小学语文教材中仍然没有得到合理解决。这些问题有些是历史遗留下来、有所改善却还并不完备的老问题，也有些是时代发展赋予文言诗文教学新的价值，另外，派生出的新的矛盾和问题。新老矛盾和问题交杂在一起，造成文言诗文教学内容的异化，使得当前中小学文言诗文教学在内容的选择与安排方面还存在较大的随意性。

一　摇摆不定的选文数量

关于中小学语文教材中文言诗文选文数量不稳定的问题，是历史遗留下来的老问题。有人就曾选取新中国成立以来人民教育出版社出版的有代表性的四套中学（包括初中与高中）语文教科书，分别是1956年版、1963年版、1988年版、1992年版，对其中的文言诗文选文作了一个横向比较，发现它们在数量上，忽多忽少，相差悬殊。总量上，选文最多的有143课（1963年版），最少的76课（1956年版），选文数量相差近一倍。从诗词曲与散文的分量看，诗词曲数量最多的有106首（1956年版），最少的只有29首（1963年版），数量相差近四倍；散文数量最多的有124篇（1963年版），最少的62篇，相差两倍。各册文言课文的数量分布更为杂乱，以初中起始年级第一册为例，最少的1956年版只有2课，最多的1963年版有10课，相差5倍。[①]

文言文的数量长期以来摇摆不定，除了受时代政治风潮的干扰，

---

① 以上统计数据参见易建平《当代中学语文教材文言文选文研究》，硕士学位论文，华东师范大学，2006年，第21—22页。

对学科性质的认识模糊以外，最主要的恐怕在于对文言文教学目的的要求不明确，对阅读能力的定位不准确所致。虽然新中国成立以来一直把"培养学生阅读浅易文言文的能力"作为文言文教学目的的基本定位，但人们较少对"浅易""初步"这些习以为常的提法作深入研讨，也懒得对认读、理解、鉴赏这些阅读能力的层级作明确的区分。到底应该学习多少数量的文言文才能够有效地培养文言文的阅读能力，编者心中无"数"，教者不甚了了，又怎能切实地搞好教学呢？

要说"数量概念"，似乎也有。那就是多年流行着的一种说法，"文白比例"，力求找到"文白"选文数量上的合理均衡。针对上述四套文言文教材，我们可以看到在很长一段时期内，教材编写者都把文言选文与白话选文的比例确定为初中18%左右（1963年版特例，占34.44%），高中43%左右（1956年版特例，占72.72%）。其实，这仍然是一个模糊概念，因为这取决于全套教材的课文总课数，而课文的总课数也是经常处于变动之中，时多时少。例如，课文总量最多的1988年版有430课，最少的1956年版只有226课，差距之大可见一斑。可见，所谓"文白比例"，并不能确指，不是一个很科学的概念。

那么，这种历史上遗留下来的文言选文数量游移不定的现象，在现行的中小学语文教材中又是一个怎样的表现呢？取得了哪些突破？还存在哪些问题呢？我们选取基础教育课程改革前后编写的两套有代表性的初中、高中语文教科书为例，对这两套时间相隔较近的语文教材中文言诗文的选文情况作一个横向比较，能更清楚地反映文言诗文在选文数量上存在弊端的事实。

这两套教材均为人民教育出版社出版，初中两套分别为：根据1990年颁布的《全日制中学语文教学大纲（修订本）》编制的1992

年版初级中学语文教科书，根据 2001 年颁布的《九年义务教育课程标准》编制的 2001 年版初级中学语文教科书；高中两套分别为：根据 2000 年《全日制普通高级中学语文教学大纲（试验修订本）》编制的 2001 年版《全日制普通高级中学语文教科书（试验修订本）·必修》，根据 2003 年颁布的《普通高中语文课程标准（实验稿）》编制的 2006 年版《普通高中课程标准实验教科书（语文）·必修》。

表 4-3 初、高中文言篇目的数量及所占比重的统计比较分析

教材	比较项	文言文总量(篇)	课文总量(篇)	文言文所占比重(%)
初中	1992 年版	65	206	31.55%
	2001 年版	82	206	39.81%
高中	2001 年版	67	164	40.85%
	2006 年版	37	73	49.33%

说明：为统计方便及比较结果的相对准确，我们以"篇"为单位，打开"课"的局限，一课有多篇的，如古诗五首，全部以篇数计，算作 5 篇文章；《论语》六则，也算作六篇文章。

统计数据显示，就初中教材来说，无论是文言作品的篇目数量还是占本套教材所有选文的比重，2001 年版教材均比 1992 年版教材有所增加。而高中的两版教材，文言篇目所占比重也提高了不少，文言选文数量与其他选文数量几乎达到 1：1 的比例。但因为 2006 年版高中教材只有第 1—5 册，整套教材选文总量由 2001 年版的 164 篇减少为 75 篇，这样，在文言选文比重相对不变的前提下，文言文篇目的大幅度缩水便可想而知了，由 2001 年版的 67 篇变为 37 篇，减少将近一半。虽然 2006 年版高中语文教材的文言篇目在整套教材选文所占比重保持居高不下，将近一半的比例，但是，高中三年必修课本中 37

篇的阅读量确实太少了，学生每月的阅读量还不到一篇。当然，新课标强调课外阅读，注重课内与课外的衔接，并利用选修课本增加学生的阅读量，充分体现学习自主性的要求。然而，在实际的操作中并不是像课程设计者们理想中的那样，硬性的指标有所松懈，要想靠软性的指标来弥补往往是事与愿违的。因此，在初中文言篇目增加不多，文言基础尚未打牢的情况下，高中阶段想靠这一点语料，要完成"阅读浅易文言文，能借助注释和工具书，理解词句含义，读懂文章内容。了解并梳理常见的文言实词、文言虚词、文言句式的意义或用法，注重在阅读实践中举一反三"这一目标，显然是相当吃力，捉襟见肘的。况且这里所讲的教学效果尚不包括达到"学习古代优秀作品，体会其中蕴含的中华民族精神，为形成一定的传统文化底蕴奠定基础。学习从历史发展的角度理解古代作品的内容价值，从中汲取民族智慧；用现代观念审视作品，评价其积极意义与历史局限"这一高层次目标。

二 莫衷一是的编排序列

文言选文如何编排才能低耗高效地达成教学目标，发挥有限选文的最佳教学效益，一直是广大教材编撰者孜孜以求的目标。

文言文和白话文同时编入教材，也就是我们常说的"混编"形式，新中国成立以来一直都是文言选文编排的大方向。有所不同的是，在文言文与现代文的混合编排方式上存在细微的差别。初中阶段走分散教学的路子，主要采取文言文与现代文混合组织单元；高中阶段则按"相对集中"原则，文言文单独组织单元。至于编排序列问题，大致形成了"按文体来分类""以问题为主纲""用程度作标准""依时代而逆溯"四种方式。然而，这四种编排方式优劣互现，各有所长。周予同对这四种编排方式曾经做了一个比较全面的分析。他认为，按文体分类和以问题为纲两种方法有助于"连类比较"，使学生容易"悟解文艺的作法和思想的同异"，但是同一文体，"含义的精粗和措辞的浅深各异"，教授困难。用程度做标准，优点在于"由浅入深，由简入繁"，但又有凭主观直觉难以确定浅深简繁、编制上无系统等诸多弊端。依时代逆溯的，可以沿流溯源，使学生"容易明了文学和学术思想的变迁"，但作品的简单与繁复，不可强拿时代来分割，由此带来教授之弊。①

那么，如何充分发挥各种编排方式的优点，有效避免由此带来的弊端，做到扬长避短，优势互补？历来许多语文教材编写者们都做了积极的探索，在一定程度上取得了突破。新课程改革以来，中小学文言诗文教材的编写更是日趋成熟，"一纲多本"带来了文言诗文教材编写的百花齐放，体现了单元组合方式的灵活性和多样性。然而，正是这种多元化，也容易造成编纂者凭主观爱好随意组合，牵强附会，忽视文言文的特点和学习者的认知规律的无"序"状态。

同样，下面我们就以课改前后人民教育出版社出版发行的四套初中、高中语文教科书为例，在对文言选文编排做一番比较分析之后，阐述一下现行初、高中文言诗文教材在编写序列上的利与弊。

（一）对文言教材结构安排的比较分析

教材的结构是指文言选文结构比例、编排顺序、内容分配等情况，是文言选文总体上、宏观上的编排序列问题。

新课改以后，2001 年人教版初中语文教科书及 2006 年版高中语

---

① 周予同：《对于普通中学国文课程与教材的建议》，转引自顾黄初、李杏保编《二十世纪前期中国语文教育论集》，四川教育出版社 1991 年版，第 190 页。

文教科书（必修）两套教材在文言诗文的选文与编排上均做出了较大的改动，形成了一定的特色，给人耳目一新之感。

初中六册教材，文言诗文教材从大的方面来说分为两个部分："课内阅读"与"课外古诗词背诵"。课内阅读部分的文言诗文教材分别使用了文白混编与分编的方式来编排。其中初一年级上下册每册六个单元，采用文白混编的方式，文言作品编排在各单元最后一篇出现，主要以主题为编排依据，把内容相关的系列文章编入同一单元，例如初一上册第四单元主题为"人与自然"，而相应地把反映海市蜃楼的文章《山市》编入其中；下册第一单元讨论"成长的话题"，则选编了《伤仲永》，第二单元"祖国的命运"是《木兰诗》，在第四单元"文化艺术天地"中选择了《口技》。到了初二，文言诗文教材改混编形式为独立分编，且以体裁作为分编单元的依据。文体包含散文、小说、诗歌、词曲、论说文，相同文体的作品在单元内集中学习，如八年级下册第六单元为山水游记，九年级上册第五单元为文言小说单元，第六单元为历史著作，下册第五、第六单元均为诸子散文。具体选文及分布情况见表4-4。

我们能清晰地看出每册文言诗文教材的编排思路：七年级上、下册考虑到与小学的衔接过渡，学生刚开始接触文言文形式的作品，为了减少陌生感，让学生在不知不觉中接受这种新形式，所以采用按专题将文言文编入白话文作品中，一来由于每单元之前学了几篇主题相似的文章，当接触到同一主题的文言作品时，会有思维定式，帮助学生理解内容，不致太突兀而难以接受；二来采取散入各单元的形式可以达到循序渐进的效果，使学生有个逐步接受的过程，不会因大量集中出现而措手不及，难以接受，进而产生畏学、厌学心理。

当一年的适应期让学生逐步接受以后，再采用集中编排法，专门列出两个文言单元，通过相对集中的时间、集中的篇目，又有利于学生逐步掌握一种行之有效的学习方法，避免长期单篇学习间隔时间长、学习时间不够集中，刚有初步感觉又戛然而止，使感觉稍纵即逝。这样安排教材的呈现方式是较合理的，它灵活而又切合实际，符合学生身心发展特点，适应了学习的最近发展区要求。

表4－4

册次\单元	七上	七下	八上	八下	九上	九下
一	《童趣》	《伤仲永》				
二	《论语十则》	《木兰诗》				
三	《古代诗歌五首》	《孙权劝学》				
四	《山市》	《口技》				
五	世说新语两则《咏雪》《陈太丘与友期》	短文两篇《夸父逐日》《共公怒触不周山》	《桃花源记》《短文两篇》《核舟记》《大道之行也》《杜甫诗三首》	《与朱元思书》《五柳先生传》《马说》《送东阳马生序》《诗词曲五首》	《智取生辰纲》《杨修之死》《范进中举》《香菱学诗》	《公输》《孟子二章》《鱼我所欲也》《〈庄子〉故事两则》
六	《寓言四则》《智子疑邻》《塞翁失马》		《三峡》《短文两篇》《观潮》《湖心亭看雪》《诗四首》	《小石潭记》《岳阳楼记》《醉翁亭记》《满井游记》《诗五首》	《陈涉世家》《唐雎不辱使命》《隆中对》《出师表》《诗五首》	《曹刿论战》《邹忌讽齐王纳谏》《愚公移山》《诗经两首》

新课改前后，高中语文教材的文言诗文选文的编排也有一定的变化。2001年老版教材明确文言文阅读能力的培养要求，以单元为整体，按照逐步推进的三个阶段进行编排，高一着重培养阅读浅易文言文的能力，高二着重培养初步欣赏能力，高三着重培养研讨评析能

力。从课文的编排顺序来看，基本上是按照历史顺序来安排课文。而根据新课程标准的思想和精神编写的 2006 年版高中教材，文言诗文的编排以文体组元，主要突出诗词和散文体裁，在相同文体组成的单元中，编选的课文兼顾各个时期内容丰富风格不同的代表作，打破了以文史顺序编排组元的单一模式，单元分类以文体为主，单元内选文兼顾文史顺序，具有范围广、小集中、重点突出、以点带面、点面结合的特点，力图使教材成为学生了解古代文化的一扇窗户。具体选文及分布情况见表 4－5。

表 4－5

册次	单元位置	单元性质	单元要点	选文（题目、作者、朝代）
一	第二单元	古代记叙散文	概括要点，提取精要	《烛之武退秦师》（《左传》，先秦） 《荆轲刺秦王》（《战国策》） 《鸿门宴》（《史记》，西汉）
二	第二单元	先秦至南北朝的诗歌	探寻语言运用的奥秘，提高文学欣赏水平	《诗经》两首：《氓》《采薇》（先秦） 《离骚》（屈原，战国） 《孔雀东南飞》（南北朝） 《诗三首》：《涉江采芙蓉》（枚乘，西汉）、《短歌行》（曹操，东汉）、《归园田居（其一）》（陶渊明，东晋）
	第三单元	古代写景记游的散文	培养对自然美的感受力；积累常用的文言词语和文言句式；品味优美语句	《兰亭集序》（王羲之，东晋） 《赤壁赋》（苏轼，北宋） 《游褒禅山记》（王安石，北宋）

续　表

册次	单元位置	单元性质	单元要点	选文（题目、作者、朝代）
三	第二单元	唐代诗歌	进入诗歌的意境；启发审美情趣；抓好朗读和背诵	《蜀道难》（李白） 杜甫诗三首：《秋兴》（其一）、《咏怀古迹》（其三）、《登高》 《琵琶行》（并序）（白居易） 李商隐诗两首：《锦瑟》《马》
	第四单元	古代议论性散文	积累语言材料；培养质疑问难的能力	《寡人之于国也》（孟子，先秦） 《劝学》（荀子，先秦） 《过秦论》（贾谊，汉代） 《师说》（韩愈，唐代）
四	第二单元	宋词	分析、赏析，引导学生进入词的境界	柳永词两首：《望海潮》《雨霖铃》 苏轼词两首：《念奴娇》《定风波》 辛弃疾词两首：《水龙吟》《永遇乐》 李清照词两首：《醉花阴》《声声慢》
	第四单元	古代人物传记	学习叙事写人的写作技巧；掌握文言字词和句式方面的知识	《廉颇蔺相如传》（《史记》，司马迁） 《苏武传》（《汉书》，班固） 《张衡传》（《后汉书》，范晔）
五	第二单元	古代抒情散文	引导学生感受古人的真情真性，品味课文丰富多彩的语言艺术	《归去来兮辞》（陶渊明，东晋） 《滕王阁序》（王勃，唐代） 《逍遥游》（庄子，先秦） 《陈情表》（李密，西晋）

通过表 4 - 5 所示，2006 年人教社新版高中语文教材文言诗文选文的编排特色更是一目了然。从选文来看，尤其突出了唐宋文学的重要地位，分别把唐诗、宋词列为两个专题，作为独立单元出现在教材中；其他文体则主要选择了文言散文这一体裁，细分为记叙散文、游记散文、议论性散文、传记散文、抒情散文五大种类分别组成五个单元，而且选文比较集中于先秦两汉时期的作品，一些较为容易的明清作品下移到了初中教材。

新教材这种在侧重点上的偏向，与文言文教学目的的变化不无关系。从 1978 年、1986 年、1990 年颁布的《语文教学大纲》来看，选录文言诗文作品的主要目的是培养学生"具有阅读浅易文言文的能力"。2002 年《普通高中语文课程标准（试验)》虽然也强调了培养学生"具有阅读浅易文言文的能力"，同时又对培养学生"文学鉴赏""文化继承"等方面提出了要求。因此，教材对文言诗文作品的选取就不能不考虑到古代文学的发展历史和传统文化的含量。先秦两汉、唐宋是我国历史上文学发展极为繁荣的两个时期，在一定程度上掩盖了其他时期文学发展的成就，也在一定程度上影响了教材编者选文的视野。同时，我们看到在 2001 年新版初中语文教材中也增加了《论语》《孟子》《庄子》等先秦典籍作品，并且考虑到初中、高中阶段文言文教学的阶段性特点，在篇目的选入上作了一番挑选，多为内容不那么艰深、故事性较强又容易上口诵读的文章。可以看出，教材编写者除了出于对"文学鉴赏"和"文化传承"方面的考虑之外，还从语言学习的角度，在原有基础上借鉴古人学习文言的方法，注意增加先秦诸子散文和唐宋美文来奠定语言基础，丰富学生文言语料的积累。由此看来，新课改以后的中学文言诗文教材在选文侧重点上，无论是朝代分布上的比例还是文体的选择与分类，都是较为合理的。

（二）对特例选文编排不合理现象的分析

通过上述的比较分析，新课程改革以后人教社的文言诗文教材，无论是初中还是高中，都较为灵活地综合采用了两种以上的编排方式，虽然采用的还是以文体分类的方法为主选编课文，但都注意了一方面设法免去它的缺点，另一方面设法收取其余几种的优点，改变的优势还是很明显的，但是其存在的失误也有很多。因为每册教材中文言作品几乎都是各种文体穿插交替出现的。即使有些文体相同或相近的选文被较为集中的安排在一起，但是单元与单元之间、不同文体之间还是缺乏必要的联系与过渡，致使一些经典篇目在教材中的位置变动不居，游移不定。在本部分中，笔者试综合地从时间与文体的角度谈谈这四套人教社新课改前后的语文教材中相同选文及一些经典选文在教材中的位置变化，考察其合理性与不合理性，从而阐述文言诗文教材编排上的失误（见表4-6）。

表 4-6

项目 阶段	相同选文在新、旧教材中处同一册	相同选文在新、旧教材中处不同册	相同选文在新、旧教材中处不同阶段	相同选文篇目总计
初中	5篇	16篇		47篇
高中	5篇	20篇	1篇	

说明：

1. 表中初中阶段《论语》篇目，1992年版是《论语六则》，2001年版是《论语十则》，为了统计方便，均计为一篇。

2.《邹忌讽齐王纳谏》在2001年版教材中同时分别编入初中三年级下册和高中第一册，在2006年新版高中教材中取消这一篇目，只出现在2001年版初中教材九年级下册。在本表中将其归入高中阶段。

由表 4–6 可知，在新、旧版教材中，整个中学阶段文言共同选文有 47 篇，其中就有 37 篇（初中 16 篇、高中 21 篇）选文所在教材中的位置发生了变化，占相同选文篇数的 78%。仅有 10 篇选文的位置没有变动。当然，在这些有变化的选文中不乏有其合理的篇目，如初中教材把诸如《西江月》《天净沙》之类的简短诗歌从旧版的初二、初三阶段提前到初一上学期，更加符合学生的认知规律与学习能力。但如此大规模地变动选文位置反映出文言教材编选的"随意"和"无序"。《邹忌讽齐王纳谏》一文，不知出于什么原因让 2001 年初、高中教材的编者们同时看中，而且学习的时间靠得如此接近，同一年，春天时学一遍，秋天时再学一遍。除了说明我们在文言选文编排衔接上的失误，恐怕找不出更加合理的解释了。

　　另外，一些在中学阶段入选频率较高的选文，也显现出位置变动幅度增大的现象，而且其中有些位置变化就不甚合理。如《鱼我所欲也》，如果往前追溯的话，这篇选文在 1990 年版教材中为高中第三册的课文，被选入 2001 年版教材后一下子成了初三年级下册中的课文。虽然该文与《生于忧患，死于安乐》和《得道多助，失道寡助》同出于《孟子》，但是无论是从语言特点还是思想内容的理解上，《鱼我所欲也》都远比那两篇要难得多。如此安排，不知编者出于什么考虑，只因它们都出于《孟子》，时代相同，文体相近，同属先秦经典，就一股脑儿强塞给学生？这只能是一种不顾学生认知规律的"削足适履"的行为。

　　新版高中教材加重了文言诗词的比例，特别是对诸如《诗经·采薇》《离骚》《蜀道难》《琵琶行》《雨霖铃》等一些传统经典篇目更为青睐。但我们可以看出，人教社对古代诗词的选入基本上是按照文学史的顺序来编排的。相对较难的先秦诗歌《采薇》《离骚》排在前面；学习起来比较吃力、背诵起来比较困难的《蜀道难》《琵琶行》也排在了前面；相对而言，比较简单的宋词却排在了后面。（见表4－5）散文方面，选文内容丰富，也极富有代表性，如百年传诵经典《滕王阁序》《赤壁赋》《兰亭集序》等都编入教材。但是，《兰亭集序》和《赤壁赋》均编入高中一年级，这两篇文章所表达的生死观和人生意蕴，对于高一的学生来说可能过于深奥，学习起来还是很有困难的，这样编排是不太合理的。

学习知识，从阅读训练的角度，应该按照"由易到难，由浅入深，循序渐进"的难易程度来进行，所以选文应该有一个相对稳定的次序。高中语文教材并不是文学史的一种截取，在编排上应该尊重事物发展的客观规律。这样忽深忽浅的编排选文自然会"显得非常突兀，除是悟性极高的学生，否则就不曾明白"（浦江清语）。

三　抽象狭隘的选文标准

历年的语文教学大纲或课程标准对选文都提出了一定的要求。这里，我们截取新中国成立以来各阶段中学语文教学大纲或课程标准中的相关规定作一个简要概述，以窥其全貌，见其主流。

1963 年《全日制中学语文教学大纲（草案）》："课文必须是范文，要求文质兼美、具有积极的思想内容和优美的艺术形式，足为学生学习的典范，入选的文章，一般应该是素有定评的，脍炙人口的。特别是经过教学实践证明效果良好的。"

1978 年《全日制十年制学校中学语文教学大纲（试行草案）》："课文要选取文质兼美、适合教学的典范文章。"

1992 年《九年义务制教育初中语文教学大纲（试用）》："课文要文质兼美。语言文字要合乎规范。课文要难易适度，适合教学，应该是经过一定的努力，教师能教好，学生学得了的。题材和体裁应该丰富多样，能激发学生的学习兴趣。"

2000年《九年义务教育全日制初级中学语文教学大纲（试用修订版）》："课文要具有典范性，文质兼美，题材、体裁、风格应该丰富多样，富有文化内涵和时代气息。要体现教学目的，适合教学，有利于开拓学生视野，激发学生学习兴趣。"

2001年《全日制义务教育语文课程标准（实验稿）》："教材选文要具有典范性，文质兼美，富有文化内涵和时代气息，题材、体裁、风格应该丰富多样，难易适度，适合学生学习。"

从语文教学大纲或课程标准有关选文的规定的历史演变中，我们不难发现，"文质兼美"的典范性是我国当代语文教材编选中一脉相承的标准。

这一选文标准源于一千四百多年前的南朝梁的昭明太子萧统编选的《昭明文选》的选材标准，即"事出于沉思，义归于翰藻"。在《昭明文选》的影响下，我国历代的文选型教科书以此为标准，"文质兼美"的典范性成为我国教材史上一以贯之的优良传统也就不足为怪了。此外，这一选文标准能取得在当代教材编选中的突出地位，与影响广泛而深远的叶圣陶的语文教材观密不可分。叶老认为，语文教材是例子，是培养学生语文技能的凭借。叶老以"例子说""凭借说"观照语文教材，提出"文质兼美，堪为模式"的选文标准。这一标准得到了语文教育界的广泛认同，从而成为教材选文不可动摇的重要准则。

至于怎么才算"文质兼美"，各个大纲和标准没有明确的界定，但综合不同时期的具体文字表述，我们也不难看出，文字兼美的典范性具体来说包括"语言文字典范，思想内容健康，篇章结构完美，体裁和题材广泛多样，适合教学需要"①。这一选文标准，内在地包含了思想性、时代性、实用性、可接受性等标准。以此为标准，素有定评的文言经典理应成为富有深厚文化底蕴和鲜明民族特色的语文教材的首选。事实也是如此，从各时期选入中学语文教材的文言篇目来看，一些思想性、艺术性强的古诗文作为"久经历史考验"的传统名篇保存下来，这些作品的艺术价值、教育价值，跨越时代，历久弥新，为各个不同历史时期的编者所钟爱。文质兼美的典范性标准，着眼于文学角度，强调对传统文化的继承，注重选文的典范因素和对学生的示范作用，不仅有助于启发智德，陶冶情操，提高文化品位和审美情趣，丰富学生的综合文化素养，而且有利于保持教材的相对稳定，并通过教材的相对稳定性确立起语文教材的权威性，② 其积极意义自不待言。

　　"文质兼美"的典范性作为文言诗文教材的选文标准，固然有其可取的一面，然其局限性也不容忽略。首先，从"文质兼美"典范性标准的自身意义来看，它着眼的是文学角度，选出的文章都是具有单篇独立性的选文，并不适宜语言训练。文言文教学认读、理解这些初步阅读能力的培养，必须更多地从语言形式的角度着手，选取可供举一反三的文言语料进行训练，而"重赏析、轻实用"的"文质兼美"之文，极易熟路老马走上"文学教学之路"，这种空中楼阁式的赏析式教学，对于切实培养中学生的文言文阅读能力是不利的。其次，"文质兼美"的典范性标准，奉行的是"取法乎上"的原则，容易使教材内容脱离学生的接受程度。"文质兼美"、具有典范性的选文，大

---

　　① 刘国正：《实与活》，转引自《刘国正语文教育文选》，人民教育出版社 1995 年版，第 52 页。

　　② 郭宗明：《试论 40 年来语文教学的总体失误》，转引自语文学习编辑部《语文教学争鸣录》，上海教育出版社 2000 年版，第 61 页。

多是以成人的眼光来审视的，其视界固然高远，但如果片面强调"上"，以至达到不恰当的程度，忽略青少年儿童的语言特点和他们特有的生活体验和情感世界，超越了学生的接受能力和认识水平，其教学效果必然会受到影响。为了了解现行教材中文言选文的情况，我们针对高中学生作了一次问卷调查，其中"对教材中文言文选文的评价"一项，"基本喜欢"的只占 20% 左右；"在现行的语文课本中，你最喜欢的文言选文有哪些"，得票率较高的是《赤壁赋》《滕王阁序》《陈情表》《兰亭集序》《逍遥游（节选)》《阿房宫赋》，而成人世界里公认的另一些佳篇如《项脊轩志》《祭十二郎文》《五人墓碑记》等反而位居"最不喜欢的文言文"的榜首。从中我们可以获得一些启示，高中生对那些抒发情怀、驰骋想象，表现人间亲情的文言文较为青睐，那些太过庄严、沉重，而且带有说教气味的文言文他们不喜欢。当然我们也反对"唯兴趣论"。但我们也必须看到，我们的教材比较注重贴近社会历史发展、时代主题、斗争、革命、道德情操、爱国主义等群体意识，注重宏大叙事，表现普遍的人性人情，表现爱这方面比较少。虽然近几年这种情况已经有所改观，但相对现代文选文，文言文还显得比较滞后。有人曾把现行高中语文教材（2003 年高中语文实验版教材）文言文选文与《古文观止》的选文作了一个比较，发现两者相同的比例高达 45.55%。《古文观止》作为中国传统散文的规范读本，其"文质兼美"的优点自不待言，但由于时代的限制，存在"封建正统意识""科举意识"和"成人意识"过浓的缺憾。[①] 由于《古文观止》所收文章在高中选文中所占比例过大，教材选文自然也就沾上以上缺憾。选文更多地基于"成人中心"意识，缺

---

① 数据和观点参见邓爱丽《现行高中语文教材文言文选文的研究》，硕士学位论文，西南大学，2008 年，第 16—17 页。

乏"平民视角"，忽略学生生活世界的多个层次和多个侧面，学生对学习文言文本身产生不了浓厚的兴趣，课程目标不能很好地实现。

　　另外，"文质兼美"的典范性标准，是一个模糊概念，极易产生随意性理解。首先，我们从教材对文言经典的选择来看。作为诗歌总集的《诗经》，其经典地位至今亦是不可动摇的。但在不同时代，受政治观、文学观、价值观的影响，中学语文教材中的《诗经》篇目的变化是很大的。考察人民教育出版社出版的中学语文教材篇目，可略见一斑。1956 年人教版汉语、文学分科教材中《诗经》的选篇，初中选了：《木瓜》《采葛》《君子于役》；高中第一册是：《关雎》《氓》《黍离》《伐檀》《蒹葭》《无衣》。初、高中共选了九篇，反映了当时劳动、爱情、生活感受、反对阶级压迫和剥削等内容，数量之多，内容之广，居各套教材之首。在当时注重文学教育的教材中，《诗经》的思想价值与艺术价值都得到了充分的体现。1957 年"反右"斗争后，汉语、文学教材受批判，认为教材编写上是"厚古薄今，脱离实际，脱离政治"，被质问"今天全国人民以政治观、文学观、价值观无比的干劲建设社会主义，现行教材却选编了一些消极避世、闲情逸致、儿女情长的作品教育学生，这与今天轰轰烈烈的时代合拍吗？"① 于是，这套以经典为主的教材停用了，此后的教材变成了政治性读本。1958 年版和 1960 年版的初、高中语文教材把《诗经》的篇目都删去了。1963 年版高中语文第五册、1978 年第一册、1982 年第一册、1988 年第五册、1990 年第五册《诗经》的选篇都是《伐檀》《硕鼠》。在以工具性为主导的语文教材中，《诗经》的文学艺术价值没有得到应有的重视，反映阶级压迫和剥削内容的课文则成为以

---

① 顾振彪：《人教版 1956 年初中、高中文学、汉语分科课本介绍》，转引自张鸿苓等编《新中国语文教育大典》，语文教育出版社 2001 年版，第 516 页。

不变应万变的保留篇目。直至 1996 年以后，新语文教学大纲出台，语文教材的面貌才得以改观。人教版高中教材除了保留《伐檀》外，还增加了《静女》《无衣》等篇。特别是新课程改革以后，反映阶级压迫和剥削内容的诗篇彻底退出了历史舞台，取而代之以情感内涵丰富、人文色彩浓郁的作品。炽热的爱国情感、纯真的爱情追求，这些亘古不变的永恒主题，与当今的时代精神和谐交融。《诗经》部分篇章在各个时期中学语文教材中的选取，鲜明地体现出不同时代不同的政治观、文学观、价值观对教材编写的鲜明影响。由此可见，由于审美情趣、价值观念的转变，文质兼美的典范性标准，也经常处于流变之中，具有鲜明的时代性特征。

其次，从文言经典的使用看。在注重继承"宝贵的文学遗产"，"认识我国文学的发展概况和基本规律"的 1956 年版文学教材中，文质兼美的典范性更多地着眼于选文在文学史上的代表性，力求囊括各个文学发展阶段的典范作品，并追求系统的完整严密。例如，建安诗人曹植的《白马篇》《野田黄雀行》《七步诗》；古诗十九首中的《行行重行行》《青青陵上柏》《庭中有奇树》《迢迢牵牛星》；南北朝乐府《子夜歌四首》《陇头歌辞三首》《李波小妹歌》；唐人传奇《柳毅传》等，这些被一般编者所忽略，而在中国古代文学史上足以代表特定时代的经典文学样式的精品力作，为独具慧眼的编者所重视。然而，在崇尚"工具论"时期的语文教材中，文言经典被功利地处理为掌握"双基"的实用化工具，按实用文章的体裁标准把它们糅合在现代文当中，其文学性完全被弃之不顾，"文质兼美"的典范性被狭隘地理解为双基教学的工具。还是以《诗经》的选文为例，在注重"文学教育"的 1956 年分科教材高中《文学》课本中，练习部分安排了七道思考题，都为文学的感受、鉴赏的内容类题目。如："氓"描述怎样的思想感情？从这里可以看出当时怎样的社会现实？从《伐檀》这首诗可以看出我国劳动人民怎样的生活和思想感情？还有注重文学理论的思考题，像"说明劳动同文艺的起源的关系"这类题目就是。① 而到了 1963 年，在突出加强基本训练的"双基"教学的大框架下，语文教材的练习体系，已逐渐形成体系。《诗经》一课共有四道练习题：

一、这两篇诗揭露了古代阶级社会里怎样的剥削和压迫？反映了劳动人民怎样的反抗情绪？

二、《伐檀》进行了怎样的讽刺？《硕鼠》运用了怎样的比喻？这种表现方法对揭示中心思想有什么作用？

三、解释下列各句，着重说明加点的词的用法。

四、背诵这两篇诗。②

与 1956 年版教材相比较而言，其中第一题也是"领会课文思想内容"的题目，不过，题目的设计不大一样。1956 年版教材还比较含蓄，而 1963 年版的教材可以明显看出，《诗经》篇目主题思想的阐释被编者明确框定为"阶级情感"的范畴，更加注重了《诗经》作品的思想教育功能。除了"领会课文思想内容"的练习题之外，1963 年版的教材增加了有关"读写知识训练"的练习，其中第二题是"具体领会写作方法"，第三题是"认识掌握字词句"，第四题是"背诵默写"。这又可以看出，1963 年版的教材更多地注重《诗经》选文的读写训练价值。

---

① 张毕来、蔡超尘主编：《高级中学课本·文学》第一册，人民教育出版社 1956 年版，第 10 页。

② 人民教育出版社编：《十年制学校高中课本（试用本）·语文》第一册，人民教育出版社 1963 年版，第 11—12 页。

由此可见，"文质兼美"视野中的选文，到底具有什么样的典范，到底适合做谁的典范，各界意见不一，语焉不详。从上文的不同编者对文言经典见智见仁的认识与处理，我们可见这一标准的模糊性。正是由于这个标准的模糊性和游移性，在社会主流意识形态强力辐射作用之下，在实践中常容易异化为"政治性标准""阶级性标准""思想性标准"，导致思想政治标准在选文中占有决定性的地位，语文课本身的特点则深深地掩埋在思想政治教育中了，这就必然导致入选的课文对学生自身的个人生活世界及心理世界的关注的忽略，从而引发许多教育问题。另外，选文标准的模糊必然导致教学思想的混乱，教材篇目的大量增删，课文序列的频繁变动，选文用途的随意处理，这些司空见惯的盲目行为无不与此有关。正如耿法禹所言："几十年来，语文教学质量不能令人满意，这与'文质说'对教材，并通过教材对教学的影响有着密切的关系。"①

四 虚虚实实的知识内容

纵观新课程改革前前后后，《全日制义务教育语文课程标准（实验稿）》中的那句"不宜刻意追求语文知识的系统和完整"，似乎成了淡化语文知识的直接"导火索"，一时间，曾光彩照人被大家众星捧月般宠着的"语文知识"似乎成了众矢之的，"知识"由昔日的"王子"贬为"平民"。语文知识遭到冷落，文言知识自然也难逃"厄运"。更为甚者，在文言阅读条款中"不应考查对词汇、句法等知识的掌握程度"如当头一击，失去了生杀予夺的"指挥棒"地位，文言知识便更是"落魄"了。也许是受"知识"压迫太久太深之故，

---

① 耿法禹：《从"文质说"谈中学语文教材》，《语文学习》1990 年第 11 期。

芸芸众"生"有如释重负之感，面对文言知识，师生们可以扬眉吐气了——斯亦不足畏也！

诚然，过去很长一段时间在"工具理性"的统摄下，人们对"知识"本身的理解产生了偏颇，语文教学为知识而知识，本末倒置，把知识本身当作教学目的，致使语文教学陷入烦琐庞杂的知识点罗列、枯燥乏味的知识训练的泥淖之中，广大师生叫苦不迭，社会各界鞭长莫及是在所难免的。于是，随着人文盛风的刮起，注重感悟体验的人文"司令"一上台便大有将"语文知识"推倒重来之势。在语文教学中，"知识"真的就一文不值，"训练"真的是贻害无穷吗？我们不能因为自己的肤浅和无知就一概否认"知识"的价值，视其为烫手的山芋丢之不及。新课改以来，在实践、探索、反思之中，人们对"知识"的含义有了更深刻的认识，"训练"的价值重新被发掘出来。不是"知识"本身的问题，而是我们对"知识"的态度、传授知识、学习知识的方法出了问题。于是乎，人们纷纷为"知识"正名，为"训练"辩护，力求还"知识"以本来面目，恢复"训练"的真实身份。然而，碍于"淡化人文"的指责，在"工具性与人文性"结合的两难中，人们对"知识"的态度颇为暧昧，教材中对知识点的处理也显得虚虚实实，不甚明了。

其实，知识是一门课程的核心，课程使用者若不能实现该课程知识的传统功效，从某种意义上而言，这门课程也就失去了其存在的价值。知识系统，是语文能力发展的基础，缺少知识指导的语言学习是一种自然状态下的语言习得，其发展通常是缓慢的，语言运用通常是不规则的甚至是浅俗的，而且有关母语系统知识的传承是学校母语教育的本质所在。而作为中小学语文教学的指导性、纲领性文件，新《标准》中一句"不宜刻意追求语文知识的系统和完整"却使人难辨方向，语文课程到底要不要构建自己的知识体系？这种方向性的判断，用不着多加阐述，至少也应用三言两语表个态，何必这么讳莫如深呢？正是这种"模棱两可"被人"抓住鸡毛当了令箭"，成了讨伐"语文知识"的有力武器。事后转念一想，"不对，理解有误"，于是又千方百计、辗转往复做出各种五花八门的"解读"版本，弄得人头晕目眩，越发陷入云里雾里，不知该拿它（语文知识）如何是好？照我们的理解，课程标准的编写者们并不存心想把"知识"打入死牢，前前后后仔细研读以后，其要义有二：首先，它指出并承认了语文知识的强大张力，语文知识本身的多元性、伸展性、开放性决定了学生在基础教育的学习生涯中所获取的语文知识只能是整个浩瀚的语文知识中的一部分，即学校教育情境下语文知识的传授客观上无法做到系统和完整的；其次，它对传授语文知识的方式做出了强调，其指向是教师，是针对教师的教法——"不宜刻意追求"，即"不刻意追求"绝不是"因噎废食"，语文知识的特殊性决定着语文知识传授的讲究性。《标准》中不是还有"可以引导学生随文学习必要的语法和修辞知识"的补充规定吗？这样一来，对"知识"采取一概否认的另一极端态度就不能在《标准》中找到堂而皇之的借口了。

至于文言知识，文言文教学可以不给它在语文考试卷中的立足之地，可是，在文言文教学及阅读过程中，可以肯定地说，没有哪一篇文言文的学习可以完全抛开知识的作用。这首先可以从一些国学大师对国文的学习和教学的经验中找到有力的证据。王力先生就曾说过："我们认为学习古代汉语的基本理论知识也是非常重要的。因为认识有待于深化，认识的感性阶段有待于发展到理性阶段。单靠大量阅读后的一些零星体会和心得，那是很不够的，还必须继承前人对古代汉语的研究成果。"①"一切都靠自己悟出来，而不接受前人的经验也是不对的。有一些理性认识，是前人学习古代汉语经验的概括，介绍给学生，也就缩短了他们摸索的过程，缩短了学习时间。"② 前辈们一代一代积累下来的学习文言的经验（知识），本身就是我们可以也应该很好地继承的文化遗产。切莫以为前人学习文言的全部经验就只有"熟读背诵""涵泳体悟"之类。沈仲九在1925年说的一番话，现在读来还给人振聋发聩之感："我以为凡是一切法则的明白表示出来，都是经济脑力的办法。……从前学习国文总是知其然而不知其所以然，某句某字不通，在教员，只是说不通就是了，为什么不通，他是说不出的；在学生，也只认定这是不通罢了，究竟从哪里注意才能够通，无从知道，他于是只好暗中摸索，摸索的次数多了，总有碰到通的机会，但是已经够苦了。其实，学文在初步的时期，对于通与不通，是很有法则可以根据的，所以我主张为促进学生的国文进步起见，国文教授有大大的注重法则的必要；妄用点时髦话为说，就是国文教授的科学化。"③ 综上所述，文言知识对于学习文言文显然是有着极大的价值的，其价值就在于"知其所以然"的基础上能够具备一种对"法则"的"自觉"意识。④

总体而论，在多年的中小学文言文教学中，人们对文言知识一直是很重视的，只是选多选少、讲深讲浅的问题。那么文言文的知识性内容主要有哪些呢？我们援引王力主编的《古代汉语》中的阐述，通论部分所包含的知识有：字典及古书的注解、词汇、语法、音韵、古代文化常识、古书句读、文体的特点。这其中，除了音韵、古书句

①　吉常宏等编：《古代汉语》第一册，中华书局1999年版，绪论第3页。
②　王力：《谈谈学习古代汉语》，山东教育出版社1984年版，第126—143页。
③　《温故知新》，《语文建设》2003年第3期。
④　王尚文：《语感论》，上海教育出版社2000年版，第453页。

读、文体中有关骈体文和赋的特点等不适宜基础教育阶段的文言诗文教学以外，其他如注解、词汇、语法、文化常识及合适的文体知识，事实证明在帮助学生"理解文言文内容，培养阅读浅易文言文的能力"中是不乏成功的经验。中学文言文教学对文言常用实词、虚词及文言句式的研究和重视是有目共睹的。中学语文大纲虽然几经修改，但文言文教学中常用词的要求始终没有取消。而且附在语文教学大纲或课程标准中的常用文言实词、虚词表编制得越来越精致、细化，为的是使教师和学生心中有数，避免教和学的盲目性。但是，这种只列出数量、排列座次、显明真身的"上光荣榜"的做法看似简明扼要，切实明了，实则对学生真正掌握这些知识，并形成举一反三的能力并无多大实用价值。不管是常用实词表、常用虚词表还是常用句式表，教学大纲中的要求一直比较笼统、模糊。就拿文言文常用词表来说，其制定的初衷并非要求掌握这些词的所有意义，而是只要求掌握它们与现代汉语不同的意义，但表中却没有明确。例如"爱"，文言词义中也常用"热爱""喜爱"义项，这与现代汉语用法无异，当然不在文言文常用词表应掌握的义项范围之内，只有"吝啬""吝惜"义项是现代汉语所没有的。因此，对于"爱"这个常用词来说，其重点要掌握的文言义项仅是后者。如果像这样对文言文常用词没有比较明确的要求，只是列出一个表，在教学中恐怕缺乏可操作性，甚至可能流于形式，达不到常用词表本应达到的效果。其实，对于文言常用词义项的取舍，是有一定的难度的，不仅要看其各种义项出现的频率，还要看其本身的难易程度，与现代汉语的差别大小，这是一项相当专业的工作。如果这些问题能由专家经过研究定出一个具体的意见，然后不断完善，在常用词表里一一明确，首先可以避免具体教学时见仁见智的争论，同时也有利于保证文言文的教学质量。进一步落实下去，如果能把这样做出具体要求和规定的表格在每册语文教科书中公布于学生，再细致一点，给每个义项都附上课文例句，或由学生学完后自己填写，变教材为"学材"，还能起到事半功倍的效果。

至于文言知识点在语文教材中的落实，为了避免"知识训练"的喧宾夺主，对知识内容以何种方式呈现？如何体现知识与能力、过程和方法、情感态度和价值观的三个维度？编写者们煞是费了一番思索。我们能明显地看到，现代课程中的文言文教材已鲜有以纯技术训练为目的的基础知识学习的内容了，而是把文言基础知识巧妙地放在正文的注释或课后的练习中，通过对重点、难点字词的解释，顺理成章地把相关知识介绍给学生。新版的中学文言文教材在练习系统中就精心设计了很多这样的练习，如初中第一册《童趣》的练习设计较为明显：

二、解释词语

1. 文言词的意思，有的可用加字的办法解释，如"必细（仔细）察（观察）之纹理"，有的要用换字的办法解释，如"昂（抬）首（头）观之"。试选用一种方法解释下列各句中加点的字。①

为使刚接触文言的学生能够掌握解释文言词语的技巧，首先在题目中安排了解释文言词语方法的范例，以此为指导，对课文中的其他词语进行解释。这种呈现方式的变通不仅增强了"知识"的亲和力，减轻了学生的畏难情绪，而且使学生在掌握知识的同时又得到了能力的训练，不失为一项有力的改革举措。

---

① 课程教材研究所、中学语文课程教材研究开发中心编著：《义务教育课程标准实验教科书·语文》七年级上册，人民教育出版社 2001 年版，第 22 页。

然而，也正是出于对"人文性"的重视，使得某些知识内容该明示于"生"时却遮遮掩掩，含含糊糊。这种情况在文言教材的注释部分表现尤甚。某些注释对知识点解释不足，课文注释着重在对词汇进行现代文注解，轻视对文言知识点的介绍，对一些词类活用、特殊句式只将现代文翻译出来，而不将知识点纳入注解中。在这里我们举几个例子以示说明。如对"吴儿善泅者数百"（八年级上册六单元《观潮》）的解释为"几百个善于泅水的吴中健儿"。此条注释是因定语后置的倒装句与现代句式不同，易引起理解困难而作的，但课文只提供现成的现代文解释，没有对倒装句本身进行知识点的介绍。再如关于"偏义复词"的处理，高中老教材第二册第六单元的知识短文"学习文言实词应该注意的几点（一）"中有对"偏义复词"的专门介绍，并列举例子加以说明。而高中新教材删去了此类"知识性"内容，注释也回避了"术语"的使用。例如，《出师表》中"陟罚臧否，不宜异同"一句只是笼统地解释为"不应该因在宫中或在府中而不同"，有意忽略"异同"这样反常的语言现象。考虑到学生的接受能力，对于"偏义复词"这样的语言现象，在初中阶段能够就事论事地作点说明，把词语意思搞明白就行了。可是，到了高中阶段再接触时，是像《标准》所说的，"引导学生随文学习"一下"偏义复词"的知识好呢，还是压根儿就避而不谈以免"节外生枝"？这种只是"授人以鱼"的做法，不利于学生进行举一反三的学习。其实教材大可不必为了避免落入知识训练的泥淖而谈虎色变，完全放弃对知识点的介绍，只要大的指导思想保持正确，在注释系统中进行必要的知识学习还是可以的。如果因为忌讳"知识""术语"就加以回避，满足于能够理解这个词语就行，对学生形成迁移能力显然是不利的。

鉴于此，我们很有必要对整个基础教育阶段的文言知识内容做一个细致考量，全盘规划每一个知识点在不同阶段要求达到一个怎样的程度，"该虚的虚，该实的就要实"，尽可能做到适可而止，恰到好处。

第三节　教学方法的两极分化

中国是教育的国度，几千年来的教学方法积淀丰富。吟诵、歌咏等传统教法仍然在影响我国的语文教学。当然，任何事物都在发展变化，教学方法也需在继承的基础上不断创新。文言诗文教学，由于它本身的独特性，与中国古代的教育传统有着十分密切的联系，因此，对中小学文言诗文教学来说，传统的经验弥足珍贵，但不能死守传统，拘泥不化；创新的意识固然可贵，但不能哗众取宠，迷失本色。当前，随着各种教育思想的发展，中小学文言诗文教学方法呈现出新的特点。实践上的探索逐渐细化、实用化，更关注学情，对传统笼统化的方法进行了改进；理论上的研究正逐步走出边缘化，注重从文言现象的规律因材施教，努力体现文言诗文教学本身的特性。然而，由于缺乏系统教育理论的支撑，对中小学文言诗文教学方法的探索和研究更多停留在感性基础上，整体现状还没有很大程度上的改观，在继承传统和开发创新的道路上存在"两极分化"的现象。

一　传统套路的拘泥不化——真实课堂的"生存常态"

从清末一直到新中国成立前，文言文教学一直都是按部就班地沿用传统的教学方法实施教学。尽管西方的一些教育理论（如赫尔巴特的"四段论"和凯洛夫的"五环节"等）已传入中国，但因与之缺乏相应的契合点，文言文教学一直循着原有的路径周而复始地运作着。具体而言，能体现文言文特点的教学方法仍然是传统的"串讲法""评点法""讲练法"和"诵读法"等。这些教学方法是中国古代历朝教育家长期积累、总结出来的文言诗文教学经验及学习体会，相比国外引进、后来新兴的现代白话文的教学，更为符合文言文的教学特点和规律，因此每种方法自身的优势自不待言。其中，"串讲法"长期以来成为教学文言文的重要方法之一，就与它本身的优点分不开的，并非人为的提倡和刻板的坚持。"串讲法"，顾名思义，"串"就是串通，指串通词与词、句与句、段与段之间的意思和上下文的联系；"讲"，就是讲解，指讲解重点词语的含义和句式的特点，为分析全篇课文的思想内容和表现方法创造必要的条件。① 串讲法的优点是能够将教学落实到课文的字、词、句、段，教学能做到细致、扎实，学生对课文的理解比较具体实在，有利于打好阅读文言文的基本功，而且又不至于使他们获得的知识片面、零散，能对全篇课文有一个完整而清晰的印象。也就是说，既有点的深入，又有面的了解。客观地讲，熟练地、创造性地运用"串讲法"，对提高现代学生阅读文言文的能力仍将具有明显的作用。当然，没有哪种方法是一劳永逸、放之四海而皆准的。传统文言文的"串讲法"的弊端也是很显见的。长期以来，它几乎成为教法死板、老套的代名词，主要原因便是其不思求新，不能适应新形势的发展。

新中国成立后，在大纲的要求下，文言文的教学方法大体上还是逐词解说，即"对号入座"法、朗读背诵法、文学欣赏法相结合运

---

① 张锋：《文言文教学之历史沿革与革新策略》，硕士学位论文，华东师范大学，2006年，第23页。

用。虽然是三者结合运用，但由于教师单调、长时间地逐词讲解，学生机械被动地听、记、练，老师讲得口干舌燥，学生听得厌烦疲倦。在"知识性""工具性"一统天下的时期，加上高考指挥棒的威力，这种机械的、凝固的教学方法更是大行其道。从字词发音、本义、引申义，到句式、语法、艺术分析、思想分析，可谓是精耕细作，滴水不漏。教师总是带领学生在通假字、古今异义词、词性活用、特殊句式等知识点上猛下功夫，而吝惜于讲文章、文学、文化、情味、色彩。一堂课满满当当，像写满字的黑板、涂满色的白纸，没有透气的缝隙，更不用说留给学生思考的余地。这是固守传统的一种极端表现，却在应试教育中"大放异彩"。钱梦龙先生曾把它归纳为"字字落实，句句清楚"的"八字真言"。他对这种教学思想及其流弊做过精辟的论述。"所谓'八字真经'，无非是由老师一字一句'嚼烂了喂'，以应付考试。其结果必然是肢解课文，而且其肢解的细碎程度，比之现代文教学中的肢解课文更甚更惨，说它'碎尸万段'，也不夸张。文言文事实上已经不再是饱含思想感情的'文'，即便是千古传诵的名篇佳作，无论'韩海''苏潮'，一到语文课上，都只是一组组按刻板的语法规则组合起来的实词和虚词而已，再也激不起丝毫情感的波澜。文言文教学对师生双方来说，都成了一件最索然无味，但为了应考又不得不忍受的苦事。"①

钱先生的这番论述是针对20世纪80年代到90年代中期的中学文言文教学现状有感而发的。当然，随着对"应试教育"的检讨和批判的深入开展，在重整"人文"旗帜、重塑"素质教育"的大气候、大背景下，人们逐渐认识到这种传统的文言文教学方法存在很多弊

① 钱梦龙：《文言文教学改革刍议》，《中学语文教学》1997年第4期。

端。具体表现为：忽视学情差异，搞一刀切；在教学重点上，搞平均主义，一律逐字讲解；不注重学生思维的发展，缺乏师生互动，忽视了教学主体的存在。在新课标的指引下，这种以串讲为主的拘泥不化的文言文教学传统已有所改观，比如针对传统"串讲法"的死板、老套，注意运用启发式，注意照顾双边活动，注意突出重点，注意与其他教法的配合使用，更多结合现代阅读教学的新理念，为其注入新鲜的血液，使得老方法也焕发出新的活力。另外，随着白话文教学方法的长足发展，文言文的教学方法也走出边缘化的境地，逐渐丰富更新。文言文教学借鉴现代文教学的一些理念，并在此基础上结合文言文教学自身的规律，在理论方面有了新的突破。如由微观分析到宏观透视，由纵向梳理到横向比较，由强调教师的主导性到培养学生的主体性，呈现新时代的气息。在教学实践中一些优秀教师也积累了新的经验，摸索出一些新的教学方法，如"和谐教学法""背景契合法""审美赏析法""多元比较法"等。

毫无疑问，这些大胆的尝试对中小学文言诗文教学过程规律的探索将起到巨大的作用。然而，我们也更应看到，这些尝试更多地还是处于个人经验摸索的感性基础上，并没有从理论的层面上系统考虑课堂诸环节的关系，因此这些教法在实际推广过程中还存在着相当的障碍。也就是说，新型教学方法的"常态化"只是在为数不多的几位优秀教师的课堂上才能实现。那么，我们不禁要问，在现实的中小学语文课堂实践中何为文言诗文教学"常态化"？前述种种拘泥不化的传统套路在当前究竟受到何种"礼遇"，还有没有生存的土壤和空间呢？

针对这些问题，我们走访了江西省南昌市周边的几所学校，并对两所学校的部分初中、高中学生及语文教师开展了访谈及问卷调查。

从对学生的调查结果来看，大部分学生还是愿意采用教师主讲他们自己主听这种传统的、被动的学习方式。对现有教学情况的调查结果是这样的："您的语文老师是怎样上文言诗文的"，86.2%的学生选择了逐字逐词逐句串讲，10.8%的学生选择有针对性地串讲，看来老师们都还是采用这种传统模式。对于今后教学的走向的调查"您希望老师在课堂上怎样讲授文言文"的结果是这样的，33.7%的人希望老师先串讲课文，再重点点拨词句；23.9%的同学认为应先串讲词句，再整体把握文章；23.6%的同学认为应先讲背景知识，再串讲词句，文章整体不重要；17.5%的人认为与考试有关的多讲，与考试无关的少讲；只有1.3%的人选择"自学为主，老师负责解决疑难"。显然，大部分学生不乐意自学，串讲法是他们一致认可的，所不同的仅是学习重点而已，无论采取何种方式，以何为重点，却始终摆不脱串讲的范畴。串讲法讲授文言文得到了师生们的肯定，双方默许了这种教学状态的存在，并有延续下去的趋势。在与一位中学生的对话中我们能清晰地体会到这一点。

你认为文言课上主要该讲些什么内容？

当然是讲字词、翻译啦。

除了疏通字词以外，你们老师还用了什么方法呢？

……（无语）

你们手上不都有参考书吗？你们课前会对照参考书疏通字词吗？

那些都是老师上课才做的事情，如果我提前看了，上课再炒现饭多浪费时间呀。

看来学生对于文言的学习是缺乏主动性的，长久以来教师和学生也已习惯了这种教法和学法，虽然"以学生为主体"，甚至"双主体"等多种提法在课程改革的浪潮中层出不穷，许多教师也把它们轰轰烈烈地引入自己的课堂中，但这些改革都只是在白话文教学中加以应用，鲜有教师将其纳入文言文这块试验田。当然，在认识方面，大部分教师都已意识到以传统的串讲法保守地教授文言文，被称为"穿新鞋走老路"。在教育制度以分数论英雄的格局短时间无法改变的情况下，在没有找到更有效的教学方法以前，也曾有教师做出尝试，但迫于硬件条件的限制，学生素质的差异等客观原因，在社会各方面的压力下，老师们也有许多无奈。访谈中，与一位教师的谈话使我们颇有感触。

问：课程改革后，文言文教材有什么新变化？

答：有是有，但变化不大，增选了几篇新课文，有些把高中文言文调整到了初中，但整体变化不大。文言文选文相对来说在教材中最稳定了，因为作为典范能入选教材的只有这么多。

问：那针对课标要求，你在教学过程中有什么新举措吗？

答：新举措谈不上，但更注重文言文诵读的要求了。

问：相对于其他文体，你在文言文教学上做的调整大吗？

答：（考虑了一下）可能算比较小的。

问：为什么呢？你现在一般怎样教文言文？

答：主要还是介绍作者生平、写作背景、疏通字词、翻译、点一下重点字词句、解决课后习题。

问：（笑）那和我上学那会儿的学习方法也差不多嘛。你不想做一些更大的尝试吗？

答：对于一线教师来讲，这谈何容易。

的确，对于语文教师来说，要将文言文教学改革进行到底是举步维艰的，其间要有跨越重重障碍的勇气和信心。我们暂且不提高考指挥棒的导向和压力给文言文教学带来的障碍，仅从日常教学环境来分析，要取得文言文课堂教学的突破也是相当困难的。首先，是来自学生学习文言文自主性不强、兴趣不高的障碍。虽然问卷显示大部分学生有学习文言文的意愿，却不愿意为此付出努力，这就导致学习自主性的下降，他们不会主动地去学文言文。在与老师的谈话中，我们也发现文言文课文教学前，学生几乎没有读过课文，没有预习的习惯。

问：你要求学生预习课文吗？

答：要求的，但效果不佳。

问：为什么？

答：也许是其他课业压力也重吧，学生抽不出那么多时间来，我几乎每次上课前都提醒他们预习课文，不过大部分学生还是没看，所以我上课只好按没有预习的情况讲，一来二去也懒得硬性要求了。而是采取了一种变通的方法，在课前抽出10—15分钟看课文，不敢占用他们课外的时间。

由于预习环节上的缺省，造成教师不得不用课内时间完成预习时该做的功课——疏通字词，增加了教学负担。其次，课时量不足以使文言文教学困难重重。拿初中来说，要完成72篇课文的教学任务，在目前的课时数下还是比较困难的，由于实行五日工作制，初中三年除去初三复习时间，语文课时量总时数为350课左右，其中不考虑活动课、写作课等内容，能分配给文言文的至多有100课时，再平均分配到每一篇课文中，也就是每课不足两个课时的时间，在课前无预习的情况下，教师要分配一定的时间来完成字词疏通，介绍作者生平、写作背景，再识记些特殊句式、特殊字词，加上朗读、记诵的时间，能用在启发学生思考、唤起学生情感的时间就少之又少了。疏通文言字词句是阅读文章的前提，面对文言这种特殊的形式，当字词疏通占去课堂上大部分精力时，一些人文体悟的内容只有被迫以走马观花的方式一言带过，或以教师的思考成果代替学生的思考过程，更有甚者，在没有时间的前提下，人文只好靠边站了。

考察众多教师的课堂教学，在非公开课中，文言文教学始终走不出以串讲为主的老办法。尽管原因不尽相同，有的出于责任心，怕知识遗漏、学生不懂；有的懒于革新，恋着轻车熟路；有的经验不足、能力不佳，上课不讲怕驾驭不了学生；有的卖弄学问、哗众取宠；有的不负责任，"该讲的我都讲了，会不会由你"……上述种种实际困难确实是一个客观原因。何况高考文言文指挥棒的负面影响还阴魂不散，可以这么说，钱老先生在 20 世纪 80 年代指出的文言文教学的"八字真言"还风行于现时的文言诗文教学课堂上。虽然大部分有责任心的教师对这种拘泥不化的传统套路并不看好，对它的诸多弊端也是心照不宣，但在实际的文言文课堂教学中他们苦于找不到一种更有效、好用的方法，便不得不沿用这种模式，即使这样做会消耗大量的课堂时间，即使这样容易使课堂气氛沉闷乏味。也就是说，当前中小学文言诗文教学的"常态化"仍然是机械串讲、咬文嚼字的传统套路。

二　现代手段的哗众取宠——公开教学的"时髦追求"

随着"人文性"被作为语文课程的性质写进《课程标准》，语文教学高举"人文"大旗，文言文教学模式与方法开始从本质上突破机械串讲，咬文嚼字的传统套路，较多地在个性创新设计、整体把握感知、篇章分析、对比延伸、研究性学习上进行探索，以令人振奋的姿态展现出文言教学领域前所未有的魅力。这主要表现在各种不同方式的公开课、观摩课及比赛课的教学中。为了引起对教学内容和方式的探讨，为了展示执教教师的教学个性和文化底蕴，一些优秀的教师在公开课里进行了文言文教学的探讨，这其中有不少创新之举，极大地丰富和拓展了文言文教学的视域。如有人教《核舟记》时用论文答辩式来检查学生的自学成果，大大活跃了课堂气氛；再通过对对子的方式来促进学生理解课文，教师抛出上联"构思精妙技艺灵怪王叔远刻奇巧物"，学生通过自学讨论，有的对出了"观察细致语言简洁魏学洢作精美文"，有的对出了"匠心独运语言周密魏学洢写核舟记"，甚至有同学对出了"说明有序语言生动魏学洢撰传世文"之妙联。为了调动学生的创造力和审美能力，教师们进行了积极探索，如教《游山西村》，请学生为其写导游词；教《湖心亭看雪》，让学生为冬天的西湖设计电影镜头。这些独特新颖的设计确实使人有耳目一新之感，极大地调动了学生的学习兴趣。然而，欣喜之余，又出现矫枉过正的一面。主要表现在以下几个方面。

（一）过分追求方法新异，买椟还珠失内涵

大多数学生认为学习文言文很枯燥，因此，我们在教改中注意运用一些生动活泼的教学方法是很有必要的，但是过分追求教学方法的新异，哗众取宠，甚至以丧失文言文自身的内涵为代价，大有买椟还珠之势，就导致文言文教学内容的浅俗化，削减了教学综合效果，降低了教学品位，甚至迎合了某些低级趣味。如有的教师用中央电视台的"幸运52""开心辞典""实话实说"等形式丰富文言文课堂，甚至挪用周星驰式的"大话"系列改编文言课文，让学生在课堂上来一个现场版的搞笑表演。一堂课下来，热热闹闹、笑声不断，但"快乐"流于肤浅稍纵即逝，收获也早已随着"快乐"的消逝而烟消云散了，更遑谈真切感知汉语言的音乐美，提高语言欣赏品位，培养热爱祖国语言的感情。因此，上述教师的所为，无疑是"买椟还珠"，赢得了表面上轻松愉悦的教学形式，却丢弃了真正宝贵的教学内容。同时，对于这一代热衷于追星赶潮的学生来讲，原本就缺乏适量的传统文化积淀，更应该借助学习文言文的机会强化传统文化的吸收，调和学生现有的文化生存状态。如此教学，不仅违背文言文学习的初衷，丧失文化积淀的机会，而且"助纣为虐"，无形中助长了学生"积淀"时髦文化消费的观念。

(二) 过度开发文化内容，贪多求全失文本

文言文本身包含了丰厚的传统文化积淀，其中的文学常识、文化常识、道德观念、哲学思辨、审美蕴含以及它独特的表意功能、思维特征，已形成一种传承民族文化的浓郁气象，是文言基础知识之外相当大的一部分教学内容。如何充分挖掘出这些内涵并在有限的课堂时间内使学生掌握这些内容，发挥其无可替代的文化传承功能，将成为文言文教学改革的着力点，也是文言文教学改革成败的关键。但实践中，教师在延伸性学习、研究性学习等新课改理念的影响下，往往忽视了对文本本身的挖掘，不注意结合外来资料进行综合权衡，把力量过多集中在课外资料的大量收集引申上，表面上看，体现了新课改的理念，丰富了教学内容，实质上有一种"戏不够来神仙凑"的味道。曾听过一节获奖课，教学的是苏轼的《水调歌头·明月几时有》。施教者补充了许多作者与弟弟交往的背景材料，展示了不少表现他们离别之苦的诗篇。但由于老师这种背景介绍过多，对学生造成了负面影

响，他们认为整首诗都是与弟弟有关，所以理解"我欲乘风归去"时，学生认为苏轼是想去天上与弟弟相见。这种忽视文本本身、挖空心思"另起炉灶"寻找"创新设计"突破口的做法，不仅浪费了文本本身丰厚的学习资源，也不利于集中师生精力高质量完成主要的学习任务。

（三）过于看重文言趋白，牵强附会失文言

新的课程改革在理念上提倡重视培养良好的语感和整体把握能力，倡导自主、合作、探究的学习方式，注重拓宽学习和运用领域，这无疑是对传统的文言文教学套路的重大挑战。但在教学实践中，由于文言距现代生活遥远，再加上大多教师自己的古典功底不够深厚，往往难以做出符合文言"行当本色"的创新设计。于是很自然就从较为容易取得教改突破的白话文教学上"取经"，有意地借鉴移植白话文教学经验技巧为文言文所用。这本无可厚非，但事情一做过头就不好了。文言文毕竟具有鲜明的个性，正如吕叔湘先生早年指出的，"文言文教学和白话文教学毕竟不同"，"如果把白话和文言一样看待，教白话的时候忘了它是现代汉语，教文言的时候又忘了它不是现代汉语，这样的教法，用于白话，用于文言，都是不恰当的"①。文言文教学改革的质的飞跃只有建立在对自身深层次、多方位挖掘的基础上才能实现，若过多跟在白话文后面走，便会丧失文言文教学的精髓和个性，使文言文教学改革走上一条与白话文教学改革风格十分接近的路子，尤其是当越来越多的教师尝到这种"趋白""移植"的妙处时，便在处理教材时无视文言教学的个性，干脆把文言文当成现代文来

————————

①　吕叔湘：《关于语文教学的两点基本认识》，《吕叔湘语文论集》，商务印书馆1983年版，第327页。

教，将大部分时间用于了解大意、整体感知、架空发挥延伸，在"人文"上大做文章。在一次全国的课堂教学大赛中，有位教师讲授陶渊明的《归去来兮辞》，其教学的三个环节：一是读出快乐，请给快乐定义；二是合作探究，"快乐的背后是什么"；三是请你献策，现代人如何回归心灵。在教与学的活动中，这是一种"脱离文本的、无病呻吟的、从概念到概念的宏论"，培养的是一种"莫测高深的故作姿态和不切合阅读者个性发展的媚俗话语"。① 矫枉过正的背后是什么？是将贬义、夸大、牵强附会甚至无限引申的"人文"驻守于课堂，使课堂充满了闹哄哄的喧哗和虚无缥缈的"人文"！当前的文言文阅读教学正浸淫着这种流弊且常出现在一些被认为是突破传统套路的所谓"好"课的课堂之上。正是由于大量这种所谓"人文"的挤兑，课堂教学中淡化甚至"省略"掉了文言实词、虚词的学习积累，"节省"了句法语法的训练，抹杀了文言文学习中疏通词句、去除阅读障碍任务的特殊性，使文言文教学改革走上了一条无视文言个性的异化之路，说得严重一点，就是踏上了一条"不归路"。

由此看来，台前和幕后，中小学文言诗文教学呈现截然相反的两张面孔：一张是面对芸芸众"生"（为高考所困的学生们）素面朝天却死气沉沉的"生活照"，另一张是面对大千"观众"（慧眼识金的评课者们）华章异彩却哗众取宠的"定妆照"。一位年轻教师的闲聊无意中吐露真言："平时上课，与学生天天见面，实在就行，没必要搞那么多花哨，也没那么多精力和时间。公开课或比赛课可不一样，一个普通的教师能有几次这样出头露面的机会，来不得半点含糊，得深入体会课标精神，仔细钻研教材大施拳脚，怎么也要上出个带彩的

---

① 史绍典：《听课札记》，《中学语文教学参考》2004 年第 4 期。

东西来。"当然如此世俗的眼光只是个别现象，我们不能以偏概全。然而，教师也是人，同样生活在社会这个大染缸里，在当今过于追求功利化的社会氛围中，有些"公开课比赛课"确实也变味了，为了达到最佳效果，高人指点，众人评议，甚至要排练几次，教师俨然一位反复试镜的"偶像派"演员，追求时髦，刻意创新，幻想一鸣惊人，一举成名。尽管我们痛心于此，却也不得不承认现实社会存在其得以滋生的温床。教师选择教学方法的这种"主观故意"的确也是形成文言文教学现实两极分化局面的一大原因。

当然，教师这种纯粹出于私心的主观"故意"并不是主流，囿于认识不清、迫于现实压力的无奈选择更能代表他们的真实心态。在与部分高中教师的访谈中，当问及"您如何看待文言诗文教学的这种两极分化现象？"大部分教师起初是一笑了之，接着就是无奈地叹气，流露出的是对文言文教改前景深深的忧思。其中新课标中文言诗文教学"目的不明，要求过高"是他们一再抱怨的对象。新课标一方面明确要求"要培养学生阅读浅易文言文的能力"，另一方面又要求"学生感受文学形象，品味文学作品的语言和艺术技巧的表现力，初步鉴赏文学作品"，无形中造成了教学实践中的某种尴尬：当教师努力落实语言因素时，教学往往变成了文言词句与语法章法的分析课，随之而来的是课堂气氛的沉闷和师生双方的疲惫；当教师积极关注情感、态度、价值观这一层面时，教学又往往流于空疏浮泛乃至花哨，最终导致学生文言水平的迅速下滑。有人还用"死于章句，废于清议"来概括这两种极端。因此，文言文教学方法的这种异化现象应当引起我们的高度重视，要从根源上找到问题的解决办法，否则，一线教师和学生只会在这场反向"拉锯战"中身心疲惫，苦不堪言。一方面，日常的课堂教学依然按部就班，一潭死水；另一方面，在公开的场合充斥的那些所谓"精彩"却在美丽炫目的遮蔽下歌舞升平、愈演愈烈。当然，新课改以来，在文言诗文教学创新实践中取得的成绩我们是有目共睹的，我们在此把中小学文言诗文教学"真实世界"里存在的两极分化现象揭示出来，并不是要把这些成绩一票否决掉，也不是要打击教师们的创新精神，使他们处处畏首畏尾，举棋不定。而是意在点醒身居"庙堂"之上的决策者们下到"人间"，体恤民间疾苦，再对症下药；意在教给身处"田野"之中的实施者们（包括教师和学生）一双"慧眼"，拨开迷雾，看清浮华，享受文言诗文教学真实的美丽。

第四节　教学评价的剑走偏锋

关于教学评价问题，近些年来，随着西方各种形形色色的评价理论的构建和引进，国内教育教学的评价理念和形式也不断翻新。诸如"形成性评价""多元化评价""档案袋评定"等新理念、新模式一时间在国内教育领域奔走相告，争相实施。可时间一久，起初的一时兴起渐渐被现实操作上的困难打压了下去，人们发觉这些新鲜玩意儿"好看而不中用"，还是一张"白纸黑字"的试卷来得实在。因此，到目前为止，只要提及教学评价的问题，人们头脑之中先入为主的概念还是"考试"。

"考试"一词，《辞源》合订本解释为"考核官吏"与"考查学业"。中国作为一个考试大国，有着悠久的历史和丰富的经验。从某种意义上来说，我国历史的选拔性考试就是语文考试，我国的考试史也可以说就是一部语文考试史，而长期行走于这部语文考试史中的"宠儿"便是文言文。早在科举制度时代文言文试题就已初具雏形，在历经近现代教育革命的变迁之后，文言文考试有了全新的内容和形式。"20 世纪初，由于语文教学内容的变化，特别是语体文不断增加而文言文逐渐减少，过去那种主要考核古代儒家经典的考试内容日益为现代语文知识和作品所替代。"① 文言文考试从一统天下到如今与语体文的平分秋色，从主观性试题到客观性试题，从听说读写全面开花到只考阅读能力，随着时代的发展和社会的变迁，现代文言文考试的内容和形式不断走向丰富和完善。

随着我国教育战略地位的确立，高考日益成为人们关注的焦点，而考查祖国语言的语文考试更为众人所瞩目。高考是大学入学选拔性考试，它不同于教学体系中的校内考试的最主要表现就是它是对个人未来的评价，而且这种评价决定了个体对有限教育资源的享用权，因而大学入学考试更是对教育资源的争夺。在中国目前高等教育资源还十分有限的国情下，高考便拥有了显赫的身份和头衔，对于学生来讲是"一考定终生"，对于教师来说是"事业成就的砝码"，对于学校而言是"市场竞争的筹码"。正如福柯所说："学校变成了一种不断考试的机构，考试已经不再是学生对学生的智力较量，而是个人与全体的比较……"② 由于大学入学考试在社会上所形成的权威，它已人为地成了评估学校工作和学生的唯一标准，从而诱使中学教育离开了自己的目标。其派生功能超越了其本质功能，即大学入学考试试卷的内容和形式本身所具有的选拔和区分、预测功能被大学入学考试的社会功能和派生功能所代替。高考试卷中的任何变化都会成为中学语文教

---

① 倪文锦：《语文考试论》，广西教育出版社 1996 年版，第 4—5 页。
② 转引自葛光《画眉深浅入时无》，《读书》1998 年第 11 期。

学的实际变化的依据。"考试的指导思想和形式决定着实际的课程"。① 也就是说，要想课程改革取得实效，不能不关注高考改革，考纲与课纲同步、合拍，改革创新之路才不至于步伐紊乱。这也正是时下中国新一轮课程改革遭遇实践阻挠，人们痛心疾呼"高考不改，课改渺茫"的根源所在！

文言诗文的阅读多年来一直是高考的一个重要内容，文言诗文试题在语文试卷中一向是个重点和难点，对该项知识的考查一直牵动着人们的心。据以上分析，要考查整个中小学文言诗文教学评价的问题，选取高考文言诗文阅读试题作为主要的观察和研究的对象，应该是非常具有针对性的。

首先，我们有必要对新时期以来高考文言诗文试题的发展作一个总体评价，以期在把握高考文言诗文试题改革发展方向的同时准确、及时地预见其偏离的态势。

自 1977 年恢复高考以来，从国外引进的标准化试题便逐渐侵占文言诗文试题的空间，左右着文言诗文的命题思路，以致新时期文言诗文的测试有了与新中国成立前期完全不同的风貌：标点、翻译、简答、作文等纯粹主观性试题逐渐式微，带有标准答案的客观选择题不断加强。这固然带来了高考文言诗文命题的科学化和规范化，但也因其过于迁就现代文阅读的简单求同心理，相对忽视了文言诗文自身的特点，不能有效地测试出考生真正的文言诗文阅读能力和水平。又因高考指挥棒权力的示威、应试教育的推崇，文言诗文试题中的标准化试题过多、过滥，纠缠于知识点的掌握，以致文言诗文阅读离文言文自身的特点与教学、测试的要求日行渐远。另外，片面曲解文化素质

---

① ［英］约翰·贝克、玛丽·厄尔编著：《中学教师应关注的热点问题》，王璐、王向旭译，北京师范大学出版社 2007 年版，第 38 页。

的考查，文化常识成了唯一的考查渠道，贪多求全，以致中学文言文试题的内容其深度与广度已经接近和逐步接近大学中文系，偏题、怪题层出不穷，广大师生叫苦不迭。直到1997年爆发了一场全国范围内的语文教学大讨论，紧接着是举国上下全方位的基础教育课程改革的发起，高考才逐渐走出应试教育的怪圈，高考文言诗文的试题命制也进入了"稳中求变"阶段①。稳的一面总体上表现为：始终把浅易文言文的阅读能力作为考查的方向，又以考查文言文的理解和分析能力为主；局部表现为：题量渐趋减少，分值基本稳定；题型覆盖的知识点渐趋稳定。变的一面主要表现为注重积累和文学素养的考查，文言文翻译等主观题型开始出现并逐渐增多。可见新课改注重"人文"的理念对文言文阅读提出了更高的要求。最近几年来，高考文言诗文试题在命制改革方面做了很多成功的探索，努力结合文言诗文的特点，"重视挖掘知识中蕴涵的思想方法、道德情操、价值取向和能力因素，体现出较强的人文性、发展性"。② 同时，将语文的能力划分为"识记""理解""分析综合""表达应用""鉴赏评价"五个能力层级，突破了以往的"听说读写""了解""理解""掌握"的语文能力界定方式模糊不清的局限，既反映了学科能力的主体，同时又清晰明了，并且对能力层级的划分与考试内容的结合作了较为科学的阐释，使高考语文试题的科学性向前又进了一大步。而"生动新颖"的形式和"亲切友善"的要求则更易使考生发挥想象力，因此备受师生称道。一时间，在每年高考语文试题的评价报告中频频传出的是一片大快人心的"叫好声"。

　　"稳中有变"并不是"尽善尽美"。在这里，对高考文言诗文考试

---

　　① 参见赵国庆《1997年以来高考文言文试题研究》，硕士学位论文，华东师范大学，2005年。

　　② 国家教委考试中心高考试题评价组：《1997年高考语文试题评价报告》，《中国教育报》1998年第1期。

现已取得的成绩我们不想多谈，而是本着主动发现问题，勇于揭示问题的态度，走出"自我感觉良好"的惰性思维，对高考文言文试题进行纵向和横向上的比较分析，并结合高考对中小学文言诗文教学的影响，将现实中存在的异化现象呈现出来，以思异化原因，求改进之法。

一 文化内涵重道义轻人性

如前所述，21 世纪以来，文言诗文教学在传承文化方面的价值正越来越得到人们的肯定，因此在高考文言诗文试题中突出文化内涵就不足为奇了。2004 年的《课程标准》就明确地从"文化"的层面对文言诗文做出了内容的定位："学习中国古代优秀作品，体会其中蕴含的中华民族精神"，"从中汲取民族智慧"，"注意考查学生能否了解文化背景，感受中华文化精神，用历史的眼光和现代观念审视作品的内容和思想倾向"。以上的内容定位，决定了高考文言文阅读文段的特点，除了文字要求上的"浅易"，更要注意思想内容方面的"文以载道"。按照这样的标准，传统四部分类法中的史部传记就很自然地成为高考文言文阅读文段的首选。正如那些深入分析课纲、考纲，擅于揣摩命题者出题思路和偏好的应考"专家们"的分析所示，"因为这些文章的主旨多为表彰忠臣义士、清官廉吏、孝子节妇……他们身上体现了中华民族的传统美德和智慧"①。

事实果然如此，历年高考语文文言文阅读选文几乎是清一色的"人物传记"。纵向，我们以全国卷为例，将 1985—2004 年高考文言文阅读节选材料做了一个统计，列表如下：

---

① 陈宗德：《2008 年高考文言文考题规律探析及对今后教学和备考建议》，《现代语文》2008 年第 9 期。

表 4 - 7　　高考文言文阅读节选材料一览表（1985—2004 年）①

年份	文言文阅读材料出处	主要人物
1985	《明史·周顺昌传》《五人墓碑记》《宋书·列传第二十七谢灵运》	周顺昌、谢灵运
1986	《世说新语》《资治通鉴》	诸葛亮
1987	《孟子·离娄下》	子濯孺子、庾公之斯
1988	《史记》《读通鉴论》	季布
1989	《战国策·魏策》	吴起
1990	《战国策齐策》	田单
1991	《颜氏家训·教子》	齐武成帝子琅邪王
1992	《晋书·陈寿列传》	陈寿
1993	《新唐书·姚崇传》	姚崇
1994	《宋书·孝义传》	何子平
1995	《隋书·烈女传》	郑善果母
1996	《宋史·忠义二·郭永传》	郭永
1997	《大唐新语》	狄仁杰
1998	《宋史·忠义一·李若水传》	李若水
1999	《北齐书·循吏·苏琼传》	苏琼
2000	《三国志·魏书·胡质传》裴松之注引	胡质
2001	《史记·田单列传》	田单
2002	《史记·李将军列传》	李广
2003	《旧唐书·裴矩传》	裴矩
2004	《后汉书·孟尝传》	孟尝

---

① 根据历年全国卷高考试卷相关内容整理，参见《语文学习》《中学语文教学》等杂志 1985—2004 年各期。

表中清晰地显示出：选文均为史传作品，除 1987 年、1991 年外，选材都是"正史"，出自《二十四史》；选文主旨都是传统美德，文章思想性强；主人公多为正面形象，如大孝子何子平、著名烈妇郑善果母、良吏郭永、好法官狄仁杰、死节忠臣李若水、治世能臣苏琼、清官胡质……综观这些人物的思想，可用四个字归纳：忠孝节义。而中国历史上起推动作用的科学创见、艺术思想、哲学命意、民主意识却被命题者一个个封杀了。

　　让人忧心的是，在大力推行多元化的高考改革之现在，这种单一的思想仍然横亘在最近几年的文言试卷中，坚韧倔强，绵延不绝，大有 50 年不改之势。为了更清楚地呈现这一面貌，我们把 2008 年全国高考 18 套考题文言文阅读选文材料也作了一个横向的统计，列表如下：

表 4 – 8　　　　　　高考文言文阅读材料一览表（2008 年）①

地　方	文言文阅读材料出处	思想内容
全国卷 I	《宋史·廖刚传》	表彰忠臣能吏
全国卷 II	《宋书·王昊首传》	表彰贤良直士
北京卷	《汉书·韩延寿传》	表彰贤臣良吏
上海卷	《杨烈妇传》《寻秋草自序》	赞美女性器识抒发审美情趣
天津卷	《墨子·兼爱》	阐发兼爱主张
重庆卷	《晏子春秋》	主张仁政爱民
四川卷	《明史·郑濂传》	表彰孝义家风
广东卷	《晋书·周访传》	表彰良将美德

　　① 根据 2008 年 18 套高考试卷整理而成，参见《语文学习》2008 年高考增刊。

续 表

地 方	文言文阅读材料出处	思想内容
山东卷	《聊斋志异》	表彰孝悌友爱
江苏卷	《后汉书·吴汉传》	表彰良将忠勇
浙江卷	《唐子才传》	记述直臣遭遇
湖北卷	《龙渊义塾记》	倡导重视教化
湖南卷	《欧阳公墓志铭》	表彰良臣贤能
福建卷	《晏子春秋》	倡导施德不傲
安徽卷	《新唐书·韩休传》	表彰能臣直相
辽宁卷	《隋书·韩擒虎传》	表彰良将勇猛
江西卷	《左传》	表彰良相德治
海南、宁夏卷	《晋书·嵇绍传》	表彰良臣忠直

　　根据以上归纳不难看出，2008 年高考 18 套试题中的文言文阅读文段的选文出处虽然打破了"史传文独步天下"的格局，出自史部的只占总数的一半，而对"人物传记"这一传统文言文体的偏爱依然未变，选自史部、集部和子部的文段，以人物为主的叙事类文段（只有上海卷和天津卷是个例外，一篇写景抒情，另一篇议论阐发）占了总数的近 90％，足见其举足轻重的地位。就思想内容而言，几乎无一例外地在颂扬中华民族的传统美德和政治智慧。其内容主旨无一不在"忠""孝""贤""能"等道义伦理的范畴内兜圈子，而饱含人间真情的"友爱""亲情"、展示人性之美的"关怀""同情"却被无限放大的"道义"挤压得早已无立足之地。

　　尽管我国传统的文学、文化经典，其哲学基础主要是以儒教为主，其核心是家族式的伦理纲常，所谓"儒、释、道，三教虽殊，总抹不得孝悌二字"。①但我们不能说中华民族的传统美德和智慧就只表现在政治、伦理等"崇高"层面，舍此而无其他。要知道，古人的生活、古人的情感世界同今人一样，也是丰富多彩的。至善至美的人间真情，平凡朴实的人性之美同样流淌在文言诗文的字里行间，学生们喜欢读的也正是这种心与心相连、情与情交融的文章，而不是正襟危坐的微言大义。这在我们前面针对中学生所作的关于"你最喜欢和最讨厌的文言诗文有哪些"的调查问卷中也有所反映。难道这些事实命题者们都全然不知吗？不是的。我们看，主要还是国家的主流意识形态在起作用。

在中国，高考是政府行为、国家意志。从知识社会学的观点看，考试，尤其是大学入学这样的选拔性考试在某种意义上是一种特殊的控制过程。它以一种主流意识的文化价值标准为准绳，将考试的内容和答案的标准规定好，以一种无声但极具权力的话语将考生的意识和意志划到其许可的范围。它像一把刷子，大手一挥，那些反映个人的、平民情感意识的"不入流"的文章便所剩无几了。于是，在我们的高考试卷中，没有优美的语句供人咀嚼，没有传神的描述供人欣赏，没有深邃的意境让人受到熏陶，所有的只是一个个概念化的人物和某种理念的僵尸。我们的文言诗文试题似乎不仅仅承载着考查学生文言知识的重任，似乎还兼有做好思想宣传工作的任务。它要用古人的"先进事迹"教育今人，为今人树立良好的学习榜样，宣传一心为公，宣传依法治国，宣传廉政建设，它比政治还要政治。文言诗文考试偏离了"本

---

① （明）冯梦龙：《警世通言》，中央民族大学出版社 2002 年版，第 6 页。

性"，它愈来愈远离"语文"。

　　不管我们承不承认，也不论我们如何辩解，高考对教学的导向性作用无孔不入，在很大程度上，师生们奉行的还是"高考考什么，我们就教什么，学什么"。一方面，如前所述，推行课改以来，现行教材中的文言诗文选文突破了过去注重"伦理道义"的倾向，转向关注选文的人文内涵，经典文章的选编从偏重"伦理"取向转到"情感"取向，如人教版初中的文言诗文选文内容就很丰富：有对生命的体验，如《童趣》；有对理想、人生的追求，如《论语》十则；有对亲情、友爱的珍爱，如《世说新语》之《咏雪》《陈太丘与友期》；有关于生灵的话题，如《狼》；有对历史的记录，如《陈涉世家》。另一方面，我们的高考文言文阅读材料却几乎还在原地踏步，命题者为了宣传某种"道"，注重单一的思想内涵，不惜以扼杀考生的审美情趣为代价。如此导向的结果，只能使学生被迫选择这类单一性和确定性的内容阅读，从而大面积地丢失阅读空间，无法全方位地进入审美意境，从而丧失阅读兴趣。试想，通过课堂教学，学生读了相当数量、风格迥异的文言诗文，是一个充满思想的个体生命，一走进考场，面对的依然是多年未变的"老面孔"——正襟危坐，微言大义，会做何感想，好不容易培养起来的对文言诗文的一点点兴趣又被打回原处，难怪广大学子会发出"学文言只是为了应付考试"的感慨。无疑，文言诗文考试选文材料文化内涵"重道义轻人性"的这种偏失，是造成"教"与"考"脱节的重要原因之一，而最终"教"还是服从于"考"，致使中小学文言诗文教学改革的一系列努力都有付之东流的危险，文言诗文考试选文内容上文化内涵的剑走偏锋已然成为文言诗文教学的一大"硬伤"。

二 试题题型重客观轻主观

随着中国历史上科举制的终结、古代学制的废除，现代意义上的考试制度得以萌生并不断发展起来。"现代考试的重要特征是它的科学性。它包括两个方面：一是明确'考什么'，要求从学科性质出发，依据一定的教学目的、教学任务，确定考试的内容。二是确定'怎么考'，要求用考试理论指导考试实践，使考试具有较高的可靠性与有效性。二十世纪初期语文教育的科学化和西方教育测量方法的输入，为解决这两个问题提供了前提和借鉴，是现代语文考试制度形成的重要因素。"① 同样，语文学科中的文言诗文考试也与传统的以文言为形式的科举、选拔考试不同，对"考什么"和"怎样考"的思索成为人们的自主行为，拿高考文言诗文测试来说，其测试内容和测试形式都经历了一个不断发展变化的过程。

新中国成立前，"高校入学招生考试是由各个学校自行命题、自行组织考试、自行阅卷、自行规定录取标准并录取新生"。② 当时高考的语文试卷主要就是由两大部分组成，一是文言文；二是作文。单就文言文试题来看，考试题型"采用最多的是文白互译，其次是加标点，如'加标点并译之'（辅仁大学，1943 年）'语体化为文言'（北京大学，1943 年）。另外，简答题也占很大比重。由于受西方文法分析的影响，有些试卷出现文法试题，仅填空，选择题几乎没有。"③ 可见，当时根本没有客观性试题，全部是主观性试题。新中国

---

① 钟小苑：《现代语文考试制度成因初探》，《宁德师专学报》（哲学社会科学版）2003 年第 4 期。

② 谢青、汤德用：《中国考试制度史》，黄山书社 1994 年版，第 531—532 页。

③ 郑国民等：《解放前高校招生语文试题管窥》，《中学语文教学》2002 年第 4 期。

成立后到恢复高考前，高考文言文试题保留着新中国成立前文言诗文试题的某些特点，题量很少，题型主要是简答、翻译形式的主观题，考试内容主要是文学常识、标点、解释词语、翻译句子或整个文言语段。如 1954 年、1955 年是给下面的一段文章（分别选自《廉颇蔺相如列传》和《桃花源记》）加标点符号，分别占总分的 8% 和 10%。1956 年高考要求翻译《廉颇蔺相如列传》中的一段文字，占总分的 10%；1957 年主要考对古代诗词的鉴赏（翻译杜甫的《石壕吏》），占总分的 16%，回答两个问题：①辛弃疾的《菩萨蛮》（书江西道口壁）是在什么历史情况下写的？表现了作者什么样的思想和感情？占总分的 5%；②具体分析《孔雀东南飞》结尾一段的含义，占总分的 8%。①

　　1978 年恢复高考后，国外标准化试题对高考文言诗文试题的影响逐渐发挥作用。为了改卷时便于操作，文言诗文试题也采用了"标准化"的形式，开始出现了选择题。但客观性的选择题也经历了一个波折：1980 年，开始摒弃选择题，大量的是填空和标点文段、解释词语、翻译文句题。1985 年又开始恢复选择题，从此该题型就一直保留到现在。那么，随着客观性选择题的步步进发，过去传统的那些主观题怎样了呢？1985 年以后，文言文的主观翻译题越来越少，直至消失。1990 年到 1996 年这 7 年，主观性题型继续式微，首先是再也没有出现标点题了，代之以读音题；在文言语段阅读中，主要考查的题型有：难字认读、文言实词理解、常见虚词用法解释、句子翻译、信息筛选、复句间语义关系的辨析、对整体文章的综合考查和文学文化常识的识记等。试题除 1990 年的文化常识

---

　　①　以上资料参考赵国庆《1997 年以来高考文言文试题研究》，硕士学位论文，华东师范大学，2005 年，第 4 页。

题和 1993 年、1994 年的默写题外，全部都是选择题。所有的整体文言语段的阅读题都以选择题的题型出现，足以代表标准化试题对高考文言诗文试题的全面控制。

为了更清楚地呈现历年高考文言诗文测试客观性题型与主观性题型的发展变化，我们把 1985—2004 年高考文言诗文试题中不同题型的分值及占文言诗文试题的比重做了一个简单的统计，列表如下。

表 4-9　1985—2004 年高考文言诗文试题各题型分值及其占文言诗文比重

年份 \ 题型	选择题		填空题		简答题		合计
	赋分	比重（%）	赋分	比重（%）	赋分	比重（%）	赋分
1985	5	16.7	9	30.0	16	53.3	30
1986	13	48.1	3	11.1	11	40.7	27
1987	24	70.6			10	29.7	34
1988	30	81.1	3	8.1	4	10.8	37
1989	17	63.0	4	14.8	6	22.2	27
1990	25	83.3			5	16.6	30
1991	25	86.2	4	13.8			29
1992	24	100.0					24
1993	22	88	3	12.0			25
1994	26	89.7	3	10.3			29
1995	32	91.4	3	8.6			35
1996	29	85.3	5	14.7			34
1997	29	85.3	5	14.7			34

续　表

题型\年份	选择题		填空题		简答题		合计
	赋分	比重（%）	赋分	比重（%）	赋分	比重（%）	赋分
1998	30	90.9	3	9.1			33
1999	27	100					27
2000	24	100					24
2001	27	100					27
2002	15	50.5	4	13.3	11	36.7	30
2003	15	50.5	4	13.3	11	36.7	30
2004	12	40.0	4	13.3	14	46.7	30

说明：主观题出现的解释词语题、翻译题、加标点题，都视为简答题。1990年第21、22、23题从答案来看，更接近简答题。

由表4－9可以清楚地看出，高考文言诗文试题在题型设置上发展变化的轨迹。1985年选择题所占比重较低，不足20%，简答题却达50%以上，填空题所占比重也较高；1986年开始，选择题开始异军突起，所占比重逐年增加，1988年高达80%，简答题、填空题比重逐渐下降，1988年两者之和不足20%。1990年简答题比重继续下降，选择题比重继续上升。其中，1992年，1999—2001年选择题高达100%。1991—2001年没有考简答题。

从整体来看，1985年以前，高考文言诗文试题以简答、填空等主观题型为主。1986年以选择等客观题型为主。1990—2001年文言文阅读题全都安排在分卷考试的第Ⅰ卷即"四选一"的选择题中，全部采用客观题型。20年来，每年都有选择题。

人们对客观选择题如此看重，是与西方标准化考试对现代考试制度的影响分不开的。"标准化考试是系统的科学程序组织，具有统一的标准并对误差作了严格控制的考试，这里的标准化，具体是指对不同的被测者在测试题目、施测条件、考卷评分和分数解释等各方面都采用一个统一的标准。"① 标准化考试的设计和实施，既是一个科学化、程序化、规范化的技术过程，也是一项井然有序的系统工程。标准化考试介入中国语文考试，能在一定程度上消除以往测试全凭经验命题的主观、随意性的弊端，是语文学科发展走向科学、成熟的一个标志。文言诗文测试引入标准化试题多年的实践也证明，选择题在考查文言词句的理解、文章内容的把握、概括能力方面确实有一定的功效。然而在科学主义的影响下，人们对标准化考试的理解产生了偏颇，语文考试中对标准化考试的应用和探索只是停留在技术的引入上，特别是只将标准化考试理解为标准化试题的大量运用，而没有站在建立整个标准化考试运行系统的高度上来运用标准化考试。"有人认为标准化考试就是搞选择题，这是一种误解。诚然，标准化考试是大量使用选择题的，但它并不排斥其他各种题型，而且大量使用选择题的目的还是为了在保证测量目的的前提下降低成本和减少测量误差。"② 也就是说，题型直接由测试任务和测试目的决定，题型本身没有好坏之分，只有是否适用于测试目的和测试内容之分。语文考试用标准化客观试题，"有的内容是可以的，比如读音、字形，但一到了'义'就没有标准……到文艺鉴赏就更没有了标准，它本身就是仁者见仁智者见智的"③。标准化试题特别是选择题的大量运用并不适用于对语文能力进行评价，阅读过程本身应是学生主动建构的过程，会存在理解上的差异，而用标准化试题考查学生的阅读能力实际上是用成

---

① 倪文锦：《语文考试论》，广西教育出版社 1996 年版，第 205 页。

② 曾桂兴：《标准化考试常识》，四川教育出版社 1987 年版，第 27 页。

③ 王丽：《语文标准化考试拥护者甚少反对者居多——周正逵先生访谈录》，《中国青年报》1999 年 3 月 18 日第 2 版。

人的理解代替了学生的理解。正如于漪所说："各种各样的标准化试题，形式五花八门，恰恰把语文的本质掩盖了。"①

　　一方面，由于选择题等客观性题型本身具有不可避免的局限性；另一方面，由于我们对标准化考试认识上的偏颇，文言诗文测试对标准化试题的盲目推崇给文言诗文教学带来的种种问题愈发凸显出来。首先突出表现为高考文言诗文试题题型的僵化。多年来，"四选一"的单项选择题、以文言文词、句的理解为重点兼及文章内容的分析综合，成为文言文高考命题的稳定结构。诚然，保持试卷结构和题型的稳定，有利于教师的教学把握和学生的复习准备，避免激烈的震荡。但过度的固定，会使文言文阅读目标僵化以至缺乏。文言诗文测试一味迁就"选择题"的客观性题型，忽视语言的模糊性，过分强调精密性；忽视思维过程的演绎，只求思维结果的归纳，游离于文言诗文本身的特点之外，是一种削足适履的行为，并不能真正测试出考生真实的文言诗文阅读水平。其标榜的所谓"客观、公正"，也只能是一种形式上的幌子。直接的后果是导致师生备考观念沦为死记几个知识点，囫囵吞枣，只为应付考试。"教是为了考"，更何况为的是这种异化了的"考"。这种僵化的题型对教学的导向作用可想而知。于是，课堂上充满的是纯知识理性的讲解，教学流于追求知识的系统性、全面性和网络化，背离了文言诗文教学的精神。老师们这样语重心长的话我们大概似曾相识吧："文言文读不太懂不要紧，有些词义搞不清，有些句子弄不明，也不要紧，一样能作对题。关键是要会用比较法，看哪一个备选答案更合理。也可运用排除法，看哪些答案不合理，分别加以排除……"经过如此艰苦卓绝的机械化、程式化训练，学生的

---

① 于漪：《标准化试题把语文教学引入了"死胡同"》，《人民教育》1998 年第 6 期。

理解能力、概括能力、想象能力、表达能力，究竟还能剩多少？他们长期在这种选择题中摸爬滚打，也就只好让自己变得机械、简单、线条了。校园里不是流传着高考文言文"一说二论三传，'而''以''乃'字不断，筛选对文照搬，翻译练练过关"的说法吗？这种看似精到的经验总结实则是一种投机取巧的心理写照，长此以往，会导致一种极为不健康的学习意识：只要熟悉文言文答题的套路，掌握一些应试的技巧，就能对付文言诗文考试。走此捷径，哪里去管它多读、苦读、读经典名篇，读古人思想，读传统文化。如此一来，只会离我们所想要的文言诗文教学目标越行越远！

此外，"命题的迷宫化"是标准化试题的一大致命弱点。现在的考试越来越爱出判断题，一个字、一个词、一句话，不是让你直接解释，而非要一口气给出若干个答案，要求你找出其中唯一的正确答案。而且这些答案非常相似，就像孪生兄弟姐妹，不看时你可能还觉得心中有数，一旦看了，心中越是没谱了。例如，1997年高考题第17题，"高宗意乃解"一句，让学生区别"高宗的主意这才消释"，和"高宗的情绪这才缓解"这两种解释的对错。其实，谁能说前者就比后者准确呢？文言文本是言简而意丰，浑然一体的，但是现在像人体进入了解剖室，被肢解得清清楚楚，"非此即彼"了。长此以往，文言将沦为一种"风干的语言"，其含蓄、简约之美终将消失殆尽。

其实，"科学的客观性试题应该基于大量的相关分析，题目设计要有明确的能力目标指向，并全面考虑了学生可能的反应类型，题目的选项不是凭空编造的，而是基于测试目的，或根据实际预测将不同层级的学生回答加以类型化，形成选项，或根据教育专家对儿童经验的把握，建立代表不同水平的选项，再通过大量的测试对选项的合理性进行检测，证实学生的认知反应。"① 只有这样，才可以既在一定程度上区分学生高水平的思维过程，又可以保持客观性试题的优势。可见，一套真正科学的选择题的编制并非易事。虽说我国高考命题制度已经相当规范了，但具体到每道题、每个选项设置，其严密性、科学性还远未达到这样的高度，因而靠几个命题者网罗资料、凭空捏造几个选项故弄玄虚、拐弯抹角设置障碍的所谓"客观性"选择题并不鲜见。这样一来，由于选择题本身存在局限，而人们又没能正确认识其特征并加以合理化的运用，因此，选择题的大量不恰当运用导致文言诗文测试越来越难以对文言诗文阅读能力进行考查。

于是，随着世纪之交语文教学大讨论的展开，这种以客观性选择题为主的文言诗文测试在现实中遭遇的"瓶颈"越来越引起人们的重视。"这样的题型是否有效地检测出了学生的文言文水平？能否有效地指导中学文言文教学？"诸如此类的质疑屡见不鲜。在高考多元化改革的进一步推进中，高考文言诗文测试逐渐走出单纯注重选择题的误区，主观题型渐渐恢复了起来。从表4－9中我们能看出端倪：从2002年开始，客观选择题失去了往日尊崇的地位，题量和分值都严重缩水，2004年直降到40%，相反，简答题却突然恢复且比重高达36.4%，2004年继续上升且比重达到46.7%。可见人们对文言诗文测试过于注重客观题型轻视主观题型的偏失有所觉悟，逐渐认识到主观题型在考查文言诗文阅读能力方面的作用，翻译、简答等传统的主观题型逐渐恢复了其在文言诗文测试中应有的地位。

当然，新的时代赋予文言诗文教学新的特点和新的内容，测试的题型也要随之做出相应的变化，我们不能因标准化考试尤其是选择题

---

① 李英杰：《SOLO分类评价理论在阅读能力评价上的应用》，《首都师范大学学报》（社会科学版）2006年第2期。

等客观性题型在现实条件下的"捉襟见肘"就倒退到过去只考翻译、简答等主观题型，甚至"一篇文言作文定终身"的时代。在文言诗文测试中，决定客观性题型和主观性题型的取舍要考虑文言诗文文体本身的特点及测试的内容和要求，思考何种形式能更科学、有效地考查学生真正的能力水平，才是行"标准化考试"之实。不是盲目跟风，大量滥用客观性选择题，弃主观性题型不顾，以致丧失文言诗文教学的本性；也不是故步自封，简单套用传统的主观题型，视客观性题型的时代优势而不见，使得文言诗文教学的发展裹足不前。

最近几年，我们欣喜地看到高考多元化改革中文言诗文测试平稳中不乏新意：2002 年开始把原来选择题型的翻译调到第Ⅱ卷用简答题型的主观题测试，让考生直接翻译文段或句子，从此翻译便成为主观题型的"领头羊"；原来一些定式的选择题题型如加点词的理解，文章内容的理解现在也以简答题的主观题型的面貌出现了；俗称"三鉴赏二评价"的阅读能力考点已不再是古代诗歌鉴赏的专利，文言语段阅读也出现以简答题的形式考查对作品思想内容、艺术特色进行评价和鉴赏的"开放性试题"。从中我们似乎能看到高考文言诗文测试题型从客观到主观的转型迹象。然而，透过高考试卷的文本分析，转到实际课堂教学，了解了广大师生的应考策略，透视他们的应考心理，我们发觉改变的只是题型表面的形式，实质的东西依然未变。

由于高考文言诗文测试中鉴赏题的分值日渐攀升，广大师生纷纷瞄准这一难点，为了适应考试，平时便加强了这一方面的训练。据我们观察，大体有这样几类题型：（1）选一首古诗，出几个多项选择，然后让学生挑选："下列欣赏不正确的一项（或两项）是?"（2）选一两联佳句，让学生咬文嚼字，谈谈"诗眼""炼词"的妙处。（3）让学生读一篇（或段）文言诗文佳作，然后写一篇500字左右的赏析文章。

我们知道，鉴赏与评价属于高层级的阅读能力，首先应当读通、读顺，要反复吟诵，有些还需要背诵记忆。古人所谓"涵泳功夫兴味长"。假如我们经常选一些学生从未读过的文言诗文，连作者是谁都不知道，也不知道文章写作时的背景如何、作者的心境如何，他怎么去分析鉴赏？又如何去写"鉴赏"文章？放在课内写，大部分学生只能大眼瞪小眼；放到课外去写，也许可以促进一些有条件的学生去读点课外书，但真要写成文章，恐怕也只能照抄照搬"鉴赏辞典"之类的工具书。事后，老师再向他们公布"标准答案"，而老师的"标准答案"也无非来自各"鉴赏辞典"。虽然新课标提倡文本阐释的多元化，注重阅读理解的个性体验，但对鉴赏评价这样的开放性试题即使不公布准确的"标准答案"，也有个标准的范围限定即所谓的"评价标准"。这些"标准"是否符合学生自己年龄段的认识和文字表征呢？我们看更多的还是大人式的、人云亦云式的表述。无论是学生的答题还是教师公布的"标准答案"，我们经常读到的往往是诸如"渲染""烘托""审美观照""沉郁顿挫""有我之境""无我之境"之类的评论术语，于是便出现了高考阅卷时常见学生答题"前一句老辣如俞平伯，接下来一句又稚如高中生"的尴尬。事实上，高考命题只要一出新题型，揣摩命题者的出题意图，分析答题的个中意蕴的种种应考策略便相继出台，日常的文言诗文教学也就相应而动。为了"应点"得高分，师生们把精力放在做习题上，原本生动活泼的主动学习，降格为被动学习；原本鼓励个性表达、尊重个体差异的主观试题，弱化蜕变为"死背"答案要点的机械记忆。这种以主观之名行客观之实的做法，早已偏离了鉴赏评价类主观性试题考查学生的思维水平和语言水平，鼓励创造性、想象力的发挥的初衷。

可以说，高考文言诗文试题的命制正在努力改变凝固、僵化的题型，新兴的以简答的方式考查学生的理解分析、鉴赏评价类的主观题型方兴未艾，给长期以来重客观、轻主观的命题形式造成了一定的冲击。但是，传统的题型已经培养了并且正在培养着一大批语文教师和学语文的学生，他们已经有些习惯甚至麻木于这样的形式，任何新的改变都会使他们不适应以致要求"恢复传统"。这是人们的惰性思维无形中阻碍着发展变化的路向。另外，现在的一些主观性试题的编制本身存在不足，如：对其测试的能力目标并不特别清晰，缺乏明晰的评分标准，没有建立起评分标准的有效制度。这种评分的有效制度既要能够实现题目测试目标的达成，又要体现对学生能力水平和经验水平的科学预测和有效把握。由于这些不足，导致一些名为"为学生提供发散思维的空间，鼓励学生发表个人的真知灼见"的主观性试题很容易演变成揣摩答案的"死记硬背"，徒增学生的负担，并没有达到应有的效果。再者，高考文言诗文测试偏重于选择课外的文言诗文语料作为考查的对象，这种试题的导向使得师生相对轻视课内选文，因为选文只是"例子"，教学目的只是通过"例子"培养阅读"能力"，而不是掌握"例子"本身，因而大量的时间和精力花在启发引导如何读懂"例子"的方法上，抽筋剥骨，提炼知识点，再到大量的课外引申练习中去举一反三，熟练地操作这种"能力"。试想，学生对教材中的选文都未能真正的诵读、理解，都未能原汁原味地去品味鉴析，对出自课外可能读都没读过的文章，要在短短十几分钟的时间内写出答案，何谈准确地赏析并发表个人见解？实在是强人所难。

我们认为，如果"了解汉民族文化，提高文化素养，陶冶思想情操，弘扬民族文化精神，增进语言的表现力，应该定为文言文教育的基本目标"这一观点公认是正确的话，那么从操作层面来说，帮助学生理解、诵读具体的文言诗文课文，应是文言诗文教育、考查的第一要务。高考必须学什么考什么，学什么样的教材考什么样的教材，决不以教材之外的庸涩文字为难学生。这样，学生在文化素养得到切实提高的同时，可能会无心插柳柳成荫，真正形成阅读浅易文言文的能力。

第五节　教师发展的专业缺失

　　语文教师是中小学文言诗文教学的实施主体，在文言诗文教学的全过程中，教师所发挥的作用和产生的影响是不言而喻的。由于文言诗文教学的特殊性，语文教师自身的古文功底和文化修养对于中小学文言诗文教学的成败得失具有举足轻重的意义。语文教学最根本的东西是靠教师货真价实的语文素养去感染学生。"腹有诗书气自华"，有了扎实的古文功底，有了传统文化的熏陶，教师的学识和自然流露出的精神力量、人格魅力便会感染学生，使学生从心底敬佩老师，从而对学习产生兴趣。这种精神力量，这种人格魅力，"不是任何电脑或其他媒体科技所能拥有和放射出来的"①。我们承认韩愈的"师不必贤于弟子"，但我们也应该懂得"学高为师"的道理，"以己昏昏，怎能使人昭昭？"知识思想的贫乏者不说误人子弟，也是愧为人师的。

　　那么当前中小学语文教师的古文功底与文化素养状况如何呢？我

们先从历史的根源寻找，对其做一个全景的描述。"文化大革命"期间的焚书、批孔、反儒，不仅使古文教育面目全非，而且给"文化大革命"后的古文教学留下后遗症。20 世纪下半叶成为文坛主流文化与处于一线的学者、教师，在孩童时期的"语言敏感期"阶段，即 15 岁以前，没有文言学习的语言环境，没有接受过系统的、深入的文言教育。造成大专院校里真正懂得国学的人才凤毛麟角，中小学文科教师，其文化程度更难以让人恭维。中小学教育界，四五十岁的教师大多经历过"文化大革命"，大好的求学时光几乎白白浪费。他们的古文功底可以说非常薄弱。二三十岁的青年教师，他们的学生时代是在紧张的应试教育中度过，他们所受的教育在一定程度上影响了他们的传统文化素养。总的来说，由于多年来冷落和忽视传统文化教育，目前教师自身的传统文化素质有待提高。

在现代社会，教师素养的提高主要有三种形式：职前教育、工作锻炼和职后培训，① 我们把后两种形式合称为职后发展。下面，我们对语文教师专业发展中语文素养的现状作具体分析。

一 职前教育——古代汉语教学的失落

国家教委师范司在 1991 年 12 月颁布的《汉语言文学教育专业教学大纲》中明确指出："古代汉语课是高等师范院校汉语言文学教育专业的一门基础课，本课程的学习目的是掌握古代汉语基础知识，提高阅读古籍的能力，批判继承古代文化遗产，并运用有关知识进行文言文教学，提高中学文言文的教学水平。"② 可见，师范院校《古代

---

① 黄甫全主编：《课程与教学论》，高等教育出版社 2002 年版，第 387 页。
② 国家教委师范司：《汉语言教育专业教学大纲》，东北师范大学出版社 1992 年版，第 2 页。

汉语》课程是一门重要的基础课，也是一门重要的专业课。可事实上，各个高校对古代汉语课程的建设远没达到这种重视程度，教师对古代汉语的教以及学生对古代汉语的学都没有表现出足够的兴趣和热情，不能达到大纲的要求。实际上，古代汉语课程在一定程度上被"边缘化"了，在高等教育中，古代汉语教学存在着较为严重的失落现象。

表现之一是古代汉语课程重要性认识的偏差。受就业压力、生存竞争、生活节奏等社会因素的影响，近几年师范教育的培养重点偏重于技术实践学习而轻人文素质教育。因此，作为人文学科课程之一的《古代汉语》往往从实用性角度被忽略。同样是语言课程，古汉语并不能像英语专业那样为自身谋求好的工作，相反地，古汉语似乎在就业中不能起到任何作用。由此学生便形成了古汉语学习不重要、学不学无所谓的态度。尤其是高等师范专业的学生普遍认为，他们以后从事的中小学基础教育，将很少用到现在所学的古汉语知识，在中学里接触到的那些古文知识就已经够用了。

表现之二是古代汉语教学内容人文性的缺失。就古汉语教学而言，在当今全民学英语的形势下，激发兴趣，意义尤为重大，它关系到我们的汉语言文化传统，愿不愿、能不能被新一代守住、继承并发展的问题。那么，古代汉语教学对学生有没有吸引力呢？我们对某市属高师的 200 名学生进行了调查，结果是：不感兴趣的多达 171 人，占 85％，如此高的比例令人吃惊，更令人担忧。① 原因在哪？调查表明，89％ 的人认为古汉语课内容枯燥，只见言，不见文，只讲支离破碎的字词句和抽象的语言规律，很少或几乎不涉及文化、文学等人文

① 2004 年 11 月 1—15 日在北京师范大学召开的中国传统语言文字学高级研讨会上，来自全国不同高校的许多教师反映，学生对古汉语课兴趣不高，说明了这一问题的普遍性。

因素。一句话，教学内容缺乏人文性。为什么会出现这样的情形呢？

我们认为上述教学内容的偏颇与古代汉语的性质定位直接相关。长期以来，工具性被认为是古汉语课程的唯一属性，这一性质的突出地位致使实际教学中的下述情形非常普遍：通论强调抽象语言规律的总结，文选被看成语言规律的感性材料，语言文字所蕴含的文化、思想、感情、形象等人文因素被生生剥离，学生学了汉字的构形，却不了解构形理据的文化内涵，读了《逍遥游》却领略不了庄子深邃的哲学思想，听了《触龙说赵太后》却感受不到触龙高超的说服艺术，这种"见言不见文"的偏颇直接影响了学生的学习积极性并进而降低了学习效益。"文选读得越多，掌握得越牢固，越熟练，古代汉语的感性认识也就越丰富，越深刻，阅读古书的能力也就会随着提高。"[①] 而多读、多背的一个有效前提是让学生对这些文选感兴趣，可是，缺失人文性的教学内容，枯燥至极，而且可憎。多读、多背谈何容易！

古代汉语教学不能只是突出工具性，更要融进人文性，要回归到文学上，回归到思想上。当然，古代汉语作为一门语言的学习，其工具性应当是第一位的，我们要正确处理文与言的关系，应该提倡的是从言出发，言中生文，文言交融，文为归宿。也许有人会说，这样一来，高师的古汉语教学与中小学文言诗文教学有什么两样？我们说，当然有区别，这种区别主要体现在知识体系的严整与否和教学内容的深浅上。中小学虽然也有类似于大学古汉语文选和通论那样的文章和知识短文，但在知识体系上显然赶不上大学古汉语专业课那样，有一个严谨周密的体系；就教学内容而言，中小学文言诗文教学一般偏重于"是什么"，而大学古汉语教学不仅要懂得"是什么"，在一些重

---

① 郭锡良：《古代汉语》，北京出版社 1989 年版，第 2 页。

难点问题上还要综合运用文字、训诂、音韵等知识解决"为什么"，正是在这些地方体现出师范教育的"高等"性。就是说，高师的古汉语教学与中小学的文言诗文教学有区别，但这种区别不在学科的性质上，不是说高师就是要培养语言学专家，就应该教学多么高深的语言学知识，只是在内容的深浅和要求的高低上有所不同罢了。

表现之三是古代汉语教学实践观念的淡漠。传统的教师观认为，一个人只要具备了一定的专业知识，就有了从教的资格，不必讲究什么教学策略，这种教师观导致了单一的满堂灌，学生的学习过程就成了"上课记笔记，下课看笔记，考前背笔记，考后全忘记"，能力得不到有效培养。"新课标"要求当代教师要灵活运用教学策略，引导学生在实践中学会学习，以教师教育为特点的高师教学，理应以这种当代教师观推动教学改革。作为未来语文教师的师范生，在职前教育的高师教育阶段，就应该培养他们教学文言文的能力。而要培养这种能力，就要改变那种单一的满堂灌的教学模式，突出教学的实践性，重视学生的直接感受和经验的积累，使他们能够运用已有的经验解决实际问题，形成一定的教学能力。可是据我们调查和平时所获信息，高师古汉语教学中的实践观念十分淡漠，实践活动几乎没有，这就很难与中小学语文教学接轨。就拿背诵来说，背诵法目前在中小学文言诗文教学中得到大力提倡，"新课标"建议九年义务教育学生要背诵古诗文 240 篇（段），相比之下，背诵在高师古汉语教学中很受冷落，几乎被遗弃。大多只是泛泛提倡，平时很少检查督促，一般也不列入考试范围。试想，未来的中小学老师胸中不装着几百篇文章，不积累背诵经验，将来指导中小学生的诵读怎么会有说服力？

二 职后发展——传统文化底蕴的缺失

诚如前面所述，当前绝大多数语文教师在基础教育阶段的学习，受到了实用主义教育、应试教育思想的影响，文学的学习缺乏系统性，阅读数量严重不足；语文教师的师范教育也存在缺失，古汉语专业学习不扎实，职前教育没能很好地打下古文的功底。由于在基础教育阶段和专业学习阶段的先天不足，造成了目前相当一部分中小学语文教师个人语文素养不高，尤其是传统文学、文化素养的缺失。如李海林老师曾做过一个关于语文教师的代递传承的研究，[①] 把语文教师分为五代，并把他自己列为第四代，认为与上一代乃至上两代的前辈相比，他们这一代的最大弱点就是语文素养。而现在的中小学语文教育界，更多的是年轻的新生一代，相当于李老师所说的第五代，他们在语文素养上的缺失就更严重了。

先天的不足，可以靠后天的培养来补足，因此，在语文教师的终身教育、继续教育的理念中，语文素养的培养和提高应该作为一个重要的内容。

那么语文素养具体指的是什么呢？有人概括为四个方面：文学的阅读量和感悟力、文言文的阅读量和名言名句的记忆程度、语言的敏感力以及表达能力。[②] 我们认为这样的概括非常精到，语文课，在很大程度上教的不是知识，不是技能，而是底蕴。这就需要语文教师要有深厚的积淀。而这种深厚的积淀来自哪里？就来自阅读。语文学科

---

① 李海林：《论语文教师的代际传承——兼论历史叠影的"第五代"》，《语文教学通讯》2007 年第 10 期。

② 李海林：《语文教师的职业生涯发展轨迹与发展内涵》，http：／／www．yuwenonline．com．／qkh／qyjb／200712／4994．htm l／2007－12／，2007 年 12 月 30 日。

和语文学习的特殊性，阅读更是语文教师专业发展的必需。著名特级教师窦桂梅曾说："语文教师就应该以书为师，这是教师素养的体现，也是客观发展的要求。"① 源远流长的文学经典作品蕴含着博大精深的民族文化思想，蕴含着历史、哲学、宗教、民俗各门类的系统知识和信息，对文学经典的系统学习和深入浸染，是形成语文素养的有效渠道和坚实基础。通过阅读、吟诵经典名作，语文教师的文学修养、文化底蕴能得以不断提高和强化。然而，近些年来，语文教师的读书现状不容乐观（这里的读书指的文学经典阅读）。据我们的调查和平时的观察，课业负担太重及竞争的压力太大是造成语文教师读书难、读书少的客观原因之一。应试教学和学校以毕业生成绩好坏作为评价教师的主要标准造成了教师把主要精力放在考试信息的捕捉和考题解法的研究上，从而忽略了对读书重要性的认识；课程改革过于强调学生主体的教学方法，使得中学语文教师把精力和才智大都用在了对名师教法的仿效上，忽略了自身的读书学习。各种媒体以及网络文化充斥生活，挤占了读书的时间；同时媒体网络也能使教师们不须读书即可了解书的大意，并提供大量教案教学资源，使教师们懒得读书。

　　若我们把"读书"的外延引申开来，不仅仅局限于文学经典阅读，看到的情形也是喜忧参半。《光明日报》在 2001 年 4 月 19 日刊登了《教师阅读有喜有忧》一文，介绍了由中国教育报组织的"全国城市中小学教师阅读调查"的情况。此次调查在分属东部、中部、西部和经济特区的上海、长沙、西安和厦门实施了历时半年的大样本问卷调查，涉及中小学教师的阅读实践、阅读动机、阅读内容、阅读支出、个人藏书、学校图书馆评价等内容。调查按照小学、初中、高

---

① 窦桂梅：《教师必须摆脱的窘境》，《中国教育报》2004 年 9 月 2 日第 8 版。

中、重点学校、普通学校、薄弱学校等多项指标供发放 3000 份问卷，回收有效问卷 2316 份，共获得 78500 个基础数据。报告分析得出四个结果：90% 的教师经常阅读，教学参考书是首选，中小学图书馆藏书质量不高，阅读时间无保障。[①] 调查结果显示教师阅读已成为主流，这似乎是可喜的地方，可背后隐藏着的"忧"也并非是杞人忧天，其中调查结果显示，排在教师阅读中前三位的是：教学参考书、现实题材类小说和教育理论类图书，就很值得我们深思。可见，教师阅读的价值取向存在功利化的倾向，教学参考书排在首位，经典的人文作品，尤其是古典文学作品受到冷落。

无独有偶，北京师范大学基础教育研究院韩军教授调查数千名中小学语文教师，发现竟无一人全部通读过《论语》《史记》和"四大名著"。确实是这样的，很多语文教师在文言文课堂上给学生讲了一辈子《论语》《孟子》《诗经》，可是真正能把上述作品完完整整地读完一遍的又有几人？看看学校图书馆的藏书吧，几乎全被各类教学参考书、教育理论书占据，鲜有的几本古典文学经典也只是尘封于某个角落，少有人问津。更有甚者，在某地语文高级教师职称评审时，有位教师向评委认真地提问："《阅微草堂笔记》这本书的书名弄错了吧？'阅微'应该是'阅读'啊。"语文教师的传统文化底蕴确实让人堪忧。

再来看看语文教师职后发展的另一条途径——继续教育和教师培训，对提高语文教师文学素养尤其是古典文学素养的重视程度也明显不够。一直以来，我国教师继续教育在专业发展上都比较被动，他们习惯于接受脱产进修等在职培训，其目的大多追求政府或学校要求的

---

① 《教师阅读有喜有忧》，《光明日报》2001 年 4 月 19 日第 6 版。

学历达标或进修任务的完成，并不是为了实现自己专业的提升和发展。目前教师进修存在着以形式代替实质，以文凭代替水平，以学历代替学问和才能等错误的价值取向。[①] 而且进修主旨在于提升教师的教育理论修养，提高教育教学技能，因此科目设置及推荐书目也以教育类书籍为主，对文学经典作品表现出一定程度的疏离。甚至还有不少特立名目的教师培训充塞其中，带有行政指令，并以市场经济运营，完全是走过场，走形式，白白耗费教师的时间和精力。

　　不过，最近几年，这种状况已经有所改变。新课程改革对高中语文课程提出了"全面提高学生的语文素养"，"增强文化底蕴"的要求，实际上这也对学生阅读的引导者——语文教师提出了更高层次的要求。教师自己的语文素养不高，怎么能教育出语文素养很高的学生？要提高学生的语文素养，增强学生的文化底蕴，教师自己先得具备一定的语文素养和文化底蕴，于是，书册阅读以其深远的文化影响和对个体生命的发展促进作用备受青睐，作为教师专业发展的一项必备要求和重要指标得以进一步的强化，有些地区和学校对书册阅读作了具体的篇目要求，并作为一项硬性考核指标规定了下来。书册阅读，简称"册读"，是一种对成本、成册书籍进行系统化学习、思考和研究的阅读方式。在书册阅读推荐篇目中，古典文化名著开始崭露头角。如湖南省长沙市在"高中语文教师阅读推荐书目"中就列出了《论语》《汉书》《史记》等中国古典文化书籍20多本，占总推荐书目（50种）的40%多。[②] 而且这些书册中有作者原著，也有名人赏析，内容涉及诗词曲赋、史传散文等中国古代文学精粹，也不乏对中

[①] 杨启亮：《在职教师继续教育的价值取向》，《教育研究》2000年第4期。

[②] 参见肖杨《书册阅读与高中语文教师专业发展调查报告》，硕士学位论文，湖南师范大学，2008年，第101—102页。

国古代历史、文化、宗教等方面的介绍，风格多样，体裁广泛，如果每一位教师都能真正潜心研读，其自身的文化修养何愁得不到提升？其深厚的传统文化底蕴何愁得不到奠定？可现实和理想总会存在一定的距离。据一项调查显示，大多数高中语文教师一年的书册阅读量（不含教材、教辅）为3—5本，与上面推荐篇目50本相比，离人们的期待值还很远。另外，对教师阅读习惯的调查显示，"有时间就读"和"有工作（或科研）需要就读"的占多数。① 可见，教师阅读的"功利性"需求依然未减。我们在与身边的一些教师接触时，也发现有一部分教师是迫于课改等外在压力"不得不"才拿起书本，而并没有真正把阅读当作一种生活方式。

余秋雨在《文化苦旅》中深情地回忆"60年代初欢乐而清苦的中学生活"时说，"那时候，中学教师中很奇异地隐藏着许多出色的学者"，因为"哪怕再稚嫩的目光，也能约略辨识学问和人格的亮度"。② 我们知道，钱穆当过小学教师，朱自清、叶圣陶当过中学教师。那些博览群书者，他们的课必然浸润着浓浓的文化氛围，闪耀着人文光辉。其实，现在语文教学的弊病，病象虽在"教学"，而病根却往往在"语文"③。对文本缺乏准确的把握，对作品没有独特的领悟，恐怕再怎么讲究"教学"，也常常是"隔靴搔痒"。诚如有关专家指出，语文教育的最大问题是主体的失落问题，而最重要的是语文教师自我主体的失落。一个语文教师，要不断成长、不断超越，他的底蕴、他的境界、他的淡定和信念是最为根本的东西。这种底蕴和境界才是语文教师专业发展的终极关怀。语文教师远离了书斋，远离了

---

① 参见肖杨《书册阅读与高中语文教师专业发展调查报告》，硕士学位论文，湖南师范大学，2008年，第8页。

② 余秋雨：《30年的重量》，《余秋雨文集》，延边大学出版社2001年版，第537页。

③ 许建平：《语文教学与教师阅读》，《上海教育》2009年第4期。

经典，也就生疏了母语的美感，缺失了传统文化的底蕴。体现在文言诗文教学中，他们很难发掘出传统文化的深刻内涵，也把握不了文本语言的深邃魅力，教学时不能高屋建瓴，旁征博引，出口成章，游刃有余，以自身扎实的文言功底和文化底蕴吸引学生。要么照本宣科，用破砖烂瓦以济才疏；要么哗众取宠，借鸡毛蒜皮以盖学浅。也就出现了我们前面所述的文言诗文教学方法的两极分化现象，要从语文教师自身找原因的话，问题就在于语文教师专业发展传统文化底蕴的缺失。

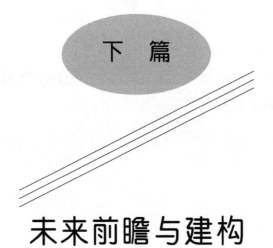

下　篇

未来前瞻与建构

不泥于一曲，不止于故步，不扬彼抑此，不厚古薄今；取长补短而不崇洋媚外，革故鼎新而不妄自菲薄；适应时代而不数典忘祖，认可自己而不唯我独尊。①

——庞　朴

　　① 邓九平：《中国文化名人谈人生》，大众文艺出版社 2001 年版，第 724 页。

第五章　创新——中小学文言诗文教学的应然建构

　　我们回溯了"历史"，观照了"现在"，剖析了"问题"，接下来，我们要追问的是：中小学文言诗文教学经历了百年的沧桑，面对现实的重重困难，它该如何走向未来？对这个问题的思考要建立在借鉴历史、审察现实的基础上，才能对中小学文言诗文教学的未来有一个比较准确的把握，提出的理念构想也才不至于空泛为一种假想。

　　在历史与现实的共同演绎下，我们发现了中小学文言诗文教学不断生发的力量之源——创新。坚守文言诗文教学的传统，如果狭义地理解为固守，抱着传统凝固不化、不思进取，对时代发展的要求置若罔闻，容不得半点新元素的加入，这不是我们要的文言诗文教学，它必定被时代所淘汰。那么，我们也就看不到中小学文言诗文教学绵延百年的动态图景了。重温历史，我们读到了"坚守"的真正内涵，那就是"在坚守中不断创新"。

　　基于这样的辩证思考，我们搭起未来建构的平台。在这个平台上，我们一面继承，一面引进，开发创新的路径。同时，一边积极地修正，一边合理地创新，勾画中小学文言诗文教学新的世纪图景。

第一节 确立"文化本位"的核心理念

在人文意识高扬的当代文化语境中,语言的文化价值和文化功能已经得到了越来越多的肯定和重视。作为母语教育的语文学科,其承担的通过母语学习传承民族文化的重任越发凸显出来。文言诗文因其承载着古代丰富的文化遗产获得了在母语教育中的重要地位。在中小学语文教育中,文言诗文教学的文化价值和文化功能日益受到关注,无论是新课程标准对文言诗文教学要求的规定,还是教材有关文言诗文教学内容的编写,都渐渐显现出"从培养能力到传承文化"的方向转移。可以说,从文化的角度思考中小学文言诗文教学的问题,是符合时代及未来社会的需要,也是合乎文言诗文教学的历史规律的。

然而,当前对中小学文言诗文教学"文化价值"的理解出现了偏差,误以为文言诗文只是"传承文化遗产"的一种载体,剥离了内容,其"文化"价值便抽干了。因而把文言这种语言形式当成一种障碍,去关注隐藏在文字背后的微言大义,让学生望而生畏。这种教学,肆意削弱甚至破坏语言文字的美,并没有让文言诗文教学的文化价值真正发挥出来。

21世纪初,包建新在《回到原点:文言文教学为什么?》一文中提出:"文言文教学的价值在于文言这种语言形式本身,通过文言文教学,实现民族语言的优化。"[①] 这一观点给了我们一个新的视角,即

---

① 包建新:《回到原点:文言文教学为什么?》,《教学月刊》(中学版)2005年第11期。

文言这种语言形式本身同样是文言诗文教学文化价值中的一部分。形式和内容属于一个事物的两个方面，文言的语言形式和内容是一张纸的两面，是不可分割的，无论是语言所承载的思想内容，还是由一定言语内容生成的语言形式都是文化的一部分，它们同属于符号态文化的范畴。

进而，我们提出中小学文言诗文教学的"文化本位"观，认为文言诗文教学的根本价值，就是它的文化价值。文言诗文的教学目的、内容、方法等，一切都必须以此为基础。那么，提出这一理念的依据是什么？这一理念的核心作用表现在哪里？下面，我们就沿着这个思路对中小学文言诗文教学的"文化本位"观作一些具体的分析和阐释。

一 文化本位——汉语文化视野下的文言本色

在这里，我们讲的是文言诗文教学的文化价值，为何提出的是"文化本位"这一概念？"本位""文化本位"指什么？"文化本位"是如何提出的？这是我们首先要澄清和解释的问题。

"本位制"最初用于金融领域，它指的是"以某种金属作为本位货币的货币制度"①。后来，"本位"这个词被广泛用于各个学科领域，其意义也随之得以延伸。尤其是在 20 世纪 70 年代末和 90 年代，"本位"理论在语法学研究领域受到了前所未有的关注，许多语法研究者提出了自己的"本位观"。如史存直的"句本位"，郭绍虞的"词组本位"，徐锶锵的"字本位"等。"本位，就是研究语言结构的

---

① 中国大百科全书出版社编辑部：《中国大百科全书·经济学》，中国大百科全书出版社 1980 年版，第 322 页。

理论核心，牵一发动全身。如果能正确地把握语言结构的本位，就有可能为深入地分析语言结构的规律，顺利地解决有关问题的争论开辟前进的道路。"①

可见，"本位"这一概念包含了原初的含义，又是一个上位的概念。我们把语法研究中的"本位"化用到文言诗文教学中，也是为了找到一个合理的出发点，正确把握文言诗文教学的特点，为中小学文言诗文教学定位，从而为理论上的深入探索、实践上的问题解决开辟道路。我们试着从汉语言文字本体特性的分析入手，提出文言诗文教学的"文化本位"属性，应该说是比较符合文言诗文教学本身的规律的。

20世纪末被法国语言学家海然热称为"语言时代"，西方哲学的"语言学转向"促成了人类"语言意识的觉醒"，语言从"器"的层次被提升到"道"的层次，从载体论上升到本体论的高度。对语言的探究使我们摆脱了语言"唯工具性"的认识，对语言的本体性质有了更深入的把握：语言就是人本身，语言就是世界，语言就是文化。语言记录的内容是人类的历史和文化，透过一个民族的语言层面，可以考察民族的历史，追溯民族的文化发展踪迹，窥见这个民族绚丽多姿的文化形态。随着语言"文化本性"的显现，汉语言文字的文化价值逐渐得到人们的认识。语文教育作为母语教育，还承担着传承民族文化的重任。而事实上，文言诗文是中国传统文化的主要载体之一，其承载内容的"文化"特性首先得以彰显，文言诗文教学便被赋予了"传承文化遗产"的光荣使命。如前所述，这种"文化观"是不全面的，我们有必要进一步分析汉语言文字的本体特性，针对文言诗文语

---

① 徐铿锵：《语言论——语义型语言的结构原理和研究方法》，东北师范大学出版社1997年版，第13页。

言形式的文化属性阐述中小学文言诗文教学的"文化本位"观。

汉语是一种以汉字为中心的语言，特别是在中国古代书面语中，字是最根本的。语言学的"层累分离观"认为，"文言"是一个层累关系，其上层是古文言，更接近汉字性；下层是今文言，更具有汉语性。但今文言与口语相比仍是一种文言，更具汉字性。[1] 这里的"古文言"一般认为是以先秦口语为基础而形成的上古书面语，"今文言"则指五四白话文运动后产生的白话文。两者都属于汉语的书面语系统，但相比较而言，古文言的文字性更强，它只能以汉字的方式呈现，更接近汉语的特性。另外，学术界还有过"文字型文学"和"语言型文学"的划分（郭绍虞，1941）。刘晓明在分析汉语文学的"言文"关系问题时提出了"单文思维"和"语文思维"的概念，认为，"口语表达与文字表达的分离，形成中国独有的文言文学系统"，这种文言文学主要是单文思维，"指思维材料以单个文字为主体的文学思维"。与单文思维相对的是语文思维，"指思维材料以口语与文言相互结合并能描述语言的思维……语文思维材料既非纯粹的口语也非纯粹的文言，它以口语为主又吸收了大量的文言，是一种'雅化'的口语。其'雅化'的程度随时间的推移而不断地减弱，即愈古愈雅，愈近愈口语化"[2]。显然，他所说的语文思维指中国文学中的白话文传统。

文言诗文作为一种"文字型"文学，从汉字入手来解读文本，来教学文言文，应该说是符合文言诗文的特征的。再说，现在中小学语文教材中所选文言文都是历代留下来的精华、典范作品，很多内容有

---

[1] 孟华：《汉字：汉语和华夏文明的存在形式》，中国社会科学出版社 2004 年版，第184 页。

[2] 刘晓明：《"语""文"的离合与中国文学思维特征的演进》，《中国社会科学》2002 年第 1 期。

相当一部分已被学生通过看改编的影视作品、收听广播评书或阅读白话译文等各种途径提前所知，他们所陌生的只是语言文字而已。面对这种情况，如果我们还是一味注重内容上的文化解读，那这一篇篇用文言形式写成的作品还有什么意义，不如全部改成白话文，对文的内容的挖掘可能效果还会更好。但我们不能这么做，原因不言而喻。可事实上，文言这种语言形式早已远离我们的生活，理解起来不是一件易事。反思我们现在的文言文教学方法，教师往往喜欢逐字逐句将学生不理解的字词加以讲解，并贯穿上下文疏通文义。而在字词的疏通过程中，以"工具性"为主要导向，以字词句的解释、翻译、练习为唯一目的，限于琐碎而遗落篇章大意，使教学无法进入与之相联的文化情境，不能达到深层的体会、领悟和精神的陶冶。虽然他们也是从汉字入手来解读文本，可是只把汉字视为单纯的结构构成本位或原初本位，没有从汉字本身的文化本性或汉字蕴含的文化本性这个角度出发，即没有看到汉字的文化本位。

汉语的人文性理论告诉我们，汉字的文化学意义是从根本上存在的。汉字的意象结构直接体现着民族文化的内涵，与民族思维方式和文化精神融为一体，是"汉民族思维和交际最重要的书面符号系统"。[1] 从发生学的意义上说，一个汉字往往就是"感于外而发于内"的心理意象，一种人与世界的交接混融物，一种经过概括化、模式化了的"共相"，这种构成体现了主体对于客体的感觉、情绪、体验、选择。[2] 汉字是一种充满感性色彩的诗性文字，正是汉字成就了诗性的汉语言，成就了诗性的汉民族。其承载文化的优越性正是体现在这里。每一个汉字就是一个独立完整的文化意象存在，当我们面对一个

---

① 　申小龙：《汉语与中国文化》，复旦大学出版社2008年版，第424页。
② 　参见鲁枢元《超越语言》，中国社会科学出版社1990年版，第229页。

个汉字时，会不自觉地感受到其浓厚的文化蕴藉，并很容易地触发脑海里储存的一个个有关表象的联想，形成一幅幅连贯的卡通画。正如周汝昌所说："我们十分悠久和异常丰富奇丽的文化传统给艺术家们准备的'东西'太神奇绚丽了。几乎围绕着每一个字、词都有很多的历史文化的丰富联想。"① 余光中在《听听那冷雨》中写道："杏花。春雨，江南。六个方块字，或许那片土地就在那里面。而无论赤县也好神州也好中国也好，变来变去，只要仓颉的灵感不灭，美的中文不老，那形象，那磁石一般的向心力当必然长在。因为一个方块字是一个天地。太初有字，于是汉族的心灵，祖先的回忆和希望便有了寄托。"也许这是文学性的表述，但是的确道出了汉字文化的真谛：汉字是我们这个民族美丽不灭的灵魂，是我们民族的向心力，是我们这个民族的生命百科全书。它不是干瘪生硬的抽象符号，它表征着我们民族特有的文化精神。

从这个意义上来说，汉字不仅是文化的载体，其本身就是文化。而我们以往的字词教学仅仅局限于对字词句的显性内涵的把握，淡化了甚至无视对其丰富的文化内涵的开掘，导致学生对词语背后的文化内涵知之甚少。这无疑是一种不符合汉字文化特性的蹩脚教学，由于"词在进入儿童意识的时候缺乏鲜明的形象，因此，它已经从一朵芬芳的鲜花，变成一片干枯的，夹在书页中的，只在外表上令人追想起那个活的生命的花片了"。② 这种情况在文言诗文阅读教学中更是多见，文言的字词句成了理解内容的拦路虎，是一道不得不跨越的障碍。其实，文言词语记载了中华古国几千年灿烂的文明，记录着中华

---

① 周汝昌：《炼字、选辞、音节美与艺术联想——〈宋百家词选注〉序》，《读书》1983年第7期。

② ［苏］苏霍姆林斯基：《给教师的建议》，教育科学出版社1984年版，第455页。

民族的历史，反映着历朝历代的生活，透视着中国人的文化心态、思维方式，关涉古代社会的典章制度、礼仪习俗、器物用具、衣食住行、姓名称谓等诸多文化内容。如果我们在文言词语教学中，注重对词语文化意义的发掘，并注意把词语的文化内涵与整部作品主题思想的文化意蕴有机地结合起来分析，改变传统结构主义语言学孤立、零散、枯燥的教学方式，既可以增加情趣，又可以深化对词义的理解，窥测中国文化的堂奥，加深对民族的思维方式、文化心理结构、社会制度和生活习俗等的认识，在潜移默化中受到传统文化的熏陶和感染，激发学生对祖国传统文化的浓厚兴趣和热爱之情。同时，词语一旦与深厚的文化背景建立起联系，它就会成为一种"精神化的物质"（萨丕尔语），逐渐内化到学生的知识结构之中，成为建构学生精神大厦的基石。

有人说，"现在的学生知识学了不少，但文化素养却不高，更缺少一种文化精神。他们很少用文化的眼光去看待教科书上的各种知识，去观察、分析、认识周围世界，更少自觉地培养自己的文化意识"，[①] 尤其是民族文化意识和情感。文言诗文教学作为传承中国传统文化精神的主要方法，其震撼学生心灵的，不仅仅是那寓意精辟、至真至情、博大精深的作品内涵，更是那意蕴生动、含蓄隽永、有着千古生命力的文字。

我们从汉字的文化本性、汉字所蕴含的文化本性出发，得出文言诗文教学实质上是以文化为本位的教学。这种"文化本位"观既关注文言诗文承载内容的文化特性，又关注文言诗文语言形式的文化属性。它并不拒斥"思想内容"和"思想感情"的追寻，只不过要将

---

① 郭瑞林：《中国传统文化与中学语文》，湖南师范大学出版社 1999 年版，第 8 页。

这种追寻指向既定的文本，就其文本开拓其深层的文化内涵，把握其既定的文化关联，恢复其历史的真实原貌；它也并不否定语文的"工具性"，它仍然建立在字词句解释的基础上，但它并非孤立地解释字、词、句，而是把这种解释与文本意义和文化情境紧密结合起来，追寻字、词、句本身的文化本性。文言诗文教学不是应当包含文化教育，而是应该成为教学的全部内容。这种文化本位的立场容纳了知性的分析和知识的传授，但它源于文化传统而进入特定的文化情境，能够超越知性的局限而达到心灵的体悟和精神的陶冶，从而达到其文化价值和文化功能的最大发挥。以文化来整合工具和人文，"文化本位"应该成为中小学文言诗文教学的核心理念。

二　素养取向——文化本位理念下的目的定位

"目的"含有方向的意味，表现普遍的、总体的、终极的价值；"目标"含有里程的意义，表现个别的、部分的、阶段的价值。① 学术界多采用"目标"说，恰恰反映我们的理论兴趣点在具体性的价值上，而对终极性的价值较少思考。为了区别前面对文言诗文教学目的的分析用的"目的"一词，我们这里的"目的定位"指的是终极目的即最高目的。

目前，文言文教学的根本目的是什么，全体中学老师都能脱口而出，培养阅读浅易文言文的能力——中学语文教学大纲、课程标准中明明白白写着呢。先不论其是否称得上文言诗文教学的最高目的，我们暂且看看它的由来，它脱胎于新中国成立以前的有关国文课程纲要。1923 年的初、高级中学国文课程纲要，1936 年修订公布的初、

---

① 钟启泉编著：《现代课程论（新版）》，上海教育出版社 2003 年版，第 346 页。

高级中学国文课程标准都有学生须养成文言阅读和写作能力的规定，新中国成立以后的大纲只是在此基础上减去了写作的要求，降低了阅读的难度而已，至今未见科学的论证。这一本身未必科学也未必必要的规定之所以成为人们的"共识"，成为有关专著论文立论的前提，不过是它一而再、再而三地写进了大纲，取得了政策的地位而已。

不过，现在它的旁边多了些夺人眼球的新鲜话语。如《上海市中小学语文课程标准（试行稿）》在阐述课程设计思路时，提出了"课程内容适度强化文言诗文的学习"的要求，"适度强化"的目的在于"促使学生加深对中华民族传统文化的了解，充实文化底蕴，提升文化品位，形成正确的价值观"；全国《高中语文新课程标准（实验）》在明确"阅读浅易文言文，养成初步的文言语感"的课程目标的同时，亦强调了"认同中国古代优秀文学传统，体会其基本精神和丰富内涵，为形成一定的传统文化底蕴奠定基础"的阅读教学要求。可见，人们开始更多地以文化、文学素养为着眼点来提与文言文教学相关的一些目标。"阅读浅易的文言诗文"与其说是文言教学的"总体目标""课程目标"，毋宁说是一个阶段性的目标，一种促成学生了解、认同、进而传承民族文化的方法和途径。它还远远不能成为文言诗文教学的最高目的。但由于它长期占据课程目标的稳固地位，现行课标表述又模糊不清，人们错把它当成文言诗文教学的最终目的，这实在是一个不小的误会。不管是与不是，长期以来，"阅读浅易文言文的能力"成为教学的主要指导思想确是事实，它俨然起到了最终目的的引领作用。

"目的"的确定要在价值的引领下进行。长期以来，文言诗文教学目的的名存实亡，教学目标的游移不定，其中很大一个原因是文言诗文教学的基本价值取向要么态度不明，要么方向误导，没能很好地把握。把"具有阅读浅易文言文的能力"作为或当作教学目的，是在"工具论""例子说"指导下确定的，是从语言学的角度把文言文当作跟白话文相对的古代语言形态来看待。① 它奉行的是一种"能力取向"的教学目的定位。用文言诗文教学的"文化本位"理念加以观照，这种能力取向的目的定位有很大的偏差。

"培养阅读浅易文言文能力"的教学目的导致中学文言文教学方法上的语言分析取向。我们知道，阅读能力的养成必须建立在大量的阅读实践的基础之上。"学习古语，学一二年不算多。北大学生，每周四小时，学两年，还只能学到一般的东西，谈不到学得深透。"② 这是王力先生在谈到大学的古代汉语课程时所说的。以我们目前的教学安排来看，高中语文所有授课时数少于400课，用于文言教学的课时不可能超过200课；初中用于文言教学的课时更少。这样少的教学时间，对于语文能力与北大学生难以相比的中学生来说，要获得文言文的阅读能力，其可能性不得不打上一个巨大的问号。虽然，从"浅易"到"借助工具书"，"能力"前的限定语越加越多，难度一再降低。可如今，学生是否真正达到了呢？先不说课外会有几个学生会自觉、主动地读文言文，单从考试成绩来看，中学生的文言文阅读能力并不尽如人意。

但我们的课标要求达到这个目的，考试的导向也是指向这里。于是，我们只好求助于所谓的"科学"训练，寻找所谓的"捷径"：我们学习一篇文言选文，目的在于通过语言的基本训练，形成举一反三的迁移"能力"。选文只是"例子"，教学的目的只是通过"例子"培养阅读"能力"，而不是掌握"例子"本身。因而大量的时间便用

---

① 朱瑜章：《也谈文言文的教学目的》，《语文学习》2002年第6期。
② 王力：《王力文集》第九卷，山东教育出版社1990年版，第501页。

在启发引导学生如何读懂"例子"的方法上，诸如字的通假规律，词的活用规律，实词的一词多义，虚词的多种用法，判断句、被动句、省略句以及定语后置、宾语前置等特殊句式的辨别等，一问一答、抄抄写写充斥课堂，琅琅读书声被挤到九霄云外。我们不能指责老师们放着一篇篇精美的文学经典的文化内涵而不顾，这么青睐语言分析，这么费尽心机找寻获得能力的"窍门"。因为在能力取向的指导下，人们强调分析为主的教学方法取向与教学目的并不冲突，是合情合理的。因为只有这样，才能在有限的时间内较好地实现教学目的，否则希望学生课外以至离校阅读文言文时，连基本的词义和用法都不知，却要读懂，就更是天方夜谭。可事如愿违，这种以串讲、分析为主的教学最终导致的是学生的厌烦，连学习的兴趣都失去了，希望学生学好文言文已是不可能了。就算部分学生通过这样的强化训练获得了"阅读浅易文言文的能力"，也只能在考试中昙花一现，没有主动阅读的内驱力，所谓"能力"也不过是无源之水，无本之木，只能是注定要"萎缩"的能力。

我们并不是说文言文的阅读能力用不着培养，何况真正意义上的阅读能力应该是一个层级结构，现在常说的鉴赏、评价也是阅读能力的范畴。只是质疑这种"能力"取向的合理性。很显然，在"培养能力"的价值取向下，人们对中小学文言诗文教学价值的认识产生了偏差，把"阅读浅易文言文的能力"这一只能算作阶段性的目标当成了终极目的，把教学的方法和手段当成了教学的全部任务，本末倒置，因小失大，走进了一个误区。

文言诗文教学为什么会在理论和实践中陷入混乱模糊，很重要的一个原因就是我们在设计教学目的时本末倒置，近期的目标具体而详细，而最高的目的则是一团迷雾。我们认为中小学文言诗文教学，不但要有中学语文课程标准中所规定的"使学生具有初步的文学鉴赏能力和阅读浅易文言文的能力"等近期的现实的教学目标，而且要有终极目的。终极目的是衡量各种具体目标的最终尺度，对各种具体目标起统一和调节作用。如果缺乏最高目的的方向指导，其结果往往是要么因固守于眼前的目标而造成教育行为的短视；要么因固守于具体目标的个别的或部分的方向，而导致对目标其他方面的损害。

目的从本质上说是指向客观需要的主观性追求。既然是主观性追求，那么必然呈现一定的价值取向。前面我们分析了以往"能力取向"的文言诗文教学目的定位的偏差，如果继续从这个角度讨论如何确立文言诗文教学的终极目的，只能是南辕北辙，陷入"山重水复疑无路"的境地。因此，我们必须转换一个角度，或许会迎来"柳暗花明又一村"的胜境。

"文言文是客观存在，并且是大量的，是还有用处的遗产，不能抛掉，下一代不能全不接触，全不读。但是，必须把教学文言文的目的，也就是我们指望文言文为我们的下一代解决什么问题，它能够解决什么问题，进一步搞清楚。这里同样要看到今天，想到未来。"① 根植现实，面向未来，中小学文言诗文教学能为现代人的发展提供什么帮助？它的意义和价值在哪里？难道仅仅是让学生获得一些阅读浅易文言文的能力？有了这种能力后又要做什么呢？

对这种根本性问题的回答，我们认为既要考虑培养全面发展的人的素质教育的总目的，又要思考语文课程自身的任务和功能，同时更要着眼于中小学文言诗文教学的特点。

"信息时代的人才不但要有专门的知识和技能，还需要有综合的

---

① 庄文中编：《张志公语文教育论集》，人民教育出版社 1994 年版，第 269 页。

素养、开阔的视野和前瞻的眼光，不但要有健康的体格，还要有健康的心理、健全的人格、深厚的文化底蕴和富有个性的生活、学习、工作方式；不但要有良好的教育经历，更需要有创造的意识、合作的精神和终身学习的习惯。"① 无疑，这是对我国"培养全面发展的人"的素质教育最好的阐释之一。简而言之，这种"综合素养"就是以当代人文精神为核心的文化素养。当今世界，教育的文化追求已成为教育的必然使命。因为人的发展就是人的文化的生成与发展。德国文化学家斯普朗格提出了"教育是文化过程"的命题，他反对"教育是知识获得的过程"的说法，认为教育是一种文化活动，这种文化活动指向不断发展着的主体的生命生成，其最终目的在于唤醒个人的文化意识，使其具有自动追求理性价值的意志，并有所创造，增加文化的新成分。这就意味着 21 世纪的基础教育必须把文化作为其教育目的系统中一个重要维度乃至核心。

从 2001 年 7 月颁布的《全日制义务教育语文课程标准（实验稿）》和 2003 年 4 月公布的《普通高中语文课程标准（实验）》中，我们不难发现这两个纲领性文件都加强了对文化的追求。如"体会中华文化的博大精深、源远流长"，"增强文化意识、重视优秀文化遗产的传承，尊重和理解多样文化，关注当代文化生活，学习对文化现象的剖析，积极参与先进文化的传播和交流"。② 语文课程关注其文化功能和文化价值，不仅是出于对教育价值目标的共同追求，更重要的是出于对汉语文化本性的深刻认识。"语文是什么？"人们对语文学科性质的执着追问显示了人们对语文教学本体问题不断探究的过程。由

---

① 巢宗祺：《普通高中语文课程标准（实验）解读》，湖北教育出版社 2004 年版，第 187 页。

② 同上书，第 217—218 页。

"交际工具"而"文化载体"，由"文化载体"而"文化的重要组成部分"，"工具性和人文性的统一"，这一历程说明语文教育的文化属性渐愈成为共识，人们对语文的文化本体已经有了一定的认识。文化本体力图避免工具本体的片面性，将语文教育定位于"人"之上。从文化人类学看，人是文化生物，人的构成和发展，实质上就是人的文化的构成与发展。正是基于人的本质的这样的认识，把语文教育还原为基础教育的一部分，培养文化的人就是语文教育的终极追求。当然语文学科还有其独特的任务，即培养运用语言的能力。当我们从语文课程"四个总目标、五大板块、三个维度"的庞大目标体系中，对其"语文素养"的丰富内涵进行概括提炼时，不难发现有两个涵盖性强、极富张力的要素："言语能力"和"文化素养"。而当我们用"言语生命动力学"（潘新和，2007）去理解"言语"时，发现"言语"和"文化"不仅密切相关，而且具有极大的同构性。"言语生命动力学"站在"表现—存在本位"的一元论立场，把言语看作人的基本的生命属性，是生命的自发自由自觉的表达，看作"存在的家"。① 这与文化人类学意义上的"人"的特性何其相似。在这一点上，我们不妨可以说：人是"言语"的人，人是"文化"的人。照这样的理解，语文学科培养学生的"言语能力"，就不能限于一般意义上的"能力""技能"等实践、行为层面，而是更关注言语表现背后的言语修养、言语人格培养、言语文化心理的建构等素养、动机层面。这样，语文学科"培养运用语言的能力"的特有目的和"培养文化的人"的总目的就有了整合的可能。

　　从上述分析中，我们可以了解基础教育阶段语文学科的价值取向

---

　　① 潘新和：《语文之弊：工具论和人文论》，参见曹明海主编《语文教学本体论》，山东教育出版社 2007 年版，第 26 页。

已经发生了转变，"文化素养"的培养得到了重视。再结合前面我们分析得出的中小学文言诗文教学实质是以文化为本位的教学，我们认为确立文言诗文教学的终极目的及由该目的统领的目标体系，应该以"文化素养"为价值取向。

首先，在对待"文言文阅读能力"的培养目标上，"文化素养取向"与"能力取向"目的定位的不同之处在于：它不是静止地看待能力，能力不是工具化的、纯客观的，而是具有价值取向的能力；培养阅读能力是文言诗文教学的重要目的，但不是终极目的，它不是教学的全部，而是一种促成学生了解、认同进而传承民族文化的方法和途径；是在文化建构的过程中培养能力，而不是在能力培养的过程中习得文化，不能把文化作为能力的副产品。总的来说，就是要打破"能力训练"的僵化局面，把文言阅读能力的培养放到具有文化品位和文化层次的语境中进行，既要看到文言选文的训练价值，又要重视文言选文的文化价值，在文化建构的过程中培养健康、绿色、富有生命的言语能力。"只有感受和体验到语文的文化内涵，才能真正学好语文，学到语言表达技巧，提高语文技能和水平。"[①] 就是说，文化才是主要的，培养能力是为"传承文化，培养文化的人"服务的手段。

其次，在对待教材中文言选文的态度上，文化素养取向重视的是它们丰富的文化内涵。这种文化内涵不仅表现在表达内容上，而且体现在语言形式中。经过时代的淘洗，入选中小学语文教材的文言选文几乎篇篇都是精品佳作，无论是语言形式还是表达内容，都蕴含着极为丰富的文化内涵，它们以文化见长，以情感人，以美示人。它们是一篇篇活生生的文学作品，而不是"语言材料"。苏霍姆林斯基曾经

---

① 曹明海：《语文教育文化学》，山东教育出版社 2005 年版，第 32 页。

说过："学习文学的最终目的是形成人的内心世界——道德、修养和美。"因此，在教学过程中就应该注意不能过于注重语法教学而忽略了文字美的赏读；不能过于注重条分缕析而忽视了内容美的领悟；不能过于注重固定化的教授而淡化了形象美的感动。

语文教育应当"教育学生爱中华民族的语言，爱自己的文字，爱这些语言文字写成的优秀文学作品，爱写出这些优秀作品的伟大的作家，爱这些作家的崇高人格和爱国情怀"。① 尊重和热爱——这就是我们对待每一篇文言选文的基本态度。在文化素养取向的指导下，文言选文就是选文本身，不是什么"例子""凭借"，不是能力训练的"跑马场"，知识法则的"储备库"；而是充盈着情感和智慧的生命形式，是蕴含着丰富和深邃民族文化的结晶。要让学生理解、掌握和欣赏课文本身，对文言字词的分析只是为了有助于理解课文本身，是基础，不是主导。只要学生真真切切地理解和欣赏到了，实实在在地得到了文化滋养，就达到了我们的目的。

三　文言定篇——文化本位观照下的选文类型

"定篇"这一概念是王荣生先生首次提出的。本书以下有关"定篇"的概念和含义均得益于王先生的研究成果。王先生根据选文功能将语文教材中的选文分为四个类型："定篇""例文""样本"和"用件"。"定篇"指语文教学大纲或课程标准中规定的篇目，目的在于学习经典的丰厚蕴藉；"例文"的目的是学习其生动显现的有关诗文和诗文读写的知识；"样本"的目的是学习其阅读过程中形成的读写"方法"；"用件"的目的是提供信息、介绍资料，使学生获知所讲的

---

① 杨再隋：《语文课程建设的理论与实践》，语文出版社 2001 年版，第 46 页。

事物。① 单从王先生对这四种选文类型功能的简要描述，我们便能看到"定篇"与"例文""样本""用件"这三种类型在性质上截然不同。根据王先生的研究，如果以选文来说，前者指"教选文"，即把选文本身作为语文课程内容；后者指的是"用选文去教"，即将选文作为教学语文课程的途径。以一首诗歌为例，如果把诗歌作为课程内容，学习这首诗歌的目的就是对它加以全面而深刻地领悟，不仅是对诗歌的表面意思有所理解，更应融入其创造的意境中，深刻领会其内涵；若把这首诗歌视为语文教材内容层次，这时要学习的课程内容则是关于诗歌这一文学样式以及如何读诗的一些事实、概念、原理、技能等，而诗歌本身只是学习这些课程内容的途径。可见，某一类选文在语文教材中的地位，是其价值和功能的体现。而文言选文类型的确立，反映的是人们对文言诗文教学目的和价值的认识。

在文化本位的核心理念下，中小学文言诗文教学实质上是以文化为本位的教学，它在当代的教学价值主要体现的是它的文化价值，让学生对我国古代灿烂的文化、辉煌的文明有所领略，让学生对精选的古代文学精华有所领悟，促成民族文化体认，提升文化品位和文学修养，实现民族语言的优化。"语文课程肩负着培育文学、文化素养的重任；而文学、文化素养在语文课程有特定的所指，它以确指的'定篇'存现。"② 中小学文言诗文教学主要承担的任务就是培养学生的文学、文化素养，因此，文言选文应该定位于"定篇"。

实际上，"定篇"也好，"例文"也好，或"用件""样本"也好，不存在有"高低贵贱"之分，每一类选文都有存在的合理性，其间并无实质性的冲突。按不同的教学需求，尽量用好、用对每篇选

---

① 王荣生：《语文科课程论基础》，上海教育出版社 2003 年版，第 358—359 页。
② 同上书，第 268 页。

文，让选文的功能和价值得到最大程度的发挥，从而改善语文教学，提高教学效率，这是我们区分选文类型的意旨所在。前面我们分析了在中小学语文教学中，文言诗文的教学价值在于培养学生的文化、文学修养，而要让它的这种价值得到最大程度的发挥，文言诗文选文应该按"定篇"的要求去规定、设计。教学中就要按照"定篇"的本性，通过材料的增补和丰富多彩的教学设计，使学生"彻底、清晰、明确地领会"作品。而不是给选文任意加上附加的任务，甚至为了达到课外迁移的目的，把选文当成训练"能力"的凭借。"熟知经典"，"了解和欣赏作品"，本身就是目的。而环绕着该"选文"的所有教材内容，都服务于"了解和欣赏"的目的。

我国现代以来的语文教材，选文向来主张"文质兼美的名家名篇"。由于文言作品本身的特点，在时间的冲刷之下，能被广为流传的作品，多是精华。如张中行所说："富有精华，这是文言的另一种积极价值。"① 再经过多年语文教学的反复"试金"，形成了很多已有定评的典范作品。但是，即使选文确实是公认的名篇，由于一直缺乏明确的"定篇"意识，对某些"名家名篇"的处置，与"定篇"的旨趣有一定的差距。

首先，我们从文言选文进入教材的身份及在教材中的地位来看。"定篇"是有特别要求的，在选文进入语文教科书之前便已在语文教学大纲或课程标准中明确规定，不是可有可无的。在施行某一教学大纲或课程标准的期限内甚至更长的期限内具有不可更替性，常常是几十年、上百年，甚至更长的时间都不变。回顾文言诗文教学百年发展的历史，我们看到更多的是文言选文在语文教材中的大起大落，不仅

---

① 张中行：《文言与白话》，中华书局 2007 年版，第 32 页。

选文数量摇摆不定，选文篇目波动也很大。在社会局势动荡不安的时期，几年甚至更短的时间里，某些选文会"神秘失踪"，不多久它们又会"突然出现"，显示出文言选文受社会主流意识的控制太深；在"一纲多本"的现时期，各地方教材过于注重推陈出新，表现在文言选文上更是异彩纷呈，不说他们对文言选文处理方式上的各具千秋，单从选文数量和篇目来看，虽然在篇目选择上有较多共性，以名家名篇为主，但由于各版本选文数量的差别，文白比例又有不同，经常出现因选文数量的限制，在一些经典篇目的选择上不得不忍痛割爱的现象。可见，文言选文在语文教材中还远没有取得"定篇"的地位。就单篇的文言选文来看，它们还是被看成可有可无，可以随便拿捏的东西。至于"定篇"要求在进入语文教科书之前，必须在语文教学大纲或课程标准中明确规定，我国的中学语文教学大纲曾有以"基本篇目"的名义，规定了在教材中必有、在教学中必教的篇目。这个"基本篇目"在1986年版的《全日制中学语文教学大纲》中才首次出现，当时主要是从"适合于教学"的角度考虑的，而且从具体的篇目上看，是文言白话杂糅，数量相对庞大，质量相对庞杂，并没有对文言诗文选文做出专门规定，当然，其中对文言篇目的规定也就显得相对有失水准。何况，到了2001年，课程标准取消了"基本篇目"，补充了"背诵推荐篇目"和"课外阅读推荐篇目"，其实质与"基本篇目"没本质上的区别，文言选文也是夹杂其中。更主要的是这些篇目只是"推荐"，并没有强制执行的要求。如果，"定篇"真是"定篇"的话，那么就要求每个学生都应该按同样的要求去学习它，掌握它，如朱自清所说，对学生"必须加以强制学习的训练"。① 照这样的理

---

① 中央教育科学研究所编：《朱自清论语文教育》，河南教育出版社1985年版，第28页。

解，我们要求学生背诵"推荐篇目"中鲁迅的《阿Q正传》《孔乙己》，有必要吗？可能吗？再就是"课外阅读篇目"，如果只是"推荐"，有放进课程标准中这么强调的必要吗？若把这些"课外阅读篇目"改头换面，随文分散出现，或写进教学指导建议中，可能会更好地发挥其"推荐"的实效。据我们的了解，对"定篇"的处置，国外大致是两种情况：一种是在课程标准里制定并纳入考试的范围，而不编进语文教材；另一种是将部分指定篇目的主要章节，编进语文教材。① 也就是说，不管编不编进语文教材，只要是课程标准以"定篇"的形式规定了的篇目，无论是放在课内还是课外，都是语文课程内容的构成，要学要考，不是可放可收、可有可无的。从这个意义上来看，我国到目前为止，作为权威性的纲领性文件，教学大纲或课程标准还没有明确的"定篇"意识，文言选文更是没有真正获得"定篇"的身份和地位。

其次，从文言选文在教材中的处理方式及呈现形态来看，虽然我们对文言选文持的是"定篇"的姿态，如"文质兼美，名家名篇"，"阅读优秀作品，品味语言，感受其思想、艺术魅力，发展想象力和审美力"，"学习中国古代优秀作品，体会其中蕴含的中华民族精神，为形成一定的传统文化底蕴奠定基础"等，无不让我们强烈地感受到文言经典强大的感召力。可实际上呈现的是"例文"的框架，"样本"的企图（王荣生语）。且不说在应考所需、功利所逼形势下课堂教学的实际样貌，单从教科书对文言选文的编排就能见出端倪。

到目前为止，语文教科书主要还是采取文白混编的形式，以单元的形式呈现。至于怎么划分单元，有按文体的，有按题材的，有按主

----

① 王荣生：《语文科课程论基础》，上海教育出版社2003年版，第266页。

题的，各不相同。以前我们曾有依据能力培养目标组合单元，将文言选文按文体的不同与现代文编入同一单元的做法，如把《口技》《活板》《核舟记》分别与现代文一起编入"说明文"的单元，[①] 而这些单元的训练要点是学习说明方法、说明顺序，即学习如何写好说明文。这种做法，活脱脱把文言选文当成文章写作训练的"例文"，其教学的文化价值从何体现？当然，现在这种做法已经基本摒弃了，而以主题为编排依据，把内容相关的系列文章编入同一单元的做法较受青睐。文言选文的人文内涵得以强调和突出，但以主题为单位的结构方式有它明显的缺陷，一篇课文的内涵是远远超过这个主题的，这就造成语文教师不以实际作品出发，去分析它的情感和意蕴空间，而是被一种现行的主题框死了，不利于作品的解读，也就不能引导学生"彻底、清晰、明确地领会"作品。对于文言选文来说，有些主题过于宏大且现代气息太浓，像把《童趣》编入"感悟人生，关爱生命"；把北朝民歌《木兰诗》编入"热爱祖国"；[②] 将《史记》中的《报任安书》《楚辞》中的《渔父》定位于"直面人生""生存选择"；[③] 等等。这种为"主题"而"主题"，以今度古，生搬硬套，实乃穿靴戴帽之举，并没有站在文言作品本身的立场上考虑。另外，教科书也没有提供多种"资源材料"，帮助学生真正感受，感悟作品。如人教版高中教材对《离骚》的内容设置就只是配上注释和部分译文以及几道练习让学生大致了解课文意思，既没法把久远的历史拉近，也不把作品放在文学的长河中，就连屈原与《离骚》的相关资料也不

① 课程教材研究所、中学语文课程教材研究开发中心编著：《初级中学语文教科书》七年级上册，人民教育出版社 1992 年版。

② 课程教材研究所、中学语文课程教材研究开发中心编著：《义务教育课程标准实验教科书·语文》七年级上册，人民教育出版社 2003 年版。

③ 丁帆、杨九俊主编：《普通高中课程标准实验教科书·语文》必修五，江苏教育出版社 2007 年版。

提供，如此却要学生感悟《离骚》的艺术魅力及其在文学史上的崇高地位。可以说，上述种种安排都有欠考虑，远没有达到"定篇"的要求，不利于"定篇"选文的功能发挥。

作为"定篇"的文言选文，更多地要考虑它的原生价值，要把作品放到具体的历史背景中去考察，见识它的原貌，了解作品的社会影响，做到在历史中还原。因为我们的教学目的是让学生"见识经典一番"，提高学生的文化、文学修养。然而堪称经典的文学作品，有近乎无穷的蕴藉。作品本身辽阔的阐释空间给了每个时代、每个人从不同角度加以观照的可能性，我们没有必要也不可能将所有内涵都开发出来作为语文的课程内容，只能对其中某些角度加以观照。从这个意义上说，课程内容并不等于诗文本身，最终落实为"理想的读者"对该诗文"权威的阐释"。① 在教科书中，这些"权威的阐释"表现在注释、助读文字，尤其是课后习题的指令上。如高中教材编选了李商隐的《锦瑟》，对于这首诗的旨意，千百年来聚讼纷纭，莫衷一是：《中山诗话》认为"锦瑟"是令狐楚家的婢女，此诗表达了深沉的爱情，可视为爱情诗；《玉溪生诗笺》认为此诗系作者追怀死去的妻子王氏，当为悼亡诗；也有人认为瑟有适、怨、清、和四种声调，诗的中间各咏一调，应是一首描绘音乐的咏物诗；张采认为是政治诗；钱锺书认为是论诗诗。② 要是这些说法目前还没有被学术界所否决，如果这首诗被处理成定篇的话，应该将上述的种种阐释一并编入教材。可实际上，教科书却倾向于选取"恋情说"和"自伤身世说"两种。如江苏教育出版社版本的教科书在"文本研习"中设计了这样的习题：

---

① 王荣生：《语文科课程论基础》，上海教育出版社 2003 年版，第 269 页。
② 顾之川：《如何使用高中语文新教材》，《高中语文新大纲新教材辅导讲座》，语文出版社 2000 年版，第 44 页。

《锦瑟》一诗，意象朦胧，对其诗意历来没有确定的解说，主要有"爱情悼亡"和"自伤身世"两种说法。前者的根据在于琴瑟是夫妇的象征，作者睹物思人，托物起兴；后者的根据在于诗中以"无端""思华年"总领，又以"可待成追忆"和"惘然"作结，是追忆平生，不胜惘然之作。你倾向于哪一种说法？说说你的理由。①

在种种阐释中，为何只列出这两种，是出于"全国最有权威的学者"的钦定呢？还是出于对"多数人所认可意见"的选择？抑或只是"编写者个人的看法"？倘若真是出于"全国最有权威的学者"，语文专家，文化、文学等专家的权威解说，让学生按权威者的指示，对这些被阐释过的诗文加以内化，也就是了解和欣赏一番，倒是符合"定篇"的意图，教科书这种处理方式本无可厚非。然而，我们从人教版对这首诗做出的种种分析和解释中，可以得知选择这两种说法并不是出于学术界最具权威者的"钦定"。人教版在解释选取"恋情说"和"自伤身世说"的理由时有这样一段描述：

> 正如当代学者张中行在《诗词读写丛话》里谈到的："与其胶柱鼓此锦瑟，不如重点取意境而不求甚解。"他解此诗为：第一联，意为"一晃年已半百，回首当年，一言难尽"；第二联，意为"曾经有梦想，曾经害相思"；第三联，意为"可是梦想和情思都破灭了，所得只是眼泪和迷惘"；最后一联，意为"现在回想，旧情难忘，只是一切都如隔世了"。遵循这样的路子，我们以恋情说和自伤身世说为背景（从意境的迷离恍惚来看，排除

---

① 丁帆、杨九俊主编：《普通高中课程标准试验教科书·语文（必修四）》，江苏教育出版社 2006 年版，第 65 页。

怀念妻子的"悼亡说"），简略领悟一下这首诗的意境和情感。

课后习题的设计是这样的：

> 《锦瑟》是李商隐诗歌中最为难解的一篇，其主旨历来众说纷纭，有悼亡说、恋情说、自伤身世说等。这首诗内容隐晦，意境凄迷，语言华美，给人以丰富的想象空间，可以说每一联都代表了一种情境，一种心绪，你能试着说说吗？①

与苏教版一比较，可见，两者虽然都是选择"恋情说"和"自伤身世说"，但一个是作为主要内容来探究作品的主题意旨，另一个只是作为分析背景来领略作品的艺术魅力。试问，如果"恋情说"和"自伤身世说"的选择是出于学术界权威的阐释，为何会有两种截然不同的处理方式？只能说选择这两种说法只是对"多数人意见"的简单趋同，而处理上的分歧只是编写者个人"一家之言"的体现罢了。

写到这，我们不禁想起施蛰存先生的呼吁，语文课程"要有一个基本教材，由教育部组织全国最有权威的学者来编，选的篇目必须是适宜中学生读的、众所公认的名篇，然后固定下来，十年八年不变，这样不管你在什么地方念书，一提起那些文章，大家都读过，使全国的青少年有一个比较统一的语文水平。"② 这并不是要鼓吹倒回到一纲一本的教材编写时代，而是探讨如何在提高"一纲"的科学性、权威性的前提下，保证"多本"的高质量、高标准的问题。就文言诗文的特点和文言诗文的教学价值而言，编写一个这样的基本教材更是势在

---

① 人民教育出版社课程教材研究所、中学语文课程教材研究开发中心编著：《普通高中课程标准实验教科书·语文（必修三教师教学用书）》，人民教育出版社 2007 年版，第66—68 页。

② 施蛰存、王丽：《语文教育一定要改》，转引自王丽编《中国语文教育忧思录》，教育科学出版社 1998 年版，第 88 页。

必行，因为这是一个造福千秋万代的大事。

以上，我们以文化素养为取向，对中小学文言诗文选文的"定篇"类型作了理据上的定位，并围绕着"定篇"的实质含义，简要地分析了一下目前文言选文与"定篇"的差距，为今后的改进作了一些方向性的指引。至于如何在"定篇"的类别下探讨选文的标准、选文的篇目、选文的编排等具体层面上的问题，需要更为细致深入的研究，远非一章、一节所能论述得了的。这些内容，在下面的行文中稍有论及，但不成系统，留待作下一步研究的起点。

第二节　构建"整体规划"的教学体系

很长时间里，中小学文言诗文教学一直在"学与不学"的困扰中踌躇前行：由"小学、中学都不学，高中开始学"到"初中不要学，高中开始学"，再到"初中学一点，高中重点学"，再到"小学学一点，初中重点学"。争论来，争论去，文言诗文教学似乎在一步一步进军基础教育的领域，其实这里存在概念上的误解，把语文教科书中大量的古诗词排除在文言文之外。前面我们讲过，文言文应该包括这些用文言形式写成的韵语，为了区别人们思维定式上的理解，故在中间加上"诗"字，称之为"文言诗文"，而把狭义上理解的文言文，称之为"文言文"。照这样理解，小学、初中、高中都在学习古诗词，文言诗文早就在基础教育中扎下了根。争论给理论和实践带来重重迷雾，人们看不到古诗词与文言文（这里指的是狭义的文言文的概念）的关系，一方面，把时间耗费在"要不要学"的争论上；另一方面，对文言诗文教学的思考也局限于中学阶段，小学阶段少有问津。再者，人们研究的兴奋点似乎也存在误区，认为要改变文言文教学的困境主要在改进教学方法，很少会有人把小学、中学（包括初中、高中）联通起来作整体探讨。因此，在一定程度上造成了这一研究视角的盲区。

我们认为，中小学的文言诗文教学是一个整体、系统的工程，不能急功近利，急于求成。目前，迫切需要扭转"初中、高中单打独斗、小学袖手旁观"的局面，对整个中小学阶段的文言诗文教学进行全面、细致地审视，统筹规划、合理布局，促进最终目的的达成。就如同中小学文言诗文教学是一个系统工程一样，对它作"整体规划"也需要各方面力量联手攻关，仅凭个人或几个人的力量是远远不够的。因此，本书提出"构建整体规划的教学体系"只是基于对现实的矛盾审视，在吸收和借鉴优秀经验的基础上，对中小学文言诗文教学"整体规划"作的一些预测和设想，而构建完整而严密的教学体系还求待方家。

一　战略转移：提前起步，重心前移

在基础教育阶段的文言诗文教学中，我们长期奉行的是"初中开始起步，高中重点教学"的设计规划，小学不学文言已是事实。多年来，文言诗文教学效果不佳，困境重重，也很少有人怀疑这一规划的合理性。就如长跑比赛，相比于起点的快慢，人们更关注终点前的冲刺，为最后一搏摇旗振臂，呐喊助威。殊不知，起跑时的略胜一筹，过程中的迂回战术，都对最后的冲刺起到决胜的关键作用。在对待中小学文言诗文教学的问题时，与其只想到高中冲刺的百般努力而并无多大改观，不如多想想它的起点问题：小学不学的原因在哪里？在现实条件下，有没有提前起步的可能？考虑到文言的特殊性，早学和晚学各有何利弊？综合利与弊，在遵循文言诗文教学规律的基础上，重新思考起步阶段的定位问题。

我们先来看看"小学不学文言"这条政策的来源问题。20 世纪 20 年代以前，无论是私塾还是新学堂，一律学习文言，包括读和写两个方面。可见，并不是小学生不能或无法学好文言。现代语文教学在经历了从文言到白话的蜕变之后，为什么非要把学习文言的起点，定在学生上了六年语文课甚至是上了九年语文课之后呢？早一点不行吗？现在看来，文言几乎成为小学语文教学的禁区，很大程度上是人为因素造成的。究其根本原因，主要在于对文白关系的认识。20 世纪 20 年代，主持制定语文课程标准纲要的是胡适。他力主先学好白话文，再学文言文，认为这样才顺理成章，能够"事半功倍"。① "课程标准纲要"落实了他的这种构想，把文言教学推迟到初中进行，小学阶段只要求在最后一年酌加浅易的古典诗文供学生阅读，这一条后来其实也没能够很好地贯彻，如叶圣陶独立编写的《开明国语读本》，一篇文言诗文也没有。

再深想一下，为何就认为"先学白话文，再学文言文"就能"事半功倍"，从而废止了文言启蒙这条传统语文教育经验呢？大概是基于这样一种认识："文言和语体，我认为是一贯的；因为文法所差有限的很。"（梁启超语）② 所谓文与白的"文法"，若就章法、笔法而言，确有接近的一面；若就句法而言，情形就要复杂一些；若就字法、词法而言，则相差远矣，故而有文言如同半门"外语"之说。学

---

① 胡适：《再论中学国文教学》，转引自顾黄初、李杏保编《二十世纪前期中国语文教育论集》，四川教育出版社 1991 年版，第 125 页。

② 转引自刘占泉《汉语文教材概论》，北京大学出版社 2004 年版，第 152 页。

习文言，首先是从识字（词）开始的，其次才是句法、章法、笔法之类。试图从白话教学直接过渡到文言教学，恰恰在教学的起点上，忽视了从"语"（白）过渡到文的艰巨性，起点定得过高，违反了文言学习的规律，吃了欲速则不达的亏。这是后话，在这里，我们只是为了对"小学不学文言"这条清规戒律解除"魔咒"，证明它是一定的社会形势下人为的主观因素造成的，就小学生本身而言不存在学或不学、学得好或学不好的问题。如果"从小学开始学习文言"是符合语言学习的普遍规律和文言学习的特殊要求，这条戒律是完全可以打破的。

　　那么，就目前文言诗文教学的实际情况来看，在小学阶段提前起步有无必要性和可能性呢？

　　当前，新课程标准的出台、教材的变革，方方面面都能看出新课程改革以后文言诗文的重要性日益突出，中小学基础教育阶段正在适度强化文言诗文的学习。而适度强化的目的集中在以下两点：一是促进学生加深对中华民族优秀传统文化的了解、充实文化底蕴，提升文化品位，形成正确的价值观；二是在学习文言诗文的过程中，吸收语言精华，提高语言表达能力。显然，朱自清先生"经典训练的价值不在实用而在文化"的世纪回响已经成为构建文言诗文教学新世纪蓝图的时代强音。那么，文言诗文教学价值的重新定位是否意味着"阅读浅易文言文"的能力培养目标毫无意义可言？只要对教科书中属于"定篇"性质的文言选文"理解、欣赏"，"见识经典一番"就可以了，不必刻意追求借此来"养成阅读浅易文言文的能力"去进行课外阅读古书的目的。既然这样，文言诗文教学完全可以集中安排在高中阶段按现代文学鉴赏阅读教学的模式进行不就可以了吗？这种看法似乎又犯了和当年"语言""文学"分科实验同样的错误，忽视了文言的特殊性。由于社会语言环境的改变，现在的学生在进行文言诗文阅读时，比现代文阅读徒增了一层语言文字上的障碍。文言诗文就好比那厚皮的核桃，虽有丰富的内涵，但观之满脸皱纹，饱经风霜，敲也敲不开，就只好敬而远之，束之高阁。这并不是我们的主观猜测，而是在很多针对文言文教学的调查报告和访谈记录中都能得到印证。这些调查显示的结论大致趋同，大部分中学生都把学习的难点指向了语言障碍。

能不能跳过语言文字的障碍，直接从思想观点、人文情感的理解与评价层面上阅读文言诗文呢？答案是否定的，那样做无异于取消文言诗文教学。前面我们讲过，文言诗文的文化价值不仅表现在它承载的文化内涵，其语言文字本身也是一种文化遗产，弃之无异于削掉文言诗文美的一翼，使其文化教育的价值大为减损。正如有些热爱文言的人们所说：虽然学会并不很容易，可是学会以后……里面却尽有可喜的。① 理想的文学教育、文学欣赏，应该以学生能够读懂文字为起点，文言诗文在文字上的障碍比之现代文只有过之而无不及，仅凭这一点，文言诗文阅读就不能与现代文学阅读相提并论。为了避免在教学中把过多的精力花费在语言文字的疏通理解上，又不至于因缺少"读懂"的基础架空文学欣赏，就要事先打好"基础"，这里的基础是指对语言文字的感受能力，对文言这种特殊的语言形式的领悟能力。这种基础打牢了，学生有了一定的文言语感，也能较快地进入文言诗文作品的语境之中，有了这一步的突破，文质俱佳的选文才会对学生头脑中的语言转换生成系统发生影响，文言诗文中丰富的文化内涵才会通过语言文字的渠道并与语言文字一起影响学生的文化修养，

---

① 张中行：《文言与白话》，中华书局 2007 年版，第 32 页。

提升学生的文化品位。可见，无论最终目的是什么，学文言诗文都免不了过语言这一关，也就是说，文言诗文本身的特点和学习文言诗文的特殊性是客观存在的，并不因为价值取向的改变而消失。

而何时开始打基础更合适，通过何种方式进行更有效，即文言诗文教学何时起步的问题，需要根据语言学习的普遍规律和文言本身的特点去思考。就文言本身而论，它的特点是语法和白话差不多，但语汇与白话相去甚远且异中有同，同中有异，情况很复杂。由此，决定了学习文言的特点——必须大量占有语料，反复熟悉各种语言现象，逐渐掌握常用语汇的用法。可当代学生是在进初中后才正式开始阅读文言文，而初中的起步阶段又学得太急，在没有进行文言启蒙，学生的文言阅读能力几乎等于零的情况下，一步就跨到成篇的文言文上，"显得非常突兀，除是悟性特别高的学生，就不曾明白"（浦江清语)①。另外，课时少，科目多，学生精力有限，想凭借几十篇文言语料，要求学生短时间形成文言语感，只能借助于理性的分析，即采用"学得"的方式，先从词汇和语法入手，在大脑中建立起文言特殊语言现象与现代汉语语言现象的对应联系，进而理解文言；以后读多了，再渐渐获得文言语感。

这种学习方式效果如何呢？就语言学习的普遍规律来看，任何一种语言的学习和掌握都是"习得"和"学得"两者共同作用的结果。"习得"是潜意识过程，是注意意义和自然交际的结果，儿童学习母语就是这样习得的。"学得"是个有意识的过程，即通过课堂教师讲授并辅之以有意识的练习、记忆等活动，达到对所学语言的了解和语法概念的掌握。语言研究发现，对于儿童来说，不管是学习母语还是

---

① 刘占泉：《汉语文教材概论》，北京大学出版社 2004 年版，第 163 页。

学习第二外语，习得都是掌握语言技能的重要手段。潜意识的语言知识，才是真正的语言能力。在文言学习的早期阶段，这种主要靠文言知识的"学习"而获得的"语感"是非常有限且极为不牢固的。由于初中基础没打好，语感薄弱，高中只好"画地为牢"，恶补基本功，这种现象的普遍存在我们也是有目共睹的。对这种现象有人发出这样的感慨："才学了几篇文章，教师就忙着进行语法分析，什么前置、后置、使动、意动；然后为了应付考试，让学生默写……在这种情况下，文言文宁可不学。"① 虽然言辞过于偏激，但也不无道理，在学生刚刚接触文言之时，靠所谓的"语言规则"的"学得"形成文言语感是有失妥当的。"本来可以从容地、缓慢地注入他们头脑中的东西，却是粗暴地印上去的，甚至是填塞和强行打进去的。本来可以平易地、明白地提供给头脑的东西，却晦涩地、盘根错节地、自相矛盾地加以处理，俨然像难解的闷葫芦。"② 如何改变这种状况呢？是继续加大中学阶段文言阅读的量，还是尽力扭转这种教学模式？从实践效果来看，似乎都没有太大的改进空间和余地。我们应该看到一个根本性的问题即文言起步的问题。

其实，对文言诗文教学来说，早学和晚学不单单是一个时间早晚的问题，它对文言诗文的教学目的和教学方法都有一定的制约作用。比如，如果晚学（比如退至高中再系统学），要求就不能太高，以致古典文学鉴赏与古代文化论著的研读长期无法提到日程上来，因此，所谓"阅读浅易文言文能力"之说就占据上风。再者，文言诗文教学方法的问题，因高中生课程多，时间紧，理解能力强，但记忆力反而

---

① 商友敬：《坚守讲台》，华东师范大学出版社 2006 年版，第 117 页。
② ［捷］夸美纽斯：《大教学论·教学法解析》，任钟印译，人民教育出版社 2006 年版，第 77 页。

不如小学生和初中生，这就为重理解分析而轻诵读涵泳之风的盛行提供了客观条件，改变起来难度很大。从这个方面看，早学比晚学是利大于弊的。就多数人而言，语言学晚了，必然事倍功半。这是由人类的心理机制和语言学习的普遍规律决定的。就文言本身的特点及文言学习的特殊要求来说，把起步阶段放在小学，利用小学生记忆力强的特点，实行另一种比较合理的教学方法，阻力会小很多。所能达到的效果不管从理论上还是实践上都是可以证明的。

当年，张志公先生在着手编写《传统语文教育初探》时说：要想具备一点看古书的能力，只是在中学念上三五十篇古文恐怕不行，但多念些古文，时间精力又不允许。怎么解决这个难题呢？可以借鉴古人"运用韵语知识读物这条经验"，"要是小学生早一点——比如三四年级，念过一些经过仔细斟酌、严格编选的类似蒙求之类的东西，也许五六年级就能念点短而浅的文言文，这样，到了中学就可以不花过多的时间而能达到预期的目的了"①。在这里，他就提到了要吸取传统语文教学的经验，从小学开始学习文言。

从宋代开始，大量的蒙学教材大批出现，这绝不是偶然的。那时，文言和白话分流已成趋势，具有听说白话能力的小孩，如果直接学习相对高深的文言经典，其难度是很大的，之间必须有过渡性的训练。所以，古人在集中识字的教学过程中，让孩童熟读背诵了一批"三字头""四字头"之类的韵语读物，初步培养文言语感，熟悉古代文化常识。这种做法把集中识字和文言启蒙连成一体，儿童从小就接触并学习一些优秀的古代蒙学教材，可以记诵、熟悉一些文言句式，"无意识"的习得一些文言虚词的使用方法，对有效地奠定文言

---

① 张志公：《传统语文教育初论》（附蒙学书目稿），上海教育出版社 1962 年版，第 84 页。

阅读能力的基础，能起到很好的作用。从认知心理学的角度看，这种无意识的习得符合儿童学习的特点，年龄越小的儿童，他们的学习是以下意识吸收为主，主要通过内隐学习的方式。"内隐学习"无须主体的主观努力，其自动发生的学习的效果，优于有意识的"外显学习"的效果。因此，儿童凭直觉感而达到自动化的、内化的文言"知识"，处于他们的潜意识层中，往往不为他们所察觉，大量的这种隐性知识使他们具有文言"语感"，在他们今后的文言文学习中自动发挥作用，并通过不断地接触文言语料而得以促进和发展。这不正是我们需要达到的效果吗？

这种利用韵语读物进行文言启蒙的做法，亦有实践上的尝试。北京景山学校自1960年建校伊始，就研究和借鉴古人的经验，着手制定文言教学改革的方案并付诸实施。其主要做法是：把中小学文言教学划分为三个阶段，即启蒙（小学）——入门（初中）——提高（高中）。小学一、二年级集中识字，三年级开始每周用1—2课时诵读自编或修改的文言启蒙教材，如《儿童学诗》《词选》和《儿童学文言》（含删改过的《三字经》《千字文》《幼学琼林故事》及文言小段）。教材稍加讲解，主要是让学生朗读和背诵。六、七年级为第二阶段，每周用3—4课时集中诵读《孟子》《古文观止》，使学生初步养成文言阅读习惯并具有一定阅读能力。八年级以上是第三阶段，主要通过自读历史选文加以巩固和提高，开展研讨和批评活动，初步养成文言文学习的自觉性，不断提高对古代作品和古代文化思想的鉴别能力。据当年在景山学校参加这项教改实验的教师回忆：实验证明，效果是好的，主要表现在三个方面：（1）学生学习文言文的兴趣很浓，阅读文言文的能力提高很快。（2）文言水平的提高，加深了对白话文的理解，也促进了学生作文能力的发展。（3）文言学习的突飞猛进，扩大了学生的知识眼界，活跃了学生的思想。另外，通过学习文言文，对祖国语言文字的优美，对民族文化宝库的璀璨，有了进一步的亲身感受，一种深沉的爱国主义情感也油然而生。[①]

可以说，当年景山学校文言文教学改革所取得的效果，正是我们现在文言文教学所追求的目标。可惜，景山学校的文言文及教学改革实验毁于"十年浩劫"，没能留下系统、成熟的教材。但利用韵语提前起步的文言文教学改革思路给后人留下了一个富有开创意义的思考空间。

另外，一些从心理学角度出发的研究成果也在一定程度上证明了在小学学习文言的有效性。如艾伟采用当时先进的教育心理统计分析方法，对当时的国语、国文教学进行研究时，得出"因小学生一至初中即学文言，程度相距过远，常有无法适应之现象"[②] 的结论，因此主张高小应实行文言文教学。而林凤藻则对学前儿童背诵古典诗文进行了个案观察，发现让儿童背诵一些古典诗文，他们对某些古典诗文是能懂大意的，并不同于机械式的死记硬背。如他们能在日常生活中运用已学的诗文：

> 每当吃饭时，儿童自己或别人把饭粒掉到桌上，儿童往往不止一次说道："看罢，把饭掉到桌子上了，快快捡起来。粒粒皆辛苦，是农民伯伯辛辛苦苦种出来的。"有人问儿童："你学会了'桃花源记'，在幼儿园背给小朋友听了没有？"他回答说："咦，咦，不足为外人道也，不足为外人道也。"

还能巧妙地用其他的词替换原文的词：

---

① 参见刘占泉《汉语文教材概论》，北京大学出版社 2004 年版，第 178 页。

② 艾伟：《国语教学》第七节《高小各年级文言教学之理由》，中华书局 1948 年版，第 68 页。

儿童有一副游戏用的弓箭。一天晚上，玩射箭，把箭射到沙发里去了，他走过去拾箭，同时笑着说道："平明寻白羽，没在沙发中。"

因此得出结论：学前儿童学习背诵一点古典诗文，不但是可能的，而且是有益的。如果材料适宜，教学得法，儿童不但不讨厌，而且非常喜欢。①

学前儿童都能很好地完成文言诗文的学习任务，何况心智更加成熟的小学生。其实，以前我们低估了小学生学习文言的天赋和潜力。主观条件上小学生记忆力强，表现欲强，语言学习的敏感性强；客观条件上小学升学压力小，语文学习时间相对充足，如果我们加以好好利用，文言诗文教学可能会出现"退一步海阔天空"的局面。可我们错过了小学生学习文言的最佳年龄段，不仅耽误了文言诗文学习的最佳时机，同时也造成了文化精神的流失。

以上实验和研究均表明在小学阶段做好文言的启蒙训练不仅是必要的，而且是可行的。要改变目前中小学文言诗文教学的现状，首先要实现战略上的大转移，提前起步，重心前移，把小学纳入"整体规划"的布局中，精心编排，合理规划，让其在文言诗文教学系统工程的建设中发挥重要的作用。

二 战略规划：相对独立，整体部署

文言诗文教学有相对独立的教学和教材体系吗？似乎有，又似乎没有。曾经见到过一些轮廓，却始终在教学主流中显得比较模糊。目前中小学文言诗文教学的主流显示出的还是"雨夹雪"和"退着走"

---

① 林凤藻：《学前儿童背诵古典诗文的个案观察》，《心理学报》1963 年第 2 期。

的教学思路。所谓"雨夹雪"，是指文言和白话混编混教；"退着走"，即小学只学白话，从初中起增学文言，数量逐渐加大，至高中达到顶峰。1923 年中小学语文教学"课程标准纲要"问世以后，雄踞主流位置的语文教材率先采用了这样的思路，其后一直以此为正统，没有实质性的改变。这种思路的依据是：以白话作为依托，希望能实现从白话到文言的自然过渡。可是教文言文和教现代文当然有共同之点，也必然有教文言文的特殊之点。这种思路，最大的问题就是忽视了文言学习的特殊性。文言学习起步太晚，白话课文与文言课文教学交替进行，文言教学本身不成系统。如现行人教版的初中语文教材除七年级上、下册把文言短篇编入现代文的单元中，其他各册基本上是每一册两个文言诗文单元，并都安排在每一册的最后两个单元。这样做虽说对文言诗文教学的特殊性有所照顾，便于集中学习。可想一想，如果照教材的编排顺序按部就班地学习，那么，学生们在每个学期的头几个阶段几乎没有接触文言的可能。待到学期最后"强化"了一段时间的文言之后，到了下个学期还是老样子的循环。结果呢，一般的学生是学一点忘一点，学到最后，前面曾经学过的文言内容又淡忘了，导致学生在学习文言过程中出现了"一曝十寒"的学习状态。这无形之中增加了无效劳动，枉费了时间和精力。

俗话说："拳不离手，曲不离口。"任何语言的学习都应该坚持细水长流、慢工细活的原则。何况文言已经淡出人们日常的语言交际环境，生活本身就缺少一种文言语境，只靠在学校里这种断断续续、蜻蜓点水般的学习，可想而知是没有多大效果的。尤其是在文言的起步、入门阶段，更需要提供大量的语料反复给学生刺激，促进文言语感的形成。这种分散教学的体系显然不符合文言学习的特点。

在这点上，古人给我们留下了宝贵的经验，一是相对集中地安排文言启蒙训练。即利用韵语读物让孩童背诵，初步培养语感；二是相对集中地安排文言典籍的诵读与积累训练。就是继文言启蒙之后，以文言经典语料为凭借，大量诵读、积累典范正宗的文言章句，积淀文言语感；三是相对集中地安排研究"义理"的训练。大致从"十五志学之年"开始，进行一次阅读教学的战略转移，重心移到探究文言经典的文化底蕴。当年景山学校主要借鉴古人的作法实施的文言教学改革实验也得出了"集中学比分散学好，文白分开学比混合学好"① 的结论。

最近几年，文言诗文教学改革的局部尝试越来越多，一些影响比较大，效果比较好的实验，体现出的教学改革设计思路也是采取集中教学的模式，并且都构建了相对独立的文言教学和教材体系。如周正逵主持编著的人教版《文言读本》上、下册，供高一年级课内使用。这个课本主要解决文言学习的"入门"问题，相当于当年景山学校文言教学"三步曲"中的第二步——培养基本的文言阅读能力，以读懂文字，熟读背诵一大批文言作品为主要目的。这一步本应放在初中为妥，但苦于初中现状，故而放在高一集中一年强化训练，补上这一课。为了弥补初中的不足，而在高一集中一年的时间进行强化训练，这种集中教学的思路略显被动，可是自 1985 年秋季开始，在全国范围内已经沿用了 20 多年，效果还是明显的，得到了实验地区广大师生的肯定。还有刘毅主编的"新世纪小学语文教科书"，其中辅助教材的使用每周安排一课时，有些内容专司文言启蒙这一项任务：一年级诵读《儿童学古诗》；二年级诵读《儿童学韵语》，含对韵歌、三字经、对联、"幼学"、成语歌等，共有文言韵语 134 则；四年级开始

---

① 刘占泉：《汉语文教材概论》，北京大学出版社 2004 年版，第 179 页。

诵读《儿童学文言文》。这些改革要么针对小学、要么针对中学，至今还没有相对完善的中小学文言诗文教学整体改革的举措，但它们为今后中小学文言诗文教学的"整体规划"，提供了可资参照的路标，那就是：中小学文言诗文教学最好是采用相对集中的教学模式，并且需要建立符合自身特点的相对独立的教学体系。

想要达到这个目标，需要创造两个条件：一是另外拨出课时专门给文言阅读，保证小学、初中、高中每周都要有文言阅读的时间，专时专用，形成文言阅读的常态。二是建立文言阅读的训练序列：在正式开始有关的文学教育之前，先进行文言识字和认读训练，逐步积累语感和熟悉文字特点，尔后渐入文学教育的正轨。两个条件缺一不可，否则文学课中的文言阅读部分很容易遭排挤和架空，而旨在通过文言诗文教学提高学生的文化、文学修养的目的也只能是一厢情愿而已。

最近，有人提出了在中学阶段独立设置文言课程的设想，让"文言"成为独立于现行"语文"之外的另外一门课程，这样一来，前面提到的两个条件似乎都能满足，那我们提出要构建文言诗文相对独立的教学体系是否也是这个意思呢？先不说此举关涉整个基础教育阶段的课程体系的设置问题，在如今课程日渐综合化、整合化的大趋势下，如此大动干戈有无必要。就说此种设想的动机和目的："中学阶段也完全可以考虑像高校设置'古代汉语'一样，单独设立'文言'课程。""仿照办外国语学校的先例，从小学三年级起就学文言，待到十年之后，读文言，写文言都可以达到纯熟地步。"① 中小学文言诗文教学与大学的"古代汉语"一样吗？中小学文言诗文教学有必要让学

---

① 童志斌：《试论中学阶段独立设置文言课程的必要性》，《语文学刊》2003 年第 4 期。

生达到读文言、写文言都纯熟的地步吗？显然，这依然是一种"能力"价值取向下的文言教学设计思路，把"文言"单列于"语文"课程之外，无形中放大了它与现代汉语的差别，拔高了中小学生学习文言的要求，文言教学更多倾向于是一门研究"语言"的学问，偏离了提高学生的文化、文学素养及语言表达能力的母语教育的方向。这种"另立山头"的"独成一统"，与我们"构建相对独立的文言诗文教学体系"有着本质上的区别。首先，我们所说的"独立"是在语文课程体系下的相对"独立"，它没有从"语文"中分离出去，与白话文阅读共同组成语文课程体系的主干内容；其次，我们把文言教学从文白混编混教的体系中"独立"出来，是出于对文言本身的特点及学习文言的特殊要求的考虑，对文言阅读加以特殊安排和照顾，最终目的是为了达到与白话文阅读同样的境界，实现"文言"和"白话"两个教学体系的并轨、交融。也就是说，"分"是为了"合"，"分"只是手段，"合"才是目的，"分"是为了更好地"合"。

正是基于这种思考，我们做出的种种思考，都是为了弥补目前这种"文白齐步走"教学体系的不足所做的权宜之计。如何创造条件，如何统筹安排，构建一个相对独立的文言诗文教学体系呢？我们的"规划构想"如下①。

首先，在现有语文教学的框架内，创建"白话经典阅读"和"文言诗文阅读"两个相对独立的教学和教材体系，二者分工合作，相互联结；并与相对独立的作文教学和教材体系相配合，组合成语文教学课程体系的主干内容。在课时安排上，在"小学"和"初中"阶段可以开辟一个文言诗文阅读"特区"或称"专区"，保证专时专用。

---

① 参阅刘占泉教授的部分观点，他在《文言教学的反思与建议》一文中曾提出设立"文言特区"的构想。

（如小学每周不少于 2 课时，初中每周不少于 1.5 课时）

其次，专司文言诗文阅读的这个教学和教材体系，大体上按照"启蒙（小学）—入门（初中）—提高（高中）"的思路来设计。各个阶段要分工明确，合理布局，才能发挥整体大于部分之和的效果。目前中小学文言诗文教学在"整体规划"上，大体存在着小学、初中、高中各级别的教学任务不具体，要求不明确，衔接不紧密，显得结构松散，从而激发了教学的无序运作，诱发了局部教学的恶性膨胀，导致大量无效的重复劳动。因此，在对各阶段进行设计时要有全局的眼光，注意在教学要求上各有侧重，教学内容上融会贯通，教学评价上各司其职，不至于出现该管的不好好管，该教的不好好教，或样样都想管，眉毛胡子一把抓，结果一样也没管好。而且，每个阶段教学目标的确定，教学内容的安排，教学方法的选用等都要与学生的知识水平、情感的感受能力及身心的发展水平相匹配，不躐等而施。

（一）"启蒙"阶段

开辟文言诗文教学"特区"（每周不少于 2 课时），主要任务是大量积累文言语料，初步认识一批文言常用词语，积淀文言语感，并形成语言学习、知识扩充和美德熏陶三位一体的教学格局。这一阶段的侧重点在于记诵积累大量的文言语料。有一点必须说明，我们主张的积累不是孤立的词语积累，也不是文言文基础知识的积累，而是成套语言的积累。包含的主要环节依次是：诵读文言韵语；诵读介乎韵语和散句之间的语料（如对联、格言等）；诵读非经典的文言章句，类似于古代《日记故事》那类课本编者专为儿童撰写的文言小段；诵读经典的文言章句，即成篇的文言经典文章。其间，穿插诵读古诗和浏览古代白话小说片段等。对其中的几个主要环节，我们试作说明。

针对小学生爱大声讽诵的特点，除大量优秀的古诗词以外，韵语读物也应成为教学的主要内容。为了使学生能够从日常的白话一步一步地接近文言，等到一旦接触成篇的文言阅读，不至于像是突然到了外国一样，学习古人的经验，让学生在此之前多读一些韵语读物不失为一种较自然的好办法。因为根据汉语汉字的特点，灵活地运用三言和四言韵语，完全可以把文言的各种基本结构表现出来。以《三字经》为例，除了人们平时所熟悉的内容上的伦理性、知识性，形式上的三字一句，隔句押韵外，作为语言学习的材料，它浅显通俗，灵活丰富，暗含了文言学习的各种因素。从句式上看，《三字经》包含了古代汉语常用的一些句式，如判断句："三才者，天地人，三光者，日月星"；疑问句中的宾语前置句："幼不学，老何为"；名词的意动用法："夏传子，家天下"，"昔仲尼，师项橐"等。另外文言文中常用的虚词，如"之""者""以""而""则""于""且""虽""既""苟""所"等都在文中反复出现。所以，古代的蒙学教育，从识字起，儿童们实际上已经开始接触文言，学习文言了。可是，由于是三个字、四个字的短话，不是佶屈聱牙的长句子，并且还押韵，念起来像唱歌一样，并不觉得别扭，几乎不怎么觉得这跟自己说的话有千百年的距离。这样，一两年或者三四年下来，孩子们耳濡目染，自然而然地养成了一些文言习惯，等到正式教他们读古书的时候就不会感到面生可疑或者面目可憎，也不至于瞠目结舌，不知所云了。可以说，韵语知识读物是跨越白话、文言间那条鸿沟的一座桥梁。在文言文时代，它是从识字走向阅读的很好的过渡。在现在的白话文时代，它是进行文言启蒙训练很好的教材。现行的人教版小学语文教材在课后或语文园地中已经出现了一些作为知识积累的文言语句，多是选自古代文言典籍中的名言、警句，涉及道德修养、意志磨炼、读书、惜时等内容，按主题的不同编成一组一组让学生熟读、背诵，既能增加学生的古典文学知识，又能在潜移默化中陶冶学生的品德修养，是不可多得的文言语料，可惜数量太少又过于零散，六年下来只有40句左右。不过给我们编选文言韵语读物提供了一个很好的思路，不妨把编选内容从"三、百、千"之类的古代韵语知识读物拓展延伸到如《论语》《老子》《孟子》等其他一些文言典籍，内容上去粗存精，剔除封建思想的糟粕，保留传统文化的精华，形式上尽量选择三言、四言之类短小精练的语句，按一定的主题加以重新整合，并根据儿童的接受能力循序渐进，合理搭配，让学生熟读、背诵，效果不言而喻。诵读文言韵语，结合识字教学就可以开始，每周利用点时间诵读2—3句，以后随年级的升高，逐步增加到5—6句，到小学毕业，学生们至少也能记诵500多句经典的文言语句。这些精选的文言韵语，内涵丰富，孩子们"口诵心惟"之，其中的"隐性价值"何止是知识的学习、文化的传承，其德、智、美等方面都会得到长足发展。

通过诵读大量韵语读物，学生逐渐形成了一些文言习惯，已经初步具备了进行文言阅读的基础。这个时候，针对孩子爱听故事的特点，让他们接触一些非韵语的散文故事，更易提高他们阅读文言文的兴趣，为以后过渡到阅读内容复杂、词句错综的文章打好基础。散文故事已经用散体，不再用韵语，但内容很简单，篇幅很短，类似于古代《日记故事》《书言故事》专为孩童撰写的文言小段，一则只讲一个小故事，大部分在百字以内，难度较小。如《日记故事》中提到的"磨杵成针"的故事："李白少读书，未成，弃去。道逢一老妪磨铁杵，白问：'将欲何用？'曰：'欲作针。'白感其言，遂还卒业"。[①]

---

① 张志公：《传统语文教育初探》（附蒙学书目稿），上海教育出版社1962年版，第90页。

全篇不到 40 字，语言浅显，内容生动。很多孩子听过白话文的"磨杵成针"的故事，理解起来难度不大。如果我们在编排上先出现白话写的，再附上文言写的，对比之后，学生会觉得文言形式新鲜有趣，加上文言形式多是三字、四字一句，简短易诵，在好奇心的驱使下孩子更爱诵读文言小段。古代蒙养教材大量选取历史故事、典型人物、民间传说、流行趣事，这些兴趣盎然的内容，极易引发儿童爱读、乐读的积极性。现在少儿读物中的寓言故事、成语故事、民间故事等选材很多都是由文言原作改编来的，小学语文教材中也选入很多，像"亡羊补牢""守株待兔""南辕北辙""惊弓之鸟"等寓言，"女娲补天""夸父逐日"等民间传说都是。如果我们结合白话阅读和课外阅读，挑选、整理出一些孩子基本上能耳熟能详的故事用文言的形式编排出来，并配上插图，只要教师对一些难字稍作讲解，孩子很快便能熟读成诵。从四年级开始，除去诵读古诗词的任务，每隔一周学习、背诵一篇，三年下来，小学生也能背诵将近 50 篇了。虽然这些散文故事多数是编者自己写的，不是照抄古书，也就是说这些文言章句是非经典的，但它们都是用文言写成的，文言常用的词汇和句式特点还是基本符合的。作为语言学习的材料，它们简短易懂，内容丰富有趣，又便于记诵，对于文言"启蒙"阶段的初学者来讲，是非常合适的文言语料。有了这个基础，在小学最后一个学段学习一些内容相对复杂、词句相对错综的经典文言成篇作品，为升入初中的学习做好铺垫，使衔接更顺畅，就不会有多大问题了，不至于因语言的难懂而打击学生学习文言的积极性。

目前，已经有很多人在从事小学阶段文言启蒙教材的编写和研究工作，相关的参考资料有很多，如古代蒙养教材；北京海淀区教研中心刘毅主编的《儿童学韵语》（上、下册），《文学读本》（凡 12 册）

中的文言部分；中央教育科学研究所张田若先生及郭惜珍先生联手编著的《小学生文言启蒙读本》；还有国内陆续出版的多种相关读物，如《三字经新编》等。其中有很多教材都在小学试用过。如果前面我们讲的在小学提前进行文言"启蒙"教学的思路站得住脚的话，只要组织全国最有权威的专家、学者、教师假以时日，从古人留下的珍贵遗产中去粗取精、在当代人现有的研究成果中扬长补短，继而在系统科学的实验中不断研讨、修正，精益求精，编写出内容健康，形式活泼，为儿童所喜爱，更加科学完善的文言启蒙教材体系，不会是一个无法解决的问题。

（二）"入门"阶段

开辟文言诗文教学"特区"（每周不少于1.5课时），主要任务是继续积累文言语料，积淀文言语感，适宜地渐进地渗透文学审美意识、文化传承意识。包含的主要内容有：诵读文言经典语料，积累典范正宗的文言章句，积淀文言语感；浏览足够多的有趣味的文言作品；有计划地识记和分辨足够多的文言常用词语；了解、理解相关简明有用的文言、文学和文化常识；兼有一定数量的较有趣味、确实有效的语言训练。这一阶段的侧重点在于积累足够多经典的文言章句，识记足够量的文言常用词语（包括实词和虚词）。根据这些任务和要求，我们对初中文言诗文教材体系的编排、教学方法等方面再作点简要说明。

初中学生年龄大多在12—15岁，根据古人的说法，15岁之前"多记性，少悟性"，这个年龄段正处在转折期，在理解力不断增强，抽象思维不断提高的帮助下，记忆力飞速发展，可以说初中阶段还是记忆的黄金时期。因此，这一阶段，文言诗文教学的侧重点主要还是在记诵、积累文言语料上。有人研究过，旧时代流行的文言文选本《古文观止》，共选史传和文人著作220篇。当时，凡是能把其中大部分篇章烂熟于心的，不仅能够阅读，而且能写作浅易的文言文。这就说明，如果不要求写，只要求能阅读，读好了一百多篇也就够了。并进一步指出，学生要真正能够独立阅读哪怕是较浅易的文言古籍，不读上100—150篇文言文是不行的，而熟读到背诵程度的，至少在50—60篇之间。① 这里的50—60篇是整个中学阶段（包括初中、高中）的背诵量。当然，现在中小学文言诗文教学的最终目的并不是要让学生独立阅读文言文，而是接受传统文化的熏陶，提高学生的文化、文学修养，硬性规定背诵50—60篇没多大必要，但背诵30—40篇精选篇章是最起码的要求。考虑到高中学科多，课时少，学习压力大，学生的记忆力和专注程度都不如儿童、少年时期，熟读、背诵的任务尽量前移，那么，初中三年至少也应该精读60篇、背诵30篇文言典范作品。而这一点是完全可以做到的。初中六个学期，平均每学期不过5—6篇，一个月只背诵1—2篇罢了。何况有了小学"启蒙"阶段100多首古典诗词、500多句文言语句、50篇文言语段感性认识的文言底子，升入初中后大量接触文言典范作品，学生念着不会感到太吃力，也就有余力来背诵和深入理解文意了。当然，要整篇背诵，精选篇章是最重要的。从心理学的角度看，凡是生动活泼，能引起读者强烈兴趣的作品，都是容易熟记而且经久难忘的；凡是枯燥乏味，不能引起读者强烈兴趣的作品，是难以读熟而且容易忘记的。在教学实践中我们也不难发现：凡是短小精悍，内容引人入胜，文笔生动活泼，语句畅达隽永，声调谐和响亮的文章，例如，《岳阳楼记》《三

---

① 吴良侏：《提高中学生文言文阅读能力的浅见》，转引自张定远编《文言文教学论集》，新蕾出版社1986年版，第361页。

峡》《师说》，学生均不花多少时间就能背诵，若干年后仍不会忘记。《古文观止》之所以容易读熟，也是由于其中大多数篇章、篇幅短小，情文并茂。因此，初中文言诗文教材的选文要注意经典性与趣味性结合，在精选出的精读篇目中再选择短小精悍、文质兼美的文章让学生熟读背诵，而且要各类文体齐备。另外，方法上也要注意，诵读任务主要在课上完成，并要督促学生反复温习，经常复习。

"入门"阶段除了要进一步加强记诵、积累文言语料，积淀文言语感的任务外，还有一个掌握语言规律，使学生尽快熟悉文言的语言特点的任务。由于文言文词句的各项基础知识，都是分散在一篇篇的范文里的，从初一开始，学生进入读整篇范文的阶段，在一篇范文中就可以接触到文言词句的各种特点，如一词多义、词类活用、使动意动、判断句、被动句、省略句等，如果我们在教学中，"贪多务得""细大无遗"，想"毕其功于一役"，都一起灌下去的话，必然是事倍功半。我们只能把某些知识让他"知其然，而不知其所以然"。对某些知识要求"知其所以然"。那么，哪些知识可以让他"知其所以然"了，哪些知识还只能让他"知其然"，这就要考虑学生智力发展的特点，又要符合文言文本身的知识体系。因为从"知其然"到"知其所以然"是有一个过程的，要让学生反复接触"知其然"，达到一定数量，到了"水到渠成"的阶段，再讲"所以然"，才能收到事半功倍的效果。如"再"在古文中当两次讲，当学生在不同的文章中反复接触，渐渐领悟所有的"再"字意义都一样，都作两次讲，这时候，教师再加以归纳，让学生由"知其然"上升到"知其所以然"，对这一常用词古今异义掌握得就更牢固了。也就是说，感性认识越丰富深刻，语言的掌握也就越牢固越熟练。这就对初中文言诗文教材体系的选文和编排提出了更严格的要求，既要考虑选文经典性、趣味性和可接受性的问题，又要考虑文言文知识体系的序列化问题，前者是明线，后者是暗线，一明一暗，需要做出精心安排，尽量做到科学有序。由于语文自身综合性、模糊性的特点，这个"序"不可能像理科那样严格，只能说在整体规划的基础上，按一定的计划试图构建起混沌序和线性序共同起作用的教材体系。对这个问题，有人曾经提出，"中学文言教材的编写，应该学习英语教材的体系，以虚词、词类活用和句式的知识为序列来贯串"，① 这可以说是个不错的建议。初中阶段的主要任务是掌握文言常用词语，我们可以先列出常用实词、虚词表，然后按照少而精的原则，有计划、分阶段地安排到各个学期的课文中去，做到重点突出，难点分散、螺旋上升。先让学生大量的接触教材，在接触中开始内隐学习，在进行充分的言语实践后，教师再对文言词汇和语法知识作正规的总结和训练。把文言基础知识的训练建立在充分的感性认识的基础上，可以在一定程度上减少学生的畏难情绪。如果学生对文言知识的感知能从已学过的课文甚至是小学早已背熟的文言语句或语段入手，便更能增加他们对所学内容的亲近感和自信心。

总之，初中"入门"阶段文言诗文教学任务较重，我们要尽量让教学内容有趣味，有系统，注重实效。同时注意与白话读写教学巧妙地勾连和呼应，如利用成语学习文言，对某些文言故事进行"新编"等，还可采用"仿真型"的文言教学思路，增加教学的趣味性。所谓"仿真型"文言教学，乃是将学生的文言学习活动设置在特定的语言交流情境里，通过使用文言来进行"听说读写"，使学生能够全面提高对"文言"的认识和把握程度，尤其是提高对"文言"运用细节

---

① 戈致中：《中学文言文教学序列化初探》，转引自张定远编《文言文教学论集》，新蕾出版社1986年版，第41页。

方面的分辨率，加强积淀文言语感的有效性。① 也就是说，教师善于营造一种情境和氛围，为学生的学习创造一定的语言环境，或课上使用文言问答，或用古人的腔调朗诵古文，虚拟"听"与"说"的语言交际实践，将阅读纳入"交际"的轨道，使文言课堂教学饶有趣味。

（三）"提高"阶段

主要任务是有系统地进行文学鉴赏、文化论著研读的专门教学，与白话读写教学打通，逐步实现"文言"与"白话"这两个教学和教材体系的并轨、交融。注重继续打好语言的底子，弘扬人文精神和优秀的文化传统，以古鉴今，丰富情怀，开阔胸襟，提高辩证思维的水平，进行"鉴赏"和"研读"能力的培养。这与现行课标对高中阶段文言诗文教学目标和要求吻合，具体做法就不再展开阐述了。但是，就目前高中阶段文言诗文教学来讲，有两点还需注意，一是文言选文的编排，二是高考文言诗文的测试。下面针对这两点再做点具体说明。

文学鉴赏部分的文言选文及编排可以考虑有所变动。为了让文言与白话之间的支持和联系更为密切，仍采取单元的形式与白话混编，但组元形式可以按不同的文化主题来划分单元，即在把握中国传统文化精髓的基础上，先确定传统文化的主题，再按文化主题来选择经典作品。如上海的《国家课程标准高中实验课本（试编本）语文·必修》就进行了一个很好的尝试，把传统的文言经典选文按不同的文化主题加以重新整合，分为"智慧星空、思想星空""英雄背影、战争风云""淑世情怀、治国方略""文人情趣、名士雅趣""人间亲情、

---

① 刘占泉：《文言教学的反思及建议》，《语文教学通讯》2008 年第 1 期。

传统人伦"五个文化单元。① 这样组元的目的在于突出文言诗文教学的文化价值，引导教学兼顾文字、文学、文化三个层面，言文并重，文道统一，实现对民族文化传统的体认和民族语言的优化，使中小学文言诗文教学的最终目的得以落实。

另外一个就是高考文言诗文考试的问题。目前高考文言诗文测试不再只是追求认知能力的考查，而更加注重学生的古诗文的积累和古典文化的熏染，题型上也不再是选择题等形式的客观题占绝对优势，而是增加了注重言语表达能力和思维过程开放性与灵活性的主观题的比重。高考中的这些变化对改变中小学文言诗文教学死抠语法、机械训练的现状无疑起到了一定的作用，但并没有从根本上扭转这一局面。问题还出在哪里呢？我们认为高考文言诗文测试没有把文言诗文当作"定篇"来处理是根本原因之所在。多年来我们高考文言文试题的阅读材料没有选自课内选文的，都是依循"功在课内，效在课外"的原则，材料完全取于课外，但其知识点的设置又不会超出课内所学，考查的是学生的迁移能力。这种命题思路及素材选择是把课内文言选文仅仅当成"例子"，是"能力取向"价值追求的表现之一。因此，要把文言选文真正当成"定篇"来教学，高考必须起推波助澜的作用，即要学什么，要考什么，以诵读教材中的定篇文言诗文篇目作为考试内容，文言文阅读材料应该选择课内选文，决不以教材之外庸涩文字为难学生。取材回到课本，一线的教师、学生就会重视课本，通过平时注重积累、诵读、涵泳，老老实实打好古文功底；可以让教师致力于传统经典课文的教学，帮助学生理解、熟记具体的文言课文，扎实有序地奠定学生的古文基础，提高学生的文化素养，把文言

---

① 参见王荣生、郑桂华主编《语文教材建设新探·试教交流第一辑》，上海教育出版社 2008 年版，第 46 页。

诗文教学传承文化的任务落到实处。

若是高考文言试题阅读材料选自课内，目前这种只选取一篇至两篇选文作为阅读材料，围绕着这一二段文字来出几道题目的做法应该有所改进，要不然一线教师和学生又会陷入押题、猜题之中，陷入无休止的、机械的、大规模的题海训练之中。在这点上，我们可以学习和借鉴台湾的做法。

台湾文言诗文试题的阅读材料篇目众多，一次考试多达十几、二十几篇选文，题材丰富多彩，涉及面广，跨越朝代远，体裁多样，既可开阔考生的视野，丰富其传统文化知识，又可通过考试测试出学生文言文真正的水平。如 2007 年的文言试题共有 21 篇文言选文，其中 14 篇课内选文，占 66.7%，5 篇出自中国文化基本教材，占 23.8%。在这 21 篇选文中，有先秦历史散文，先秦文学散文，有儒家经典和论说文，还有《大戴礼记》和"十三经"之一的《孝经》这样的上古作品。① 这些阅读材料非常分散，极少有一篇完整的文字，而是分散到题干或置之于选项当中，考查形式灵活多样。如 2007 年台湾"指考"第 14 题：

关于下引文字，叙述不正确的选项是：子华使于齐，冉子为其母请粟。子曰："与之釜。"请益。曰："与之庚。"冉子与之粟五秉。子曰："赤之适齐也，乘肥马、衣轻裘。吾闻之也，君子周急不继富。"（注：公西赤，字子华；釜、庚、秉都是量的单位）（《论语·雍也》）

（A）"请益"是指冉子向孔子请教赠粟的多寡

① 《2007 年台湾"指考"国文科试卷》，参见周晓云《五年大陆台湾高考文言文试题比较研究》，硕士学位论文，福建师范大学，2008 年，第 46 页。

（B）孔子认为君子行事，宜雪中送炭，非锦上添花

（C）"周急不继富"的"周"字通"赒"字，是救济的意思

（D）从"乘肥马、衣轻裘"可知子华行装豪华，并不穷困匮乏①

值得一提的是，台湾卷虽然也是以客观选择题为主，但它考查的内容相当广泛，涉及字词义、文句重组、文意理解、文学常识、文化常识、文章要旨、文章作法分析等，试题中很少有单独的对字、词、句的落实、理解，多从文本的整体把握和涉及的古代文化常识、文化理念入手，侧重于赏析。其灵活多样的方式，亲切可爱的面目，考查的涉及面之广都值得我们借鉴和学习。

大陆目前这种选取一篇至两篇选文作为阅读材料，围绕着这一二段文字来出几道题目的做法，重在考查学生分析理解能力，考查学生是否读懂文章。而台湾重在考查学生对文言文的理解与运用、整合活用课内所学的知识和能力、联系生活经验理解鉴赏作品的能力，重在考查学生能否运用所学知识欣赏并解决实际问题。"编制者处处扣紧'国文'两字，将中国传统文化的博大精深、绚烂多彩以试题的形式呈现出来，忠实地贯彻了课程标准的要义。凡经史子集、诗词歌赋、戏曲歌谣、成语对联，以及现代诗歌小说散文等，均被编制者收入'囊'中。而且，古今上下，信手拈来，相互佐证，彼此通融。整套试卷涵盖了中国语言文字、文学、文化、思想等各个方面。这样一份卷子，编制者本人不但要有'满腹经纶'，而且还要有相当丰富的想象力和创造力，才能'创作'出来。他们的题目出得雅正端方、质朴

---

① 《2007年台湾"指考"国文科试卷》，参见周晓云《五年大陆台湾高考文言文试题比较研究》，硕士学位论文，福建师范大学，2008年，第44页。

具体，没有成心与学生为敌的偏题、怪题、刁题，而是亲切友善、幽默风趣、富于想象力和创造力。"① 考题注重课文内容与生活实际结合，注重传统文化在现代的影响与转化作用。考的是学生真正的语文素养，而不是那种所谓的"逻辑分析能力"，故无须去做大量的应试训练，靠的是平日的积累、诵读和涵泳。其出发点在于通过考试来发掘发现学生潜在的语文素养，激发他们的想象力和创造力，并使他们体会到中国语言文化的博大精深和绚丽多彩，从而培养对母语的感情。而大陆高考的出发点是选拔人才，以淘汰为目的，有较强的功利性。虽然两岸都是围着高考指挥棒转，但对中小学文言诗文教学的导向却截然不同，一是言文并重，二是重言轻文。文言诗文作为定篇选文，多是文学经典，内容和形式是融合在一起的，对它们的阅读是品其言才能会其意，"内容和形式是拆不开来，你要欣赏它，就得阅读它本身"。② 而目前，中小学文言诗文教学偏离了它的定篇本性，一度在"言"与"文"之间游移，与我们高考文言试题的导向可以说有很大的关系。在文化素养的价值取向下，在高考文言诗文的命制方面，我们也许要向台湾学习、看齐，尽快回归课本，回到课堂，通过这样的导向，把中小学文言诗文教学和高考很好地衔接在一起，切实提高学生的文化素养，真正形成阅读浅易文言文的能力。

　　总而言之，中小学文言诗文教学是一个系统工程，在目前的状态下，迫切需要加强小学启蒙、初中入门阶段的文言诗文教学和教材体系的改革与建设。在这两个阶段，教学要求要把重点放在积累文言语料，积淀文言语感上，让学生通过语言的学习和积累，潜移默化地得到文化的滋养和情感的熏陶。要充分发挥小学、初中阶段的记忆优

---

　　① 王丽：《语文丢失了什么》，《中国青年报冰点特稿》2006 年 6 月 21 日第 3 版。
　　② 叶圣陶：《叶圣陶论创作》，上海文艺出版社 1982 年版，第 197 页。

势，教学方法以熟读、记诵为主，丰富学生的感性认识。就是初中入门阶段对文言常用实词、虚词及句式的理解和掌握也要建立在大量的感性认识的基础上，通过科学合理的编排和训练，在教师指导下，让学生不断进行知识规律的实践和知识的"反刍"（即对所学知识及其规律的反复揣摩、理解、消化、吸收）[①]，逐渐上升到理性认识。教材编排上，要注意各个阶段相互衔接，回环相扣，如小学阶段以语句、语段出现的文言语料可以在初中、高中阶段的文言篇章里出现，并加以强调和突出，引起学生对知识的回忆和反刍；高中阶段每个单元组合可适当安排一篇初中学过的篇目，拉近与文本之间的距离，以激活旧的知识点。在文言诗文教学实践中，要实现文言诗文教学的"常态化"，如每周开设文言教学"特区"，保证专时专用；每堂语文课课前两分钟读背文言古诗文；每个月开展一次古诗文诵读竞赛；等等。教师还要引导学生养成良好的文言学习习惯，如：读时一句一句读，理解的时候不必一句一句地理解，利用古今汉语相通的原理，养成用跳读、猜读的方法理解文本意思的习惯；根据记忆规律有效背诵，养成积累名言佳句的习惯；等等。

第三节　凸显"诵读教学"的本体地位

教学方法是组织学生学习、发展学生认知的方法。语文学科的教学方法除遵循人类共同的认识规律以外，也需要根据专业特点调整其

---

① 王铁民：《要把金针度与人——谈文言文教学中知识与能力的关系》，转引自张定远编《文言文教学论集》，新蕾出版社 1986 年版，第 36 页。

教学方法的选择。语文学科是母语教育，它的专业特点实际上是与汉语言文字的特点紧密联系在一起的。而当代语文教育的缺失之一便表现在对汉语言文字本体特性的漠视。世界上的语言文字存在许多共通之处，但也都有自己的特质。与西方语言相比，汉语的人文性尤为突出。著名学者金岳霖先生指出："中国语言文字的特点是朦胧、模糊，它的涵盖面几乎无边无际，暗示性几乎无边无涯；而西方语言文法的结构比较准确、分明。"① 语言特点不同，自然应该教学方式各异。然而在强大的西方分析范式的统摄下，在强烈的科学主义意识的控制下，无视汉语深厚的文化历史积淀和独特的文化心理特征，把汉语从中国文化母体上剥离出来，使它成为一种没有文化生命的纯粹的工具或符号。20 世纪的汉语研究和语文教学的主流正是这样做的。曾几何时，我们的语文课堂上，听不到琅琅读书声，充斥课堂教学过程的，是大量的讲解分析。似乎这种讲解分析使语文教学更科学、更有效率了，可我们却悲哀地听到学生如是说："我们喜欢语文，但我们不喜欢语文课。"文言诗文教学更是被烦琐的字词解释、语法分析肢解得毫无美感可言，于是，我们的耳边时常听到的是学生们"一怕文言，二怕作文，三怕周树人"的无奈调侃。

可见，用什么方法来教学文言诗文，也是一个关键问题。如果教学方法得当，目的与内容方面的矛盾多少能够得到一些缓解。倘若方法不对，那必定会雪上加霜，使固有的矛盾更加突出，效果更差。诵读法是我国传统语文教学的重要方法，然而，在语言研究的西方分析范式和语文教学过度追求工具理性的双重夹击下，诵读教学的优良传统渐渐远离我们，其在文言诗文教学中的地位也日渐式微。以烦琐的

---

① 转引自郭奇智《"重建人文"与语文教改》，《语文教学与研究》1996 年第 4 期。

讲解分析取代诵读、涵泳，这种确定教学方法的思路尤其不适合文言诗文教学，产生了很大的负面影响。中小学文言诗文教学要摆脱现有困境，除了在教学目的、内容的整体规划上作宏观的战略调整外，方法操作层面也要作相应的调整，我们认为，确定中小学文言诗文教学方法的思路应凸显"诵读教学"的本体地位。也就是说，中小学文言诗文的教学方式要以"诵读为主"。"诵读为主"并不是"全部诵读"，完全回到旧时代学塾的教读方式，诚如张必锟先生所言，以"诵读为主"的文言教学方式"跟旧时代的学塾的教读方式表面上有相似之处，然而实质全然不同：它不是单一的朗读训练，也不强迫学生死记硬背；而是用诵读来带动其他的训练（如句、篇的训练等），最后达到自然成诵"。① 为了更好地理解"诵读教学"，我们先探讨中小学文言诗文教学"为何要以诵读为主"，为诵读教学找到合理的依据，再分析当前诵读教学的偏误，为诵读教学做出合乎时代要求的现时解读。

一 为何要以"诵读为主"

（一）诵读教学符合文言诗文本身的特点

文言诗文，是在古汉语口语的基础上经过加工提炼而形成的一种以简洁、典雅为特征的书面语体。文言诗文是中华文化的精粹，其语言或简洁深刻，或工整华丽，且音韵和谐、节奏鲜明、结构跳跃，所表达的感情凝练、意境深邃，读来朗朗上口，具有极强的可读性，是最适于诵读的文体。汉语的特点见诸文言，汉语的审美性、意合性、

---

① 张必锟：《学文言非诵读不可》，《中学语文教学》1997 年第 6 期。

具象性、整体有机性等特征都在文言诗文中得到了淋漓尽致的体现。

从文言诗文的语言形式来看，入选教材的都是从大量优秀的文言作品中挑选出来的精品，保留了语言艺术的精华，具有极强的审美性。王力先生说"语言的形式之所以能是美的，因为它有整齐的美，抑扬的美，回环的美。这些美都是音乐所具备的，所以语言的形式美也可以说是语言的音乐美。"① 文言诗文的语言形式美，主要从两个方面体现：一个是对偶；另一个是声律。对偶是指行文时成对使用的两个文句，这两个文句字数相等，结构、词性大体相同，意思相关。作为修辞方法的对偶，常常被广泛用于古代散文和古体诗歌的创作。它整饬了语言，增强了语势，且两个偶句互为补充、相互映衬，使语言颇具形式美和表现力。如果说对偶主要体现的是整齐的美，那么声律主要体现的就是抑扬的美和回环的美。声律主要是指押韵和平仄格式两方面的要求。韵的重要作用就是充分利用汉语语音的审美特质，通过韵脚的关联，把跳跃式的单独的诗行构成一个审美整体，使诗作具有抑扬顿挫、流畅回环的韵律美，顺口动听，易记能唱。在汉语音韵学中，音高与音长的变化差异构成"声调"，平声舒缓上扬，如振銮铃；仄声曲折下抑，如击木石，平声与仄声和谐地交织，平仄协调，轻重相间，读起来节奏鲜明又富于变化，有助于形成文言语言的抑扬顿挫、一唱三叹的声调美。古汉语书面上大多数用完整而表意清晰的单音字，现代汉语则多用双音字。古汉语单音节词居多的特点，使其很容易构成整齐对称的词组和短句，又符合平仄格式的要求；而古汉语元音占优势的特点，又使其非常容易做到押韵。中小学语文学科要学习的文言诗文作品多以诗词赋和散文为主，对偶和声律在诗词曲赋

---

① 王力：《谈谈学习古代汉语》，山东教育出版社1984年版，第68页。

的运用比较明显，在散文中的运用稍为灵活一些，文章语言优美，节奏感强，多朗朗上口，具有很强的可诵读性。

再从文言诗文的文体形式来看，文言文的文体可分为韵文、骈文、散文三个大类。古代韵文包括古代诗、词、曲、赋四大类，他们在情思、辞采、音韵、体式、章法、意境、风格等诸多方面都具有其独特的美感，朗朗上口的节奏美，抑扬顿挫的音律美，整齐中见错综、对立中见和谐的粘对律，五言、七言句式的奇偶相生，能最大限度容纳汉语中双音词的造句功能，最能让人在浅吟低酌之间，浮想联翩，回味无穷。而讲究辞藻华丽、讲究韵律与平仄，"以诗为文"的骈文具有了音乐般的婉转琉璃、抑扬顿挫的情韵，也就有了诵读时起伏流畅的听觉美感。除韵文和骈文以外的问题都可称为散文，中国古代散文无论记叙、议论、抒情都写得非常有文采，具有简练、精粹、典雅、生动形象、节奏明快的独特的语言艺术魅力。另外，古代散文还非常讲究章法布局的开合、纵横、虚实互补、承为自然、脉络相连、一气呵成。一篇之中波澜起伏，各段之间丝丝相扣，或以时空为序，或以情感为纲，移步换景，层层递进，各尽其妙。长篇则汪洋态肆，一泻千里，短篇则精雕细刻，玲珑剔透。这些文体特征都使文言诗文具备了无与伦比的诵读优势和诵读的必要性。

还有最重要的一点就是文言诗文文化传承的特征。文言诗文的语言是一种文字符号，它涵盖特定的文化信息。文言诗文是以独特的形式负载并呈现着我国丰富多彩的古代传统文化。文言诗文语言的文化信息主要是在两个层面上进行的：一是表层，即以视觉表象符号的结构反映意义，人们可以从诗歌语言的分析中透视我国古代的文化信息；二是深层，即蕴藏在诗歌语言背后的我国古代人民的文化心理结构，包括他们的思维方式、价值取向、民族心态以及他们的世界观等。所以学生在进行文言诗文诵读的时候，不仅是在接触文言语言本身，更多的是对文章情感的体验和对作者生命感受的领悟。由语言文字有机整合而成的言语作品不是死的认知客体，而是作者心灵之音的外化，蕴含着浓郁的生命意趣，显现着心灵的跃动、生命的智慧、历史的沧桑与文化的神韵，是一个有自己独特声音的生命体，是一个有着丰厚意蕴的意义世界。古人把诵读看成是读者进入文本意义世界的一种重要方式。曾国藩在《家训》中说："非高声朗读则不能得其雄伟之概，非密咏恬吟则不能探其深远之韵。"① 只有熟读、涵泳才能从文句中抓住声音节奏，从声音节奏中抓住文本的情趣、气势或神韵，把握诗文中的微言精义。与讲解相比，诵读更能引领读者抵达言语的深处，是赋予作品生命的一种最好的方式。"讲解是死的，如同进行解剖；诵读是活的，如同给作品以生命"，"讲解只能使人知道，而朗读更能使人感受"（朱作仁语）。诵读是读者用声音传达出作品深层的美，诵读于读者于听者，其实都是一个精神上与作者对话的过程。诵读文言诗文其实就是让学生把承载了悠久传统文化的文言诗文用有声的方式进行诠释和再创作，这正是对文言诗文价值观念等文化特质进行接受、认可、再思考的过程。

（二）诵读教学符合当代文言诗文教学的实际

有人也许会说，"诵读"作为一种传统做法，固然是顺应了汉语言学习自身的规律，符合文言诗文本身的特点，但当代的中小学文言诗文教学与古人的学文言存在着很大的差异，学习目的、课程设置等方面都发生了很大的改变，诵读法是否符合当代文言诗文教学的实际

---

① 引自曾祥芹、张维坤、黄果泉编著《古代阅读论》，河南教育出版社 1992 年版，第 490 页。

情况呢？一定要以"诵读"为主吗？

在此，首先需要廓清一种认识。不少人误认为"文言"就是古人的语言，所以，古人学文言当然比今人容易，其实这完全是一种错觉。所谓文言，"是与白话相对而言的，指的是以先秦汉语为基础形成的一种古代汉语书面语，从上古一直沿用到'五四'以前"。"文言起初是汉民族共同语的书面形式，后来它越来越同口语脱节"①，这种书面语固定下来以后，在近两千年的历史中，一直处于与各时代的口头（交际）语言相脱离的状态中。秦汉以后各时代的古人学文言时所面临的问题与难度，同现代的人并没有实质上的差别。从前的人教文言，都是先让学生读古文，背古文。儿童从五六岁入学，就把"四书""五经"之类的书拿来整本整本地念，整本整本地背。从不知所云，到半懂不懂，到大致能懂，再加上练习写一些文言文，久而久之，就能比较顺利地读懂文言文，也能写一些文言文了。这表明，古人（秦汉以后）学习文言，与今人学习文言相比，有一个最大的共同点是都在口语、书面语距离很大的条件下学习，因而，就学习方法而言，"也只有通过读文章，多接触感性材料，才能逐步形成初步的阅读能力"。②

诚然，古人与今人学文言在学习目的上是有很大差别的。古人学文言的目的是，能够运用文言自如地进行读、写乃至一定程度的"说"，今人学文言，只在"读"。但如果认为古人学文言要求高，才有采用诵读法的必要，今人只对"读"有一定程度的要求，就没必要这么注重诵读了。这首先是对"诵读"的曲解和误读（在后面诵读的现时解读中有详细阐述，这里就不作解释了）。另外，也未免太断章

---

① 于根元：《二十世纪的中国语言应用研究》，书海出版社1996年版，第60页。
② 江绍荣：《培养学生阅读浅易文言文能力的尝试》，转引自张定远编《文言文教学论集》，新蕾出版社1986年版，第138页。

取义了。不管只要求读，还是听说读写都作要求，学习文言都是在进行一种语言的学习。因为文言具有很大的特殊性，叶圣陶先生视之为与"外国语相仿"的特殊的语言，胡明扬先生视之为"特殊的第二语言"，学习文言，阅读文言作品我们都不能忽略此特点。众所周知，语言的学习需要具体的语言环境，这是因为言语是语言的母体，语言存在并发展于言语之中。而文言很早以来就缺乏了具体的交际语言的环境，其语言学习的环境不会自然存在，要想学好文言，就必须人为地营造一种文言作为交际语言的环境（一定程度上可以看作是一种模拟的母语环境）。王力先生曾经说过，"古代人学习古文，不但读的是文言文，而且连写的都是文言文。他们对家里人说的是一种话，在书房里说的是另一种话，他对古人说古话，甚至还对朋友说古人话，慢慢地训练成为能说两种话的人，就成为语言学中所谓'二言人'，这种人精通两种话，说哪一种话都用不着想"①。现在，文言离生活越来越远，与口语的距离越来越大，我们不可能像古人那样写文言文，说古人话了。那么，在文言因素渐趋淡薄的今天，只在学校里学文言，更需要要营造文言学习的环境，而诵读就是一个很好的方法。诵读文言文，目的在于增加对文言的感性认识，以弥补文言不作为交际语言因而运用文言的机会相对缺乏之不足。关于这一点，郭绍虞先生也讲过："写作的文辞，假使与口语相接近，那么就不必借助于诵读。离口语愈远，那么学习的方法也就愈需要诵读。所以重视诵读的倾向，越到后来就越显著。"② 这也就意味着，当代的文言诗文教学应该比古人还要更加注重诵读涵泳。

　　以上我们从文言学习的语境角度分析，得出了诵读符合当代中

---

① 王力：《怎样学习古代汉语》，《中学语文教学》1979 年第 4 期。
② 郭绍虞：《照隅室语言论集》，上海古籍出版社 1985 年版，第 228 页。

小学文言诗文教学的实际这个结论。这个结论还有必要放在中小学文言诗文教学文化素养取向的目的论之中进行再认识。中小学文言诗文教学的最终目的不是培养学生的文言阅读能力，而是提高学生的文化、文学素养。着眼点在"语文素养"，而不是"语文能力"。语文素养包含了语文能力，但不限于语文能力，而是强调了包括语文能力在内的语言积累、语感以及与语言直接关联的健全的个性、审美情趣等文化修养。在以"能力取向"为目的的文言诗文教学中，教学内容被理解为知识、技能和方法是带有必然性的。因为，在一般的教学论中知识转化为能力是一个普遍有效的信条。可是，我们发现，这一信条在语文教育中是不真实的。学习语言知识虽有助于学习语言，但不等于学习语言，而只能是学习语言学。我们应该明确，中小学文言诗文教学不是教学生学古汉语语言学，培养一个个古汉语研究专家，而是教学生学习一篇篇文言诗文作品，感受作品深厚的文化内涵。因此我们要教给学生的是文言诗文的整体系统，而不只是它的形式系统。既然文化素养取向要求把文言诗文的整体系统作为教学的内容和对象，那么教学模式就没有理由继续使用为了获取知识而采用的讲读模式，而应该选择更能进入语言整体系统的教学模式。这种模式，我们认为就是"诵读为本"的模式。在理解的基础上反复朗读，熟读成诵，这个过程始终伴随着语言的感受、体验，也伴随一定的思维和语言的训练，由单线式的语言教学拓展为多维化的文化涵养过程，久而久之，必然会加强学生对汉语言文字的感受、理解，并在美的欣赏中加强对文本的解读，增强对母语的热爱，感受到文言文本从形式到内容散发出的文化意蕴，自然而然地受到文化的熏陶和感染。

（三）诵读教学得到现代科学理论的印证

诵读法在古代经历了诞生、成熟和深化 3 个阶段，[①] 其作为语文学习的一种有效方法，已经得到传统语文教育的实践经验的证明。然而进入现代，人们对它褒贬不一，众说纷纭。自"语文"单独设科以来，随着讲解之风的盛行，其地位日渐式微。如蒋维乔批评这种重讲解轻诵读的做法时指出："又其竭力趋时者，则鉴于昔者学塾之背诵呆读，为世诟病，以为学堂中，宜讲解不宜诵读。"[②] 而周振甫更是出语惊人："旧式的国文教学最为五四运动以来所诟病的，就是专重诵读。这种看轻诵读的风气，使一般中学国文教师耻于范读，学生也以诵读为可耻的事，于是学校里只讲不读。"[③] 可见，当年对诵读的抵制很大程度上来源于这种认识，诵读教学是"老古董"，是传统腐朽的私塾教学经验，没有什么科学性。其实不然，诵读教学有着多方面的科学依据，它符合青少年的心理特点和认知规律，其科学性不容置疑。

诵读符合心理学识记原理。在心理学上采用信息加工理论说明识记的过程，认为识记的过程就是编码的过程，对同一识记材料，用不同方式进行编码，识记效果就不一样。也就是说在识记的过程中，如果尽可能利用多种分析器的活动，把看、听、读、写结合起来，会收到更好的学习效果。心理学家研究发现：视觉的瞬间记忆延续约为 250 毫秒，而听觉的瞬间记忆时间保持约 400 毫秒。单靠视觉从图形

---

① 详见周庆元、于源溟《诵读法的历时演化与现时解读》，《中国教育学刊》2004 年第 10 期。

② 蒋维乔：《论小学校以上教授国文》，转引自顾黄初、李杏保编《二十世纪前期中国语文教育论集》，四川教育出版社 1991 年版，第 5 页。

③ 周振甫：《技能的训练和理论的研讨》，转引自顾黄初、李杏保编《二十世纪前期中国语文教育论集》，四川教育出版社 1991 年版，第 849 页。

获得的只能记住25％，单靠听觉一般只能记住15％，如果视听结合，获得的知识就能记住65％。我们可以把心理学的这些研究成果用于语文教学活动中。夸美纽斯在《大教学论》中明确指出："一切事物都应当尽可能放在感觉面前……如果一个对象可以同时在几种感官上留下印象，则必须使它与几种感官接触。"① 诵读法正是能够调动多种感官的一种学习方法。它是一个由语言文字引起的由眼、口、耳、脑等感觉器官共同参与的复杂的心理活动和认识活动过程。宋代朱熹在《童蒙须知》中说："余尝谓读书有三到：谓心到、眼到、口到。"这"三到"的说法与这种现代心理学的观点相符合。诵读的时候除了心到、眼到，更需口到。它是出乎口，入乎耳，了然于心的过程。另外，文章要诵读的好，必须对书面语言有情感体验。然后通过声音艺术技巧表达出来。诵读表达的感情负载于有声的艺术语言中，产生听觉形象。又由耳到脑反馈给诵读者感受和辨别，以调整继续诵读的行为、技巧，再进一步作用于诵读者，加深情感体验。实际上，诵读的过程，既是用声音准确表达读物意义的过程，也是反复体验读物感情从而准确表达读物感情的过程。

诵读符合心理语言学原理。诵读可以使平面、静态的文字变成立体、动态的言语，符合语文教学规律，也符合心理语言学原理。在心理语言学中，语言和言语这两个概念是需要严格区别的，语言是社会现象，具有较大的稳定性。言语是心理现象，具有个别性和多变性。语文教学不仅是语言的学习，更是言语的学习。长期以来，语文教学偏重于语言学的知性的分析和理解，而往往忽略了学生的听、说、读、写的言语实践活动。这使得在文言诗文教学中，偏重于语法、句

---

① ［捷］夸美纽斯：《大教学论·教学法解析》，任钟印译，人民教育出版社2006年版，第168页。

法的训练和翻译的练习，而忽略了学生对作者把握世界的方式的理
解，对作者所传达的情感的感悟，这不能不说是因小失大，本末倒
置。事实上，教材中的每一篇文章，都是优秀的言语的范例，它们是
由语言文字组合成的立体、动态、生生不息的言语流程。《毛诗序》
中说："情动于中而形于言，言之不足故嗟叹之，嗟叹之不足故永歌
之，永歌之不足，不知手之舞之，足之蹈也。"① 人们的说话的言语是
出于情感的需要，但用书面语言记录下来，其情致丧失了不少信息，
而要还原作者写作时的情致，诵读是不可缺少的环节之一。实施诵读
教学，披文入情，通过诵读的语气、语调、语势、语感，还原生活情
境，使人物立起来，活起来，辨其音容笑貌，感其喜怒哀乐，这里的
许多妙处，不是教师的讲解所能传达的，不是默读所能体会的。古人
十分推崇"书读百遍，其义自见"的读书方法，这种方法让学生参与
了学习活动的全过程，是先人们准确把握了语文学习规律的体现。现
代学生学习文言更需要通过诵读进入其言语环境，可以说不熟读，就
不能理解，更不能深入体会。

二　当下文言诗文诵读教学的偏误

文言诗文本身的特点，当代文言诗文教学的实际以及现代科学理
论的研究成果，都向我们传达着文言诗文教学的方法论依据，能在古
代历经千年而不衰的诵读法，的确有着其他方法不可替代的优越性。
在当代的中小学文言诗文教学中确立"诵读教学"的本体地位，是有
着充分的科学根据的，并不是对传统的简单回归或是对文化的感性怀
想。诵读法，这一度被冷落的教学方法正日益受到人们的重视。诚如

———————

① 参见宗白华《美学散步》，上海人民出版社 1981 年版，第 59 页。

有学者指出，诵读法发展到现代，在历经新中国成立前的"淡出"，成立后的"改名"，进入 20 世纪末，已经开始"复苏"了。① 2001 年颁布的《全日制义务教育语文课程标准（实验稿）》，在每个学段的目标中都对诵读提出了要求。在实施建议里提出："有些诗文应要求学生诵读，以利于积累、体验、培养语感。"2003 年颁布的《普通高中语文课程标准（实验）》在课程目标中提出："教师应激发学生诵读的兴趣，培养学生诵读的习惯。"诵读法被写进国家颁发的语文课程标准，标志着它将成为语文教学的常规方法，也预示着它将从复苏走向复兴。

然而，当我们审视当下的中小学文言诗文课堂，却发现，文言诗文教学不但没有以"诵读"为本体，而且还疏离诵读，架空文本。主要存在以下几个方面的偏误。

（一）诵读认识模糊

有很多教师把"诵读"理解成一般意义上的朗读，或简单地认为是背诵和朗读。其实不然。从词源的角度来考查，"诵"和"读"是两个词。《说文解字》："诵，讽也。"段玉裁注："倍文曰讽，以声节之曰诵。倍同背，谓不开读也。诵则非直背文，又为吟咏以声节之。"《诗周南关雎序》中有"吟咏情性，以风其上"的话，孔颖达疏："动声曰吟，长言曰咏。作诗必歌故言吟咏情性也。""长言"，是汉代注家譬况字音的用语，意思是发音舒缓，为语调中的舒调，可理解为慢声长吟。可见，"诵"是一种有情态，而又寓情于声、以声传情的表达方式。"读"，《说文》上解释："籀书也。"段玉裁解释为"抽

---

① 参见周庆元、于源溟《诵读法的历时演化与现时解读》，《中国教育学刊》2004 年第 10 期。

绎其义蕴至于无穷，是之谓读。"他又解释："讽诵亦可云读，而读之义不止于讽诵。讽诵止得其文辞，读乃得其意蕴。"可见，"读"不仅包括"诵"，它还特别侧重于对内容的理解。其实，"诵"是"读"的一种表达方式，"读"是"诵"这种"吟咏以声"的理解基础，二者是难以截然分开的。"诵"能增强阅读的刺激量，"读"能加深阅读的理解性，二者配合相得益彰，因此，实践中的二者结合就顺理成章了。秦汉之后两者即合称"诵读"，并成为一种有效的读书方法。诵读还有一个关键性要求，便是反复思考或涵泳。朱熹这样说："读书无法，读一遍了，又思量以便，又读一遍，始诵者，所以助其思量，常教此心在上面流转。若只是口里读，心不思量，看如何也记不仔细。"① 可见，古代诵读的精髓是：熟读精思，口诵心惟。

再看今人对诵读的理解。对于文言文的学习，叶圣陶先生非常强调多读。他说："学习文言，必须熟读若干篇，勉强记住不算熟，要能自然成诵才行。""读法通常分两种：一种是吟诵，一种是宣读，无论文言白话都可以用这两种读法来读。"他还分别指出两种读法的特点："至于宣读，只是依照对于文字的理解，平正地读下去，用连贯与间歇表示出句子的组织与前句和后句的分界来。"而"吟诵就是心、眼、口、耳并用的一种学习方法"，并且"必须理解在先"，然后才能"传出文字的情趣，畅发读者的感兴"。② 王荣生教授指出："诵读"的要义，是"得他滋味"（朱熹语）。"诵读"重在"味"、重在"玩"（刘勰语），"须是沉潜讽咏，玩味义理，咀嚼滋味，方有所益"（朱熹语）……"诵读"包含着"背诵"，但能背出不等于"诵读"，

---

① 《童蒙须知》，转引自孟宪承选编、孙培清注释《中国古代教育文选》，人民教育出版社 1979 年版，第 266 页。

② 《精读指导举隅》（前言），载刘国正主编《叶圣陶教育文集》第三卷，人民教育出版社 1994 年版，第 230、237 页。

"诵读"也不一定要延伸到"默写出"。"诵读"与记背、默写有联系，但不完全是一回事。滋味索然，仅得其声、得其字形，算哪门子"诵读"？① 不难看出，现代的诵读更强调以理解为基础。

从以上的分析可以发现，无论是从本源上去理解，还是从其内涵的丰富与发展上去把握，"诵读"绝不是机械的"死记硬背"，也不是一般意义上的朗读和背诵。诵读必须以朗读为基础，既要出声地读。但是诵读不等于朗读，它强调的是"反复"多遍，达到熟练，在多读中加深理解和体验，体会作品丰富的内涵和情境，达到潜移默化的目的。诵读是带有一定目的、有感情、有品位性的一种读书方法，也是一种教学方法，朗读只是一种教学手段或方式。由于教师大多不了解诵读的本源，不了解诵读含义的发展，造成了对诵读的片面认识，在实践操作中表现为仅仅把诵读当作一种连接分析讲解的小小环节，或者是某种不能独立完成学习任务的教学手段或方式，成为教学过程中的"填空"和"点缀"。

（二）诵读时间逼仄

诵读教学关键要通过"读"来开展，教学中给学生留下足够的诵读时间是有效实施诵读教学的必要条件之一。可我们不难发现，如今的文言诗文课堂少的正是琅琅的书声。学习文言，不好好念书，在干什么呢？是什么挤占了诵读的时间了呢？

一是狂轰滥炸：对字词的连续扫荡。这是多年来形成的"字字落实"的教学观念还在作怪。即每学一篇文言文，都要逐字逐句准确清晰地翻译出来。文言诗文存在语言上的障碍，教师必要的文字梳理不

① 王荣生：《对"整体感知""整体把握"的感知与把握》，《语文学习》2002 年第6 期。

可没有，但要适当点拨，一堂课不能太多，突出几点即可。真正的疏通文字，也要在一遍遍的诵读中自然地理解，而不是一股脑儿地将知识塞给学生。这样教给学生的才是活的知识，是他们自己悟到的知识。

二是喧宾夺主：活动、表演闪亮登场。现在文言诗文课堂，为了让学生更有兴趣，有了许多创新。日前，艺术表演课型备受推崇。即以排练演出小品、话剧等形式再现课文内容。我们并不是一味否定这种新鲜的文言诗文教学形式，相反，对某些出色的"表演"课，应给予由衷地赞赏，它打破了文言诗文教学的一潭死水，具有借鉴价值。然而，冷静而全面地分析之后，发现其中隐含着危机——在学生文言基础还相对薄弱的情况下，如果把表演、活动作为文言诗文教学的主渠道，这种"去文字化"的教学有"不务正业"之嫌。其实，教学不是表演，教学的主要目标是对言语的理解和感悟。情境可以再现，可以想象，学生眼前看不到，不等于大脑没有储存。教学是艺术，艺术有很多种类，比如戏剧、绘画、造型、音乐、舞蹈等，但教学绝不是其中的任何一种艺术的照搬，而是借鉴，必须是自然的糅合，理想的做法是创设各种情境让学生诵读，如配音朗读等。

上面所列的只是两种常见的文言诗文教学课堂形态，一是注重"讲"，二是推崇"演"，课堂大部分的时间都花在这上面了，诵读的时间便减少了。既然诵读的时间都保证不了，可想而知，诵读教学的地位如何：一节课上，学习一篇文言诗文，往往是先读一遍（有时教师范读，有时指名读或是自由读）然后开始分析，分析讲解之后再让学生齐读一遍。基本上是把诵读当成教学的附庸，走走过场或用来填补分析后剩下的空缺。

（三）诵读指导阙如

诵读不是一个简单的动作或者行为，也不仅仅是一种手段或方法，更不是一种教学结果的呈现。诵读引入教学，它就是一种教学活动过程，而且是一种双边活动，对教师来讲是激发学生诵读的兴趣，通过指导传授诵读之法，培养学生诵读能力；对学生来讲是经过实践掌握诵读要领，养成诵读习惯，获得诵读能力。诵读教学要以学生为主体，但并不等于教师可以不作为，完全让学生自读自悟。要使活动富有成效，教师必须对学生进行科学指导。而现实的状态是，学生在诵读时，教师没有作具体指导和要求，学生多处于随意状态下，目的不明确（或者说只是为了背诵），任务不具体，步骤也不分明，要求也很含糊，整个诵读过程处于盲目失控的状态。其实，当作品进入诵读者的视觉时，诵读活动便开始了：首先是预习性的认读，再接下去就是动用想象感受它的意境，理解它的内涵，最后就是领会它的深层意义和情味，还原作者的感情并升华出自己的独特的审美理解。诵读经历了认读—理解—领悟—品位四个阶段。教学中应该分阶段定出一定的目标，逐步指导学生达到诵读的最高境界，才能保证诵读的质量。然而实际教学中，这种关于诵读"质"的目标几近阙如，即使学生读了多遍，仍在浅的层面止步不前。毕竟文言诗文的诵读有其特殊性，离开教师科学、有效的指导，完全靠学生"自读自悟"是不现实的。

由于教师对诵读含义的片面认识，加上文言诗文不断加强的背诵任务，诵读指导最终很容易演化成对课文背诵的指导，诵读法也就只作为一种记忆课文的方法和手段了。但诵读并不是背诵，诵读教学的指导不应止于背诵，真正的诵读应该通过想象，以情感为依托，在耳濡目染中涵泳，一遍一遍地向诗文的神韵和气势推进，读出感情，读出技巧，读出神韵来。但这种诵读指导有一定的难度，很难驾驭。即使有些教师重视对诗词的"情感情趣"和"内涵韵味"的指导，但大多是以讲解代替，而不是以读代讲，以读促讲，让感觉在诵读中流溢，让情感在诵读中滋长，不是让学生在反复多次的诵读实践中自主体味并予以适时点拨，而是把讲和读脱离开来，把读与感觉、感悟脱离开来。学生也以为经过老师的讲解已经弄"懂"了，至于到底怎样通过诵读来"畅发感兴"则很迷茫。应当说，目前，文言诗文诵读教学的指导缺乏科学性，还处在浅层化、盲目化的状态。

三　如何凸显"诵读教学"的本体地位

针对文言诗文诵读教学的偏误情况，我们认为，要凸显"诵读教学"的本体地位应着重从两个方面着手：一方面有必要对诵读的含义正本清源，进行重新解读；另一方面对诵读教学的运用也应思考如何开拓创新，与时俱进。

（一）诵读含义的现时解读

前面我们对诵读含义的本源及诵读含义的发展作了简要的追溯和分析，发现诵读作为语文教学的方法，也是有着鲜明的时代特征的。面对新形势，对诵读的理解既要有对"本源"的继承，又要有对"内容"的丰富，通过对古今"诵读"内涵的比较分析，在力求把握"诵读"基本特征的基础上，我们对诵读法的现时内涵作了如下几点解读。

诵读是一个整体性的心理活动。从诵读的心理发生机制来分析，诵读是将书面语言的文字符号信息通过视觉器官、发音器官、呼吸器官和听觉器官等感受器的神经编码，传输到人脑的各相关区域，然后通过大脑的言语中枢进行分析综合、加工处理，再把经过处理后的信息存储在大脑皮层的记忆区域中。所以，诵读是需要视觉器官、发音器官、呼吸器官、听觉器官和左右脑密切配合的，是眼、耳、口、脑整体并用的一个复杂的心理活动过程。在这个过程中，感知、思维、想象以及注意、情感等心智活动的积极性被全面调动起来协同活动，体现整体功能。在一次次的诵读中，学生对作品经历了一个由浅入深，由局部到全面理解的心理活动历程，也经历了一个由理解到畅发感兴的情感体验历程。我们应该用整体和系统的观点看待诵读，诵读是语文教学的一种整体策略，是一种综合性的训练方法，它对丰富和提高学生的记忆能力、思维能力、想象能力、审美能力及语言感受力、语言表达力等方面均具有很大的优势。诵读应该成为文言诗文教学的根本点，它是一种能独立完成学习任务的教学方法，教学过程中的讲和练都要以诵读为基础，而不能简单处置成一般意义上的朗读、背诵，为分析讲解铺路搭桥，为最后成诵反复操练，变成教学的附庸品。

诵读是一个自主性的创造活动。诵读是用声音传达对作品意义的理解，通过口诵心惟使无声的书面语言恢复和转化为有声的言语，就其心理特征而言，是一种积极的直觉思维活动。它既不同于朗诵富于表演性而感染对象，却不乏声情并茂；也不同于默读侧重于认读思考而不重外显，却又融合了内心体验。诵读是一种自我体验，是沉浸其中，是身临其境，从而表现出诵读者对文本的领悟程度和能力。它以直觉和意会为主要解读方式，在诵读过程中，个人的情感和感悟扮演了重要的角色，因此具有鲜明的自主性、独特性和创造性。朱光潜先生曾说："写在纸上的诗只是一种符号，要懂得这种符号，只是识字还不够，要在字里，见出意象来，听出音乐来，领略出情味来。诵诗时就要把这种意象、音乐和情趣在声调中传出。这种功夫实在是创造的。"① 所以，在诵读教学中，教师不能包办代替，只能从旁协助，留下较多的"空白"让学生自悟、自得，同时要尊重学生的创造性，发挥他们的能动性，引导他们出声地吟诵，真正进入角色，与文本对话，同时也不断地与自己创造的声音进行"对话"，调节语调、节奏、语速，"因声求气"，反复诵读，深刻领会文言作品的意蕴，形成"入境始于亲"的情感共鸣和交融，用原发于自己内心体验的声音传达出作品深层的美。更重要的是，让他们学得愉快、学得丰富，沉浸在中华文化的氛围之中。从这个意义上来说，诵读和"死记硬背"是截然不同的两个概念。诵读法如果运用得当，不但不是死记硬背，反而是更高级的理解，背诵只是高级理解水到渠成的结果。为了背而背，诵读只是记忆课文的手段和方式，其充盈着自主创造的乐趣和丰富的情感享受便消失了，只剩下苦不堪言的记忆负担和劳役。

（二）诵读教学的方法改进

澄清了观念和认识，把握了诵读法的现时内涵，就要指导如何对以往的诵读教学进行改进了。怎样改进呢？我们认为行之有效的办法就是向古人学习，将传统的诵读经验与讲求实效的科学方法结合起来，去其弊端，取其精华，并有所发展。总的说来就是将诵读真正引入课堂并贯穿于整个文言诗文教学的全过程，变讲解分析为启发引导，变被动听讲为主动实践，变死记硬背为自主建构，注意积累和感悟，厚积而薄发，建构和发展自主的诵读教学体系，方能凸显"诵读

---

① 朱光潜:《诗论》，安徽教育出版社 1997 年版，第 231 页。

教学"的本体地位，而诵读教学的实效性和实利性也才能真正发挥出来。下面，我们对中小学文言诗文进行诵读教学中的几个关键点做些简要说明。

1. 兴趣是先导

一般说来，小学生对诵读有强烈的兴趣，而一进入初中后，诵读的主观动力则有明显退化的趋势，而到了高中，学生对诵读的关注程度已降到最低。这固然有学生生理走向成熟导致心理产生变化的因素，也与我们主观忽视诵读的思想，客观抛弃诵读的做法有关。学生在课堂上阅读得很少，而关于阅读的谈话却很多，琅琅读书声被老师烦琐分析和频繁提问取代，久而久之，学生便已习惯这种"无声"（指出声诵读）的教学方式，自然也就丢失了诵读的兴趣。兴趣是最好的老师。诚如乔姆斯基所言："教学方法和教材，远远不及成功激发学生天生的好奇心、激起他们学习的兴趣那样重要。"① 因此，要使诵读教学顺利进行，激发学生的诵读动机，为他们找回诵读的兴趣至关重要。教师应首先转变思想，重视诵读教学，在此基础上将诵读文言诗文的意义向学生说明，这是一种方法。但更有作用的方法是使他们看到自己的诵读效果。心理学研究表明，兴趣与成功是相互依赖的。其次，教师要经常正确地评价学生的诵读，给予热情的表扬和鼓励，指出学生读音和情感上的缺陷，使之及时纠正，让学生时时感受到成功和进步的欢欣，还可举行各种诵读比赛和表演让学生看到自己的诵读成果，这在培养学生的诵读兴趣上起着不可估量的作用。再次，就是创设情境激发兴趣。教育心理学认为，构成情境的因素除了

---

① ［美］诺姆·乔姆斯基著：《乔姆斯基语言学文集》，宁春岩译注，湖南教育出版社2006年版，第346页。

学生的主观心理状态、智力、爱好，以及以前受到过的有关信息刺激和反应外，还有教师或教学工具在各个学习环节中提供和设置的客观形象，这些形象能引起学生有关心理活动。在诵读教学中，我们要做的是尽可能为学生安排最佳的诵读情境。可以采用这几种方法：第一，以娴熟的技巧"示范"诵读，开启学生的心扉，营造一种情感上的"和谐共振"，一种"可意会不可言传"的美妙情境，为诵读作好情感上的准备；第二，讲解分析尽量讲究语言的抑扬顿挫，语调的变化。对诵读的要求不宜太苛刻，让学生在诵读前没什么思想包袱，在诵读的整个过程中始终保持一种轻松愉快的心态。正如叶老所要求的"要使他们看作是一种享受而不看作一种负担。一遍比一遍读得入调，一遍比一遍体会亲切，并不希望早一点能够背诵，而自然达到纯熟的境界。抱着这样享受的态度是吟诵最易得益的途径"；[①] 第三，诵读时可利用现代化教学媒体，如设计多媒体课件，把课文所描绘的优美画面、诗一般的意境呈现在学生面前，让优美的音乐萦绕在学生的耳畔，制造良好的氛围和情境。在此种情境中诵读，能够达到"以美育美"的效果，使学生感受到诵读之美，从而激发起诵读的兴趣。

2. 理解是基础

文言诗文产生的时代距今久远，内容和形式与现代文都有一定的差异，理解起来有一定的难度。倘若对要诵读的文本一点也不理解，就让学生鹦鹉学舌般诵读，指望"书读百遍，其义自见"，这与旧时代私塾让孩童诵读经书的"死记硬背"没什么两样。理解了才能背诵，诵读是要建立在理解的基础之上的。然而文言诗文的特点决定了

---

① 《〈精读指导举隅〉前言》，载庄文中编《叶圣陶语文教育论集》，人民教育出版社1994年版，第238页。

其理解上的困难，不懂就读，就背，不由令人产生疑惑：这难道不是生吞硬灌、死记硬背吗？于是，在反对死记硬背的口号下，不少教师把大量的时间用在了内容的分析讲解上，为的是让学生理解文本，好在理解的基础上进行诵读，体味文言诗文的意蕴。殊不知，这正背离了我们"理解是基础"的诵读教学的理念。我们认为文言诗文的诵读要建立在理解的基础上，不是一开始就要达到多么深刻、透彻的理解，只是要求对文本有一个整体感知层面的理解。正如朱自清先生所说："过去一般读者大概都会吟诵，他们吟诵诗文，从那吟诵的声调或吟诵的音乐得到趣味或快感，意义的关系很少；只要懂得字面儿，全篇的意义并不清楚也不要紧的。"① 另外，中小学生接触的古诗文，绝大多数是专家、教师们精心挑选之作，意义充沛且适合学生的理解力，只要教师稍加点拨，学生就能大致理解，因此，很难出现"根本不理解就背诵"的情况，如果真出现这种情况那就要反思给学生的学习内容的价值问题了。何况，常读常新是优秀的文言诗文作品所具有的独特品质，任何时代的任何人对它们的理解都是相对的，我们不能强求学生一步到位，实际也是到不了位的。"如果我们把成年人那样的理解强加给孩子，或者期望孩子能有成年人那样的理解都是错位的追求。"② 所以，学生在学习文言诗文中更多存在的可能还是怎么去理解得更到位、更深入的问题。这个理解过程是一个动态的发展过程，即每个阶段需要到达的理解程度并不一样。拿古体诗《登幽州台歌》为例，初中生只需读出作品时间与空间永恒和辽阔的意境，感受到抒情主人公的孤独寂寞和悲哀苦闷的情感；而高中生则还要体悟到其中包蕴着的人生神秘性、沧桑感和宇宙观，体会诗风的苍凉悲壮、雄浑

---

① 朱自清：《论百读不厌》，《论雅俗共赏》，北京出版社 2005 年版，第 14 页。
② 郑国民：《关于背诵优秀诗文的几个问题》，《语文学习》2003 年第 2 期。

质朴。而且，强调理解，并不一定就是琐碎的分析、讲解，反复的诵读可以加深理解，如朱自清所言，课文内容的理解，其意义的获得一半在声音里头。而日渐丰富的人生阅历、情感体验更可使人触类旁通、恍然顿悟。"诵读"作为文言诗文教学中一种独特的学习方式，其实是从"前理解"到"理解深化"，进而到"再理解"的一条途径，一遍一遍地诵读，追求的是在动态发展的理解过程中"得其滋味"。

3. 感受是关键

"所谓感受，就是读者的心与诗人的心起了共鸣，仿佛诗人说的正是读者自己的话，诗人宣泄的正是读者自己的情感似的。"① 优秀的文言诗文作品是美的情感载体，是作者情感、情绪、情思的产物，饱含着作者的思想感情和审美趣味。我们诵读它们其实就是在跟作者进行思想和情感的交流，就是要透过语言文字感受这些情感和趣味，"感之于外，受之于心"，从而获得情感体验，受到强烈感染。面对着充满感觉和灵性的语言文字，不能靠理性的分析，只能靠心灵去感受。因为语言作为"千千万万个人的直觉的总结"（萨丕尔语），"只有在获得了感性的个人含义而不是单纯作为'概念'存在的时候，它才能成为个体生命活动中一个生气勃勃的细胞"（维果茨基语）。教师的理性讲解和分析只是搁浅于文字的表面，而诗文的意境、诗文的感情犹如海底世界，只有亲自潜入其深处才能真切把握。而现在的文言诗文教学却患上了严重的感受贫乏症，条分缕析字、词、句，架空文本讲解内涵，为了追求某种"达成度"，急功近利，短时突击，课堂上只有"单打一"的语言外壳的记诵，而把蕴藏在语言之中的内涵和

————————

① 庄文中编：《叶圣陶语文教育论文集》，教育科学出版社 1980 年版，第 29 页。

思想感情抛到了一边，这种抽离了感受的诵读，失去了它的精神实质，变成了干巴巴的、机械的记忆活动，诵读教学的价值也就大大削弱了。诵读教学的关键是要让学生全部身心投入的读，在反复多遍的诵读中心灵与文字撞击，用情感及理性的思考穿透文字外壳，感受体验一步步加深，最终达到与作品同化的至高境界。这就要求我们在教学中应首先给予学生反复诵读的时间和自由，让他们在"通向语言的路上"（海德格尔语）"亲身体验"，但如果仅仅止于让学生自己去体验、感受，教学就被置于一种尴尬的境界，感受也陷于虚幻变得遥不可及。学生毕竟是"学生"，不是预设的"理想读者"，光靠他们自己的内功去读、去悟还欠火候，用诵读作为"催化剂"（王荣生语），让学生感受文言诗文作品，教师的精妙引导和科学指导必不可少。在必要的讲解中启发学生动"情"善"想"，通过想象搭桥；在诵读的实践中落实学生的诵读指导，利用技巧指路，都是不小的助力。

4. 想象是桥梁

"在艺术表达中，把艺术内容说尽道绝，和盘托出，常常是费力不讨好的；而若隐若现，欲露不露，反复缠绵，终不许一语道破，倒能正中读者下怀。其原因就在于后者易刺激和诱发读者的联想和想象，让读者在自由的再创造中'思而得之'。"① 中小学语文教材中的文言诗文作品大多正是这种易刺激和诱发读者联想和想象的典范之作。它们充盈着汉语言具象意合的韵味，浸润着汉民族文化的审美意趣，多借景抒情，体悟言志，咏史寄兴，即事感怀，又多用映衬渲染、虚实相生、动静互见、拟人比喻等表现手法，非想象不能领悟其意境和情趣。如李白的《行路难》中，"欲渡黄河冰塞川，将登太行

---

① 陈文忠：《中国古典诗歌接受史研究》，安徽大学出版社1998年版，第60页。

雪满山"两句，借黄河冰封、太行积雪的具体意象来表达壮志难酬的孤愤；"长风破浪会有时，直挂云帆济沧海"两句，则用乘风破浪、沧海横渡的具体行动来阐明自己高远的志怀抱负、宏阔的胸襟气度和乐观旷达、积极进取的精神风貌。这些都不是用概念直接地言说出来，而是诉诸具体的意象与行动之中，具象化表达出来。宋人贺铸的《青玉案》尾句"试问闲愁都几许？一川烟草，满城风絮，梅子黄时雨"乃千古传诵的佳句。词人要表现自己的愁苦，真正描写愁苦的地方却没有一个愁字，只是罗列了三种物象——"烟草""风絮""梅雨"，让读者从这隐喻中自己去玩索其中的意味。文言诗文这种意象组织精神和浓郁的人文特性，一方面决定了要理解和把握文本丰富的内涵，"诵读"应该成为主要的途径，另一方面也决定了诵读必须借助想象将无声的文字符号形象化，挖掘作者的感受和思维过程，并融进声音里，要在这种再创造中读出作品的言外之意、弦外之音，才能真正理解和感受作品的意蕴和情趣。教师要善于引导学生反复吟诵，在"读"中再现形象，随着形象在头脑中逐渐"复活"，触动他们的情感，使之沉浸在作者所创造的艺术世界里。教师还要调动学生的生活经验、审美经验，展开联想，开拓想象，让学生有情有义，有滋有味地体会感悟，透过语言文字在头脑中再造出具体鲜明的新形象，感受作品的内涵。没有想象的诵读，只能是冰冷的、死气沉沉的，有了想象架起的这座由文字作品到有声语言的桥梁，文字就插上了翅膀，成了立体的听觉形象。

5. 技巧是保证

诵读虽然不像朗诵那样过分追求技巧，但也绝不是一种平板、毫无生气的和尚念经式的照本宣科，何况文言诗文本身也是讲究技巧的。字词句的平仄对仗、韵律鲜明，内在节奏的抑扬顿挫，起伏流畅，篇章布局的开合纵横，脉络相连，无一不表明文言诗文作品对技巧的讲究。因此诵读时，也要讲究一定的技巧，才能使诗文的内容和形式，诵读的体悟和表现融会贯通，和谐一致，才能读出文言诗文的神韵，达到声情并茂的境界，从而保证诵读教学的最佳效果。文言诗文的诵读有它的独特性，需要一定的技巧，这种技巧可以在反复多次诵读大量优秀作品之后自己体会出来，但对于中小学生来讲，要掌握文言诗文诵读的技巧并不容易。英国教育家洛克曾经说过，教师的重大作用和技巧就在尽力使一切事情变得容易。教师对诵读教学的指导要做到有科学、有规律，并在学生的诵读实践中具体落实，学生就能较快地掌握一些文言诗文诵读的技巧。

教师首先可以让学生掌握一些古典诗词的格律常识，文言句法的相关知识，了解一些诵读技巧；其次，要让学生领会诵读目标、要求、基本方法和步骤，每读一遍都有一定具体的目标，以避免诵读盲目化。根据文言诗文的特征，诵读的要领主要有"读正字音，读出重音，读准语调，读准节奏，读通词句，读清思路，读出情味，读出神气"，前四个是关于形式方面的，后四个是关于内容方面的。掌握了这些诵读要领，根据诵读过程的不同阶段（我们把文言诗文诵读过程分为"认读、理解、领悟、品位"四个阶段），或侧重于理解词语、疏通词句；或侧重于理解内容、领悟感情；或侧重于品味意境、升华情感。当然，这些具体的诵读目标和要求要针对文言诗文的不同类型作灵活的安排和处理，不能千篇一律，一个模式，更不能分什么几步法，而且要在学生具体的诵读实践中加以指导，要尊重学生的个性和创造性，发挥他们的主动性，放手让学生自主诵读，用自己的"声音"去读，读出自己的理解。教师不作简单的指示性、结论性的告示，而是在放手让学生自由漫读时适度地点拨、引导，诱发其求知冲动、唤起其语言悟性，以作品本身的魅力去感染、吸引、激励他们，让学生自己去发现，去创造，由此渐入诵读的佳境。

此外，要做好诵读示范工作。教师出色的诵读示范可以感染学生，激发学生诵读的欲望，触动学生情感的引发，使之尽快进入作品意境，与作者产生强烈共鸣。教师的范读应该是学生诵读的榜样，最能起到指导作用，甚至让学生终生难忘。著名配音演员乔奇曾这样深情地回忆初一时老师的范读："至今我还记得那位老师姓郑……同学们跟着他老人家的语气声调吟诵着'床前明月光……'我的心情是兴奋的，也感到很有趣……开始有点羞涩，直到快下课才逐渐跟上了老师和同学们的声调和节奏，大声吟诵起来。这一次却至今难忘……"①《语文学习》在1991年曾发表过一位高三学生写的文章，谈了他倾听他的语文老师在上课时吟诵《归去来兮辞》的感受："听着老师抑扬顿挫的吟唱，看着书本上似懂非懂的词句，慢慢地，我眼前展现出朦胧的图景：悠悠的往古，清新的空气，一位老人，坐在几个破衣烂衫的乡邻中间，他们谈论着什么；一会儿剩下他一个人了，泉流潺潺，绿树葱葱，只见他在一片碧绿的山水间遨游，遨游……啊！多么自在啊！"但到最后一段时，"老师的调子似乎不是先前那样轻松自在了，尽管那段高昂，还充满着傲气，但傲气里加了点什么，是什么呢？对，有种无可奈何的味道，有种人生无常的悲凉……"② 可见，在文言诗文教学中，教师声情并茂的范读效果多么大。但我们也要明白，这并不是说每一位教师都必须成为朗诵家，表演家，教师只要能做到"入情入理"，把自己的至真感受融入其中，即使声音不那么优美动听，对学生也能产生极大的言语感染力。

---

① 赵兵、王群：《朗诵艺术创造》，汉语大词典出版社2001年版，序言2。
② 何鸥：《一首特别的"歌"》，《语文学习》1991年第1期。

不过，文言诗文的诵读相比现代文学作品，有其特殊的地方，语速要更慢一些，抑扬顿挫的处理要更强烈一些，还要适当加入体态语，要尽量用古人的神情、语气来吟诵古人的作品。总之是要找到那种"文言的腔调"。南京师范大学陈少松教授在身体力行采用传统的方法吟诵古诗词时有深切的体会。杜牧的《山行》是一首游览秋山的名作，教吟首句"远上寒山石径斜"时，突出韵脚"斜"字，用"一言三韵"法吟诵唱，音调由轻细转为响亮，并配以举头远眺的神态，很能使学生的耳目产生联觉，仿佛真的看到了山上那条弯弯曲曲、一直延伸到山巅的石径。吟第二句"白云生处有人家"时，"深处"的"处"是去声，落音较重，稍一停顿，似乎在提示听赏者注意即将出现的画面，引发他们想象"白云生处"的景观，然后以清晰而轻快的音调吟出"有人家"三字，这时学生们的脸上情不自禁地露出惊叹、欣赏和向往的神色。在整首诗的教学中，教者通过吟声和适当的肢体语言，充分调动学生的听觉、视觉、联觉、想象等功能，使他们在领略诗句所描绘的图画美时自然而然地受到情绪的感染，一个个心旷神怡，犹如同教吟者一起置身和陶醉于诗境之中。应该说，这种抑扬顿挫合度，疾徐轻重有致的吟诵更合乎文言诗文作品的情致，进行这种吟诵训练，不仅能让学生更好地感受和体味文言语言节奏和旋律的魅力，同时，文言的一些句法、语法特征也能在潜移默化中习得，内化，学生的文言语感能力得以提高。正如叶圣陶所说："吟诵的时候，对于讨究所得的不仅理智地了解，而且亲切地体会，不知不觉之间，内容与理法化为读者自己的东西了。"①

---

① 叶圣陶：《〈精读指导举隅〉前言》，庄文中编《叶圣陶语文教育论集》第三卷，人民教育出版社1994年版，第237页。

第四节 树立"时代融合"的课程意识

不能接通时代气息的源头活水，原本鲜活的教学内容就会变得枯燥乏味，遑论年代久远的文言诗文了。在白话文作为主要交际工具的现代社会，文言诗文没有像白话文那样的"天时、地利、人和"，"语文的外延等于社会生活"这句语文教改的经典口号在文言诗文面前要大打折扣。因为文言诗文的教学有一大为难之处："距离"——现代汉语与古汉语的距离、今人与古人的距离、历史生活与当代世界的距离……这种种距离使教师和学生更易于接受这样的看法：文言言语知识及文化知识的传授与学习就是仅以考试、分数、学历、文凭这些知识代码为最终目标，因为文言诗文的学习似乎并不能为个体参与现实社会生活提供显性的有效的帮助。由此，学生觉得学了没用，教师觉得教只为了考，文言诗文教学也就呈现更多的功利化倾向。无疑，文言诗文教学要走出这种困境，就不能"小园香径独徘徊"，必须突破文言诗文原点，向生活靠拢，树立与时代融合的课程意识。文言诗文教学要将思维的触角伸向时代，找到在现实生活中的生长点，才能焕发生命的活力。

前面，我们在文化本位的核心理念下，从中小学文言诗文教学"文化素养"的价值取向出发，得出中小学文言诗文选文应属于"定篇"的性质。对于"定篇"的选文，"我们的教学就是要'教教材'，就是要带领学生透彻地理解和领会它，从而最大限度地从经典作品中汲取精神的养料，为学生的人生发展'打下精神的底

子'"。① 可见，文言诗文选文，作为课程与教学内容的定篇，并不是
以完全自然的状态呈现，学生的阅读状态也并非处于完全自由的状
态。选它作课文，这本身就是一个教育的塑造行为，带有强烈的
"教"的意图，是在"带领"下的对作品的"理解和领会"，我们要
考虑学生能在多大程度上理解和感受作品，能最大限度地汲取哪些精
神养料，于是就要有意识地引导学生从这个角度体悟而遮蔽另外的角
度，让学生注意到作品的这些而忽略那些。从这个意义上讲，文言诗
文与其说是"定篇"，不如说是对选文的阐释，包括阐释的方式和态
度。那么，对一篇经典文言诗文作品，做什么样的阐释、用什么方式
什么态度来阐释呢？需要仔细考虑和研究。如前所述，为了让文言诗
文经典作品呈现鲜活的生命样貌，让文言诗文教学富有生命的活力，
我们在对文言诗文作"定篇"思考时，"与时代融合"这个维度应该
凸显出来。下面，我们就从选文主题，文本解读及资源开发三个方面
来谈谈中小学文言诗文教学如何体现"时代融合"的意识。

一 选文主题关注人性之美

诚如韩军在分析"百年中国语文教育的十大偏失"时指出"现代
中国语文教育太重了，它太庄重，太沉重，太峻严！"② 表现在文言诗
文的选文上便是：主题过于注重宏大叙事，表现普遍的人性人情和爱
的比较少。现行高中语文必修教材共选了 39 篇文言散文，只有一篇
《陈情表》以表现人性、人情为主题，选修教材 80 篇文言散文中也只
编选了《祭十二郎文》和《项脊轩志》两篇，其余大多数选篇都是

① 王荣生等著：《语文教学内容重建》，上海教育出版社 2007 年版，第 28 页。
② 韩军：《百年中国语文教育十大偏失》，《基础教育月刊》2005 年第 12 期。

有关国家历史政治方面的题材。

我们不否认有关国家政治、理想寄托题材的篇章对学生尤其是对高中生的教育意义，这些文言作品体现出来的责任意识、民族意识、忧患意识以及浓厚的爱国情感和浓郁的人格魅力都是传统文化的精髓所在，是中华民族几千年积淀下来的民族精神的精华，应该好好继承和弘扬。但从情感契合的角度看，与一些历史政治题材相比，表现人性、人情的选文与学生的现实生活、情感经验更接近，因此更容易与学生的情感世界联系起来，从而达到情感的共鸣。何况这种题材的文言作品，由于写出了人类共同的"人性心理结构"和"共同美"的问题，以真切的体验写出了属人的情感，更具有经典的魅力和价值。

而且从当前社会现实看，由于目前我国正处于经济迅速发展时期，经济利益所带来的直接利益促使人们的功利意识越发强烈，以至于人们过于关注经济效益的同时，越来越淡化人性的善和美，人与人之间变得越来越冷漠，人性人情逐渐被物质所湮没，中华民族的尊老爱幼、团结友爱的传统美德变得日益淡薄，这也必然影响现在学生的价值取向。从当今学生的一些所作所为中我们就会发现，现在大部分的学生人性冷漠，不知道感恩，甚至对亲人朋友都缺乏真情，中华民族的传统美德在他们身上毫无踪影。这样一个社会发展趋势也就决定了中华民族文化的载体——文言诗文的教学承担着重拾传统道德素养的任务。我们要立足于古，着眼于今，力图通过中国传统文化使学生感受到人性人情的真、善、美。然而现行教材中表现人性人情的篇章过少，不利于当前社会的发展趋势下对学生的情感教育，因此，我们在考虑文言选文时应该多编选一些表现人情，表现爱的主题的篇目，使学生通过对这些文言选文的学习感受到普遍的人性和人情中存在的真、善、美，启迪和教育他们在这个重视经济利益的时代更加注重人性和人情，以此来重拾当代社会所缺失的传统美德。

事实上，用文言写成的文章，谈舍生取义、精忠报国、治国安邦等家国大事的固然很多，然而写儿女情长、骨肉情深、人生体味等亘古不变的主题的文章也不少。如李密《陈情表》中对祖母的深情，韩愈《祭十二郎文》中的叔侄之情，归有光《项脊轩志》中的老祖母抚爱之情，林觉民《与妻书》中对妻子的思念，白居易《与微之书》中相知相惜的交友之道等。以文言为主的古典诗词中，表现人间真情的作品更是数目繁多。苏轼的"花褪残红青杏小"，柳永的"执手相看泪眼，竟无语凝噎"，秦观的"金风玉露一相逢，便胜却人间无数"，李清照的"花自飘零水自流"等千古名句，对青年学生都有着较大的吸引力。可以这么说，文言世界其实不缺少美，只不过缺少发现美的眼睛。如果我们能把关注的目光更多地投向人性、人情的主题，是会珠玉尽拾、精彩纷呈的。

另外，从选文的经典性和可接受性的原则来看，选入课本的文言诗文，应具备相当的思想内容，审美规范和文化内涵，并且要与学生现有的知识水平、情感的感受能力，身心的发展水平相匹配，这样才能够使文学作品中的思想驱动力、审美张力与文化的潜在渗透力成为学生精神发展的内在动力。根据青少年的心理特点，文言诗文中这类人性、人情的选文，与现实生活联系比较紧密，与学生的情感体验比较接近，既能够激发学生的学习兴趣，又能够与学生的情感世界联系起来，从中达到情感的共鸣，从而启迪他们情感思维的发展和完善，精神品格得以生长和发展。这是语文教育的初衷和根本目的，也是教育的根底所在。因此，我们在给中小学文言诗文选文作"定篇"思考时应关注人性之美，多选一些讲人性，讲人与人之间的和谐共处，讲友情、讲爱情，讲小事和平凡的事的篇目，尽量把古人生活世界的多个层次和多个侧面展示出来，让学生感悟中华民族多元的文化传统，产生情感上的共鸣从而达到精神上的体认。

二　文本解读融入时代因素

现代诠释学认为，距离不仅是障碍，而且是在为阅读创造契机，因为正是距离构成了视界的差异，正是差异才使文本不断读出新意，产生新的阅读效果。经典建构理论也认为，年代久远的经典作品在历史和人文两个角度中游移，在历史与现实的对话中显示出艺术的张力，对读者产生巨大的震撼力，也给各代读者的思考、阐释留下了广阔的空间。作为定篇类型的文言选文，就是这样一种拥有丰富的审美潜能和巨大阐释空间的"文学经典"。从根本上讲，"经典一词既有传统的视角，又有现代的复杂性，既有保存传统的意向，又有保持活力，革故鼎新的冲动"[1]。文言经典作品是"过去活在当下"。我们在阅读文言诗文作品时，应该关注它们的历史意义，但不能就此打住，封闭于此，而应该用一种现代的眼光去审视作品。新课标指出："学习从历史发展的角度理解古代作品的内容价值，从中汲取民族智慧；用现代观念审视作品，评价其积极意义与历史局限。"由此可见，历史眼光和现代观念的统一是理解和评价文言诗文作品的根本方法。

因此，文言诗文教学必须将文言诗文与现实的生活结合起来，构筑一个通向现代生活的跑道，让学生在阅读文言诗文的同时，寻求文言诗文所关照的社会生活、人生体验与现代社会的异同，在对比、联系中不断体验文言诗文学习的现实意义。

---

[1]　陈雪虎：《当代经典问题与多元视角》，转引自童庆炳、陶东风主编《文学经典的建构、解构和重构》，北京大学出版社 2007 年版，第 44 页。

新课改以后，文言诗文在教材的编写上已经在有意识地渗入这种"与时代融合"的课程意识，如文言诗文课后安排的"扩展性习题"就体现了这种取向。以《人教版义务教育课程标准实验教科书·语文（七—九年级）》为例，课后便出现了这样一些"扩展性习题"：作者在这篇文章里寄托了怎样的社会理想？这个理想在当时的条件下能不能变成现实？今天我们应当怎样看待这样的理想？（《桃花源记》）用自己的话说说邹忌是怎样成功地说服齐王的；他的劝说方式对我们今天的人际交往有什么启示？（《邹忌讽齐王纳谏》）在中国古代的小说、戏曲中，诸葛亮的事迹、传说有很多。从图书馆或网上收集有关资料，以"我看诸葛亮"为题写一篇小论文。（《出师表》）这些习题的设计旨在引导学生关注社会、关注生活、关注自我，将文言诗文的阅读与现实生活结合起来，培养学生的思维品质。初衷是好的，但由于问题呈现的面貌过于严肃，说教意识较浓，给人正襟危坐之感，亲切感不足，启发性欠缺，不能真正深入学生内心深处，调动学生自己的生活体验，进而确立正确的人生观和价值观。看来，在引导文本解读的"时代"意识上，我们对文言诗文教材的编排还需改进。

（一）编排形式要寓"庄"于"谐"，借鉴时代新形式

随着近年来，海峡两岸和香港三地的文化交流逐步发展，对三地教育教学的研究也日渐丰富起来，据有些研究分析指出，在中小学文言诗文教学的问题上，香港与台湾两地的重视程度都要高于大陆，其对文言诗文教学的要求均高过大陆。如台湾的高中国文教育除了《高中国文》与大陆的语文必修科目相似，还加了一门《中国文化基本教材》作为必修科目。而这套教科书的内容实际上就是"四书"——《论语》《孟子》《大学》《中庸》的选读，与《高中国文》一样，三

个学年共六册。也许有人担心，要求现在这些伴随着网络世界和《哈利·波特》成长起来的新新一代，摇头晃脑地去诵读几千年前的子曰诗云，会不会觉得枯燥乏味？

事实上，并非如此。我们先以台湾正中书局出版的《中国文化基本教材》为例。为了便于学生接受，这套教材的编者将"四书"的内容重新进行编排分类。如《论语》一书分为"德行类""言语类""政事类""文学类"四大类。而在每一类下面，编者又分出若干小标题。如"德行类"下面分"论道德""论仁爱""论修养"等。"论修养"下面又分出"论好恶""论刚毅"等。以"论刚毅"为例，编者选了《论语》中的三句话，如"子曰：'三军可夺帅也，匹夫不可夺志也'""子曰：'岁寒，然后知松柏之后凋也'"等。每句话后面都有"章旨""注释""析论"三个栏目，分别对原文加以说明、解释和阐发。最别出心裁的是每"论"结束之后有"问题与讨论"栏目。如"论刚毅"的"问题与讨论"是这样拟的：

1. 既然说"匹夫不可夺志"，但是，如果一个人在志向执行上有困难，是否仍然要不顾一切地坚持下去呢？

2. 试举出历史上三位够担当得起"岁寒，然后知松柏之后凋也"的人物。①

显然，编者在启发学生汲取传统文化中的价值观和精神营养的同时，又因势利导地将它与现代社会生活结合起来，引导学生去进一步思索社会人生所可能面对的各种复杂的境遇，懂得如何去看待理想与现实之间的矛盾，把握坚持与变通之间的关系，而不是一味地生吞活

---

① 李鍙等著：《国学基本教材·论语卷》，新华出版社 2008 年版，第 92 页。

剥。这种与时代融合的意识和做法并不会使学生见而生厌、望而却步，相反，拉近了与现实生活的距离，文言诗文本身的价值才得以在现时代中幻化出无穷的魅力。

具体到教材编排的"作业系统"这一块，台湾、香港国文教材中有关"开放性习题"或称"扩展性习题"的设计也很值得我们借鉴。如台湾东大版高中国文教科书对《师说》一文的编排：

在"问题与讨论"中设计了两道习题：

（一）"弟子不必不如师，师不必贤于弟子"，你认同这种见解吗？它可贵的地方在哪里？以今天看来，是否更具意义和价值？

（二）网上有这样的话题：老师有两种。国小的时候，觉得老师有两种："一种是男的，一种是女的。"进了国中，发现老师还是有两种："一种是会打人的，一种是不会打人的。"上了大学，觉得老师也是有两种："一种是有学问的，一种是没学问的。"自己当了老师后，还是发现老师有两种："一种是有骨气的，一种是没骨气的。"其实在这个多元的社会中，老师也是各具特色的，网上这种二分法恰当吗？请你就"教学风格"谈一谈，老师有几种呢？

在"语文能力训练"中设计了一道这样的题：

3. "喝雪碧，做自己"，"特立独行，Lee 牛仔裤"，"给我Levis，其余免谈"。坊间充斥着这类以凸显自我为诉求的广告，请以"谈自我"为题，写一篇类似《师说》一样带有现实针对性、能立能破的文章，文长六百字以上。①

---

① 黄志民等编著：《国文》第一册，东大图书股份有限公司 2002 年版。

而大陆现行人教版高中语文必修教科书对《师说》的练习是这样设计的：

> 一、这篇课文论述了从师之道。看看课文的第一段是怎样逐步推出论点的，第二、三段是从什么角度论述的。
>
> 二、课文的第二段是用对比手法来写的。说说这一段用了几组正反对比的实施论据，这样对比有怎样的论证作用。
>
> 三、试说说作者的观点在当时有哪些进步意义，在今天仍有什么借鉴作用。作者说："弟子不必不如师，师不必贤于弟子，闻道有先后，术业有专攻。"试就这一观点谈谈自己的认识。①

相比较而言，台湾的习题设计更加突出与现实生活联系的紧密性，联络网络、广告等现时代的关键因素，在现实生活的具体情境得以充分展现的同时，文言诗文的学习很自然地从古代语境转向现代语境，这样一来，无论是对作品内容的现时解读上，还是对作品语言形式的鉴赏运用上，都显得很亲切、自然。其在"语文能力训练"中安排写一篇类似《师说》写作特点和语言风格的"谈自我"的文章，就比我们教材中专门分析作品写作特点和行文风格的纯粹"鉴赏评价类"习题更具有灵活性和综合性，因为要仿写这样一篇文章，首先就必须建立在对作品本身特色的全面了解之上，而且学以致用，理解得就更为深刻。另外，习题设计的话语形式少了高高在上的指令性，多了平和亲切的对话性，提出的要求也就容易为学生所接受。

香港的文言诗文教材也很重视生活情境的设计，如启思高中《中国语文》（2005 年版）中四下第八单元讲读篇章《论仁》（《论语》）、

---

① 人民教育出版社中学语文室编著：《普通高中课程标准实验教科书·语文必修》第 3 册，人民教育出版社 2007 年版。

《鱼我所欲也》（《孟子》）中的思考题：

1. 《鱼我所欲也》有说："生，亦我所欲也，义，亦我所欲也，二者不可得兼，舍生而取义也。"这跟《论仁》中哪番话的意思相同？你认为人在什么情况下可能会面对这种人生抉择？试说出其中一种情况。

2. 承上题，根据你所叙述的情况，用 2 分钟说出你认为的最佳抉择，并解释原因。

3. 孔子、孟子都教导人不要为求富贵而弃仁义，假如你得悉好同学受不法分子利诱而贩卖软性毒品，他更向你表示自己认同"为求目的，可以不择手段"的做法，你会怎样向他解释"仁义比富贵重要"的道理呢？①

再如《中国语文》中五第十一单元讲读篇章《庄暴见孟子章》"分析与探究"六：

有些年轻人喜欢摇滚音乐，而一般人则认为摇滚音乐离经叛道，歌手、乐手的打扮哗众取宠，歌词又鼓吹反叛，煽动年轻人破坏社会秩序。假如孟子生于现代，以他的性情、信念，你认为他会怎样跟一个喜欢摇滚音乐的年轻人展开讨论呢？试从以下各项选出最恰当的一项，并解释你选择这项的原因：1. 由摇滚音乐谈到乐队组合，指出乐队的优劣关键在于有没有团队合作精神，而一个社会安定与否，关键也在于此。2. 指出摇滚音乐的歌词粗鄙，荼毒青年的心灵，力劝对方不要接触。3. 表示自己也喜欢摇滚音乐，告诉对方不要理会其他人对摇滚音乐的成见，自己喜欢

---

① 布裕民、黄璟瑜、赵伟汉：《启思高中中国语文》中四，香港启思出版社 2005 年版。

怎样做就怎样做。4. 由摇滚音乐谈到世俗成见，认为人不能不理会别人的看法，否则就会惹来批评，妨碍自己的前途。5. 以上四项都不是，我认为孟子会这样说：①

青少年的天性活泼好动，呆板的、枯燥的、程式化的作业为他们所厌恶，但语文能力的提高又是一个长期的、艰苦的过程，怎样才能使学生乐于接受长期的、大量的作业训练呢？首先要避免机械地、空洞地进行语文训练，像这样把文言诗文的理解和练习与学生的生活实际结合起来，使他们感到可亲可近，原本能力训练的重复枯燥，意义探寻的抽象难解，也随之变成一件十分自然而富有趣味的事了。另外，像台湾、香港两地习题设计这种寓"庄"于"谐"的手法，应该大力提倡，因为语文训练不应该只是一副严肃、冰冷的面孔。当然其中选取的生活情境再现不乏内容粗鄙，语言浅显之辞，并与文本主题有牵强附会之嫌，这些都需我们在选择时加以仔细考量，尽量避免。

（二）文本解读要跟上古代文学研究的时代步伐

目前，文学界对古代文学的研究已经超越了单一学科的界限，走向跨学科的研究领域。就是说，今天的古代文学研究者不仅仅把古代文学当成文学遗产，而是当作文化遗产，借助政治、哲学、宗教、历史、语言、心理、民俗等学科的理论和方法进行多元化的研究，大大拓宽了古代文学的研究路数。有人说，对古典诗词进行美学探视，我们见到的是古典诗词的灵魂；对古典诗词进行社会文化考察，我们见到的是古典诗词的"原生态"。② 而文化研究的基本特征就是它的跨

① 布裕民、黄璟瑜、赵伟汉：《启思高中中国语文》中四，香港启思出版社2005年版。
② 曹辛华、祈光：《诠释与新变——当代文化视野中的古典诗词》，《求索》2002年第2期。

学科性，"文化研究不仅是跨学科的，而且是有意识地打破学科界限"①。"借助其他学科的力量来审视古代文学，于是宗教、艺术、民俗，甚至地理学、文化人类学等兄弟学科纷纷介入古代文学研究，成为观照古代文学现象、文学运动和作家作品的重要参照系。这种横向联系，使古代文学中许多未被注意的侧面，开始被触及，并将被清晰地揭示出来。"②

然而，我们的文言诗文教学未能跟上古代文学研究的前进步伐，仍然"躲进小楼成一统"，在纯粹的语言文学研究的范围里兜圈子，对文言作品的解读往往按照某种固定的模子甚至牵强附会，结果不说千篇一律，至少也是大同小异，抹杀了文言诗文教学的灵性、活性和多样性内容的现代解读。

比如长期以来，我们习惯用政治的眼光观照文学作品，只要作品里稍有几个似乎"不积极"的字眼，马上想到"反映作者消极思想"云云。以苏东坡的《念奴娇·赤壁怀古》为例，以前我们一直把"年华易逝、壮志未酬"作为它的主题，把作品的结句"人生如梦，一尊还酹江月"视作消极思想的流露。就是当时这种文学阶级分析观念的误读。在当前的文学研究领域，这种解读已经有所改变。如当代作家余秋雨先生对这篇作品做出了全新的解读，他认为苏东坡在寂寞中反省过去，"无情地剥除自己身上的每一点异己成分，哪怕这些成分曾为他带来过官职、荣誉和名声"，"他渐渐回归于清纯和空灵"，《念奴娇》和前后《赤壁赋》就是诗人"经历了一次整体意义上的脱胎换骨"，"真正地成熟了"之后的千古杰作。③ 所以，"人生如梦"与

---

① 陶东风：《跨学科文化研究对于文学理论的挑战》，《社会科学战线》2002 年第 3 期。
② 董乃斌：《陋室之鸣》，新华出版社 1998 年版，第 89 页。
③ 余秋雨：《苏东坡突围》，《余秋雨散文》（插图珍藏版），人民文学出版社 2005 年版，第 71 页。

其说是消极思想，不如说是诗人大彻大悟后对生命的一种豁达坦然。可是，现行的高中教材对这篇作品的解读还是采用了这样的字眼，"词的末尾是两句无可奈何的排遣之辞"，"江山依旧，人事全非，多情自扰，徒增白发。于是引发了'人生如梦'的感叹，只好以一杯清酒祭月，寄托壮志难酬的苦闷心情"，"在赞赏江山、人物之余，最后仍然不免趋于消极"，以"虽然也常有消极苍凉的思绪，但是终究掩盖不了其豪放旷达的精神"① 作结，依然是原有的解读思路，没有体现当代文学研究的最新发展。尽管学生未必能达到像余秋雨先生那样深刻的认识，但我们不能以此为理由隔断文言诗文教学与当代文学研究之间的联系，使教学与研究脱节，这是对文本资源的浪费，也是对学生精神自由成长权利的一种剥夺。

另外，古代文学研究中跨学科的思维方法与中小学文言诗文教学的"文化"价值取向有很多契合点。利用古代文学研究的成果，以跨学科的思维方法解读中学的文言诗文作品，能够使学生对中国古代的社会生活及文化传统有更充分的了解。

比如，杜甫诗"朱门酒肉臭"与中国古代的服饰文化。杜甫名句"朱门酒肉臭，路有冻死骨"中的"朱门"，指官僚贵族家庭，"朱"字涉及唐朝的服饰色彩文化。据《新唐书车服志》载：亲王及三品以上官员服紫色，四五品官员服朱色，六七品服绿色，八九品服青色，庶人、奴婢、流放官员服黄或白色。后来的规定虽稍有变化，但大体相同，其尊卑顺序依次为：紫、朱、绿、青、白（黄）。如果理解这点，那么中学文言作品中一系列涉及服饰色彩文化的诗歌就容易理解了，如杜甫《咏怀古迹》："一去紫台连朔漠"，白居易《秦中吟》

---

① 课程教材研究所、中学语文课程教材研究开发中心编著：《普通高中课程标准实验教科书·语文（必修四教师教学用书）》，人民教育出版社 2007 年版，第 55—62 页。

"红楼富家女"，元稹《寄刘颇》"与君依旧绿衫行"，白居易《琵琶行》"坐中泣下谁最多，江州司马青衫湿"，刘禹锡《陋室铭》"谈笑有鸿儒，往来无白丁"，以及白居易《卖炭翁》"翩翩两骑来是谁，黄衣使者白衫儿"等。

再如，民俗文化与《桃花源记》的新主题。虚构一个与黑暗现实社会相对立的美好境界，寄托作者的政治理想，反映广大人民的意愿，这一直被认为是陶渊明的名篇《桃花源记》的唯一主题。然而，有学者从民俗学的角度进行考察，认为《桃花源记》实际上反映了"违禁"这样一种民俗文化，并且表达了一个新主题。作者认为，所谓"违禁"，就是违反禁忌，这几乎是每个民族都有的习俗，"违禁"有这三方面的特点：触犯了神圣或污秽之物、有触犯的明显举动、触犯者最终要受到惩罚。《桃花源记》中"渔人"的行为显然符合这三个特点：首先，他有违禁行为，即闯入了桃花源这样一个神圣境地；其次，他对桃花源有明显的触犯举动，如桃花源中人嘱咐他"不足为外人道也"的情况下，他出来时却"处处记之""诣太守"，后来还带人寻源；最后，他得到了惩罚，那就是"寻向所志，遂迷，不复得路"。另外，一个叫刘子骥的士人不但寻源"未果"，还"寻病终"，以致"后遂无问津者"。因此，《桃花源记》除了上述的政治主题外，还隐藏着一种颇有积极意义的道德教化主题，那就是对人性弱点——不守诺言的揭示和批判。而我们目前的解读还仅仅止于政治分析的套路，如现行人教版初级中学语文教科书对这一课的课前导引是这要写的："你是否知道'世外桃源'这个故事？它就出自这篇课文。这是一个虚构的故事，但在当时具有鲜明的社会现实意义，并且千百年来一直吸引着人们。"课后有关课文主题的习题是这样问的："作者在这篇文章里寄托了怎样的社会理想？这个理想在当时的条件下能不能变成现实？今天我们应当怎样看待这样的理想？"① 其实对初中学生来说，道德教化的主题比社会政治的主题更适合他们的理解程度，如果我们能在这一方面对学生加以引导，既能让学生了解古代社会的民俗文化，又能让学生受到伦理道德的熏陶，还有增进兴趣之效，一举多得，可惜我们没能好好把握，没把当前古代文学研究的成果与文言诗文教学联系起来，造成了文本资源的流失。

当然，文学理论界用跨学科的思维方法研究古代文学，力求打破常规，标新立异，如果把它加以放大凸显，难免有"偏于一隅"之弊，不利于文本内涵的正确把握。如闻一多先生曾用文化人类学方法考察《诗经》中的婚恋诗，郭沫若采用弗洛伊德的精神分析理论阐释王实甫的创作心理，认为《西厢记》也是"离比多"（即性欲）的生产。如果把这些都拿来不加分析地运用到文言诗文教学的解读过程中，显然不妥。因此，对文言诗文作品的解读要紧跟文学理论研究的时代步伐，但也要掌握一个度。因为，学理归学理，教学归教学，是不能一概而论的。如何让学生尽可能多地从文言诗文作品中汲取足够好的精神营养，才是决定我们阐释方式的关键之所在。

（三）文本解读应参照教师和学生对文本意义的创生

新课改以来，多元解读或曰个性化阅读理念受到广泛推崇。这一理念的引导曾使语文课堂教学面貌为之一新，但也随之出现了许多意想不到的新问题。如多元泛化成了"无元"，"尊重"异化为"盲从"，干扰着语文教学目标的达成，甚至使语文教学偏离了方向。尤其是对属于定篇性质的文言诗文教学来说，多元解读更不能成为消解

---

① 课程教材研究所、中学语文课程教材研究开发中心编著：《义务教育课程标准实验教科书·语文》八年级上册，人民教育出版社2001年版，第165—168页。

权威的理由，因为"定篇"要真正成为"定篇"，就得要求每个学生都应该按同样的要求去学习它，掌握它，使全国的学生对同一篇选文的理解尽量达到同样的水平。

那么，如何平衡个性化阐释与权威性解读之间的关系呢？这首先要看这个"理想的权威的"阐释是怎样产生的。诚如施蛰存先生呼吁的那样，需要国家教育部组织全国最有权威的专家学者一同商讨。我们认为，这些成员里要有教育家、心理学家、作家、文学评论家等专家、学者，还要有一批教学经验丰富的教师，因为他们能把最生动的信息和资源呈现出来，那就是：面对这篇选文，学生可能会读到什么，在有价值的师生、生生对话中，他们会对文本内涵做出多大程度上合理的创造性阐释。这些有关学生"潜能"的翔实信息，应该成为我们对定篇选文确定阐释态度和方式的重要参考线索。

在实际的教学情境中，优秀的教师都重视通过创造性教学把文言文的古代语境转化为现代语境，结合时代精神去解读古人思想，感受、丰富和生发文本内涵。而沟通今天生活与文本所反应的生活的路径是想象，想象的基础是事实，是此时此地的现实生活。因此，他们善于激发学生想象，调动学生积极参与评价，调控整合，使之成为学习的主动者，于是课堂上常会出现许多意想不到的"精彩"解读。《夸父逐日》学生由夸父貌似愚傻实质凸显远古人类对真理执着追求的文本主题，联系今天人类越出地球克服引力向广袤的宇宙空间探索的艰难与不懈，想象后人对我们的评价一如对夸父的评价；由《口技》表演者出神入化的精彩表演，学生想象今天戏曲艺术衰微渐为流行文化所取代的危机与无奈；等等。想象拉近了历史和现实，文本和学生，作者和读者的距离，但又留出足够的空间供学生创造性的诠释和补白。他们致力于培养学生一种能面对传统的态度，当这种态度有了，也就有了把握现实的本领。因为只有如此才能获得对自然、对社会对人生的有益启示。难道，我们能对如此美妙的教学视而不见吗？因此，我们认为对文言诗文作品做出某种权威的阐释，应该是最理想的读者（专家学者）和教学中真实读者（教师和学生）阐释意见的高度综合。

运用此种途径产生了最有"权威"的阐释，怎样能有效地传达出来，形成教学内容的"确定性"呢？这要取决于教材的设计和编排。因为具有动态性质的怎么读、怎么教主要是通过助读系统（注释和导读）和作业系统来承载的，也就是说，在具体的教学中，对文本的解读思路和取向体现在助读和作业的编排中。助读系统和作业系统作为展示和生产教学内容的系统，它起到了提高教学内容确定性的作用。因此对定篇选文助读系统和作业系统的编排要仔细研究、精心设计。前面有关台湾、香港两地文言诗文教材作业系统的设计和编排就是一个很好的启示。

总之，文言诗文选文的编排应该突破单一的"选文集锦"式的呈现模式，要构建一个开放、富有魅力、具有生命形态的文言诗文课程体系。这个课程体系在内容上要充盈着文化内涵与生命活力，编排上要明确、完备、发达，能吸引儿童和青少年。

三　资源开发接通时代活水

没有课程资源的利用和开发的广泛支持，再美好的课程改革设想也很难达到课程教育的理想效果。① 由于文言毕竟与我们现代的生活

---

① 秦训刚、蒋红森主编：《高中语文课程标准教师读本》，华中师范大学出版社 2003 年版，第 224 页。

存在一定的距离，中小学文言诗文教学要实现"提高学生的文学、文化素养，为形成一定的传统文化底蕴奠定基础"的价值追求和课程理想，更需要有课程资源的利用与开发作为前提，接通时代活水，赋予静态的课程内容以鲜活的时代气息，改变学生被动接受"文化遗产"的窘境。

何况，现代生活中也蕴藏着丰富的文言诗文实践资源。且不说五四新文学健将如郭沫若、俞平伯、鲁迅、叶圣陶、茅盾、臧克家、胡乔木等撰写或兼写的旧体诗成为21世纪文学的亮点；也不说《羊城晚报》常有文言短篇小说发表，新三字经，四言、五言、六言、七言诗歌风行报刊；单是鲁迅、毛泽东言辞犀利的论说文，琼瑶的言情小说，金庸的武侠小说，梁衡、余秋雨等的散文小品所体现的较高的文言素养，就足以提醒文言诗文教学应加强与现实的联系。更何况现实生活中还活跃着精彩的文言身影：新一代党政领导人在国内和国际社交场合经常吟咏古典诗文；各种门票、书签上的文言诗句、各处风景名胜亭台楼榭的命名；1998年中国青少年基金会向全国推出"古诗文诵读"活动；2001年大连图书馆工作人员组成"白云吟唱团"专门吟唱古典诗文；2002年北大哲学系学生逢飞开办"一耽学堂"招聘"国学义工"，400人义务讲授古典诗文；2009年教育部宣布向社会征集"古辞新韵"，为经典诗词谱写流行曲风……更有中学生爆发出一股"无师自通"的文言写作"革命"：仅以《语文学刊》2003年第7—8期中所列100篇高考满分作文为例，其中纯文言作文就有8篇，虽为白话文但有浓厚的文言色彩的作文有33篇（如吉林考生的《眼前同一水，笔下情各异》），全文借助古代人物事件展开写作的有31篇（如吉林考生的《怎一个情字了得》），以文言句式作标题的作文有34篇。另外，文言正以另一种形式悄然渗入人们日常的生活当中，最突出的表现之一便是，在大众传媒领域文言的身影渐渐多了起来：《百家讲坛》的热播，古装电影、电视剧的上映，糅合古典因素流行音乐的风行，如大家所熟悉的《但愿人长久》《春江花月夜》等歌曲均是由古词古曲改编而成；而周杰伦的《青花瓷》则是一首古风古韵极强的流行音乐。这一切都表明，生活中蕴藏着丰富的文言实践资源，文言诗文教学应向生活延伸，文言诗文课程资源的开发要和时代接轨。

（一）与网络信息资源对接

随着信息社会的到来，在影响青少年成长的四大因素——学校、家庭、同辈群体、大众传媒中，传媒的影响作用已经由一向认为的排列第四跃居第一。[①] 电脑网络也开始成为学生的信息来源渠道。文言诗文教学要联系当前的社会生活，电视、网络等大众传媒是一个绕不开的话题，如果我们能合理地开发和利用网络信息资源的优势，将会给文言诗文教学开辟一个更广阔的天地。

文言诗文离现在时间久远，所写之人、所记之事都远离学生的实际生活，怎样缩短古今的距离呢？利用信息技术提供丰富的资源，可以拉近历史与现实的距离，提高学生学习文言诗文的兴趣。过去，信息的唯一载体是语言文字，如今信息的表现性多样化了，线条、图形、声响、音乐等都可以蕴含着信息，于是信息技术显示出了极大的优势。我们可以采用多媒体辅助手段提供相关资料，如作者生活轶事、作品写作背景、专家经典点评、拓展阅读篇目等，或引导学生自己从书刊、互联网上搜集有关资料，让学生更好地走

---

① 张怀宇：《传媒对青少年成长影响居首位》，《人民政协报》2002 年 4 月 25 日第 2 版。

近作者、解读文本，丰富对作品的理解和感受。同时，充分利用多媒体信息技术创设"互动式"学习环境，或师生对话，或生生对话，或人机对话，或自主学习、实践或协作、商讨、探究，或反馈、交流等，变单一的教学为多元的教学，变单向性传递为多向性传递，将静态的、封闭的学习模式改变为动态的、开放的学习方式，提高学习文言诗文的兴趣，增强学生学习的主动性，从而不断升华对文本的理解。

目前，我们强调信息技术与语文课程的整合，但开发网络信息资源的任务很大程度上都转交给了学校及教师。对"定篇"性质的文言诗文教学来说，对网络资源的开发和利用更多的应该属于课程层面的内容，因为根据"定篇"的本性，教学时就要"通过材料的增补，通过丰富多彩的教学设计，使学生'彻底、清晰、明确地领会'作品"①。为了保证文言诗文教学内容的"确定性"，文言诗文教材的编写就应该注重开发网络资源，并通过合理的形式将这些课程资源呈现出来。在这方面，香港的做法值得我们借鉴。香港启思 2005 版高中《中国语文》教材针对每篇课文编写的助读系统包括学习重点、作者剪影、题解、预习、课文注释、阅读指引、给同学的话、网上漫游、好书推介、教材插图等，可谓面面俱到、完备齐全。为教师的教和学生的学提供了丰富翔实的课程资源，显示了信息时代的资源优势。其中"网上漫游"一栏，出现在课后练习"分析与研究"后，以文字配插图的形式呈现，提供与课文相关内容的网址和梗概，鼓励学生从不同媒体吸收知识。如《启思高中中国语文》中四第五单元《归去来辞并序》中的"网上漫游"：

---

① 王荣生：《语文科课程论基础》，上海教育出版社 2003 年版，第 321 页。

灿烂的中国文明·陶渊明

　　http：//www. chiculture. net/0406/

　　陶渊明是历史上最著名的隐士，也是重要的文学家。这个网站图文并茂，介绍了陶渊明的生平和思想，又阐述其诗歌的种类、内容、特色和文学地位，内容非常丰富。除此以外，还有动画"不为五斗米折腰"、互动游戏"采菊东篱下"以及由专人吟诵的"陶诗吟咏"呢！立即浏览这个网站吧！①

　　像这样在教科书中链接相关网站，画龙点睛介绍网站梗概，既可以省去教师网上冲浪寻找优质资源的时间消耗，又可避免学生自行搜索、一些劣质网站鱼龙混杂带来的负面影响，资源开发的效率和质量都可以得到保证，同时又抓住学生的心理特点，吸引学生主动去浏览，达到自主学习的目的。

　　（二）与大众文化资源对接

　　当今的学生几乎都是置身于大众文化的浸润中，他们在大众文化中观照传统的经典文化，在通俗读物中回望经典文本。当"教参"模式的阅读教学没有改变的时候，当教师的教学视野和课程资源占有不够广阔的时候，学生在课堂学习中是很难触及经典文本的内核的，学生和作品之间必然存在着读解的隔膜。历史人事、传统精神，它的真实面貌和精义，本已不易体悟，更何况岁月悠悠、时世变迁，那隔着的岂止是岁月，更是思想，是历史中的文化，文化中的历史。这样文言诗文教学就形成了一个恶性循环：文本的隔膜——相关课程资源不足——学习兴趣和关注度较低。

---

　　①　布裕民、黄璟瑜、赵伟汉：《启思高中中国语文》中四，香港启思出版社 2005 年版。

大众文化作为一种全民的、通俗的、流行的时代文化对传统文化肯定会有排挤，但是大众文化与传统文化也并非是绝对对立无法调和。随着物质文明的不断提高，社会大众越来越渴望通过传统文化来提升自己的人文素养，渴望通过解读经典或历史的大众文化产品来补一补自己对文化经典的浅薄和匮乏。在这样的背景下，当下社会出现的"国学热"，其中一热就是人们利用多种现代的传播手段，包括影视、网络等对传统文化进行传播和普及。社会上也出现了大量解读传统文化经典的大众文化产品，如动漫、图书、音乐、讲座、专题文化节目，其中最有影响力的是中央电视台推出的百家讲坛系列讲史节目。这些大众文化产品把深厚、高端的国学与传统文化经典推到了民众的眼前，使国学经典从庙堂走进民间，在对国学的推广中起到了特殊的、积极的作用。

　　同样，"国学热"现象和在此背景下产生的大众文化产品也必然对中小学文言诗文教学起到特殊的、积极的作用。首先，它们能解决文言诗文教学中相关课程资源不足的问题。用现代理念对传统文化再认识，用现代手段对传统文化再表现的文化产品，如蔡智忠漫画《五子说》、易中天《品三国》、王立群读《史记》都非常受中学生青睐，这些产品不仅有表层的视听享受也有对经典作品的深刻理解，打破了学生与作品之间存在的读解隔膜，在文言诗文教学中我们可以因势利导引入相关内容，让学生喜欢的课程资源发挥其资源优势，拓宽文言诗文学习的途径，拓展文言诗文学习的时空，走出只有"教参"的单调枯燥，走向时代的丰富和生动，那必将能充分激发起学生学习的热情和兴趣。其次，"国学热"现象本身就是很好的课程资源，它能促使学生联系现实思考学习文言诗文的意义和价值，思考文言诗文中蕴含的深厚的传统文化内涵，明确学习动机增强学习兴趣。而且，这些大众文化产品还是引导学生进行研究性学习的好素材。比如，可以放手让学生独自或合作完成以下课题研究：《大众媒体的文言积淀探索》《流行歌曲的文言积淀探索》《金庸武侠小说的文言积淀探索》（也可选择现当代作家的具体作品）、《古装电视剧文言积淀探索》等。

当然，对国学大众化产品进行课程资源化操作时，必须引介评论、提炼、去粗存精的调节，并且始终牢记使用这些资源的目的是让他们帮助学生学好文言诗文，使学生能够亲近、阅读经典文本本身。

结　语

　　我并不想教授，而只是想引导，只是想指出和描述我所看到的东西。①

——胡塞尔

　　写到最后，文字戛然而止，思绪又回到开头。当年，对教育的热情和对语文的热爱驱动着我步入这一瑰丽的学术殿堂，同时，也正是这份对语文教育的殷殷期望和美好憧憬引领着我走在学术研究之路上。这样一个选题，既有着导师周庆元教授高估不才的期待，期待我对中小学文言诗文教学的特点和规律有所发现，有所感悟；也有我自己对文言诗文教学——中小学语文教学中的这个特殊领域切身的经历和体会，现实的种种问题使我好奇、迷惑和不解，未来的美好前景又使我憧憬、向往，萌发一种建构的冲动。于是，我阅读，我访问，我探寻，我冥想，最终对现实困境的不断追问把我引向了历史。

---

　　① ［德］胡塞尔：《欧洲科学的危机和超越论的现象学》，王炳文译，商务印书馆2001年版，第30页。

走入这个话题，我惴惴然。对文言诗文教学百年史的研究在国内尚是一块处女地，散落在历史风尘中的资料如何挖掘整理并进行分析研究，我有怎样的学术底力来洞见规律，明陈己言！然而，走入这个话题，我也欣欣然。一百年来，中小学文言诗文教学历经数次转型嬗变，几代教育家、研究者、学者筚路蓝缕，薪火相传，实践着"坚守与创新"的使命，他们的努力所包含的独特性、创造性和复杂性，凸显着历史的肌理和质感。追寻他们的足迹，把脉历史的规律，我将拥有一次多么可贵的学术旅行。不是说，人生是一场精神的游历，快乐与痛苦并行吗？于是我就毅然前行了。

这是一段充满艰辛的思想之旅。站在前人的肩膀上，在导师们恢宏的指引和精微的帮助下，沿着中小学文言诗文教学这条崎岖小路回望前行，我们品尝到了荒原般的寂寞。然而，历经上下求溯、左右探源的思想跋涉和努力，我们却也实实在在地体验了一回精神的"盛宴"：一百年中小学文言诗文教学演变的幽幽脉络和未来的灿烂图景已逐渐显现。我们深知，这次"探险"之旅的诸多发现，相对于这个话题本身而言还只是一个开始，还只是真正远足的一次演练，我们不敢也不该有任何的庆幸和自满。为了进一步地行走，在这里，我们暂且把沿途的发现和感触呈现于大家，以求教方家和引来更多同人的加入。

第一，在对中小学文言诗文教学进行历史回顾时，我们发现，在繁复、驳杂的历史视域下，人们关于中小学文言诗文教学的言说和践行是如此的零散和边缘化，如此的"稍纵即逝"，很多时候，我们很难找到一个关键词来对每个阶段进行特征归纳，即使找到了，也难免挂一漏万。直到一步一步地走进中小学文言诗文教学的历史现场，我们才有所发现：中小学文言诗文教学与中国传统文化之间有着一种特殊的联系，在文言诗文教学中，对本民族文化传统的态度，对外来教育文化的态度，以及对自身教育改革的态度，或许可以成为理解这一历史的简明线索。于是，我们以"坚守与创新"为视角和线索，对中小学文言诗文教学的百年发展史作了一个比较合理的分期：以1949年新中国成立为界，把中小学文言诗文教学发展的百年历程分为"现代转型"和"当代发展"两大阶段。又将"现代转型"阶段划分为三个时期，即"延续传统，改良文言"的过渡期，"批判传统，抑制文言"的"激进期"和"反思传统，规范文言"的"平和期"；"当代发展"阶段也包括三个时期，即"政治话语，放逐文言"的"起伏期"，"工具理性，规划文言"的"探索"期和"人文复兴，正视文言"的"融合期"。在对每个时期进行历史描述和特征归纳时，我们尽量做到，既有整个发展演变的历史性鸟瞰，又有每个发展阶段的共时性阐述；既注重宏观把握，也关注具体案例；既重视史料的佐证，更关注存留于史料中的中小学文言诗文教学的理念、过程与方法。一路走来，艰苦备尝，但我们毕竟用学术的眼光触摸了中小学文言诗文教学这部百年沧桑的历史长卷，用自己的话语道出了百年中小学文言诗文教学在价值取向、目的要求、内容变迁、方法沿革等方面发展演变的规律。

第二，通过仔细研读中小学文言诗文教学的百年史，我们发现，中小学文言诗文教学的演进轨迹，可谓起伏跌宕，曲折坎坷。然而，我们却能从中读到一个关键词，那就是——"坚守"。中小学文言诗文教学不能丢，文言诗文教学的传统不能丢，历史给了它明证，也启发我们进行学理上的更为深入的探讨。由此，我们用一种发展的眼光对中小学文言诗文教学的坚守作了全新的课程论解读：从社会的立场来看，中小学文言诗文教学具有不可替代的传承文化的价值，推进民族化和走向全人类需要中小学文言诗文教学的坚守；从学生个体发展的角度看，文言诗文教学在语言纯化、心灵净化，培养和提高学生的语文素养方面功不可没，而这正是个体人格自由发展的需要；从语文学科自身的发展着眼，推进语文学科的民族化建设，回归汉语文教育的本色，需要中小学文言诗文教学的坚守，因为这是由汉语言文字的特点所决定的。

第三，"坚守不是固守"。重温历史，我们发现中小学文言诗文教学的百年历程就是一个不断发展变化的过程，只不过在发展的过程中，由于各种阻碍和干扰偏离了目标，走了一些弯路。那么，在这由历史绵延而来的当下，中小学文言诗文教学的实然状态又是如何呢？我们从理论与现实两个角度对当前中小学文言诗文教学的现状作了一番审视，发现了几个突出问题和主要误区，即当前的中小学文言诗文教学还存在着"教学目的的南辕北辙、教学内容的游移不定、教学方法的两极分化、教学评价的剑走偏锋、教师发展的专业缺失"五个方面的异化现象。所有的问题都从历史深处走来，因此，在呈现问题的同时，我们再一次进行了历史的追溯，结合历史的发展规律对异化现象的成因进行了较为深刻的剖析。

第四，面对现实的困境，追寻问题的根源，我们旨在寻求中小学文言诗文教学的出路。在历史与现实的共同演绎下，我们发现了中小学文言诗文教学不断生发的力量之源——创新，也读懂了"坚守"的真正内涵，那就是"在坚守中不断创新"。只有站在历史的平台上，遵循文言诗文教学的规律，一面继承和发扬古代优秀传统经验，一面吸收和借鉴现代先进教育理论和经验，取长补短，兼容并蓄，方有长效。我们的构想沿着四个关键词展开：曰文化，曰整体，曰诵读，曰时代。

首先，我们从汉字及汉字所蕴含的文化本性出发，得出中小学文言诗文教学实质上是以文化为本位的教学。这种"文化本位"观既关注文言诗文承载内容的文化特性，又关注文言诗文语言形式的文化属性。这种文化本位的立场容纳了知性的分析和知识的传授，但它根源于文化传统而进入特定的文化情境，能够超越知性的局限而达到心灵的体悟和精神的陶冶，从而达到其文化价值和文化功能的最大发挥。以文化来整合工具和人文，"文化本位"应该成为中小学文言诗文教学的核心理念。

其次，根据语言学习的普遍规律和文言本身的特点，我们发现，要改变目前中小学文言诗文教学的现状，就要借鉴古人的教学经验，实现战略上的大转移，提前起步，重心前移，把小学纳入"整体规划"的布局中，对小学、初中、高中各个阶段的文言诗文教学作一个整体规划，精心编排，合理布局，建立相对独立的文言诗文教材和教学体系。这实在是一项重大的系统工程，远非一篇博士学位论文所能回答和建构的。因此，我们提出"构建整体规划的教学体系"只是基于对现实的矛盾审视，在吸收和借鉴优秀经验的基础上，对中小学文言诗文教学"整体规划"所做的一些预测和设想，而构建完整而严密的教学体系还期待后续研究的进一步探讨和努力，同时，也希望能引发同人更多的关注和思考。

再次，回到文言诗文教学的方法问题。中小学文言诗文教学要凸显"诵读教学"的本体地位，即教学方式要以"诵读为主"。"诵读为主"并不是"全部诵读"，完全回到旧时代学塾的教读方式。为此，我们首先探讨了中小学文言诗文教学"为何要以诵读为主"，为诵读教学找到合理的科学依据，然后对当前诵读教学存在"诵读认识模糊，诵读时间逼仄，诵读指导阙如"三个方面的"偏误"现象进行了分析，进而在对诵读的含义正本清源之后，为诵读教学做出了合乎时代要求的现时解读：诵读教学是一个整体性的心理活动，也是一个自主性的创造活动。同时，我们认为要对当前的诵读教学进行改进，行之有效的办法就是向古人学习，将传统的诵读经验与讲求实效的科学方法结合起来，关键是要做到"兴趣是先导，理解是基础，感受是关键，想象是桥梁，技巧是保证"。

最后，针对当前中小学文言诗文教学过度功利化的倾向，我们发现，不能接通时代气氛的源头活水，原本鲜活的教学内容也会变得枯燥乏味，更遑论时代久远的文言诗文了。中小学文言诗文教学要树立"与时代融合的课程意识"，要将思维的触角伸向时代，找到在现实生活中的生长点，从选文主题到文本解读，到资源开发等方面都要体现"与时代融合"的意识。"选文主题要关注人性之美，文本解读要跟上时代步伐，资源开发要接通时代活水"是我们吸收和借鉴现代先进的教育理念和其他国家、地区的成功经验之后的思考路向。

《旧约·传道书》中说："已有的事后必再有，已行的事后必再行，日光之下并无新事。"中小学文言诗文教学是中国原创性的问题，虽然近来新意迭出，名流涌现，但"骨子里"的有些问题仍然没有解决；中小学文言诗文教学的研究更是一个系统工程，要各方面联手攻关，协同作战。而了解历史，做到既"知古"又"知今"，庶几可免"盲瞽""陆沉"之讥。这就是我们探索和解决这个"老问题"的思考路向，也是我们写下这些文字的良愿。在今后的岁月里，我们将沿着中小学文言诗文教学的学术研究之路继续行进，并继续享受这一充满艰难、困惑而愉悦、发现的过程！

参考文献

（一）论著部分

[1]《马克思恩格斯全集》，人民教育出版社 1979 年版。

[2]［德］伽达默尔：《真理与方法：哲学诠释学的基本特征》上、下卷，洪汉鼎译，上海译文出版社 2004 年版。

[3]［德］伽达默尔：《哲学解释学》，夏镇平、宋建平译，上海译文出版社 2004 年版。

[4]［德］伽达默尔：《伽达默尔集》，严平编选，邓安庆等译，上海远东出版社 1997 年版。

[5]［德］赫尔巴特：《赫尔巴特文集》，李其龙、郭官义等译，浙江教育出版社 2002 年版。

[6]［古希腊］柏拉图：《理想国》，郭斌和、张竹明译，商务印书馆 1986 年版。

[7]［德］胡塞尔：《欧洲科学的危机与超越论的现象学》，王炳文译，商务印书馆 2001 年版。

[8]［英］汤因比：《展望二十一世纪——汤因比与池田大作对话录》，荀春生等译，国际文化出版公司 1985 年版。

[9] 〔法〕罗兰·巴尔特：《写作的零度》，李幼蒸译，中国人民大学出版社 2008 年版。

[10] 〔法〕罗兰·巴尔特：《符号学原理》，李幼蒸译，中国人民大学出版社 2008 年版。

[11] 〔德〕海德格尔：《在通向语言的途中》，孙周兴译，商务印书馆 2004 年版。

[12] 〔英〕恩斯特·卡西尔：《语言与神话》，于晓等译，生活·读书·新知三联书店 1988 年版。

[13] 〔英〕恩斯特·卡西尔：《人论》，甘阳译，上海译文出版社 2004 年版。

[14] 张世英：《哲学导论》，北京大学出版社 2002 年版。

[15] 刘放桐等编著：《新编现代西方哲学》，人民出版社 2000 年版。

[16] 鲁迅：《鲁迅全集》，人民文学出版社 1973 年版。

[17] 康有为：《康有为全集》，上海古籍出版社 1992 年版。

[18] 马洪林：《康有为评传》，南京大学出版社 1998 年版。

[19] 高平叔编：《蔡元培全集》，中华书局 1984 年版。

[20] 夏晓虹编：《梁启超文选》，中国广播电视出版社 1992 年版。

[21] 胡适：《胡适作品集》，台湾远流出版公司 1986 年版。

[22] 胡适：《胡适学术文集·新文学运动》，中华书局 1993 年版。

[23] 唐德刚译注：《胡适口述自传》，华东师范大学出版社 1993 年版。

[24] 李广田：《李广田文集》第 4 卷，山东文艺出版社 1986 年版。

[25] 蒙培元：《人与自然——中国哲学生态观》，人民出版社 2004 年版。

[26] 冯秀珍：《中华传统文化纲要》，中国法制出版社 2003 年版。

［27］甘阳：《古今中西之争》，生活·读书·新知三联书店 2006年版。

［28］邓九平：《中国文化名人谈人生》，大众文艺出版社 2001 年版。

［29］殷海光：《中国文化的展望》，桂冠图书公司 1988 年版。

［30］申小龙：《汉语与中国文化》（修订本），复旦大学出版社 2008年版。

［31］孟华：《汉字：汉语和华夏文明的存在形式》，中国社会科学出版社 2004 年版。

［32］潘文国：《危机下的中文》，辽宁人民出版社 2008 年版。

［33］朱竞编：《汉语的危机》，文化艺术出版社 2005 年版。

［34］宗白华：《美学散步》，上海人民出版社 1981 年版。

［35］盛海耕：《品味文学》，上海教育出版社 2001 年版。

［36］童庆炳、淘东风主编：《文学经典的建构、解构和重构》，北京大学出版社 2007 年版。

［37］上海文艺出版社编辑：《中国新文学大系第一集》，上海文艺出版社 1981 年版。

［38］胡适编选：《中国新文学大系·建设理论集》影印本，上海文艺出版社 2003 年版。

［39］郑振铎编选：《中国新文学大系文学论争集》影印本，上海文艺出版社 2003 年版。

［40］严家炎编：《二十世纪中国小说理论资料》第二卷，北京大学出版社 1997 年版。

［41］郭绍虞主编：《中国历代文论选》，上海古籍出版社 1980 年版。

［42］郭绍虞：《照隅室语言论集》，上海古籍出版社 1985 年版。

［43］季羡林：《谈国学》，华艺出版社 2007 年版。

［44］朱光潜：《诗论》，安徽教育出版社 1999 年版。

［45］朱光潜：《谈文学》，安徽教育出版社 1996 年版。

［46］朱光潜：《谈美谈文学》，人民文学出版社 1988 年版。

［47］张中行：《张中行作品集》第一卷，中国社会科学出版社 1995
年版。

［48］张中行：《流年碎语》，作家出版社 2006 年版。

［49］吴曾祺：《涵芬楼文谈·明法》，商务印书馆 1966 年版。

［50］冯梦龙：《警世通言》，中央民族大学出版社 2002 年版。

［51］董乃斌：《陋室之鸣》，新华出版社 1998 年版。

［52］余秋雨：《文化苦旅》，东方出版中心 2002 年版。

［53］余秋雨：《余秋雨散文（插图珍藏版）》，人民文学出版社 2005
年版。

［54］韩少功：《世界》，湖南文艺出版社 1996 年版。

［55］钱穆：《国史大纲》，商务印书馆 2000 年版。

［56］陈旭麓：《近代中国社会的新陈代谢》，上海人民出版社 1992
年版。

［57］许纪霖、陈凯达：《中国现代化史》第一卷，上海三联书店
1995 年版。

［58］［美］费正清：《剑桥中国晚清史》上、下卷，中国社会科学出
版社 1993 年版。

［59］严元章：《中国教育思想源流》，生活·读书·新知三联书店
1993 年版。

［60］孙培青主编：《中国教育史 2 版》修订版，华东师范大学出版社
2000 年版。

［61］陈景磐：《中国近代教育史》，人民教育出版社 1983 年版。

［62］舒新城：《中国近代教育史料》，人民教育出版社 1981 年版。

［63］沈云龙主编：《近代中国史料丛刊续编》，台湾文海出版社 1989 年版。

［64］陈学恂：《中国近代教育史教学参考资料》，人民教育出版社 1986 年版。

［65］周予同：《中国现代教育史》，良友图书印刷公司 1934 年版。

［66］熊明安：《中国近现代教学改革史》，重庆出版社 1999 年版。

［67］杨东平编著：《艰难的日出：中国现代教育的 20 世纪》，文汇出版社 2003 年版。

［68］费锦昌主编：《中国语文现代化百年纪事》，语文出版社 1997 年版。

［69］张鸿苓等编：《新中国语文教育大典》，语文教育出版社 2001 年版。

［70］顾黄初主编：《中国现代语文教育百年事典》，上海教育出版社 2001 年版。

［71］张隆华等编著：《中国语文教育史纲》，湖南师范大学出版社 1991 年版。

［72］李杏保、顾黄初：《中国古代语文教育史》，四川教育出版社 2004 年版。

［73］李杏保、顾黄初：《中国现代语文教育史》，四川教育出版社 2004 年版。

［74］李树编：《中学语文教学百年史话》，山东人民出版社 2007 年版。

［75］陈黎明、林化君：《20 世纪中国语文教学》，青岛海洋大学出版社 2002 年版。

［76］ 饶杰腾编著：《近现代中学语文教育的发展》，广东教育出版社2008年版。

［77］ 陈文忠：《中国古典诗歌接受史研究》，安徽大学出版社1998年版。

［78］ 徐时仪：《汉语白话发展史》，北京大学出版社2007年版。

［79］ 池小芳：《中国古代小学教育研究》，上海教育出版社1998年版。

［80］ 吴洪成：《历史的变迁：中国小学教育发展史》，西南师范大学出版社2003年版。

［81］ 林治金主编：《中国小学语文教学史》，山东教育出版社1996年版。

［82］ 汪家熔：《民族魂——教科书变迁》，商务印书馆2008年版。

［83］ 闫苹、段建弘主编：《中国现代中学语文教材研究》，文心出版社2007年版。

［84］ 郑国民：《从文言文教学到白话文教学：我国近现代语文教育的变革历程》，北京师范大学出版社2000年版。

［85］ 黄耀红：《百年中小学文学教育史论》，湖南师范大学出版社2008年版。

［86］ 张法琨选编：《古希腊教育论著选》，人民教育出版社1994年版。

［87］ 孟宪承选编，孙培清注释：《中国古代教育文选》，人民教育出版社1979年版。

［88］ ［俄］乌申斯基：《乌申斯基教育文选》，郑文樾选编，张佩珍、冯向天、郑文樾译，人民教育出版社2004年版。

［89］ 华东师范大学教育系编：《马克思恩格斯论教育》，人民教育出

版社 1986 年版。

[90] 人民教育出版社教育室编：《马克思恩格斯列宁论教育》，人民教育出版社 1993 年版。

[91] ［苏］维果茨基：《维果茨基教育论著选》，余震球译，人民教育出版社 2004 年版。

[92] ［苏］苏霍姆林斯基：《育人三部曲》，毕淑芝等译，人民教育出版社 1998 年版。

[93] ［日］小原国芳：《小原国芳教育论著选》，刘剑乔、由其民、吴光威译，人民教育出版社 1993 年版。

[94] 刘燕云编：《胡适教育论著选》，人民教育出版社 1994 年版。

[95] 董远骞、董毅青：《俞子夷教育实践研究》，浙江教育出版社 2008 年版。

[96] 沈云龙主编：《教育遗议》，文海出版社 1973 年版。

[97] ［苏］苏霍姆林斯基：《给教师的建议》，杜殿坤编译，教育科学出版社 1984 年版。

[98] ［英］约翰·贝克、玛丽·厄尔编：《中学教师应关注的热点问题》，王璐、王向旭译，北京师范大学出版社 2007 年版。

[99] 王长纯：《和而不同：比较教育的跨文化对话》，人民教育出版社 2006 年版。

[100] ［英］帕默尔：《语言学概论》，商务印书馆 1983 年版。

[101] ［瑞士］索绪尔：《普通语言学教程》，高名凯译，商务印书馆 1980 年版。

[102] ［德］威廉·冯洪堡特：《论人类语言结构的差异及其对人类精神发展的影响》，姚小平译，商务印书馆 1999 年版。

[103] ［美］诺姆·乔姆斯基：《乔姆斯基语言学文集》，宁春岩译

注，湖南教育出版社 2006 年版。

［104］［英］简·爱切生：《语言的变化：进步还是退化》，徐家祯译，语文出版社 1997 年版。

［105］鲁枢元：《超越语言》，中国社会科学出版社 1990 年版。

［106］陈嘉映：《语言哲学》，北京大学出版社 2003 年版。

［107］北京外国语学院俄语系语言学教研组编：《马克思主义经典作家论语言》，商务印书馆 1959 年版。

［108］马钦忠：《语言的诗性智慧》，学林出版社 2004 年版。

［109］徐铿锵：《语言论——语义型语言的结构原理和研究方法》，东北师范大学出版社 1997 年版。

［110］于根元：《二十世纪的中国语言应用研究》，书海出版社 1996 年版。

［111］孔刃非：《汉字创造心理学》，线装书局 2007 年版。

［112］［美］卡罗尔：《语言心理学》，缪小春等译，华东师范大学出版社 2006 年版。

［113］马建忠：《马氏文通·汉语语法丛书》，商务印书馆 1983 年版。

［114］彭聃龄主编：《汉语认知研究：从认知科学到认知神经学》，北京师范大学出版社 2006 年版。

［115］朱智贤：《儿童心理学》，人民教育出版社 2003 年版。

［116］周国光、王葆华：《儿童句式发展研究和语言习得理论》，北京语言文化大学出版社 2001 年版。

［117］李宇明：《儿童语言的发展》，华中师范大学出版社 2004 年版。

［118］周兢主编：《早期阅读发展与教育研究》，教育科学出版社 2007 年版。

［119］［捷］夸美纽斯：《大教学论》，傅任敢译，教育科学出版社

1999 年版。

[120] ［德］克罗恩：《教学论基础》，李其龙等译，教育科学出版社 2005 年版。

[121] ［美］小威廉姆·E. 多尔：《后现代课程观》，王红宇译，教育科学出版社 2000 年版。

[122] 钟启泉编著：《现代课程论》（新版），上海教育出版社 2003 年版。

[123] 黄甫全主编：《课程与教学论》，高等教育出版社 2002 年版。

[124] ［美］阿普尔：《意识形态与课程》，黄忠敬译，华东师范大学出版社 2001 年版。

[125] ［美］谢弗勒：《人类的潜能》，石中英、涂元玲译，华东师范大学出版社 2005 年版。

[126] ［美］莱斯利·P. 斯特弗等编：《教育中的建构主义》，高文等译，华东师范大学出版社 2002 年版。

[127] 联合国教科文组织总部中文科译：《教育——财富蕴藏其中（国际二十一世纪教育委员会报告）》，教育科学出版社 1996 年版。

[128] 张楚廷：《课程与教学哲学》，人民教育出版社 2003 年版。

[129] 张楚廷：《教育哲学》，教育科学出版社 2006 年版。

[130] 张楚廷：《教学论纲》第 2 版，高等教育出版社 2008 年版。

[131] 刘铁芳：《走向生活的教育哲学》，湖南师范大学出版社 2005 年版。

[132] 陶本一主编：《学科教育学》，人民教育出版社 2001 年版。

[133] 石鸥：《教育困惑中的理性追求》，湖南师范大学出版社 2005 年版。

［134］石鸥：《教学别论》，湖南教育出版社 1998 年版。

［135］石鸥：《教学病理学基础》，山东人民出版社 2006 年版。

［136］张传燧：《中国教学论史纲》，湖南教育出版社 1999 年版。

［137］周庆元：《语文教育研究概论》，湖南人民出版社 2005 年版。

［138］周庆元：《语文教育哲学研究》，湖南师范大学出版社 2009年版。

［139］周庆元：《语文教育心理学》，湖南师范大学出版社 1999 年版。

［140］周庆元主编：《中学语文教学原理》，湖南教育出版社 1992年版 。

［141］阎立钦主编：《语文教育学引论》，高等教育出版社 1996 年版。

［142］韩雪屏：《语文教育的心理学原理》，上海教育出版社 2001 年版。

［143］曹明海主编：《语文教学本体论》，山东教育出版社 2007年版。

［144］谢象贤主编：《语文教育学》，浙江教育出版社 1993 年版。

［145］曹明海：《语文教育文化学》，山东教育出版社 2005 年版。

［146］于源溟：《预成性语文课程基点批判》，社会科学文献出版社2007 年版。

［147］曾祥芹、张维坤、黄果泉编著：《古代阅读论》，河南教育出版社 1992 年版。

［148］李海林：《言语教学论》，上海教育出版社 2006 年版。

［149］王尚文：《语感论》，上海教育出版社 2000 年版。

［150］倪文锦主编：《小学语文新课程教学法》，高等教育出版社2003 年版。

［151］倪文锦主编：《初中语文新课程教学法》，高等教育出版社2003 年版。

［152］杨再隋：《语文课程建设的理论与实践》，语文出版社 2001 年版。

［153］王荣生：《语文科课程论基础》，上海教育出版社 2003 年版。

［154］王荣生：《语文教学内容重建》，上海教育出版社 2007 年版。

［155］张志善主编：《中学语文教学论》，语文出版社 1994 年版。

［156］刘永康主编：《西方方法论与现代中国语文教育改革》，人民出版社 2007 年版。

［157］郭瑞林：《中国传统文化与中学语文》，湖南师范大学出版社 1999 年版。

［158］刘国正主编：《叶圣陶教育文集》，人民教育出版社 1994 年版。

［159］中央教育科学研究所编：《叶圣陶语文教育论集》，教育科学出版社 1980 年版。

［160］叶圣陶：《中学语文教材与教学》，人民教育出版社 1981 年版。

［161］庄文中编：《张志公语文教育论集》，人民教育出版社 1994 年版。

［162］张志公：《张志公文集》第 3 卷，广东教育出版社 1991 年版。

［163］张志公：《传统语文教育初论》（附蒙学书目稿），上海教育出版社 1962 年版。

［164］孟宪范：《科学研究中最需要的科学理性精神——读张志公的传统语文教育教材论——即蒙学书目和书行》，上海教育出版社 1992 年版。

［165］王本华主编：《重读张志公·走进新课标：语文教育现代化》，湖北教育出版社 2004 年版。

［166］中央教育科学研究所编：《朱自清论语文教育》，河南教育出版社 1985 年版。

［167］张圣华主编：《朱自清语文教学经验》，教育科学出版社 2007 年版。

［168］黎泽渝等编：《黎锦熙语文教育论著选》，人民教育出版社 1996 年版。

［169］夏丏尊：《夏丏尊教育名篇》，教育科学出版社 2007 年版。

［170］刘国正：《实和活：刘国正语文教育论集》，人民教育出版社 1995 年版。

［171］刘国正主编：《我和语文教学》，人民教育出版社 1984 年版。

［172］吕叔湘：《吕叔湘语文论集》，商务印书馆 1983 年版。

［173］顾黄初：《顾黄初语文教育文集》，人民教育出版社 2001 年版。

［174］刘征：《刘征文集：语文教育论著》第 1 卷，人民教育出版社 1998 年版。

［175］于漪：《于漪文集》第 1 卷，山东教育出版社 2001 年版。

［176］袁卫星：《听袁卫星老师讲课》，华东师范大学出版社 2006 年版。

［177］朱麟公：《国语问题讨论集》，中国书局 1921 年版。

［178］宣浩平：《大众语论战》，启智书局 1935 年版。

［179］任重：《文言白话大众语论战集》，民众读物出版社 1934 年版。

［180］文逸：《语文论战的现阶段》，天马书店 1934 年版。

［181］学部审定：《普通各科教授法》，民智书局 1904 年版。

［182］沈百英主编：《小学国语教学讨论集》，商务印书馆 1948 年版。

［183］顾黄初、李杏保编：《二十世纪前期中国语文教育论集》，四川教育出版社 1991 年版。

［184］顾黄初、李杏保编：《二十世纪后期中国语文教育论集》，四川教育出版社 1991 年版。

[185] 阮真编：《中学国文教学法》，正中书局 1943 年版。

[186] 周铭三、冯顺伯：《中学国语教学法》，商务印书馆 1926 年版。

[187] 王森然：《中学国文教学概要》，商务印书馆 1929 年版。

[188] 艾伟：《国语问题：阅读心理》，中华书局 1948 年版。

[189] ［苏］阿·普·阿列克西赤：《苏联文学教学论文选》，梁建兴、赵洁珍、董秋芳译，人民教育出版社 1956 年版。

[190] 罗大同：《初中文学教学讲话》，湖北人民出版社 1958 年版。

[191] 周裔：《关于目前中学文学教学的一些问题》，江苏人民出版社 1957 年版。

[192] 北京师范大学附中编：《在附中的日子》，京华出版社 2001 年版。

[193] 夏丏尊、刘熏宇：《跟大师学语文——文章作法》，中华书局 2007 年版。

[194] 赵志伟编著：《旧文重读——大家谈语文教育》，华东师范大学出版社 2007 年版。

[195] 朱光潜：《从我怎样学国文说起》，安徽教育出版社 1996 年版。

[196] 曾天山：《教材论》，江西教育出版社 1997 年版。

[197] 刘占泉：《汉语文教材概论》，北京大学出版社 2004 年版。

[198] 周庆元主编：《中学语文教材概论》，湖南出版社 1994 年版。

[199] 顾黄初、顾振彪：《语文课程与语文教材》，社会科学文献出版社 2001 年版。

[200] 王荣生、郑桂华主编：《语文教材建设新探·试教交流第一辑》，上海教育出版社 2008 年版。

[201] 倪文锦：《语文考试论》，广西教育出版社 1996 年版。

［202］刘要悟：《教育评价基本问题研究》，甘肃文化出版社 1997
　　　年版。

［203］谢青、汤德用：《中国考试制度史》，黄山书社 1994 年版。

［204］曾桂兴：《标准化考试常识》，四川教育出版社 1987 年版。

［205］付宜红：《日本语文教育研究》，北京师范大学出版社 2003
　　　年版。

［206］倪文锦主编：《语文教育展望》，华东师范大学出版社 2002
　　　年版。

［207］倪文锦、何文胜编著：《祖国大陆与香港、台湾地区语文教育
　　　初探》，高等教育出版社 2001 年版。

［208］江苏母语课程教材研究所编著：《当代外国语文课程教材评
　　　介》，江苏教育出版社 2004 年版。

［209］洪宗礼、柳士镇、倪文锦主编：《母语教材研究》1—10 卷，
　　　江苏教育出版社 2007 年版。

［210］李家树：《香港语文教学策略》，南京师范大学出版社 2000
　　　年版。

［211］蔡美惠：《台湾中学国文教学研究》，广东教育出版社 2006
　　　年版。

［212］郑国民等：《当代语文教育论争》，广东教育出版社 2006 年版。

［213］陈雪虎：《传统文学教育的现代启示》，广东教育出版社 2006
　　　年版。

［214］《语文学习》编辑部主编：《语文教学争鸣录》，上海教育出版
　　　社 2000 年版。

［215］王丽编：《中国语文教育忧思录》，教育科学出版社 1998 年版。

［216］张中行：《文言与白话》，中华书局 2007 年版。

［217］张中行：《文言津逮》，中华书局 2007 年版。

［218］王力：《谈谈学习古代汉语》，山东教育出版社 1984 年版。

［219］王力著，吉常宏等编：《古代汉语》，中华书局 1999 年版。

［220］郭锡良：《古代汉语》，北京出版社 1989 年版。

［221］解惠全：《文言教学讲话》，天津人民出版社 1983 年版。

［222］张定远编：《文言文教学论集》，新蕾出版社 1986 年版。

［223］王昱昕：《文言文教学研究》，贵州民族出版社 1994 年版。

［224］老海主编：《儿童国学经典导读》，中国传统文化出版社 2002 年版。

［225］中国大百科全书出版社编辑部：《中国大百科全书》，中国大百科全书出版社 1980 年版。

［226］顾明远主编：《教育大辞典》，上海教育出版社 1990 年版。

［227］石鸥、吴小鸥编：《百年中国教科书图说：1897—1949》，湖南教育出版社 2009 年版。

［228］课程教材研究所编：《20 世纪中国中小学课程标准·教学大纲汇编》语文卷，人民教育出版社 2001 年版。

［229］联合国儿童基金会、中国教育部基础教育司合作项目：《基础教育课程改革资料选编》，教育部基础教育司 2000 年版。

［230］中国语文编辑部编：《语文教学编目索引（1950—1980）》，上海教育出版社 1982 年版。

［231］国家教委师范司编：《汉语言教育专业教学大纲》，东北师范大学出版社 1992 年版。

［232］中华人民共和国教育部制定：《全日制义务教育语文课程标准》（实验稿），北京师范大学出版社 2007 年版。

［233］巢宗祺：《普通高中语文课程标准（实验）解读》，湖北教育

出版社 2004 年版。

[234] 秦训刚、蒋红森主编：《高中语文课程标准教师读本》，华中师范大学出版社 2003 年版。

[235] 教育部语文出版社编：《高中语文新大纲新教材辅导讲座》，语文出版社 2000 年版。

[236] 教育杂志社编：《教育法令选》，商务印书馆 1925 年版。

[237] 湖北省教育厅编：《汉语文学教学经验》，湖北人民出版社 1957 年版。

[238] 南昌市教育参观团编：《语文学科教学的良好开端——沪宁苏杭中学文学汉语教学经验介绍》，江西人民出版社 1957 年版。

[239] 黄岳州主编：《中学语文教案》，北京师范大学出版社 1981 年版。

[240]《中学语文课文研究信息集》编辑部：《中学语文课文研究信息集》，四川教育出版社 1986 年版。

[241] 北京教育学院语文教研室编：《高中语文教学参考书》，中国新闻出版社 1985 年版。

[242] 黄慧等编：《高中语文新编基本篇目自学指导》，航空工业出版社 1992 年版。

[243] 沈星一编：《新中学教科书·初级古文读本》全三册，中华书局民国十三年版。

[244] 合江、穆济波编：《新中学教科书·高级古文读本》全三册，中华书局民国十八年版。

[245] 傅东华编著：《复兴初级中学教科书》（初级中学用），商务印书馆民国二十四年版。

[246] 傅东华编著：《复兴高级中学教科书》（高级中学用），商务印

书馆民国二十四年版。

[247] 叶圣陶等合编：《开明新编国文读本》（乙种本），经济日报出版社 2000 年版。

[248] 人民教育出版社编辑出版：《高级中学语文课本》，人民教育出版社 1952 年版。

[249] 张毕来、蔡超尘主编：《初级中学课本》（文学），人民教育出版社 1956 年版。

[250] 张毕来、蔡超尘主编：《高级中学课本》（文学），人民教育出版社 1956 年版。

[251] 人民教育出版社编辑出版：《十年制学校高中课本（试用本）·语文》，人民教育出版社 1963 年版。

[252] 人民教育出版社编辑出版：《十年制学校高中课本（试用本）·语文教学参考书》，人民教育出版社 1963 年版。

[253] 上海市中学语文教材编写组编：《上海市中学试用课本》（语文），上海人民出版社 1972 年版。

[254] 中小学通用教材中学语文编写组编：《全日制十年制学校初中课本（试用本）·语文》，人民教育出版社 1978 年版。

[255] 中小学通用教材中学语文编写组编：《全日制十年制学校高中课本（试用本）·语文》，人民教育出版社 1978 年版。

[256] 人民教育出版社中学语文编辑室编：《初级中学课本·语文》，人民教育出版社 1982 年版。

[257] 人民教育出版社中学语文编辑室编：《高级中学课本·语文》，人民教育出版社 1982 年版。

[258] 中央教育科学研究所教改实验小组编：《初中实验课本（试用本）·语文》，教育科学出版社 1982 年版。

［259］北京教育学院语文教研室编：《高中语文教学参考书》，中国新闻出版社 1985 年版。

［260］人民教育出版社中学语文编辑室编著：《九年义务教育全日制初级中学教科书·语文》，人民教育出版社 1988 年版。

［261］人民教育出版社中学语文编辑室编著：《九年义务教育全日制高级中学教科书·语文》，人民教育出版社 1988 年版。

［262］人民教育出版社中学语文一室编著：《九年义务教育三年制初级中学教科书·语文》，人民教育出版社 1992 年版。

［263］人民教育出版社中学语文编辑室编著：《高级中学语文课本·必修》，人民教育出版社 1990 年版。

［264］人民教育出版社课程教材研究所、中学语文课程教材研究开发中心编著：《全日制普通高级中学教科书（试验本）·语文》，人民教育出版社 1996 年版。

［265］课程教材研究所、小学语文课程教材研究开发中心编著：《义务教育课程标准实验教科书·语文》，人民教育出版社 2001 年版。

［266］人民教育出版社课程教材研究所、中学语文课程教材研究开发中心编著：《全日制普通高级中学语文教科书》（试验修订本·必修），人民教育出版社 2001 年版。

［267］课程教材研究所、中学语文课程教材研究开发中心编著：《义务教育课程标准实验教科书·语文》，人民教育出版社 2003 年版。

［268］人民教育出版社课程教材研究所、中学语文课程教材研究开发中心编著：《普通高中课程标准实验教科书·语文》（必修），人民教育出版社 2006 年版。

［269］人民教育出版社课程教材研究所、中学语文课程教材研究开发

中心编著：《普通高中课程标准实验教科书·语文教师教学用书》（必修），人民教育出版社 2007 年版。

[270] 人民教育出版社课程教材研究所、中学语文课程教材研究开发中心、北京大学中文系语文教育研究所编著：《普通高中课程标准实验教科书·语文"中国古代诗歌散文欣赏"教师教学用书》（选修），人民教育出版社 2007 年版。

[271] 人民教育出版社课程教材研究所、中学语文课程教材研究开发中心、北京大学中文系语文教育研究所编著：《普通高中课程标准实验教科书·语文"中国文化经典研读"教师教学用书》（选修），人民教育出版社 2007 年版。

[272] 人民教育出版社课程教材研究所、中学语文课程教材研究开发中心、北京大学中文系语文教育研究所编著：《普通高中课程标准实验教科书·语文"先秦诸子选读"教师教学用书》（选修），人民教育出版社 2007 年版。

[273] 人民教育出版社小语室编著：《语文教师教学用书》，人民教育出版社 2002 年版。

[274] 课程教材研究所、中学语文课程教材研究开发中心编著：《义务教育课程标准实验教科书·语文教师教学用书》（全 6 册），人民教育出版社 2007 年版。

[275] 丁帆、杨九俊主编：《普通高中课程标准实验教科书·语文》（必修），凤凰出版传媒集团，江苏教育出版社 2007 年版。

[276] 陈霭生：《历届高考文言文全真试题精解及选文导读》（全国卷），华东理工大学出版社 2005 年版。

[277] 李鍌等：《国学基本教材·论语卷》，新华出版社 2008 年版。

[278] 黄志民等编著：《国文》，东大图书股份有限公司 2002 年版。

［279］ 布裕民、黄璟瑜、赵伟汉：《启思高中中国语文》，香港启思出版社 2005 年版。

［280］ 徐中玉、齐森华、方智范主编：《新课标文言读本》（小学，初中，高中卷），上海教育出版社 2004 年版。

［281］ 陶月梅主编：《国学启蒙读本》（小学 1—6 年级用），宁波出版社 2006 年版。

［282］ 未来教育教材编委会、刘毅主编：《新世纪小学语文读本》，商务印书馆 2002 年版。

［283］ 人民教育出版社中学语文室编：《高中语文实验课本·必修》（文言读本），人民教育出版社 2000 年版。

［284］ 王荣生、倪文尖主编：《国家课程标准高中实验课本（试编本）语文·必修》，上海教育出版社 2007 年版。

（二）论文部分

［1］ 胡适：《建设的文学革命论》，《新青年》1918 年第 4 期。

［2］ 吴研因：《新学制建设中中小学儿童用书的编辑问题》，《新教育》1922 年第 8 期。

［3］ 刘孟晋：《小学校应否教学文言文之分析的研究》，《中华教育界》1927 年第 16 期。

［4］ 穆济波：《中学校国文教学问题》，《中等教育》1923 年第 2 期。

［5］ 《二十九年部类修订中学国文课程标准》，《国文杂志》1944 年第 3 期。

［6］ 朱自清：《中学生的国文程度》，《国文月刊》创刊号。

［7］ 朱自清：《再论中学生的国文程度》，《国文月刊》1940 年第 1 期。

［8］ 浦江清：《论中学国文》，《国文月刊》1940 年第 1 期。

［9］罗根泽：《抢救国文》，《国文杂志》1943 年第 2 期。

［10］陈卓如：《从"抢救国文"谈到国文教学》，《国文杂志》1943
年第 2 期。

［11］叶圣陶：《读罗陈两位先生的文章》，《国文杂志》1943 年第
2 期。

［12］叶苍岑：《中学生国文程度低落的分析》，《国文杂志》1944 年
第 3 期。

［13］汪懋祖：《禁习文言与强令读经》，《时代公论》1934 年第
110 期。

［14］汪懋祖：《中小学文言运动》，《时代公论》1934 年第 114 期。

［15］钱穆：《改革中等教育议》，《大公报》1930 年 4 月 20 日。

［16］胡适：《报纸文字应该完全用白话》，《大公报》1934 年第 1 期。

［17］龚启昌：《读了"禁习文言与强令读经"以后》，《时代公论》
1934 年第 113 期。

［18］沈泽民：《文言白话之争的根本问题及其美丑》，《民国日报副
刊：觉悟》1923 年 3 月 29 日。

［19］袁微子：《教学中发掘文学作品的内在思想性的问题》，《语文
学习》1955 年第 6 期。

［20］张毕来：《论中学文学科的教材问题》，《语文学习》1956 年第
9 期。

［21］苍翠：《从"认识生活"看课本的古典文学教材》，《人民教育》
1957 年第 2 期。

［22］辛安亭：《中学文学教学的讨论应该改进一步》，《人民教育》
1957 年第 2 期。

［23］张志公：《读文言文对学习现代汉语有什么好处》，《人民教育》

1962 年第 10 期。

[24] 《试论语文教学的目的和任务》，《文汇报》1961 年 12 月 3 日。

[25] 张毕来：《中学语文教学中的厚古薄今倾向》，《人民日报》1958 年 7 月 17 日。

[26] 林凤藻：《学前儿童背诵古典诗文的个案观察》，《心理学报》1963 年第 2 期。

[27] 王琳、胡铁军：《语文教学中的文言文阅读心理问题》，《教育研究》1990 年第 6 期。

[28] 王鹏伟：《汉语文教育传统与汉语文教育的民族化方向》，《教育研究》1999 年第 1 期。

[29] 杨启亮：《在职教师继续教育的价值取向》，《教育研究》2000 年第 4 期。

[30] 周庆元、胡绪阳：《走向美育的完整》，《教育研究》2006 年第 4期。

[31] 周庆元、杨云萍：《学科教育：时代的永恒主题》，《中国教育学刊》2007 年第 1 期。

[32] 黄耀红、周庆元：《教师专业发展的问题反思》，《中国教育学刊》2007 年第 6 期。

[33] 周庆元、胡虹丽：《文言文教学的坚守与创新》，《中国教育学刊》2009 年第 2 期。

[34] 周庆元、于源溟：《诵读法的历时演化与现时解读》，《中国教育学刊》2004 年第 10 期。

[35] 周庆元、刘光成：《试论 21 世纪的大学文学教育》，《高等教育研究》2007 年第 12 期。

[36] 张传燧、赵荷花：《教育如何面向生活》，《教育研究》2007 年

第 6 期。

[37] 石鸥：《在过程中体验：从新课程改革关注情感体验价值谈起》，《课程·教材·教法》2002 年第 2 期。

[38] 钟启泉：《我们的中小学生需要怎样的语文素养——与日本教育学者臼井嘉一的对话》，《课程·教材·教法》2002 年第 4 期。

[39] 朱泳燚：《语文教学要强化语言训练》，《课程·教材·教法》1994 年第 7 期。

[40] 权曙明：《阅读教学的观察与思考》，《语文学习》1996 年第 6 期。

[41] 耿法禹：《从"文质说"谈中学语文教材》，《语文学习》1990 年第 12 期。

[42] 《回首百年·继往开来——语文百年问答》，《语文学习》2003 年第 5 期。

[43] 李震：《一场重要的讨论——关于语文学科性质的争鸣综述》，《语文学习》1996 年第 10 期。

[44] 吕叔湘：《关于语文的两点基本认识》，《语文学习》2005 年第 9 期。

[45] 陶永武：《转变两个观念走出教学困境——中学文言文教学的观念误区及辩证》，《语文学习》2002 年第 5 期。

[46] 何勇：《文言文教学的困境与出路——中青年教师语文沙龙纪要》，《语文学习》2003 年第 1 期。

[47] 王志凯：《建议修改文言文教学目的》，《语文学习》2001 年第 12 期。

[48] 朱瑜章：《也谈文言文的教学目的》，《语文学习》2002 年第 6 期。

[49] 郑飞艺：《诵读的教学原理》，《语文学习》2002 年第 6 期。

［50］童志斌：《对文言教学"背诵热"的冷思考》，《语文学习》2003 年第 3 期。

［51］郑国民：《关于背诵优秀诗文的几个问题》，《语文学习》2003 年第 2 期。

［52］王荣生：《对"整体感知""整体把握"的感知与把握》，《语文学习》2002 年第 6 期。

［53］桑哲：《"淡化文言文教学"大家谈》，《现代语文》2007 年第 1 期。

［54］王开扬：《从书面语改革看高考文言文作文》，《现代语文》2002 年第 3 期。

［55］陈宗德：《2008 年高考文言文考题规律探析及对今后教学和备考建议》，《现代语文》2008 年第 9 期。

［56］童志斌：《试论中学阶段独立设置文言课程的必要性》，《语文学刊》2003 年第 4 期。

［57］童庆炳：《中学语文教学的目标定位》，《语文教学之友》2003 年第 5 期（上）。

［58］钱理群：《新语文读本编辑手记》，《教师之友》2001 年第 6 期。

［59］李长春：《私塾语文教学并不科学》，《中学语文教学》2000 年第 3 期。

［60］奚博先：《现代语文教育的主要成就和问题》，《中学语文教学》2000 年第 2 期。

［61］马智强：《语文教学的世纪性思考》，《中学语文教学》1996 年第 4 期。

［62］余应源：《西化——百年语文教学低效的根源》，《中学语文教学》2001 年第 1 期。

［63］张必锟：《学文言非诵读不可》，《中学语文教学》1997 年第
6 期。

［64］钱梦龙：《为训练正名》，《中学语文教学》2000 年第 10 期。

［65］钱梦龙：《文言文教学改革刍议》，《中学语文教学》1997 年第
4 期。

［66］史绍典：《听课札记》，《中学语文教学参考》2004 年第 4 期。

［67］董承理：《文言知识和文言阅读能力》，《语文教学通讯·初中
刊》2006 年第 5 期。

［68］张广录：《莫要买椟还珠，本末倒置：对当前文言文教学重
"言"轻"文"现象的批判》，《语文教学通讯·高中刊》2007
年第 2 期。

［69］倪志成：《文言文教学应从诵读入手》，《语文教学通讯·高中
刊》2007 年第 5 期。

［70］刘占泉：《文言教学的反思及建议》，《语文教学通讯》2008 年
第 1 期。

［71］张启燕：《文言文教学须以"言"为本》，《语文教学通讯·高
中刊》2007 年第 1 期。

［72］易建平：《从选文演变看当代高中文言文教材的发展》，《语文
教学通讯》2007 年第 9 期。

［73］彭玉华：《和谐·相生·交融——新课程背景下文言文教学的实
施途径》，《语文教学通讯·高中刊》2007 年第 2 期。

［74］曹勇军：《追求文言、文学和文化的和谐统一——以苏教版选修
教科书〈史记选读〉为例》，《语文教学通讯·高中刊》2007
年第 2 期。

［75］彭玉华：《文言文教学的有效性思考》，《中学语文教与学》（高

中读本）2007 年第 5 期。

[76] 包建新：《回到原点：文言文教学为什么》，《教学月刊》（中学版）2005 年第 11 期。

[77] 程永超：《文言文教学：行于"文""言"之中》，《语文建设》2008 年第 3 期。

[78] 周保华：《也谈"文言文教学：行于'文''言'之中"》，《语文建设》2008 年第 10 期。

[79] 陈晓波、林淼：《2004 年国家基础教育课程改革实验区中考文言文阅读试题分析》，《语文建设》2005 年第 2 期。

[80] 徐志伟：《漫谈中学古诗文诵读教学》，《古典文学知识》2006 年第 3 期。

[81] 王舒成：《困境与突围——试评中学文言教学中的诵读》，《基础教育课程》2007 年第 5 期。

[82] 郭奇智：《"重建人文"与语文教改》，《语文教学与研究》1996 年第 4 期。

[83] 韩军：《百年中国语文教育十大偏失》，《基础教育月刊》2005 年第 12 期。

[84] 饶杰滕：《谈谈中学文言常用词表》，《中学语文教学》1980 年第 1 期。

[85] 《在中学语文教材改革第二次座谈会上 叶圣陶、王力、周有光、苏灵扬同志的发言摘要》，《中学语文教学》1980 年第 12 期。

[86] 戈致中：《中学文言文教学序列化初探》，《扬州大学学报》（人文社会科学版）1984 年第 4 期。

[87] 蔡莱莉：《并非是"开历史倒车"——略论文言文教育对现代语文学习的意义》，《教学与管理》2005 年第 36 期。

［88］董晓平等：《学术·技术·艺术——2005 年高考语文全国卷命题述评》，《中国考试》（高考版）2005 年第 7 期。

［89］汪凌：《法国九十年代中小学课程改革》，《外国教育资料》2000 年第 1 期。

［90］谢福斌：《台湾与大陆文言文教学的调查》，《当代经理人》2006 年第 12 期。

［91］钱国利：《高中教材文言文基础调查与教学探讨》，《大连教育学报》2006 年第 1 期。

［92］徐忠宪：《审视文言课文的阅读状态——关于原形阅读和超原形阅读》，《安徽教育学院学报》2006 年第 1 期。

［93］冯旭洋：《九十年代以来中学语文教学大纲中文言文教学要求的演化分析》，《广西师范大学学报》2002 年第 S1 期。

［94］钟小苑：《现代语文考试制度成因初探》，《宁德师专学报》（哲学社会科学版）2003 年第 4 期。

［95］李英杰：《SOLO 分类评价理论在阅读能力评价上的应用》，《首都师范大学学报》（社会科学版）2006 年第 2 期。

［96］刘进才：《国文教学中的文言与白话问题——以三四十年代"中学生国文程度"讨论为个案》，《中国现代文学研究丛刊》2007 年第 4 期。

［97］黄曼君：《中国现代文学经典的诞生与延传》，《中国社会科学》2004 年第 3 期。

［98］刘晓明：《"语""文"的离合与中国文学思维特征的演进》，《中国社会科学》2002 年第 1 期。

［99］钱理群：《五四新文化运动与中小学国文教育改革》，《中国现代文学研究丛刊》2003 年第 3 期。

［100］葛兆光：《画眉深浅入时无》，《读书》1998 年第 11 期。

［101］周汝昌：《炼字、选辞、音节美与艺术联想——〈宋百家词选注〉序》，《读书》1983 年第 7 期。

［102］曹辛华、祈光禄：《诠释与新变——当代文化视野中的古典诗词》，《求索》2002 年第 2 期。

［103］陶东风：《跨学科文化研究对于文学理论的挑战》，《社会科学战线》2002 年第 3 期。

［104］于漪：《标准化试题把语文教学引入了"死胡同"》，《人民教育》1998 年第 6 期。

［105］许建平：《语文教学与教师阅读》，《上海教育》2009 年第 4 期。

［106］肖杨：《书册阅读与高中语文教师专业发展调查报告》，硕士学位论文，湖南师范大学，2008 年。

［107］易建平：《当代中学语文教材文言文选文研究》，硕士学位论文，华东师范大学，2006 年。

［108］邓爱丽：《现行高中语文教材文言文选文的研究》，硕士学位论文，西南大学，2008 年。

［109］周晓云：《近五年大陆台湾高考文言文试题比较研究》，硕士学位论文，福建师范大学，2008 年。

［110］吕叔湘：《当前语文教学中两个迫切问题》，《人民日报》1978 年 3 月 16 日。

［111］国家教委考试中心高考试题评价组：《1997 年高考语文试题评价报告》，《中国教育报》1998 年 1 月 15 日。

［112］刘梅珍：《学文言的价值不在实用而在文化》，《中国教育报》2004 年 7 月 29 日。

[113] 王丽：《语文标准化考试拥护者甚少反对者居多——周正逵先生访谈录》，《中国青年报》1999 年 3 月 18 日。

[114] 赵丕杰：《谢泳盛赞"台湾语文"称应加强传统文化教育》，《新京报》2008 年 3 月 11 日。

[115] 刘梦溪：《21 世纪的挑战：亚洲价值的反省》，《文汇报》2001 年 3 月 24 日。

[116] 张怀宇：《传媒对青少年成长影响居首位》，《人民政协报》2002 年 4 月 25 日。

[117] 王丽：《语文丢失了什么》，《中国青年报冰点特稿》2006 年 6 月 21 日。

[118] 窦桂梅：《教师必须摆脱的窘境》，《中国教育报》2004 年 9 月 2 日。

[119]《教师阅读有喜有忧》，《光明日报》2001 年 4 月 19 日。

[120] 陆费逵编：《教育杂志》汇编，1909—1948 年。

[121]《语文学习》编辑部：《语文学习》，1985—2009 年。

（三）英文部分

[1] Dreeben. R. , *The nature of teaching*, Foresman and Company, 1970.

[2] Vivian Cook, *Second language learning and language teaching*, Oxford University press, 2001.

[3] Alice Omaggio Hadley, *Teaching language in context*, Foreign language Teaching And Research press, 2005.

[4] Edited by Byran Michael and Peter Grundy, *Context and culture in language teaching and learning*, Multilingual Matters Press, 2003.

[5] Neil J. Anderson, *Exploring Second language reading：issues and*

strategies, Foreign language Teaching And Research press, 2005.

[6] John Kelly Hall, *Teaching and researching language and culture*, Foreign language Teaching And Research press, 2005.

[7] William Grabe and Fredricka L. Stoller, *Teaching and researching reading*, Foreign language Teaching And Research press, 2005.

[8] C. Jack. Richards, *Curriculum development in language teaching*, Foreign language Teaching And Research press, 2008.

[9] Patrick R. Moran, *Teaching culture: perspectives in practice*, Foreign language Teaching And Research press, 2004.

[10] TomScovel, *Learning new language: a guide to second language acquisition*, Foreign language Teaching And Research Press, 2004.

后　记

　　本书由我的博士学位论文修改而成。从论文交稿到书稿付梓，是怎样充实而幸福的过程啊！默然之间，无限的感慨涌上心头。

　　"生命是一个不断行走的过程，读书是生命中最美的姿态。"当年，我毅然决定克服种种困难报考博士，正是这个声音的强烈呼唤。一个中师毕业的小学教师，只为听从自己内心深处的声音，循着奔流不歇的长江之水，求学于麓山脚下，畅想于湘江之滨。庸常的人生，因了这段梦幻之旅，而异彩斑斓。回首一路走来的历程，得到的，失去的，渴望的，拥有的，实在太多太多。曾经的那份破茧的苦痛，如今全然蝶化为美好的回忆。一切都是美的，过程是美的，景是美的，人是美的，情更是美的。

　　终于能为自己的心找到一个可以停泊的港湾，寻回那份安宁和充实的感觉，那一刻我好满足。接下来的日子单纯得好像只是读书，很珍惜这样的日子，一本一本地读着，以最美的姿态尽情享受着生命的馈赠。从未有过的饥渴让我发现自己和书之间原来是那样的陌生，不觉惊叹在我的语文教师的经验世界之外，竟有那么多未知的世界。我感到汗颜，于是更加努力地走近它，慢慢地，我感觉心的某一个角落渐渐敞亮起来，清新的风吹了进来……我逐渐感悟了"爱是教育的真谛"的真正内涵，混沌的视野也渐渐开阔起来，对语文课程的种种思考使我殚精竭虑，欲罢不能。切切实实地感到自己在不断成长，同时也深深地知道，这种成长是多么的来之不易。它不单乎个人，其中凝聚了多少可敬、可佩、可爱之人的心血，灌注了他们不知多少浓情厚谊。这情谊，怎一个"谢"字了得！

深深地感谢我的导师周庆元教授！先生为人坦荡，虚怀若谷。总是笑如佛面，让人如沐春风。记得入学第一年的教师节，众多弟子围坐在先生身边，先生一一介绍。短短几句幽默风趣的话语，尽显先生对每个弟子的了解和关爱。而弟子们对先生的尊敬和爱戴也是发自内心的，没有丝毫的奉承和矫情。当时，在我的心中不断涌起的感慨就是：做先生的弟子真好！

先生做学问与为人一样，细致、缜密和勤苦，常令我感动不已。弟子不会忘记恩师提出一系列极有见地的修改意见，让我深切感受到"画龙点睛"之妙；不会忘记每一个标点符号的误用或错别字的出现都逃不过恩师的慧眼，一一为我指出，让我感佩至深。又怎能忘怀暴雪封门、环境恶劣的日夜，恩师嘘寒问暖的亲切嘱咐？怎能忘怀思路受堵、情绪惨淡的日子恩师雪中送炭的点拨和鼓励的话语……

每每思及，感念备至。人都说，滴水之恩，当涌泉相报。然师恩之道，实难报之一二，唯以先生治学之道为楷模，立身处事，教书育人，无悔此生。

地处麓山之脚、湘水之滨的湖南师范大学，沾染着山的灵气、水的灵动，学术氛围纯净、浓厚，学术思想鲜活、新锐。在湖南师范大学的三年里，我聆听了众位师长循循善诱的教诲和不拘一格的指导，享受到了各位老师带来的认知冲击与智慧激荡，经历了个人认知结构的重建过程，是何等荣幸！那曾经的迷茫与困惑、释然与感悟都将成为我终身的怀想与温暖。感谢张楚廷教授，您的博学与睿智，以及对教育的沉醉与热爱，常常化为课堂上的全新形象和生动活泼的话语，开启我混沌，引领我思索；感谢石鸥教授，您洒脱而富有激情，课堂上旁征博引，新锐独特的"国际视野"时常让我有使"旧学"萌发生机的感觉；感谢张传燧教授，您勤奋、博学，课堂上纵横捭阖，在"历史事实"和"历史研究"中进出自如，不断激发着我学术研究的勇气；感谢刘要悟教授，您执着、严谨，对课程论专业有着独到的理解和感悟，课堂上实证举佐，针砭入时，指引着我思考教育问题的现实方向；感谢郭声健教授，您的才华横溢与浪漫情怀，使我看到了治学与为人的另一种境界；感谢刘铁芳教授，有幸旁听了您的教育哲学课，听您的课是一种享受，不经意间细细流淌的诗意满浸着对生命执着思考的深沉和凝重，让我体味到了哲学作为人类最高智慧的美妙。

个人的成长，除了良师的点拨，更得益于同辈团体的相互促进。感谢于源溟、胡绪阳、周敏、李宣平、王健康、黄耀红、杨云萍、刘光成、李霞、唐智芳、谢东、苑青松、曾晓洁等同门师兄师姐师弟师妹们，你们的学识和智慧滋养了我的心灵，弥补了我的不足；你们的热情和幽默充实了我的生活，提升了我的境界。还要感谢师兄兼同乡蔡水清、段发明，谢谢你们兄长般的关心和帮助。尤其难忘一同蜗居"研一舍"的师姐李霞、禹旭才、戴小春，同届及同门学友王建峰，室友杨姿、涂丽华等好姐妹，我们在学业上互相切磋、相互启发；生活上互相关心，相互照顾。忘不了简陋宿舍中的月光长谈，美丽麓山的夕阳登攀，木兰路上的闲庭散步，进餐大厅的随性谈话……那一段时光恍如昨日烟雨，至今还那样亲切，那样恬美。友人们，感谢你们伴我度过了这段不平凡的时光，感谢你们无私的帮助和鼓励。那些美丽的日子将成为我最为难忘的回忆，那份美好的情谊将是我一生中最为珍贵的财富。

　　我要无比深情地感谢我的家人，你们的支持和鼓励是我前进的不竭动力和坚强后盾。感谢我的父母、公婆，作为女儿、儿媳，我没尽到孝道，你们没有半句怨言。感谢我的儿子王博君，你那么善良和懂事，总是以良好的品德和优异的成绩让我心情愉快。特别要感谢我的爱人王侃，你为我付出了一切，承担着一切。一路走来，你始终如一地给我支持、鼓舞、包容。知我者，汝也；爱我者，汝也。虽然"情深不言谢"，但我还是要深情地对你说声：谢谢！

　　要感谢的人很多很多。北京师范大学的王本陆教授、徐勇教授、丛立新教授、郭华教授，湖南师范大学文学院的程大琥和张良田教授，香港教育学院的何文胜先生，华东师范大学的张心科博士，江西师范大学的胡青教授，江西财经大学的肖珑教授，江西教育科学研究所的程方生，你们在我的论文写作及书稿修改中给予了不同方式的指导和帮助，在此，一并向各位表示衷心的感谢。还要特别感谢江西师范大学各位尊敬的领导和教育学院各位亲爱的同事，感谢大家的关心和帮助！

　　此外，还要向五位不知名的同行专家表示感谢（在我的博士学位论文盲审中，5位匿名专家全部给出了"优秀"），你们的认可和肯定给了我莫大的鼓励，你们的建议给我指明了方向。此次论文得以成书出版，擅自把你们的评阅原稿复印并刊附在了书稿的后面，谨以此表达感谢同时也作为砥砺。未得到你们的许可，敬请原谅。

　　真的非常幸运，当年在教育学研究的朝圣之旅踟蹰前行率性捡起的一颗"小石子"居然也能发出光芒，得到江西师范大学学校博士文库出版专项基金的全额资助，由中国社会科学出版社印刷出版。在此向为本书在申请资助和出版过程中付出辛勤劳动的人们表示深深的谢意。感谢江西师范大学各级领导，感谢教育学院的胡平凡书记、何齐宗院长、王云兰副院长、裴指挥副院长以及各位亲爱的同事，感谢大家的关心和帮助！感谢江西师范大学学科建设办的孙桂珍女士，感谢中国社会科学出版社的领导及编辑同志们，因为你们的辛勤工作，本书才得以顺利出版。

知我、助我、爱我的人啊，感激之笔难免挂一漏万，但感恩的心会永远记住。感谢生命，感谢生命中的每一个人。生命将继续行走，在未来的岁月里，我将把这段不同寻常的生命之旅珍藏于心底，怀着一颗感恩的心，坚定而坦然地走向远方。

胡虹丽

2017 年 3 月 24 日于南昌